제헌헌법의 정신과 공영방송

The First Korean Constitutional Law and Korean Broadcasting System

제헌헌법의 정신과 공영방송

초판 인쇄   2017년 2월 6일
초판 발행   2017년 2월 10일

저자 조맹기 | **펴낸이** 박찬익 | **편집장** 권이준 | **책임편집** 조은혜
펴낸곳 패러다임북 | **주소** 서울시 동대문구 천호대로 16가길 4
전화 02) 922-1192~3 | **팩스** 02) 928-4683
홈페이지 www.pjbook.com | **이메일** pijbook@naver.com
등록 2015년 2월 2일 제305-2015-000007호
ISBN 979-11-955480-6-4 (93070)

* 패러다임북은 ㈜박이정출판사의 임프린트입니다.
* 책값은 뒤표지에 있습니다.

제헌헌법의
정신과 공영방송

The First Korean
Constitutional Law and
Korean Broadcasting
System

조맹기 지음

패러다임북

머리말

　필자는 민주공화주의와 언론에 관심을 가지고, 최근 몇 년간 계속 논문을 작성해 왔다. 이승만, 안재홍, 이관구 등 그 주도자들이 주요 대상들이다. 그 이유로 민주공화주의는 언론과 밀접한 관련이 있다는 점이다. 美 연방수정헌법 1조는 "의회는 종교와 언론의 자유를 제약하는 어떤 법도 만들지 못한다."라고 규정하고 있다. 그 만큼 공화주의와 언론의 자유가 함께 공존하고 있음을 보여준다. 이러한 취지로 언론 주변을 중심으로 우리의 공화주의 정신을 살펴봤다.

　제헌헌법은 1948년 7월 17일 당시 이승만 제헌국회의장에 의해 발표됨으로써 그 효력을 발휘하게 되었다. 이승만(李承晩)은 매일신문, 데국신문의 기자 및 주필을 지냈으며, 1898년 '만민공동회' 사건 후 '공화주의자'라는 누명을 쓰고 종신형으로 한성감옥에 감금되었다. 그는 1904년 감옥에서 『독립정신』이라는 글을 썼는데, 그 기본 정신이 공화주의이다.

　공화주의 정신이 제헌헌법의 큰 골격을 형성했다고 봐야한다. 그 핵심 용어는 '독립'에 있었는데, '독립'은 '각자가 스스로 다스리는 것'이다. 그 때 '독립'은 개인의 마음을 다스려 이성의 질서, 자연의 질서 등에 자신을 맡기는 것이다. 이성을 가진 각 개인은 누구나 평등하고, 감각 기관에서 발생하는 고통을 버리고, 쾌락을 추구한다. 즉, 각자가 스스로 다스리는 독립정신이 공화주의 정신의 핵심이라고 봐야 한다.

　그 독립정신은 언론의 자유와 맥을 같이한다. 이승만은 '스스로 다스리는' 기제는 개인일 수 있지만, 국가의 자립·독립도 제외시킬 수 없다. 정치인

이승만은 당시 권력 구조에 관한 그의 입김이 작동했겠으나, 세세한 것까지 그가 지시할 입장은 아니었다.

공화주의 사고는 절제를 통한 미학(美學)이 전제 된다면 언론의 자유가 그만큼 쉽게 해결될 수 있는 것이 아니다. 그리스 민주주의 아고라 광장은 반드시 성소(聖所)를 갖고 있었다. 그 곳에 언론의 자유가 허용되었다면, 언론의 자유는 다름 아닌 삶과 죽음의 엄숙한 명제를 안고 있는 것이다.

이승만 외에 민세 안재홍(安在鴻)도 공화주의 헌법에서 빼놓을 수 없는 인사이다. 1945년 이후 美군정이 들어서면서, 미군정은 민정장관 안재홍에게 과도입법위원회를 구성하도록 하고, 제헌 헌법을 만들 조직을 구성토록 한 것이다.

미군정이 공화주의의 큰 틀을 제공한 것이다. 미군정은 민정장관에 안재홍, 남조선과도입법위원장에 김규식(金奎植)을 임명했다. 민세 안재홍은 그 실무를 담당할 사람, 즉 자기와 호흡을 맞춰온 이관구(李寬九)를 동 위원회에 임명했다.

이렇게 미군정에 안재홍, 김규식, 이관구 등이 등장했다. 그들은 일제강점기를 거치면서 정치경제학에 일정 부분 경도되어 있었다. 이런 논리에서 이승만의 공화주의 사상은 해방정국에서 마르크스·레닌주의에 통합된 것이다. 이런 주장은 중도우파의 사고와 일치한다. 공화주의 사상은 중도주의 정치경제학과 공생을 한 것이다. 안재홍과 이관구는 행동은 온건하였지만, 마르크스·레닌주의의 정치경제학적 사고를 많은 부분 수용했다.

지금까지 공화주의 정신과 방송 운영원리를 직접 관련시키지 않았었는데, 필자는 그 연계성에 관심을 가지고 공화주의 정신을 경성방송국, 국영방송 그리고 공영방송의 발전과정과 함께 논의해 봤다. 또한 방송국의 역사적 맥락과 취재 방법론도 함께 논의를 했다.

물론 방송은 감각 기관의 의존성이 강하다. 그러나 '각자가 스스로 다스리는 것', 즉 독립정신은 이성과 그에 따른 쾌락에 중심을 둔다. 감성에 근거한 방송의 운용은 금욕주의적 헌법정신과는 대치될 수 있다.

더욱이 공영방송은 광고와 지나친 기술에 의존함으로써 '공중(公衆)'의 의미를 희석시키고, '공중'이 아닌 '군중'으로 계몽시키는 일에 몰두한다. 언제든 폭도로 변하게 할 수 있는 방송 프로그램을 선보일 수 있다.

필자는 공영방송의 운영원리와 초기 민주공화주의 정체성의 관점에서 제헌헌법의 사상적 맥락을 짚어봤다. 이 사상은 지금 논의할 필요가 있는 것이다. 더욱이 제헌헌법을 만드는데 참여한 안재홍, 김규식은 납북당했고, 실제 제헌헌법 정신은 역사 속에 파묻혀 있었다. 그 당시 논의된 사상적 맥락으로 제헌헌법 정신의 한 단면을 이 책을 통해 밝힌다.

벌써 많은 논문은 몇 개를 제외하고, 다른 여러 곳에 게재되었다. 필자는 미 출간 논문도 때로는 출간할 필요가 있다고 생각해서 용기를 내어 묶어봤다. 뿐만 아니라, 이들을 한 주제로 함께 묶어주는 것이 독자들에게 도움을 줄 수 있을 것 같아서 본서를 출간하게 되었다. 기존 출간 내용을 보면 제1장 "이승만의 세계시민주의"는 "이승만의 공화주의 제헌헌법정신"으로 《한국출판학연구》(2014년, 40(1)), 제3장 "민세 안재홍의 '민주공화국사상'"은 『안재홍 언론사상 심층연구』(2013, 선인), 제4장 "안재홍의 신민주주의와 언론"은 『민족에서 세계로—민세 안재홍의 신민족주의』(2002, 봉명출판사), 제5장 "해방 후 《한성일보》의 중도주의"는 『안재홍 언론사상 심층연구』(2013, 선인), 제6장 "좌우 최전선에서 성재 이관구"는 『현대커뮤니케이션 사상사』(2009, 나남), 제7장 "민주공화주의 하에서 원활한 소통의 미학"은 《언론과 법》(2009.8(2)) 등에서 언급을 했다.

　물론 책을 내는 일은 지루한 작업을 거친다. 그 힘들고, 빛이 나지 않는 일을 기꺼이 맡아주신 몇 분에게 감사를 드린다. 패러다임북(박이정 출판사) 박찬익 사장, 권이준 편집장, 조은혜 편집자에게 이 자리를 빌려 감사의 말씀을 전한다.

2017년 1월
저자 조맹기

목차

제1장

이승만(李承晚)의 세계시민주의

1. 논의의 초점

이승만(李承晚, 1875.3.26~1965.7.19)[1]은 90세까지 장수를 누렸다. 그 동안

---

1 이승만은 1875년 3월 26일 황해도 평산군 농내동에서 출생하였다. 그는 조선조 제3대 왕인 태종의 장남이었고 세종대왕의 형인 양녕대군의 16대손이었다. 아버지 이경선(李敬善)이었고, 그는 고시, 설화, 수필 등을 낭송해주면서, 명가(名家)의 문장을 가르쳐주기도 했다(정진석, 1995, 24쪽). 3살 되던 해에 서울남산자락, 서울역 근처 도동에서 1895년까지 초가집에서 살았다. 그는 천자문, 동몽선습, 통감 등의 순으로 한문을 공부하면서 자랐다. 14세 때부터 매년 과거를 낙방하고, 19살이 되기 전에 중용, 논어, 맹자, 춘추, 시경 및 주역 등을 모두 떼었다. 한학에 능한 그였지만, 그는 새로운 신분세계를 꿈꾸게 되었다. 19살이었던 그는 1894년에 배재학당에 입학하였다. 그는 학업과 더불어 협성회회보를 발간하는 작업에 참여하였고, 민일신문을 창간하여, 사장직을 맡기도 했다. 그러나 곧 사내 분규로 유영석, 최정식과 함께 8월 10일에 창간되는 데국신문에 참여하였다. 한편 그는 만민공동회 사건으로 1899년 1월 경무청 구치소에 구금되었고, 그해 7월에 개정된 평리원(고등법원) 재판에서 종신형을 선고받아 한성감옥서에 수감되는 신세가 되었다. 이후 고종 황제의 감형 특사를 세 차례 받아 5년 7개월간의 영어 생활을 마치고 1904년 8월 7일 석방되었다(유영익, 2013, 24쪽). 그는 1904년 11월 5일 제물포항에서 오하이오행 배를 타고, 미국으로 건너간다. 그는 1907년 6월 5일 조지워싱턴 대학을 졸업하고, 1908년 6월 24일 하버드 대학에서 석사학위를 받았다. 그리고 그는 1910년 6월 14일 프린스턴 대학에서 우드로우 윌슨(28대 미 대통령)으로부터 철학박사학

국내에서는 독재자, 건국의 영웅 등 명성을 얻었다. 그는 현대사의 주역이었으며, 그의 활동무대는 국제적이었다(정진석, 1995, 24~5쪽).

물론 이승만은 4·19 민주화의 원인을 제공한 장본인이다. 민주세력에게 이승만은 독재자로 비칠 수밖에 없다. 그러나 그는 대한민국의 초석을 놓은 것만은 틀림없다. 필자는 양분된 국내 여론에 별로 관심이 없다. 그가 갖고 있는 자유주의, 공화주의 등 사고에 관심을 가진다. 이승만은 '세계시민주의[2](Cosmopolitanism)'를 염원했던 자유주의자였음을 밝힌다.

국회의장 이승만으로 1948년 7월 17일 발표된 제헌헌법에 "정치·경제·사회·문화의 모든 영역에 있어 각인의 기회를 균등히 하고 능력을 최고도로 발휘케 하며 각인의 책임과 의무를 완수케 하여 안으로는 국민생활의 균등한 향상을 기하고 밖으로는 영구적인 국제평화의 유지에 노력하여 우리들과 우리들의 자손의 안전과 자유와 행복을 영원히 확보할 것을 결의하고."라고 했다(blog.daum.net/pcbc-tv/838).

그 몇 개 조항은 총강에 "①제1조는 '대한민국은 민주공화국이다', ②제2조는 '대한민국의 주권은 국민에게 있고 모든 권력은 국민으로부터 나온다."라고 규정했다. 이승만은 서구에서 오랜 역사를 가진 공화주의헌법을 주장한 것이다.

공화국에 대한 논의는 『독립정신』[3](1904.2.19~6.29)에서 그 편린을 찾을 수

위를 받았고, 그의 박사학위 논문은 "미국의 영향을 받은 국제법상의 중립"(Neutrality as Influenced by the United States)이었다.

2 세계시민주의(Cosmopolitanism)의 역사는 고대 그리스의 세계적 인성(universal humanity)의 사고로 출현했다(Gerard Delanty and David Inglis, 2011, p.1). kosmopolites는 '세계의 시민'(citizen of the world)으로 사이니크(Cynic)의 디오게네스(Diogenes)가 '나는 세계의 시민'이란 선언으로 언급이 되었다. 그 후 스토아인(Stoic)들이 본격적으로 사용한 개념이다. 이 개념은 자아비판(self-criticism)과 세계주의(universalism)를 함께 논의한다. 스토이즘은 아테네의 몰락과 알렉산더 대제의 헬레니즘제국이 등장할 때 본격적으로 논의되었다.

3 『독립정신』은 1904년 6월에 집필된 『독립정신』의 '서문'에 의하면 이승만은 "1904년 2월 러일전쟁 발발 소식을 듣고 충격을 받아 영한사전 편찬 작업을 중단하고 2월 19일 『독립정신』을

있다. 이승만은『독립정신』의「미국 백성의 권리구별」에서 "①나라의 권리가 다 백성에게서 생김이요, ②정부는 전혀 백성을 위하야 세운 것이니 백성의 공번된 권리에서 생긴 것이오, ③제 몸을 제가 다스려 남에게 의뢰하지 안이하며 또한 남의 압제를 받지 안이하고 능히 제 몸을 자유 할 줄 아는 자는 다 일예로 평등한 권리를 얻으며…"라고 했다(이승만, 1998, 127쪽).

이승만이 소개한지 44년만 대한민국 헌법에 '민주공화주의'[4] 헌법이 공개된 것이다. 물론 공화주의에 대한 칸트(Immanuel Kant, 1724~1804)의 '세계 공화주의 질서'라 벌써 논의되었다. 칸트는 1795년『영구평화론』에서 '세계 시민주의 법이론(a theory of cosmopolitan law)'을 소개했다. 그게 일본·미국으로부터 한국에 유입되었다.

칸트의 법 이론은 '개인의 원리 뿐 아니라 외국인에게 적의로 대하지 않는다.'라는 사실을 공언하고 있다(Gerard Delanty and David Inglis, 2011, p.4). 당시 일본에서 많이 논의된 공화주의 이야기이지만 왕조시대로 막 벗어나, 입헌군주제를 택하고 있는 우리에게는 공포의 대상이었다. 1904년 당시 이승만은 한성감옥에서 조심스럽게 미국의 자유주의 사상을 소개한 것이다.

물론 그 전에 그 논의가 벌써 있었는데, 그는 1898년 '인민이 나라의 주인'이라는 논리로 '만민공동회'[5]를 주도했다. 이를 빌미로 정부관료 보수파 세력

저술하기 시작하였다."라고 한다(이승만, 『독립정신』, '서문'; 유영익, 2002, 75쪽). 당시 한성 감옥은 혹독한 곳이긴 다른 곳과 마찬가지였다. 그러나 1900년 2월 14일 전 동정대부(通政大夫: 3품, 주임관) 김영선(金英善)의 부임으로 분위기가 달라졌다. 김영선 서장은 이승만을 특별히 우대하여 그에게 좋은 감방을 배정하고, 옥중에서의 독서는 물론 신문논설의 집필과 저술, 그리고 심지어 옥중학당과 서적실을 개설하고, 그 운영을 허용하였다(유영익, 2002, 42쪽).

4 이승만은 민주공화제를 이상적인 제도라 여겼지만, 20세기 초 우리나라에는 적합하지 않은 제도라고 판단했다. 즉, 그는 민주공화주의는 "세상에서 가장 선미(善美) 제도이지만 〔백성의 저급한 교육 수준, (민도)등을 고려할 때〕 '동양 천지에서는 적합지도 못하거니와 도리어 극히 위험한 생각'이라고 토를 달았다."라고 했다(이승만, 1993, 78~9쪽; 유영익, 2013, 119~20쪽).

5 이승만은 1890년부터 독립협회 산하의 만민공동회의 총대의원(總代議員)과 중추원의 의관(議官)으로 대한제국의 개혁 운동에 앞장섰던 개혁가였다(유영익, 2013, 87쪽).

은 "황제에게, 독립회가 황제를 폐하고 의회개설 운동을 통해 공화정을 수립하려 한다고 무고(誣告)하였다."[6]라고 했다(http://terms.naver.com). 그로 인해 그는 1899년 1월부터 1904년 8월까지 한성감옥에서 영어생활을 했다.

본 논의는 주로 '한성감옥'에서 작성한 기사나, 『독립정신』 등을 중심으로 논리를 편다. 그의 사상적 맥락은 주로 그 때 이뤄졌다는 가정 하에서 출발하였기에, 편협한 측면이 있다. 그러나 다른 한편으로 그 때 그가 편 논의는 사상사에서 깊게 연구할 수 있는 주제이다. 이 논의는 이승만 전 과정을 언급한 것이 아니라, 일정한 시기에 일어난 현실을 밝힘으로써 한계 뿐 아니라, 장점을 동시에 지니고 있음을 밝힌다.

최근 국가 사이에 관계가 더욱 공고화하고, 그 강도가 심해진다. 인터넷과 각국과의 FTA, 유엔의 역할 등이 세계인들을 더욱 가깝게 느끼게 한다. 즉, 세계의 시민, '세계시민주의가 더욱 설득력을 얻어가고 있다'(Gerard Delanty and David Inglis, 2011, p.1). 더욱이 세계인들과 빈번한 교류로 개인의 권리와 의무가 세계적 차원에서 논의되고 있다. 학문은 이젠 전 세계가 공유하는 분위기를 연출하고 있다. 또 다른 시각에서 최근 교학사의 역사교과서 논쟁이 뜨겁게 불을 뿜고 있다. 한편은 '독재자', '친일자' 등과 다른 한편으로 건국의 영웅으로 간주한다. 이 때 일수록 이승만의 사상이 맥락을 서술하는 것도 의미 있는 작업으로 간주된다.

---

6 이승만이 기소된 것이 고종을 폐위시키고 박영효와 공모해서 공화정부를 세우려했다는 대역죄였기 때문에 쉽사리 해결되지 않았..(이정식, 2002, 95쪽). 그는 1899년 1월 9일에서 1904년 8월 7일까지 5년 7개월을 한성감옥에서 보냈다. 그가 투옥되었을 때 나이는 23세 10개월이었는데 그는 29세가 훨씬 넘은 후에야 세상에 나올 수 있었다. 그는 형무소에서 개종을 하고, 1900년 2월 14일 김영선(金永善) 한성감옥의 책임자 배려로 책을 읽고, 《제국신문》 논설을 쓸 수가 있었다.

2. 공화주의 사상의 발아

세계시민주의는 정치적으로 시민권, 민주주의, 법적 세계시민주의 질서 등과 같이 논한다(Bartelson 2009; Gerard Delanty and David Inglis, 2011, p.7). 이는 민주주의 역사과 관련이 되고 있는 영역이다.

그리스 민주주의는 곧 한계를 경험하게 되었다. 절제와 균형에 대한 그리스인의 애착도 사치와 과시에 대한 사랑으로 대체 되었다(김진웅·손영호·정성화, 2002, 63쪽). 그리스의 문화는 곧 헬레니즘(Hellenism)세계에 그 자리를 양보했다. 그리스 도시 국가의 운명은 마케도니아의 필립포스(Philippos)에 맡겨진 것이다. 그는 그리스 남부도시를 침략하여, 기원전 338년 전승을 거두었다. 그러나 그는 곧(336년) 암살당하고, 그의 아들 알렉산드로스대제(Alexander the Great, 기원전 356~323)가 페르시아를 점령하고 헬레니즘제국을 일구었다.

세계시민주의가 발아하는 당시의 상황을 언급해보자. 알렉산드리아대제는 기원전 334부터 324년까지 정복 사업을 펼쳐, Asia Minor, Syria, Egypt, Babylonia, Persia, Samarcand, Bactria and Punjab 등까지 점령을 했다(Bertrand Russell, 1972, p.218). 그러나 알렉산드로스는 후사를 세우지 못하고, 그의 장수들은 수십 년간 내전을 주도했다.

제국의 운영은 기원전 301년에 입소스(Ipsos) 전투에서 셀류쿠스(Seleucus)는 페르시아, 메소포타미아, 시리아를 장악하고, 라시마쿠스(Lysimachus)는 소아시아를, 카산데르(Cassander)는 마케도니아를 지배하게 되었다(김진웅·손영호·정성화, 2002, 63쪽). 군웅 할거하던 시기를 거쳐 기원전 146년과 30년 사이에 헬레니즘 문화는 곧 로마로 편입되게 되었다.

헬레니즘세계는 초창기는 자유와 무질서가 이뤄지고, 곧 정복과 혼란이 일어난다. 알렉산드로스는 그리스 제도를 복원하고, 자치 기구를 허용해줬다(Bertrand Russell, 1972, p.219). 그리스인은 반발했으나, 그들은 곧 생동감을 찾아 헬레니즘의 문화를 형성한 것이다. 알렉산드로스는 그리스인의 정신세계와 문명을 흡수하도록 하면서 자신의 신격화 작업을 서둘렀다. 그는 세계국가의 신이 되고자 갈망했다. 그는 자족이 가능한 세계국가를 형성하려는 야망을 가진 것이다(Derek Heater, 2011, p.30).

알렉산드로스는 정복지에서 두 여성을 아내로 맞이하고, 그 장수에게도 페르시아 여성과 결혼하도록 했다. 그는 장군들에게 속주 지역의 여성을 아내로 맞아들이기 정책을 편 것이다(Bertrand Russell, 1972, p.220). 헬레니즘 세계는 그리스의 노예정책과는 다른 것이었다. 헬레니즘 세계인은 "모든 인간은 전 세계에 걸쳐 평등하다는 세계 시민적인 사상을 주장해 그리스인과 야만인 사이에 어떠한 차이도 인정하지 않으려고 했다"라고 했다(김진웅·손영호·정성화, 2002, 66쪽). 알렉산드로스는 문화상대주의, 혹은 다문화주의를 인정할 수 있는 길을 사전에 차단했다.

말하지면 그리스는 Tyre, Sidon Carthage 등 도시의 식민지를 건설하여, 값싼 노동력으로 도시국가를 형성하였으나, 헬레니즘세계는 그리스 세계와 전혀 다른 정책을 편 것이다.[7] 당시 아리스토텔레스는 야만인들을 노예로 전락시키길 원했지만, 그리스인들은 예전의 생활을 영위하도록 했다. 그러나 알렉산드로스는 노예를 용인하지 않음으로써 아리스토텔레스와는 다른 생각을 갖고 있었다.

헬레니즘 세계는 그들의 정치사상을 강화시키기 위해 그리스 철학에 과학

---

7 알렉산드로스의 계승자들은 대토지 소유자의 토지를 몰수해 자신을 지지하는 귀족들에게 재분배하거나 수입을 증대하기 위해 소작인들에게 임대했다(김진웅·손영호·정성화, 2002, 64쪽). 이에 따라 대규모 생산으로 부의 불평등이 늘어나고, 중소 자영농들은 농노로 변했고, 대지주가 대부분의 토지를 가지게 되었다. 말로만 세계 시민주의가 벌어진 것이다. 그 개인주의도 괄목했다. 헬레니즘세계에서 알렉산드리아(Alexandria)같은 대도시가 발달되었으나, 그것은 예외였다. 물론 시리아 안티오크(Antioch)는 1세기 안에 4배로 평창했다(65쪽). 그렇더라도 새로운 도시는 그리스 여러 지역에서 온 이질적 집단으로 채워지고, 과거의 연대를 유지했다(Bertrand Russell, 1972, p.226). 헬레니즘 도시는 생명력을 얻지 못한 것이다. 공화주의 약점이 노출되었다.

과 수학이 성행 첨가시켰다. 독자는 칸트의 『영구평화론(Perpetual Peace)』인 정하면 쉽게 이해될 수 있는 측면이다. 칸트는 낭만주의를 수용하고, 이성에 근거한 시민 국가법, 또는 국제법으로 세계시민주의 질서를 형성하려고 했다.

이성이 부각되는 시점이었다. 에피쿠로스학파(Epicurean Schools)와 스토아학파(Stoic Schools)가 그리스와 다른 사상을 등장시켰다. 세계시민주의(cosmopolitanism)를 주장하는 스토아학파가 등장한 것이다(Bertrand Russell, 1972, p.220). 물론 이들 학파는 알렉산드로스가 뿌린 씨앗이 오랜 후 결과를 본 것이다.

스토아학파는 "세계와 그 재보(財寶)와를 비관적, 염세적으로 평가하며, 금욕적 생활 태도를 취하면서, 이성·도덕과 의무도적을 주장했다(최재희, 1967, 69쪽). 한편 에피쿠로스학파는 이 세계의 재화를 현명하게 사용하여 행복을 누리려는 '쾌락윤리'를 주장하고 나섰다. 에피쿠로스학파는 경제적 경쟁체제를 운영하는 논리를 폈다. 헬레니즘세계는 경제 분야에 있어서도 아테네의 소규모적 생산 제도가 아니라, 거대한 상업의 성장과 이익을 추구하는 강렬한 경쟁체제로 편입되었다. 이들은 "모든 인간은 전 세계에 걸쳐 평등하다는 세계 시민적인 사상을 주장해 그리스인과 야만인 사이에 어떠한 차이도 인정하지 않았다(김진웅·손영호·정성화, 2002, 66쪽). 헬레니즘 세계인들은 모든 '지식은 감각으로부터 유래된다.'라는 그리스 소피스트들의 사고를 거부하고, 변하지 않는 절대 진리에 관한 논의를 시작했다. 정념(情念, passions)의 감성보다는 이성(reason)에 더욱 의존하는 형식을 취했다.

헬레니즘 세계인들은 "그리스 문화를 토대로 오리엔트적인 요소를 가미한 독특한 문화를 창출시킨 것이다. 헬레니즘 문화는 개인에게 한 특수한 시(市)의 시민이라고 보다, 세계의 시민을 강조했다. 알렉산더는 보편적이고 세계 시민적인 경향을 발전시킨 것이다.

당시 스토아학파(Stoicism)와 에피쿠로스학파(Epicureans)가 기원전 300년 등장하였는데, 그들은 쾌락주의로 인간의 고통에 대한 이성적 해결을 제시하였다. 그러나 회의주의자(Skeptics)와 견유학파(Cynics)는 이성을 배격하고 진리에 도달할 수 있다는 가능성을 부정하며 신비주의로 발전했다.

회의주의자는 세상이 전쟁판으로 변하니, 공포로부터 도피하는 수단을 제공한 것도 사실이다. 이러한 차이에도 불구하고 헬레니즘 시대의 철학은 고통과 악으로부터 인간을 구제하기 위한 방법을 제시하고 있다는 점에서 의견이 일치하고 있었다(김진웅·손영호·정성화, 2002, 65쪽).

견유학파인 디오게네스(Diogenes)는 인간과 사회에 대해 냉소적이며, 은둔을 택함으로써 인위적인 것을 배격하고, 자연과 더불어 살아가는 방법을 선택했다(65쪽). 군사적 충돌이 빈번했던 헬레니즘 세계의 단면을 철학이 반영시킨 것이다. 프랑스 혁명의 참혹함에 대한 칸트의 해결책과 별로 다를 바가 없다.

한편 에피쿠로스학파와 스토아학파는 기원전 300년경에 시작했다. 에피쿠로스(Epicurus, 342~270 B.C.)와 제노(Zeno, 335~263 B.C.) 등은 아테네에서 거주하면서 논리를 편 것이다.

이들은 사회의 복지보다는 개인의 행복에 관심을 가지고 있었으며, 신을 포함한 우리의 모든 것이 물질로 구성되어 있다고 주장하였고, 모든 인간은 전 세계에 걸쳐 평등하다는 세계 시민주의 사상을 주장해 그리스인과 야만인 사이에 어떠한 차이도 인정하지 않았다.

스토아학파는 인간에게 주어진 자유의 본질로 정념과 격정에 대항해서 자유롭기 위해서 혹은 이성적인 세계의 질서에 합치하기 위해서, 인간은 부동심(不動心, apatie=a는 무, pathos는 번뇌)이 필요하다고 했다(최재희, 1967, 71쪽). 그들은 고통(苦痛)을 극복하거나, 멀리하면서 부동심이 생긴다고 믿었다. 이는 인간의 저돌적 정념을 극복하고, 이성적 힘이 자족(autarkeia)를 얻을 때 가능하다고 본 것이다.

이들에게 이성 활동의 최고 목표는 '자연에 의존하는 생활을 목표로 삼는다.'라고 했다(71쪽). 제노 당시 시작한 천문학, 지리학, 자연과학 등의 발전은 기원전 2세기에 최고의 정점을 이루었다(Ludwig Edelstein, 1980, p.49).

이런 이성의 논리가 작동했다면, 연역법의 논리, 즉 아리스토텔레스가 "모든 인간은 죽는다. 소크라테스는 사람이다. 그래서 소크라테스는 죽는다."라는 논리를 강화시킨 것이다. 이 연역법의 논의는 누가에게나 설득력 있게 다가온다.

현대인은 Homo sapiens의 전통을 갖고 있기 때문이다. 삼단논법의 판단은 개인의 자발성에서 결정을 지운다. 그 논리를 갖고 있는 "개인의 삶과 행위는 그 자신이 결정한다."라는 논리도 가능케 한다(Ludwig Edelstein, 1980, p.25). 그 논리에 의존한다면 수학적 논리, 기하학의 법칙, 이성의 법칙 그리고 자연법은 누구나 공유할 수 있는 어떤 것이다. 자연법은 학습과 더불어 자기비판만 게을리 하지 않는다면 누구에게나 설득력 있게 수용할 수 있는 대목이다. 로마 시대 때 일신교로 변한 그리스토교의 논의에 의하면 신의 의지에 합치하는 생활을 하게 될 때 인간은 더욱 행복을 누릴 수 있게 된다. 이후 자연법사상이 스토아학파에서 영향을 받을 것을 쉽게 알 수 있는 대목이다. 그리스 소피스트들이 '감각, 혹은 정념으로부터 추론되는 상대적 진리'를 거부하는 사상이다.

스토아학파 사람들은 내면생활을 그만큼 중요하게 생각했다. 그들은 정념(passions, apatheia)로부터 자유를 찾는다. 같은 맥락에서 이승만은 『독립정신』에서 꼭 같은 말을 한다. 그는 "마음을 바로잡지 못하고야 무슨 일을 다시 의론하리요. 사람의 마음인 즉 세상 법률로써 바로 잡지 못할 것이요. 다만 교화로써 바로잡을 지니 이는 세상법률이 다만 사람의 육신으로 행하여 들어난 죄악만 다스릴 뿐이오."라고 했다(이승만, 1998, 456~7쪽).

개인의 마음을 다스려 자연의 질서, 이성의 질서에 맡긴다. 설령 정념이 있디라도 즐거움, 공포, 욕구 대신 그들은 '정직한 정념(right passions)', 혹은 '진정한 정념(innocent passions)'을 원한다.

바른 이성의 덕은 어떤 사건들에 의해서 방해받지 않는다(Ludwig Edel-stein, 1980, p.2). 즉, 인간은 외면적인 행동에나, 결과에 관심을 가지지 않고, 인간의 내면적 바른 행동, 이런바 의무를 갖게 된다. 이처럼 그들의 의무 사상은 서양 윤리 사상에서 처음으로 명확하게 도입한 것이다(최재희, 1967, 73쪽).

제노는 스토아학파의 창시로 "우리 세상의 모든 주민은 분리된 도시나 커뮤니티에서 정당한 정의의 규칙으로 차별받지 않는다. 우리 모든 사람은 하나의 커뮤니티와 정체로 될 것을 고려할 해야 한다. 우리는 공통의 삶을 가져야 하고, 우리 모두에서 동일한 질서를 가져야 한다."라고 했다(Plutarch, 1957; Derek Heater, 2011, p.39). 그는 세계의 도시(cosmopolis)를 이야기한 것이다.

한편 에피쿠로스는 기원전 306년 아테네 교외 정원 안에 다 학교를 설립했다고, 정원학파로 불린다(최재희, 1967, 74쪽). 로마의 시인 루클레티우스(Lucretius), 카루스(Carus)는 로마에 에피쿠로스사상을 전하게 된다. 그들의 삶은 자연의 질서에 맡기는 것이다.

이들은 감각을 통해 사물의 진위를 알게 됨으로써 이성적 논리는 감각기관의 진위를 알게 되는 표준이 된다. 즉 쾌락은 그 자체가 선이고, 모든 고통을 악인 것이다. 고통을 버리려 하고 쾌락을 바라는 것은, 인간성의 출발점이다. 고통과 쾌락이 함께 할 때 쾌락을 우선적으로 취급할 수 있도록 한다. 그들에게 쾌락이 지속될 때 더 큰 의미를 가지게 된다. 집단적 생활로 볼 때 '최대 다수의 최대행복'은 그들에게 지고의 선이 될 수 있다.

이성의 노력으로 얻어진 '쾌락'은 기억력과 상상력에 의해서 현재의 순간뿐만 아니라, 과거와 미래까지도 내다볼 줄 안다(75쪽). 에피쿠로스학파에게 쾌락은 동물적 근성과 다른 종류의 것이며, 평정심(平靜心, ataraxia)에 오는 위안의 것이다. 즉, 쾌락은 욕망을 채움으로 얻는 것도 있고, 마음의 안정(安靜)을 통한 정지(靜止)가 다른 하나의 것이다. 부정심(不靜心)의 안정된 상태로 인도하는 것도 쾌락인 것이다. 에피쿠로스는 행복을 설명하면서, "① 신이 가지는 완전한 행복, 이것은 증가를 허용하지 않는다, ②쾌락의 가감과 관련된 행복이 있다."라고 했다(에피쿠로스, 1993, 140쪽).

부동심은 개인은 욕심(慾心), 정념(情念)을 버림으로 얻어지는 마음이다. 여기서 쾌락은 양적인 것도 포함하지만, 절제를 통한 고도의 정신적, 질적 산물로 간주된다.

에피쿠로스에게 국가는 개인의 평정심을 도와주는 도구일 뿐이다(최재희, 1967, 77쪽). 개인들이 무단히 서로 마찰해서 불행하게 되는 것을 피하고자 편의상 그들을 국가를 형성한 것이요, 법률도 제정한 것이다. 즉, 에피쿠로스는 이 국가를 개인을 위한 수단이라고 봤다.

3. 국가의 독립

공화주의 세계시민주의 정신은 개인의 삶과 세계평화를 규정한 우리 제헌헌법 전문에서 그 조각을 찾을 수 있다. 이 제헌헌법은 여러 사람의 노력에 의해 만들어졌을 것이다. 그러나 이승만은 제헌헌법을 만들어 자기 이름으로 반포했다. 그렇다면 그 역사적 맥락을 읽을 필요가 있다.

이승만은 1898년 배재학당 '협성회'에 열심이었고, 그곳에 발간되는 『협성회회보』에 깊게 관련을 맺었다. 그는 언론사 논객으로서 글로 많은 것을 남겼다. 그는 '만민공동회'를 개최할 당시, 급진개화파의 입장에서 논설을 작성했다. 그가 한성감옥에서 『독립정신』을 집필할 1904년은 러·일 전쟁의 전운이 한반도를 엄습할 시기였다.

이는 프랑스 혁명의 전운이 감돌 때 칸트가 자신의 비판서 작성할 때를 생각할 수 있다. 칸트는 전쟁의 파괴적 탐욕의 모습을 연상했고, 법의 질서로 그 혼란을 막을 수 있다고 봤다. 국가 뿐 아니라, 국제적으로 법으로 폭력의 난무한 것을 막을 수 있는 가능성을 타진한 것이다. 헬레니즘 세계인들과 별로 다를 바 없는 사고이다. 말하자면 알렉산더 왕이 죽은 이후 권력투쟁이 벌어진 불안한 사회 정황과 같은 맥락이다. 즉, 에피쿠로스학파가 공화주의를 처음으로 새로운 전원 공동체를 구상할 때와 별로 다를 바가 없었다.

전쟁의 치열하게 전개되는 상황에서 에피쿠로스는 모든 정신적 · 육체적 고통으로부터의 해방을 시도했다(에피쿠로스, 1998, 8쪽). 같은 맥락에서 칸트는 국제법 등 법의 질서로 더욱 정교하게 전개시켰을 뿐이다.

이승만은 우리의 비관적 상황을 기술하면서, 새로운 사회를 구상했다. 그는 개화를 청국인과 만주인을 비교해서 설명했다. 물론 이는 알렌(H.N. Allen, 1858~1932)이 쓴 글을 번역한 글인데, 이승만의 관심을 대변한다. 알렌은 "만(주)인들은 소견이 좁아서 새것을 원수같이 싫어하며 청인들은 이목이 열림으로 날로 진보하매 이를 인연하여 청인과 만인이 점점 나누어 다시 합할 형세가 없음이라."라고 했다(이승만, 1903.2.14: 방상훈, 405쪽), 그는 글의 뒤편에 "개화를 실상으로 아니하려는 날은 나라가 분파될 것이요, 나라가 분파하는 날은 각국이 와서 서로 다툴 것이요, 각국이 다투는 화근은 청국 군신상하가 다 당하여 일체로 어육이 될지니 후회한들 무엇 하리오."라고 했다(406쪽).

실제 이승만 자신도 개화의 요체가 학문으로 규정했다. 기쁨이 앎과 동반을 한다(에피쿠로스, 1993, 27쪽). 누구나 학습만하면 알 수 있는 진리이다. 연역법의 논리, 즉 '모든 사람은 죽는다. 소크라테스는 사람이다. 그래서 소크라테스는 죽는다.'라는 것이다. 이성을 가진 사람은 누구나 설득력 있게 다가오는 대목이다.

개인은 진정한 내적 개인을 찾게 됨으로써 변화무쌍한 개인의 행동에 이성적 잣대를 제공한다. 이 부동심의 사고는 감각적 주체에게 덧없이 바뀌는 행위에 제동을 걸게 되고, 개인은 우주의 일반원리를 깨닫게 된다. 그러나 스토아학파는 실체적 현존보다 필연의 법칙에 더욱 관심을 갖는다(Ludwig Edelstein, 1980, p.28). 시간의 역동성으로 얽어지는 현실은 그 필연의 법칙을 더욱 다양하게 할 수 있다. 즉, 제노(Zeno)는 시대정신을 표출할 수 있는 이론을 제공한 것이다.

감각적 지식이 아니라, 이성적 지식은 누구나 일반적 원리로 인정하게 된다. 이승만에게 문화적 상대주의, 혹은 다문화주의 허용에 인색했다. 개인은 생각 뿐 아니라, 노동을 통해서 자신의 이성적 행위를 실현시킬 수 있다. 모두 배우고 나서 즐거움이 오는 것이 아니고, 또한 일하고 난 후 즐거움이 얻어지는 것이 아니라, 배움과 일의 즐거움이 동시에 생기게 된다. 원인은 결과를 낳고, 또 다른 원인은 갖가지 결과를 잉태하게 된다. 그 과정에서 개인의 학문 탐구는 즐거움을 가져다주고, 독립정신을 고양시킬 수 있게 된다.

이승만은 그 독립을 나라의 독립과 연결시켜 논의한다. 『한국휘보(The Korean Repository, 1897년 7월호)』는 이승만의 배재학당 졸업식의 영어연설을 소개했는데, 그 내용은 "이 나라의 독립만이 젊은이들이 받아온 훈련의 결과를 필요로 하는 일터를 제공할 것이다. 국가의 독립은 실질적이고 굳건하며 영속적이어야 한다는 것이 행사에 활기를 불어넣어 주는 것 같은 그날의 정신이었다."라고 했다(George H. Jones, 1987, pp.271~4; 이정식, 2002, 52쪽).

이승만은 학문이 각자의 권리를 찾고, 독립을 가져올 수 있다고 봤다. 그는 애보트(Lyman Abbott)의 말을 인용, "나라의 자주적인 정부는 오로지 하나의 영원한 기초 위에 건립되기를 원하는데, 그 기초란 각자가 스스로를 다스리는 것이다."라고 했다(Lyman Abbott, 1900, pp.298~304; 이정식, 2002, 115쪽). 이승만은 독립의 정신을 '마음에 깊이 새길 것'을 권고한다.

그 대가는 괄목하다. 이승만은 "개화한 세상은 전과 같지 아니하여 백성의 자유 권리를 중히 여겨 균평한 이익을 보호하여 주는 고로 세상이 그 즐거움을 한량없이 누리는 바"라고 했다(이승만, 1998, 78쪽).

이승만은 개인의 권리를 균등하게 주장할 수 있게 하나, 타인의 명예와 사생활을 지켜줄 것을 권고한 것이다. 같은 맥락에서 어느 누구나 동등하게 직업을 가질 수 있고, 동등한 의료혜택을 받을 수 있고, 동등하게 자신의 장인정신을 발휘할 수 있다. 나이는 더 이상 결정적 변수가 될 수가 없었다.

개인의 권리가 가장 확장되고, 평등한 개념에서 논의한 것이다. 그는 타인의 일에는 상관하지 말도록 권고하는데, 즉, 이승만은 "남의 하고 아니하는 것을 묻지 말고 각기 자기의 직책과 도리만 행하여 죄책을 면하도록 힘쓰기를 간절히 바란다."라고 했다(이승만 1998, 41쪽).

물론 스스로 다스리는 과제는 개인일 수 있지만, 국가의 자립·독립도 제외시킬 수 없다. 에피쿠로스는 "동요되지 않는 사람은 자기 자신이나 다른 사람에게 방해가 되지 않는다."라고 했다(에피쿠로스, 1998, 35~6쪽).

그렇다면 국가의 독립이 개인의 독립심과 같은 정도로 중요한 과제였다. 이승만은 독립의 요체를 "한사람이나 한나라이나 제가 제 일을 하는 것을 자주라 이르며 따로서서 남에게 의지하지 않는 것을 독립이라고 이르는 바이는 인류로 생긴 자의 천품(天稟)으로 다 같이 타고 난 것이라, 세상에서 일어는 바 높다 얇다 귀하다 천하다 하는 것은 인심으로 질정한 형편을 구별함이니라 실로 천리(天理)를 볼 진데…이는 하늘이 다 각기 제가 제 일을 하며 제가 제 몸을 보호할 것을 일례(例)로 품부하심이라."라고 했다(이승만, 1998, 79쪽).

이승만은 '천부인권사상'을 이야기하고, 이 사람들이 다스리는 나라를 공화정으로 봤다.

한편 칸트는 "의회가 각 주에서 자발적으로 모인 사람으로 규정하고, 언제나 해산될 수 있도록 했다. 이는 미국 각주가 정치적 헌법에 따른 연합이 아니다."라고 했다(Kant, 1970, p.171; Juergen Habermas, 2011, p.234).

이승만에 따르면 "각기 방편을 따라 한 무리씩 따로 모여 디경을 구획하고 나라를 설립하여 정치와 법률을 마련하고 다스릴 자를 정하여 인민의 생명과 재산을 보호하게 하였으니 이것이 나라의 성립한 본이라."라고 했다(이승만, 1998, 120쪽). 이승만은 대한제국의 입헌군주제를 거부하고, 공화정의 새로운 세상을 도모한 것이다.

이승만은 공화정의 핵심인 대통령에 대해 언급했다. 그는 "군을 인군이라 칭호를 하지 않고 대통령이라 하며 전국백성이 받들어 천거하여 다 즐거이 추승한 후에야 비로소 그 위에 나가며 그리하고도 오히려 염려가 있어 혹 사오년이나 팔구년씩 연한을 정하여 한이 찬 후에는 한 기한을 다시 연임도 하고 혹은 다른 이로 선거하기도 하여 일국을 다스리게 하며, 모든 관원의 권한을 구별하여 한 두 사람이 임의로 못하게 하느니."라고 했다(이승만, 1998, 123쪽).

그 원리로 "나라의 신민이 된 자—마땅히 제나라를 제 손으로 흥왕 시켜 어진 주인들이 되어 가지고 좋은 손님들을 청하여 함께 즐기며 동등대접을 받도록 힘써야 하리로다.."라고 했다(이승만, 1998, 73쪽).

그러나 현실은 일본이 압박하고, 더 이상 독립이 지탱될 수 없었다. 이승만은 "슬프다. 나라가 없으면 집이 어디 있으며 집이 없으면 나의 일신과 부모처자와 형제자매며 일후자손이 다 어디서 살며 어디로 가리요 그럼으로 나라에 신민이 된 자는 상하귀천을 무론하고 하복안위가 다 일례(例)로 그 나라에 달렸나니..."라고 했다(이승만, 1998, 31쪽).

'개인 뿐 아니라, 국가의 독립'은 다른 나라와 동등하게 이뤄진다. 그러나 대한제국은 일본의 강압으로 고문정치(顧問政治)가 행해졌다. 이승만은 "우리나라는 세계에 반포한 자유 독립국이라 각국과 우등 공사를 바꾸어 교제하며 내정에 대하여 무리하게 간여치 못하나니.."라고 강변했다(이승만, 1998, 65쪽).

4. 신앙, 쾌락과 이성

물론 국가 간의 관계도 하느님의 질서 하에서 이뤄진다. 에피쿠로스가 "축복받았으며 불멸하는 본성(신의 본성)은 스스로 어떤 고통도 모르며, 다른 것에게 고통을 주지도 않는다."라고 했다(에피쿠로스, 1998, 13쪽). 이승만에게 신은 살아 움직이며, 언제는 세상을 주도한다고 믿었다.

그는 "하느님은 못 보시는 것도 없고 모르시는 것도 없는 즉 나의 손으로 짓는 죄만 벌주실 뿐 아니라 속에 마음으로 생각하는 것도 또한 감찰하실지니 어찌 두렵고 부끄럽지 아니 하리요."라고 했다(이승만, 1998, 458쪽).

이승만 사고는 서양의 기독교에 경직됨을 쉽게 알 수 있는 대목이다. 서정민에 의하면 "이승만의 기독교 신앙은 지나치게 정치적인 성향을 가지고 있고, 너무나 현세에 집중하고 있으며, 너무나 문화적으로 서구 중심적인 성향을 가지고 있다."[8]라고 했다(서정민, 1990, 119~22쪽; 이정식, 2002, 120쪽).

설령 서정민의 해석에 따라 이승만은 기독교적이라고 하더라도, 선(善)과 악(惡)이 공존하는 세계이다. 악이 필연성을 지닐 때는 많은 사람에게 설득력을 지닌다. 그 사회는 신의 절대성을 이야기하기에는 무리가 따른다. 오히려 그 현실성 때문에 다원주의를 잉태하게 한다.

스토아 신은 절대적이지 않다(Ludwig Edelstein, 1980, p.33). 유태신은 명령에 의해서 세상을 탄생시켰다고 하나, 어떤 것은 자연에서는 불가능한 측면이다. 여기에는 개개인과 국가에서 전혀 엉뚱한 길로 간다. 스토아의 신의 계시를 말한다면, 당연히 그 계시는 자연(nature)과 필연성(necessity)과 동일성일 때 의미를 지닌다(Ludwig Edelstein, 1980, p.34).

그 수련방법에서는 반드시 절대 신의 계시에 의했다고 볼 수가 없다. 이

---

8 이승만은 그의 비망록에서 "미국의 도덕적이고 물질적인 도움은 불가결한 것이라고 생각했는데, 미국의 주요 목적은 세계 전반에 민주주의와 기독교를 전파하는 것이라고 생각했다."라고 했다(이승만, 1993; 이정식, 2002, 122쪽).

때 개인은 판단하고, 비판하고, 비교할 '실천 이성'이 작동할 근거를 마련한다. 이승만은 개인성을 발휘하여, '부동심'을 갖는 방법을 '인'(忍)으로 가능하다고 봤다. 마음의 평안은 모든 공포와 고통으로부터의 해방을 의미한다. 이승만은 다른 사람의 공격으로부터 자신의 안전을 지킬 수 있는 방법을 모색한 것이다.

그는 "사람이 항상 분기를 참지 못하면 매사를 그르치기 쉬우니 윗사람이 되어 분한 마음을 참지 못하면 남의 목숨을 그릇 죽이기 쉽고, 아랫사람이 되어 분한 성품을 능히 참지 못하면 항상 죄짓기와 싸움하기를 마지않을 것이다."[9]라고 했다(이승만, 1901.3.29; 방상훈, 266쪽).

학문하는 것은 인(忍)을 실행하는 것이고, 그 결과는 권리를 부여하고, 개인에게 자유를 부여하는 것이다. 기독교적 신은 아나키즘의 속성보다는 능동적이다. 에피쿠로스는 "쾌락을 가져다주는 수단이, 쾌락보다는 고통을 가져다준다."(에피쿠로스, 1998, 15쪽)라는 사실에는 별로 관심을 가지지 않았다.

이승만은 미국의 제도를 설명하면서 언론의 자유를 언급했다. 그는 "자유로 하는 권리가 있으며..누구든지 자유언론과 저술을 하는 권리는 있으되 다만 방한이 있어 허무한 말을 허거나 까닭 없이 남에게 손해를 끼치게 되는 일에는 그 책임을 담당하게 하며..백성이 회를 모으고 일을 의론하는 것을 마땅히 보호함이라.."라고 했다(이승만, 1998, 130쪽). 한편 에피쿠로스는 정의(正義)가 "서로들이 서로를 해치지 않고 해침을 당하지 않도록 지켜주려는, 상호 이득의 협정이다."라고 했다(에피쿠로스, 1998, 21쪽). 정의는 서로 이득을 주는 논리이다. 서로 해침이 없는 상황에서 개인의 언론 자유와 집단의 자유가 허용되어야 한다고 한 것이다.

---

9 이승만은 〈동포들은 참을 '忍'자를 공부하라〉에서 "동양사기를 보건대 옛적에 장공예라 하는 사람은 한집안에 아홉 대의 자손이 함께 살매 식구가 여러 백 명이로되 남녀노소간에 한 번도 싸움한 일이 없고 집안이 항상 화목하였다. 임금이 그 소리를 듣고 물으니, 장공예는 '忍'자가 쓰인 궤를 보여줬다."라고 했다(이승만, 1901.3.29; 방상훈, 266쪽).

이승만은 권리가 생기는 이유를 설명하였다. 그는 "대개 사람의 권리는 학문에서 생기나니 학문이 없으면 권리가 무엇인지 모를지라. 자연히 법을 모르고 범하기 쉬우며 법을 범하면 그만큼 권리가 감하여지는 법이라."라고 했다(이승만, 1903.1.19; 방상훈, 391쪽). 자연과학의 원리가 작동하게 된다. 개인은 자신의 정념(情念, passions)의 세계를 버리고 이성의 질서 하에 둔다.

개인의 기술한 방법은 자연의 탐구에 익숙한 모든 사람들에게 가치가 있다(에피쿠로스, 1998, 52쪽). 그 지식을 공유하는 사람은 그 만큼 지식의 영역을 확장시킬 수 있고, 다른 사람과 공유의 범위도 넓어지게 된다. 즉, 개인은 지식의 내용을 갖게 될 뿐 아니라, 사람 간의 관계 넓어진다. 이는 곧 개인의 행복을 가져다준다.

한편 이승만은 인간 이성의 자유의지 확장 뿐 아니라, 원죄(原罪)의 근원에 대하여 이야기했다. 개인은 정념의 질서에 따를 때, 고삐 풀린 망아지 신세가 된다. 정념은 순간적 행위, 즉 현재로서 끝나지만, 이성은 시간을 미래를 담보하고, 시간의 합계가 가능하다(Ludwig Edelstein, 1980, p.40). 이성을 움직일 때에만 개인은 정념을 제약할 수 있게 된다. 이성은 자기 통제의 완성을 의미한다.

이성은 선의 행위이고, 정념은 악을 잉태할 수 있다. 정념에 의한 자유는 허상이 될 가능성을 갖고 있다. 이성은 항상 정념을 누른다. 같은 맥락에서 선과 악을 구별하여, 이성의 힘을 빌려 선을 행할 때 공유의 범위가 확장된다. 이승만은 정념과 이성을 예(禮)로 설명했다. 이승만은 예에 대해서 논의하면서 "대저 예라 하는 것은 오륜의 근본이요, 만법의 기초라. 그런고로 예가 없으면 윤기(倫紀: 윤리와 기강을 아울러 이르는 말)가 없고 예가 없으면 법이 없는 것이니 예가 이렇듯이 사람에게 중한 것이거늘.."이라고 했다(이승만, 1901.6.12; 방상훈, 285쪽).

그는 개인의 갖는 자유와 권리를 이야기하면서 윤리적 소양을 이야기했다. 개인이 남에게 상처를 입히는 것은 자기에게 상처를 되돌리는 것과 다를 바가 없고, 남의 행복은 나의 행복을 가져다준다. 성인(聖人)은 타인의 행복을 최대한으로 확대시켜준다. 그는 작은 커뮤니티 행복이 아니라, 더 큰 공동체에 만족을 가져다준다. 그를 통해 인류는 세계시민주의를 형성시킬 수 있다.

그 실현하는 길이 우선 학문을 익히는 것과 다를 바가 없다. 학문은 이성의 체크에만 도움을 주는 것이 아니라, 이성의 실천적 측면이 강조된다. 스토아 학파는 퍽 아리스토텔레스에 접근했다(Ludwig Edelstein, 1980, p.40).

개인에게 실천 이성의 질서에 합치시키게 한다. 이 때 이성은 진솔한 자신인 것이며, 누구나 동일하게 신이 가져다 준 선물이다. 이성의 확장인 지식의 습득은 우리 마음속에 존재하는 일반 개념을 더욱 계발할 수 있게 한다. 학문은 다른 사람과 공유를 가능하게 한다. 그 첫째 실천 이성으로 이승만은 가장 시급한 일이 자연법의 정신, 국제법의 정신을 강조했다. 이승만은 "헌법을 채택하는 것이 시급하기는 하지만 그러기 위해서는 백성이 '고질이 된 구습을 혁파하고' 자유로이 생각할 수 있도록 교화되어야 한다."라고 했다(이정식, 2002, 162쪽).

더불어 이승만은 "지금 제일 급한 것이 공법회통과 통상약장을 국문으로 번역하여 여러 만 질을 발간하여 각도 각 군에 대소를 가려 분배하여 내리고 그 관계를 고시하여 관원들을 권면하여 간절히 공부하게 하는 사람마다 자연히 남에게 동등 대접을 받지 못함을 통분히 여기는 의사가 생기며.."라고 했다(이승만, 1903.1.19; 방상훈, 391쪽). 이승만에게 '민족주의'[10]는 크게 염두에 두지 않았다. 이는 작은 공동체만을 공유할 수 있게 하는 질서에 불과하

---

10 이승만은 "대저 서양 여러 나라들은 설립된 지가 다 동양같이 오래지 않은 고로 사람의 마음이 악한 풍속에 물든 것이 가히 깊지 않았으되 동양 사람은 여러 천년을 통하여 내려오는 병들고 썩은 것이 속속들이 베여들어 여간 학문이나 교육의 힘으로 졸연히 근인(根因)을 제거하기 어려운지라.."라고 했다(이승만, 1993, 112~3쪽). 이승만은 민족주의 자체를 그렇게 긍정적으로 보지 않았다. 그는 서구 우월주의, 혹은 세계시민주의에 더욱 관심을 가졌다.

다. 이승만은 바로 독립과 더불어 미국 뿐 아니라, 외국과 통상을 원했던 것이다.

이승만은 양자의 통상 상황에서도 평등을 주장한다. 즉, 그는 "만국이 교통하며 지혜와 재주를 서로 다투는 세상에 나서 남과 같이 상등대접받기를 원하지 않으리오. 속담에 제집 개도 남의 개에게 물리는 것을 보면 분하다 하거늘…"(이승만, 1998, 55쪽)이라고 함으로써 동등한 권리를 주장했다.

공법에 대한 설명도 하고 있다. 이성에 근거한다면 자연법은 어느 누구에게나 적용될 수 있다. 이승만은 "세계 각국은 공법으로 구별하여 각각 차지하는 권리와 이익의 분간을 말함이니 이 공법을 어느 나라가 홀로 세우기는 만국이 합하여 법관을 내리고 정하는 것은 안이로되…한 두 강포한 나라가 있어 잔악한 나라를 법외로 대접하고 욕심을 부리고자 할지라도 적은 나라가 능히 거절하여 받지 아니하는 권리가 있다."라고 했다(이승만, 1998, 73쪽).

물론 공법의 혜택을 받고자 할 때를 설명하고 했다. 이승만은 하등한 대접을 받지 않으려면 개인은 새로운 것을 배워 자신의 권리를 찾고자 했다. 만약 학습만 한다면 개인은 '천부인권사상'을 실현할 수 있다고 생각했다.

그는 "대한관민이 외교상 관계되는 일을 당하면 항상 말하기를 각국이 다 같은 권리가 있고 내외국 인민이 다 같은 권리가 있어 남이 능히 범하지 못할 것이거늘.."이라고 했다(이승만, 1903.1.15; 방상훈, 384쪽). 그는 개인뿐 아니라, 국민 사이에도 평등한 관계 하에서 신뢰를 쌓고, 공법을 통하여 서로가 교류하는 것을 이상으로 했다. 이승만은 그 관계가 국제관계일 때, 국제공법 채용에 대한 확고한 믿음을 가진 것이다.

개인의 권리를 바탕으로 개인과 국가와의 관계를 규정했다. '공화주의를 주장한 칸트'[11](Immanuel kant, 1724~1804)는 국가를 (국가가 그 위에 기초하고 있는

---

11 칸트가 말하는 공화 정체는 "①(인간으로서) 한 사회 구성원의 지유와 권리에 의해, 둘째 (신민으로서) 모두가 단 하나의 공통된 입법에 의존하는 의존의 원리에 의해, ③(국민으로서)

토지의 경우처럼) 사유될 수 있는 것(봉건적 세습 영지)이 아니다(Immanuel Kant, 2008, p.16). 국가 자신을 제외하고 어느 누구에도 지배를 받지 않는 '도덕적 인격체'로서의 인간사회로 규정한 것이다.

같은 맥락에서 이승만은 과거의 유교적 권위주의 '가산제'(家産制) 국가와 다른 차원을 논한 것이다. 국가는 주체성을 갖는 개인들의 집합인 것이다. 개인은 타인과 서로 협력하면서 공동체를 이룬다. 개개인은 신용으로 금융 거래를 하듯, 또한 국제 통상을 하듯 동등한 조건에서 교환이 이뤄진다. 개인과 정부도 같은 차원에서 이뤄진다.

이승만은 "정부는 어디서 권력이 생기느뇨. 백성이 합하여 받치는 연고요, 백성은 어디서 권리가 생기느뇨, 정부가 보호하는 연고라. 그런즉 당초에 정부를 세우는 목적은 백성을 보호하기 위함이요, 백성내기는 정부관원을 살리기 위함이라."라고 했다(이승만, 1903.1.16; 방상훈, 387쪽). 당시 28세의 이승만은 1903년 신분사회를 부정하고, 공화정의 개인과 정부의 호혜적 관계를 논한 것이다. 이승만은 왕권의 의해 지배된 대한제국에서 수용하기 힘든 논의를 전개시켰다.

이런 논의라면 이승만은 개인에게 문제가 크게 대두됨을 지적했다. 자기의식의 결핍으로 부동심을 갖고 있는 것이 아니라, 운명의 여신에게 흔들리는 모습을 묘사한다. 그는 "우리나라 사람들이 어쩔 수 없는 폐단을 말하자면 '어둡고 완고하다. 원기가 없고 나약하다. 용맹 스러이 하고자 하는 일이 없다'하는 것이라 할 터이나, 그중에 가장 어려운 것은 운수라 하는 것을 믿음이라."라고 했다(이승만, 1903.2.5; 방상훈, 396쪽). "개인의 동기는 여전히 억압되고, 전통과 집단이 운명이 개인의 운명을 결정지우는 시대가 온존한 것이다. 한편 에피쿠로스는 운(tyche)이 아주 적은 일들에 있어서 현자를 방해한다. 하지만 가장 크고 중요한 일들은 지성이 다스려왔으며, 평생 동안 다

평등의 원칙에 의해 확립된다."라고 했다(Kant, 2008, p.26).

스리고 있으며 앞으로도 그럴 것이다."(에피쿠로스, 1993, 17쪽)에 동조한 것이다.

뿐만 아니라, 이승만은 조선의 탐관오리의 횡포를 고발했다. 유교의 신분 관계와 인간관계를 거부한 이승만은 그 피해를 우선 그는 청국에서 예를 가져다 설명했다. 그는 "(청국인은) 그 정부에서 백성을 매의 밥으로 본 까닭에 백성이 견디다 못해 개가 범을 피하듯 하여 한둘씩 외국으로 도망하는 자라도 따라가서 모군서서(모군서다: 품 파는 일을 하다) 번 돈 한 푼이라도 빼앗을 수만 있으면 빼앗을 터이거늘 어찌 보호할 생각이 나리오."라고 했다(이승만, 1903.1.16; 방상훈, 387~8쪽).

자유와 동기가 말살하는 사회상이 그가 본 실상이었다. 유교적 사회적 관계 속에 개인의 자유는 억압되고, 개인의 행복은 뒷전이었다. 이승만은 "세상 모든 일이 선악시비 간에다 마음에서 먼저 싹이 나서 행위에 나타나느니 마음의 하는 일이 어찌 수족의 하는 일보다 더 크지 않으리오."라고 했다(이승만, 1998, 456쪽).

마음이 정념과 욕심으로 가득차면 그 사회는 악이 지배하게 된다. 지배와 피지배 사에 방황하는 현실이 눈앞에 다가온다. 그 관계 속에서의 국가는 국가폭력을 사용한 전쟁의 상태에 놓이게 된다. 칸트에 의하면 "전쟁은 국가가 폭력으로써 자신의 권리를 주장하는 자연 상태(이 경우 적법한 판결을 내릴 수 있는 법률 기관이 없다)에서의 비참한 호소 수단인 까닭에, 어느 쪽이 부당한가를 가려낼 방도가 없다."라고 했다(Kant, 2008, p.7).

폭력에 의한 국가를 논하면 이승만은 "악한 법률에 압제와 원굴함을 당한다. 심산궁곡에서 부대 글겅이도 편히 할 수 없다. 길거리에서 서 푼짜리 담배자리도 임의로 할 수 없다. 기한 곤궁에 살 수 없고 견딜 수 없다 하여 서로 청원과 다툼으로 날마다 애쓰고 걱정하나 하나가 쓸데없고…"라고 했다(이승만, 1903.2.24; 방상훈, 420쪽).

폭력의 현실은 교화과정에서 잘 나타난다. 이승만은 "대한이 중간에 이르러 교화가 어떻게 쇠하였는지 상하귀천, 남녀노소, 반상관동, 각색 등분의 사람이 서로 속이고 잔해하여 정의가 점점 떠나며 원혐이 점점 깊어지니 오늘날 탐관오리라, 형악 토색이라, 압제위협이라, 충애가 없다."라고 했다(이승만, 1902.10.21; 방상훈, 354쪽).

정의를 효율적으로 지켜주는 법이 필요하게 된다. 시민법이 적용된 상태로 이전할 필요성을 갖게 된다. 한 사람이 다른 사람에 의해 실제로 해를 입는 경우를 제외하고는, 아무도 타인에게 적대적으로 행동하지 않는다고 전제된다(Kant, 2008, p.25). 공화주의는 그 본성상 반드시 영원한 평화로 갈 수밖에 없게 된다.

5. 세계시민주의

이 때 자연법과 더불어 시민법은 일반 개념으로서 사람을 옥죄는 것이 아니라, 상호관계에서 이득이 된다. 제노는 관습에 의한 전통을 혐오했지만, 그의 사고는 과학을 수용함으로써 퍽 체계적 완성을 향했다. 그 후 젊은 스토아학파는 시간이 갈수록 점점 새로운 과학의 정신으로 빨려 들어갔다(Ludwig Edelstein, 1980, p.50).

노동 현실에 개인이 즐거움을 찾는 노동 행위라면 그곳에는 엄청난 경제적 부를 축적시킬 수 있다. 일에 행복은 곧 장인정신이 발로된다. 이를 실현하기 위해 제헌헌법 "제16조는 '모든 국민은 균등하게 교육을 받을 권리가 있다.'라고 규정하고, 제17조는 '모든 국민은 근로의 권리와 의무를 지닌다.'"라고 규정하고 했다. 그러나 많은 사람이 같이 일하는 관료제 하에서 개인의 자의적 판단은 오히려 이익을 방해할 수 있으며, 자유를 제약할 수 있다. 그러나 그들 각각은 동등한 수준에서 서로 공생한다. 즉, 노동자는 생산품을 위해 장인정신을 발휘하여 생산을 늘리고, 자본가는 돈을 모아 노동자를 더 고용하고, 그들의 복지에 기여한다.

이런 기쁨이 서로 잘 연동이 되지 않을 때, 즉 이성의 창의성에 한계를 가질 때 각 개인은 '우주(cosmos)'의 질서에 순응한다. 음악은 자신을 절제시키고, 정념의 격동을 제어시킬 수 있는 수단으로 작동한다. 화음을 통해 자연과의 조화를 꿈꿀 수 있고, 개인은 스스로 자신의 욕심을 잠재운다.

스토아학파들이 새운 과학정신과 관료제는 욕심이 가득 차면서 오히려 개인의 자유를 제약할 수 있었다. 자본가는 노동가를 인격으로 대하지 않고, 착취의 대상으로 생각한다. 국가가 공화주의 원리에 충실하도록, 일정한 부분 조정할 수 있는 여지를 남긴다.[12] 또한 국제적 차원에서도 힘을 가진 제국은 식민지를 건설한다. 국가가 한 인격체라는 사실을 망각하게 된다.

같은 맥락에서 자본가는 욕심으로 노동자의 인권을 무시하게 된다. 이런 상황이라면 정념의 격동 속에서 개인의 도덕심은 허공에 메아리로 들릴 뿐이다. 이에 대해 에피쿠로스는 "자기만족의 가장 큰 열매는 자유라고 했다."(에피쿠로스, 1993, 35쪽)라는 원리에 충실했다.

그러나 관습에 젖어 있는 대한제국 국왕의 관료제는 오히려 인민에게 자유를 제약하고, 불행을 가져다 줄 수 있었다. 이승만은 폴란드가 망해가는 과정을 예로 들어 이야기했다. 그 사실은 "그 강하던 폴란드가 일조에 러시아에게 망한 것이 그 임금이 자기의 일신만 생각하고 원수를 의지하여 태산반석 같은 보호로 여기다가 창생(蒼生: 세상의 모든 백성)을 어육(魚肉: 짓밟고 어개어서 아주 결판냄) 만들고 종사를 복멸하며 자기 몸이 또한 사로잡힌 종이 되

---

12 국가는 세계시민주의에서 어떤 역할을 찾을 수 있다. 그 국가의 종교, 문화, 인종의 가치 등이 관건이 된다. 칼혼에 의하면 "지역 민주주의를 고려하지 않는 세계시민주의는 엘리트의 견해일 수 있다. 세계민주주의 주장은 중간이나 지역 수준의 파편화된 연대성으로 도전을 받게 된다. 더욱이 세계시민주의가 가끔 세계시민권(global citizenship)을 표현한다. 이 주장은 사회적 기반을 결정하는 것이 없이 행해진다. 이것은 만하임(Karl Manhein)의 '부초 지식인(free-floating intellectual)'을 연상하게 한다. 그들은 어떤 장소를 고려하지 않는 생각을 한다."라고 했다(Craig Calhoun, 2011, p.5). 더욱 구체적으로 각 국민국가는 소외된 비엘리트 계층과 지역적 정체성을 강화시킬 필요성을 갖게 된다.

어 함께 멸망에 들어갔고..."라고 했다(이승만, 1903.2.5; 방상훈, 398쪽).

우리라고 다를 바가 없다. 사욕에 사로잡히니 정당한 법의 지배 원리가 상실된 것이다. 정념이 세상을 지배하지만, 자연의 질서와 이성의 질서는 그 힘을 발휘할 수 없었다. 진리를 이끌던 '과학 정신(the scientific spirit)'과 그 '계속되는 과정(continual progress)'은 생략되거나, 왜곡되었다. 정념이 여기 저기 첨가하면서 과학 정신이 왜곡을 가져온 것이다. 개인의 자유와 책임의식이 망각되기 일쑤였다. 신이 인간의 이성을 통해 계속적으로 계시하는 사실을 망각한 것이다.

이승만은 러·일전쟁 당시 조선을 러시아의 시베리아 철도로 인기가 올라간 즈음에서 조선의 상황을 길목에 있는 선술집을 예로 들어 설명하였다. 이승만은 "그 주막집에 좋은 술과 안주가 있어 김지이지(金的李的: 성명이 분명하지 않는 여러 사람을 두루 이를 때 쓰는 말)가 그 주인의 인선함을 알고 외상술 먹기를 청한즉 여일히 주는 지라...주객이 되어 외상술 달라가는 예사거니와 생면 부지한 놈들이 청구하는 대로 주기를 시작하였으니.."라고 했다(이승만, 1903.3.30; 방상훈, 447쪽). 절도 없이 퍼주는 주막집은 곧 싸움판이 되고, 밑천까지 몽땅 잃어버림을 예로 들어 설명했다.

이승만은 한결같은 마음 자체를 언급한 것이다. 그는 "나라를 다스리고 천하를 태평하게 하는 것이 다 사람의 마음을 바로잡는데서 시작한다."라고 했다(이승만, 1998, 456쪽). 한편 에피쿠로스는 "심신의 고통으로부터의 자유는 정적 쾌락인 반면, 기쁨과 환희는 운동을 현실적인 쾌락이라고 생각된다."라고 했다(에피쿠로스, 1998, 141쪽). 그의 논리대로 행위를 한다면 '독립적 존재'[13]로서의 평정심이 중요하게 된다.

---

13 독립적 존재는 원자들(물질적 존재)과 허공(비물질적 존재) 뿐이다. 에피쿠로스에 의하면 원자나 물체는 크기·모양·무게 등의 속성을 가지는데.. 그에 따르면, 속성이란 그 자체로 자제하지 못하고 다른 어떤 것에 동반해서 존재하는 것이며(에피쿠로스, 1998, 152쪽), 속성 중에는 본질적 속성과 우연적 속성이 있다. 여기서 본질적 속성은 항상 물체와 동반하므로

스토아학파는 평상심에서는 어떤 그 나름의 논리가 존재한다는 것이다. 이는 이승만의 관점에서 부동심의 마음이 신의(信義)를 만들어내고, 법을 지키는 마음으로 간주된다. 그 때 개인은 항상 변화무쌍한 정념에 자신을 맡기는 행위를 단념하고, 이성의 질서, 자연법의 질서하게 편입한다.

이승만이 말하는 법률은 "사람의 혈맥과 같은 것이니라, 일시라도 법률이 아니면 백성끼리 다투고 빼앗기로 일을 삼아 부지 할 수 없는 고로 성인이 법률을 만들 때에 그 범죄를 한 자를 미워해서 때리고 죽이는 것이 아니라, 그 범죄를 한 자로 하여금 허물을 고치고 착한 데로 나아가 다시는 범죄를 하지 않도록 징계하고.."라고 했다(이승만, 1903.3.11; 방상훈, 428쪽). 그게 내국인에게만 적용하는 것이 아니라, '치외법권'을 주장하는 것도 다를 바가 없다. 그는 법을 통해, 개인의 행동의 자유를 이야기하지만 책임을 묻는 자세를 언급했다. 스토아학파는 지극히 개인주의적이지만, 자신의 자유행동은 언제나 책임을 동반하게 한다.

이승만은 국가를 운영하는 원리도 법률에 의해 가능하다고 보며, 선술집 운영하는 것과 다를 바가 없음을 언급한 것이다. 그는 "외국인의 청구하는 일을 시행치 말고 법률과 신의를 세워 정부와 인민이 상부하여 조금이라도 틈이 나지 아니하였으면 외국인이 아무리 무염지욕(無厭之慾: 끊임없는 욕심)이라도 무례한 일을 못했을 것이거니.."라고 했다(이승만, 1903.3.30; 447쪽).

신의와 법은 철저한 교육으로 가능하다고 했다. 그는 선진된 국가와 비교하여 설명하고 있다. 그는 "지금 세계 각국 중에 조금만 있다는 나라들은 학문 가르치기에 열이 나고 군사 기르고 늘리기에 열이 나고, 군함을 더 많이 만들기에 열이 나고, 남의 나라 이익 빼앗기에 열이나..."라고 했다(이승

물체로부터 뗄 수 없는 속성이며, 우연적 속성은 때때로 물체에 동반하는 속성이다. 이 관점에서 본다면 본질적 속성과 우연적 속성은 상대적이다. 가령 '노예성'은 자유인에게는 우연적 속성이지만, 노예에게는 본질적 속성이다.

만, 1903.3.28; 방상훈, 444쪽).

　만약 개화만 되면 세상은 닫히지 않고 열려 있음을 이야기한다. 이승만은 "외국인을 원수같이 여김이 제일 위태한 것이니 이는 어두운 백성들이 항상 까닭 없이 남을 미워하는 폐단이라."라고 했다(이승만, 1998, 405쪽).

　이승만은 열린 마음으로 각국과 통상하도록 바라고 논리를 폈다. 그게 후세 사람들은 '친일자', '친미자'로 간주하는 빌미를 제공한다. 그렇더라도 그의 논리는 더욱 세계시민주의로 가깝게 다가가는데, 그에 의하면 "통상하는 것이 지금 세상에 나라를 부유하게 하는 근본이니 세상에 모든 부강한 다는 나라들이 다 그 본국 지방 안에서 생기는 곡식이나 혹 다른 재물만 가지고 능히 풍족하게 된 것이 아니라 다 그 백성으로 하여금 상업을 확장시켜 각의 재물을 벌어드린 고로 그 나라 안에 통하는 재물이 한없이 많아지셔.."라고 했다(이승만, 1998, 404쪽).

　그에 의하면 열린 마음으로 다가 올 때 세계국가가 눈앞에 보이게 된다. 헬레니즘 세계가 세계시민주의를 수용하는 것과 다를 바가 없다. 인터넷이 발달된 현 시점에서 지역 문화는 세계 속으로 빠르게 빨려들어 간다. 이승만의 논리에 의하면 새로운 커뮤니케이션 수단으로 소통을 더욱 강화되고, 긍정적 교류가 더욱 증가한다. 그 성장의 속도는 괄목한 지경에 이른다. 그 원리는 스토아학파의 원리가 칸트의 철학에서 가장 잘 설명이 되었다(Ludwig Edelstein, 1980, p.44).

　칸트는 "개인 뿐 아니라, 국가도 야만적인 (무법의) 자유를 포기하고 그들 스스로를 공법의 규제에 내맡기는 한편, 국가적으로 전 세계 모든 국가를 포함할 (물론 지속적으로 성장하는) 국제 국가(civitas gentium)를 형성하게 된다."라고 했다(Kant, 2008, p.37).

　개인은 시공간을 통해 실천하는 경험의 세계 뿐 아니라, 지적 성격을 갖고 세계 시민으로 참여한다. '세계 공화주의'가 눈앞에 전개된다. 그 곳은 국내법, 국제법 그리고 세계 시민법이 같은 원리로 움직이게 된다. 그러나 세상은 '세계 공화주의'의 이념과는 전혀 다르게 움직인다.

이승만은 "오늘 세계상 인구를 통합할진대 십오억만 명이라. 각기 오대주에 나누어 처하여 피차 그 지방을 넘지 못하고 따로 지방을 작정하여 그 안을 지키고 풍속과 언어문자와 의복, 음식을 다 자의로 정하매 몇 천 년을 지난 후에 본즉 대단히 서로 다른 지라."라고 했다(이승만, 1902.10.22; 방상훈, 356쪽).

설령 문화가 다를 지라도 이승만은 그 근본을 생각한 즉 모두 한 조상의 자손이며 한 하느님의 자녀들이라. 이승만은 문화의 상대주의로 돌아갈 필요성을 느끼지 않는다. 그는 "마땅히 서로 사랑하기를 동포같이 하여야 타국인민을 위하여 교육을 권면하며 타국인을 위하여 회당과 학교와 병원을 지어 목숨을 버려가며 일도하며.."라고 했다(이승만, 1902.10.22; 방상훈, 356쪽). 그렇다면 인간은 칸트의 『실천이성비판』에서와 같이 에덴동산을 다시 생각하게 되고, 이성과 원죄를 공존시키면서 살아간다. 이성은 자유를 확보하고, 원죄는 서로 공존하도록 권장하고 있다.

제2장

이승만(李承晚)의 민주공화주의 원류

1. 자유주의와 독립국가 정신

'만민공동회'(萬民共同會)는 둘째 날 1898년 10월 29일 고종 황제에게 '헌
의(獻議) 6조'[1]를 건의했다. 설령 그 내용은 황제의 존재를 인정하는 내용이
었지만, 독립협회의 기존 입장과 별로 달라진 것이 없었다. 그 사상은 "한
국 역사상 처음으로 '국민의 권리(민권)의 개념을 정립시키고 국민들 사이에
보급하여 민주주의 사상을 일반화하기 시작했다."(신용하, 1986, 62쪽)라는 내
용의 연장이었다.

신용하는 "독립협회가 '인민이 나라의 주인'이고 '백성의 권리로 나라가
된다.'"(《독립신문》 1898.12.15; 신용하, 상게서, 64쪽)라고 했다. 그들은 조선의 신

---

1 '헌의 6조'는 "①일본인에게 의부(依附)하지 말 것, ②외국과의 이권계약을 대신이 단독으로
하지 말 것, ③재정을 공정히 하고 예산을 공포할 것, ④중대 범인의 공판과 언론·집회의
자유를 보장할 것, ⑤칙임관(勅任官, 칙명으로 벼슬을 시킴)의 임명은 중의(衆意)에 따를 것,
⑥기타 별항의 규칙을 실천할 것(두산백과 만민공동회; http://terms.naver.com).

분을 부여받는 것이 아니라, 세계인의 신분을 부여받은 것이다. 서재필의 사상을 추종한 독립협회는 사실상 '공화정'을 선포한 것이다. 이를 빌미로 정부관료 보수파 세력은 "황제에게, 독립회가 황제를 폐하고 의회개설 운동을 통해 공화정을 수립하려 한다고 무고(誣告)하였다."라고 했다(http://terms.naver.com).

이승만(1875.3.26~1965.7.19)은 그 선봉에서 황제에게 '헌의 6조'의 이행을 촉구했다. 관민공동회는 인화문(仁化門) 앞에서 그 실천을 요구하면서 농성을 계속했다(이한우, 2010, 24쪽). 그해 11월 21일부터 23일까지 이승만이 이끄는 시위대는 수구파 길영수(吉泳洙)가 동원한 보부상 2000명과 유혈참극을 벌였다. 놀란 고종은 시위대와 협상을 벌여, 시위대는 의관(議官) 50명을 임명하게 되는 성과를 얻게 되었다.

고종 황제는 결국 '공화정을 수립하려한다.'라는 수구파의 밀고로 독립협회 간부 17명을 체포하고, 독립협회의 강제해산을 명했다. 이승만은 1월 경무청 구치소에 구금되고, 그해 7월 평리원(고등법원) 재판에서 종신형을 선고받아 한성감옥에 수감되었다. 그 후 5년 7개월간의 형을 마치고 1904년 8월 7일 석방되었다.

결국 이승만은 독립협회의 공화정정신을 구현하려고 하다, 영어의 몸이된 것이다. 여기서 공화주의는 "인민은 국가가 비자의적인 통치의 분배를 보장한다."라고 했다(Philip Pettit, 1997/2012, 50쪽). 공화주의는 자유주의를 허용하지만, 국가의 법 등을 통해 비지배를 허용하는 제도이다.

이승만의 정신은 감옥생활 도중 『독립정신』에서 그 편린을 찾을 수 있다. 개인은 세계 시민으로서, 자기 정체성을 확보한다. 공화정에서 논의하는 '인민의 주인이다', 또한 '인민의 규제는 법으로 한다.'라는 생각을 갖고 있었다. 즉, 그는 "대개 나라이라 하는 것은 여러 사람이 모여 한 무리가 되어사는 것을 이름이니 비컨대 여러 사람이 함께 모여 일을 의론하는 회(會)와같은지라 큰집에 모여 앉아서 둘씩 세씩 패를 지어 제 뜻대로 말도하며 옷고 짓거리기도 할 진대 다만 일반의 논치 못할 뿐 아니라 도리어 큰 난장판이 되어 서로 싸우기도 하겠고 치고 살해도 할 터이니 엇지 위험하지 않으리오. 마땅히 이정한 법과 규모가 있어 중요하고 화평하게 진압도하며 공평하고 바르게 조처도 하여 야할 지니.."라고 했다(이승만, 1998, 47쪽). 그렇다면 '헌의 6조' 중 ③조는 국가재정의 투명성을 규정하고, ⑤조는 임명직 공무원에 대한 선거를 염두에 둔 것이다. 이들 조항은 의회의 역할에 대한 논의를 한 것이다.

한편 필자의 관심은 ①조의 독립국가를 말한 것이다. 즉, 동 조항은 '일본인에게 의부(依附)하지 말 것'이라고 했다. 이승만은『독립정신』에서 "슬프다. 나라가 없으면 집이 어대 있으며 집이 없으면 나의 일신과 부모처자와 형제자매며 일후자손이 다 어디에서 살며 어디로 가리요 그럼으로 나라에 신민된 자는 상하귀천을 물론하고 화복안위가 다 일례로 그 나라에 달렸느니,,,"라고 했다(이승만, 1998, 31쪽).

주로 공화정 헌법에서는 개인의 자유가 먼저이지만, 대한제국의 예속된 상태를 감안하여 독립을 먼저 주장했다. 이는 이승만 개인의 정신일 뿐 아니라 독립협회의 정신이다. 또한 ④조의 언급인 "중대 범인의 공판과 언론·집회의 자유를 보장할 것"이다. '헌의 6조'의 이 조항은 법에 의한 지배를 규정하고, 언론과 개인의 행동, 즉 집회의 자유를 함께 논의한 것이다. 이는 언론의 현실의 실천적 참여를 독려하는 대목이다. 이승만이 기회 있을 때마다 '훈화적 태도', 즉 "언론인은 지사야, 나라를 위해 글을 쓰고 생각해야 해."(이병국, 1987, 29쪽)라는 의미가 풀린다.

또한 개인이 자유가 먼저이고, 국가를 뒤로하는 순서가 바뀌었을 뿐 현재 6공화국 헌법과 그 정신에서 별로 다를 바가 없다. 현재 대한민국은 '민주공화주의이다'라는 명제와 일맥상통한 점이 부각된다. 이 사회는 개인의 정체성이 부각되고, 다원주의가 허용되는 곳이다. 그 의미가 민주는 자유주의 정신이고, 공화주의는 함께 다스린다는 의미를 지녔다. 즉, 이 헌법 정신은 독특한 독립국가의 정신을 바탕으로, 자유주의 · 시장경제의 원리를 선호한다. 현행 헌법 제1조 ②항에 따르면 "대한민국의 주권은 국민에게 있고, 모든 권력은 국민으로부터 나온다."라고 했다. 이는 공화주의로 "지배하는 자들은 타인에 대해서 지배력을 가지지 못하는, 자의적 영향력이 존재하지 않는 상태이다"(Philip Pettit, 1997/2012, pp.126~7).

물론 국민의 규제는 '공동의 사회생활을 유지하기 위해 정한 강제적인 규범'에 따른다(박영률, 2003, 20쪽). 또한 그 헌법 전문에 "자율과 조화를 바탕으로 자유 민주적 기본질서를 더욱 확고히 하여 정치 · 경제 · 사회 · 문화의 모든 영역에 있어서 각인의 기회를 균등히 하고, 능력을 최고도로 발휘하게 하며, 자유와 권리에 따르는 책임과 의무를 완수하게 하여.."라고 했다.

현행 헌법은 독립국가를 바탕으로 자유주의, 시장경제의 논리를 담고 있다. 현대 헌법의 기본정신이 만민공동회의 이승만과 밀접한 관계가 있음을 직감할 수 있다. 독립협회와 이승만 일당들의 체제에 대한 논의는 여기서 끝이 나는 것이 아니고, 1919년 고종이 승하한 이후, 좌 · 우가 함께 이 논의를 계속했다. 당시 사회에서는 '민족주의' 논의가 계속되었으나, 이승만은 미국에서 체류하게 된다.

최근 자유주의 · 독립국가에 대한 이승만의 논의가 회자되었다. 제2차 세계대전이 한창이던 1943년 11월 27일 이집트 수도 카이로, 프랭클린 루스벨트 미국 대통령, 처칠 영국 총리, 장제스(蔣介石) 중화민국 총통이 전후 국제질서를 구상한 카이로선언을 공동 발표했다. 선언에는 누구도 예상하지 못한 문구가 포함되었다(배영대, 2013.5.13).

이는 카이로선언(The Cairo Declaration)에서 "한국 인민의 노예 상태에 유의하여 적당한 시기에 한국을 자유 · 독립케 할 것을 결정한다."(이기백, 2011, 393쪽)라는 조항이다. 배 기자는 유영익의 『건국대통령−이승만』에서 밝힌 내용을 소개한 것이다. 유 교수는 "이승만과 미국인 친한 로비 단체들이 백악관을 상대로 벌인 임정 승인획득 노력은 1943년 12월 1일 루스벨트와 처칠 그리고 중국 군사위원장 장제스(蔣介石) 총통이 공동으로 발표한 카이로선 언의 탄생에 간접적으로 크게 기여했다. 카이로 선언문의 초안을 작성한 사람은 루스벨트의 특별보좌관 해리 홉킨스(Harry I. Hopkins)였다.”라고 했다 (정일화, 2010, 30~4쪽; 유영익, 2013, 57쪽). 이승만은 1919~45년 끊임없는 대미 로비전을 펼쳤다고 한다. 더욱이 카이로 선언문 로비를 위해 이승만은 적어도 세 차례 루스벨트 대통령에게 편지를 보낸다(Robert T. Oliver, 1960, p.177; 유영익, 59~60쪽).

언론인 행동가로서 이승만은 고종 황제와의 협상에서 ‘헌의 6조’를 성공적으로 끌어내고, 그리고 그는 루스벨트에게 로비력을 통해 카이로 선언에 자유주의·독립국가를 포함시키기를 성공시킨 것이다.

최근 사회 일부 세력들은 이승만정권이 들어서지 말아야 할 정부라고 한다. 그렇다면 본 연구는 이승만정부의 기본 이념이 무엇인지를 규명하는 것이 필요하다. 또한 최근 인터넷, 각국과의 FTA 등 국제교류가 증가된다. 그 문제를 이승만의 ‘민주공화주의 원류(Cosmopolitanism)’로 풀 수 있는 문제인지를 점검한다. 마지막으로 필자의 관심을 언론인 이승만의 비교적 초기 작품인《협성회회보》,《매일신문》,《제국신문》,『독립정신』 등 많은 족적을 남겼다. 그 업적이 현대 언론을 조망하는데 도움을 얻을 수 없는지. 필자는 이런 관심에서 ①언론의 ‘학문’, ‘경계’, ‘합심’의 목적, ②자유주의·독립국가 정신, ③민주공화주의 원류(세계시민주의, Cosmopolitanism) 논의 등 순서로 언급한다.

말하자면 자유주의·독립국가는 공화주의와 맥을 같이 하고, 공화주의 원류는 ‘세계시민주의’와 같은 맥락에서 논의된다. 결론적으로 이승만이 19세기말 20세기 초에 펼친 이론이 인터넷과 각국과의 FTA 등 국제교류가 한창 진행되는 시기에 다시 언급하게 된다. 개인은 타인과 타문화의 가치를 인정하고, 교육을 통해 개인의 정체성을 확보하게 하고, 다원주의 사회를 지향한다. 그 안에서 공존하는 개인들은 역사가 돌고 도는 것임을 깨닫게 된다. 선각자 이승만은 대한민국의 국부로서 인정할 수 있는 존재임에 틀림이 없다.

2. 언론의 '학문', '경계', '합심'의 목적

이승만은 언론인으로서 많은 글을 남겼다. 이승만의 쓴 글은 『뭉치면 살고.. 1898년 1944년 언론인 이승만의 글 모음』에서 그 편린을 찾을 수 있다. 이 책에 따르면 이승만은 협성회회보, 매일신문, 뎨국신문(제국신문), 대한매일신보, 국민보, 공립신보, 신한민보, 우라키, 태평양 주보, 뉴욕 타임스(New York Times), 동아일보 등에 많은 글을 남겼다.

이정식은 이승만이 《협성회회보》[2]를 만들 때 가졌던 정서를 소개했다. 이승만에 따르면 "나는 몇몇 청년의 도움을 받으면서 신문을 시작하였는데, 《협성회회보》는 한국 사람들만으로 제작되는 신문으로 우리나라에서 처음의 것이었다. 작은 신문이기는 했으나 나는 그 지면을 통해서 자유와 평등이라는 위험한 사상을 나의 힘을 다해서 역설했다."라고 했다(이정식, 1995, 89쪽). 즉, 이승만은 신문이 자유와 평등을 확산시키는 도구가 됨을 역설한 것이다.

이한우는 "이승만이 배재학당에서 영어를 배우고 쓰고 기독교에 관한 사랑을 알게 되었으며, 1895년 귀국한 서재필로부터 1년 이상 세계지리, 역사, 정치학 등과 더불어 토론술과 웅변술을 배웠다."라고 했다(이한우, 2010, 43쪽).

---

2 배재학당의 학생회인 협성회(協成會)가 1898년 1월 1일 주간신문 《협성회회보》(매주 토요일 발행, 4면)를 창간하였다. 협성회 회장이 사장을 맡는 신문이었다. 유영석, 양흥묵, 이승만 등이 참여했다. 이승만은 당시 주필이었다. 논지는 주로 인재 양성과 면학을 권장하는 내용이었다(방상훈, 2001, 108쪽). 그러나 4월 2일 14호를 내고, 발간을 중지했다. 아펜젤러 학장(Dr. Appenzeller)은 검열을 하기 위해 편집권을 그에게 넘기길 바랐다(Choong Sik Lee, 2001, p.20). 그렇지 않으면 학교의 신문을 낼 수 없다고 했다. 이를 거부한 회원들은 4월 9일부터 제호를 믹일신문으로 바꾸어 학교 밖에서 신문을 발행하기 시작했다.

협성회 회원들은 서구에서 유행되는 보편적 학문을 배웠으며, 이를 토론으로까지 연계시켰다.

협성회는 국제적 감각을 갖고 학업을 하고, 그 내용을 신문에 반영시킨 것이다. 신문은 '현실의 반영'이 아닌, 자연·사회과학적 아이디어를 실험하는 기구가 된 것이다. 그게 아니라면, '천부인권 사상' 등 인류의 보편적 가치를 논한 것이다.

그렇다면 당시 협성회에서의 토론과 웅변의 주제는 "대부분 자유, 평등, 관리 등 근대시민의 기본권에 관한 것들이었다. 즉,『독립정신』에 담겨있는 자유와 평등에 대한 강조, 세계지리와 정치체제 그리고 자연과학에 대한 풍부한 지식 등을 이 무렵 이미 체득한 것으로 보인다."라고 했다(이한우, 상게서, 43쪽).

정진석은 "최초의 서양식 근대교육을 실시하는 배재학당에서 학생들이 민주적 회의 진행방식을 스스로 익힐 수 있는 기회를 만들고 찬반양론으로 나뉘어 공개토론을 전개한다는 것은 학교 내의 행사에 그치지 않고 사회적으로 큰 의미를 지니게 되었다."라고 했다(정진석, 2004, 30쪽). 당시 참여자들의 자부심은 현재 상업신문과 다른 측면이 부각된 것이다.

문제는 "협성회 토론회가 독립협회와 만민공동회를 선도했다."라는 측면이다(정진석, 2004, 31쪽). 더욱이 협성회가 이룩했던 가장 큰 업적은 《협성회회보》와 이를 발전시킨 우리나라 최초의 일간지 《매일신문》[3] 발간이었다.

---

3 이승만은 1898년 5월 14일 협성회의 회장에 선출되었다. 이 때 선출된 회장은 이승만(당시 23세), 부회장은 양홍묵이었다. 이날 회의는 협성회의 예산 60원을 매일신문사로 넘겨주기로 하였다(정진석b, 1995, 38쪽). 유맹, 최정식, 유영석 등이 기자로 참여했다. 그 신문의 지도부를 보면 매일신문 5월 21일자 4면에 편집인 최정식, 저술인 리승만, 발행겸 인쇄인 류영석으로 기재했다(《매일신문》, 1898.5.21.; 정진석, 상게서, 39쪽). 또한 동 신문 5월 27일자에 이승만이 사장과 편집장(기재원, 혹은 주필)을 겸하기로 결정했다고 보도 했다. 이승만은 이 신문의 혁신적 논조를 이끌어나가게 된 것이다(정진석, 상게서, 39쪽). 그러나 곧 사내 분규가 일어나 1898년 7월 23일 협성회의 통상회의에서 회장인 이승만을 출회하고 부회장 양홍묵은 의원 해임하였다. 더욱이 그 후 이 신문은 1899년 4월 4일 이문사(以文社)와 갈등을 빚고, 폐간되었

이승만은 당시 신문사를 운영하는 의미를 피력했다. 그에 따르면 "신문사를 설치하는 일은 무릇 안팎의 정세와 크고 작은 폐단을 일일이 강구해 나날이 이목을 새롭게 하고 충애(忠愛)로서 인도해 그들로 하여금 번연(飜然)히 깨달아 낡은 것을 고쳐서 새롭게 혁신시켜 문명에 큰 도움이 되게 하는 것이다."이라고 했다(유영익, 2002, 292쪽).

신문을 만드는 일에 적극 참여했던 이승만은 1898년 4월 12일 《매일신문》의 발간 목적을 언급했다. 그는 〈신문의 세 가지 목적〉에서 "신문이라 하는 것이 나라에 크게 관계가 되는 것으로 세 가지 목적이 있으니, 첫째 학문이요, 둘째 경계요, 셋째 합심이라."라고 했다(이승만, 1898.4.12; 방상훈, 1995, 134~6쪽).

그 목적은 첫째, "서양 제국의 이전 역사와 요사이 새로 나는 신문을 광구(廣求: 널리 구함) 하여 고금을 비교하며 그 근원을 궁구(窮究: 깊이 연구함)하여 신문에 기재하여 가지고 국민의 이목을 날로 새롭게 하니, 이것이 이른바 신문이 학문에 관계된다 함이요."라고 했다. 이 논리로 이승만은 《협성회회보》 1898년 3월 19일자에서도 같은 말을 했다. 뿐만 아니라, 그는 학문을 합심과 함께 논의 했다. 그는 "내 나라 정부시세와 국중소문과 외국형편을 소상히 알아 상하원근이 정의를 상통하여 각기 이산(離散: 떨어져 흩어짐)한 마음이 적이 합심할 만하게 된지라."라고 했다(이승만, 1898.3.19; 방상훈, 1995, 133쪽). 즉, 그는 언론의 정보전달이 인민의 마음을 함께 함을 피력한 것이다.

그 만큼 신문이 당시로서는 수준 높은 보편적 가치 추구의 내용을 게재함을 뜻한 것이다. 이는 이승만이 배재학당의 학술적 분위기 속에서 형성된 개인의 세계관과도 연관이 된다. 학생들은 학문을 익히면서 협성회 구성원으로 참가했다. 협성회는 독립협회와 관련을 맺을 뿐 아니라, 독립협회를 끌고 가는 입장이었다. 당시 상황을 윤치호는 잘 설명하고 있었는데, 그는

다. 그 명맥은 1899년 4월 14일 상무총보로 개제하여 상무회사 길영수가 격일간으로 발행한다.

자신의 영문일기에서 "그(독립협회 구성원)들은 실제로 종래 사회와 국가의 일들에 자유롭고 평등하게 참여하지 못했던 인민들에게 적극적으로 집회를 열게 하고, 자기의 주장을 내세우면서 참여하고 있는 것을 민주주의라는 용어를 사용하면서 설명하였다."라고 했다(윤치호, 『윤치호 영문일기』, 1898.2.27; 신용하, 1975, 619쪽).

뿐만 아니라, 이승만이 참여한 협성회의 토론 주제는 처음에는 비정치적인 것이었다(이한우, 2010, 20쪽). 그의 활동 무대였던 "협성회는 이승만의 정치적 지식과 화술을 강화시켜 주었고, 또 그가 필요로 하였던 자신감을 심어주었다."라고 했다(상게서). 그의 언론활동이 다른 역대 언론인과 다른 측면이 부각된다. 물론 그 때의 신문은 지금의 상업신문과는 전혀 다른 계몽적 성격의 것임을 직감할 수 있다.

또한 학문과 더불어 합심에도 논의되었다. 동 목적은 "백성들은 나라일이 저승같이 막혀 있어 동편에 큰일이 있으되 서편서는 잠만 자니 그런 백성은 없는 이만 못한지라. 이때 또한 적국이 사면을 엿보며 기틀을 찾으니 보호할 방책은 다만 백성이 합심하기에 있는지라. 대개 벌은 조그마한 벌레로되 건드리기를 무서워함은 벌이 저의 수효대로 일심이 되어 덤비는 까닭이나, 우리도 합심한 될 것 같으며 서양 제국이 우리를 두려워하여 다른 뜻을 두지 못할 것이니, 합심하는 것 보다 더 급한 일이 어디 있으리오."라고 했다(이승만, 1898.4.12; 방상훈, 1995, 136쪽). 즉, 인민들은 같은 정보를 공유함으로써 서로 교통할 수 있고, 합리성을 확보할 수 있고, 민족의식을 고취시키고, 서로 합심하고, 정체성을 찾을 수 있고, 민족의식을 고취시킬 수 있다.

나머지 3 기능 중 하나는 경계이다. 경계가 잘 되면 합심은 쉽게 이룩될 수 있게 된다. 그렇다면 경계, 즉 사회통합(social integration)의 법은 공정성에서 이룩될 수 있는 것이다. 이승만은 경계에 매력을 느꼈다. 그는 언론의 경계 목적이 법을 바로 서게 하고, 법을 통한 지배가 가능하게 한다는 것이다.

즉 그는 "여러 사람이 공평하게 의론하는 데서는 법률에 끌려 자기의 욕심과 악한 행실을 감추고 공의를 따르는 법인 고로 법강이 분명하여 어두운 일과 사사로운 의론이 세상에 행치 못하는 바인데, 대저 공정하기는 신문에 지날 것이 없는 것도 당초에 신문이 한두 사람을 위하여 조용한 구석에서 가만히 보라는 것이 아니라 세상에 드러내 놓고 널리 전하기로 주장하니, 그 여러 사람들을 다 고르게 위한즉 말이 공평할 수밖에 없는지라. 공평한 말이 세상에 행하면 그 결실은 필경 법강과 경계가 바로 설지니 이것이 이른바 신문이 경계에 관계된다 함이요."라고 했다(이승만, 상게서, 135쪽).

3. 자유주의·독립국가 정신

물론 이승만이 《매일신문》을 운영할 때에는 《협성회회보》 때와는 달랐었다. 즉, 이승만은 "협성회 활동을 통해 대중계몽과 선동의 중요성을 이미 깨달았기 때문에 일단 방향을 그쪽으로 잡았다."라고 했다(이한우, 2010, 22쪽). 그는 학문으로부터 평론가, 독립협회, 사회 운동가로서 방향을 선회했을 것이다.

그렇더라도 이승만의 마음은 《제국신문》[4] 논설을 그만 둘 때 상황으로 그 심정을 읽을 수 있다. 그는 "이 신문이 내신 이들과 보시는 이들이 다 일체

---

[4] 한편 매일신문의 활판기계를 최정식과 유영석이 가지고 나가, 일일신문을 창간했다. 협성회의 매일신문은 일일신문을 상대로 기계를 돌려달라고 소송을 했지만, 실패했다. 한편 협성회에서 제명된 이승만은 유영석, 이종일등과 함께 1898년 8월 10일자로 뎨국신문(1903년 7월 7일부터 제국신문으로 제호 변경)을 창간했다(정진석b, 1995, 44쪽). 인쇄시설은 김익승의 소유로 이문사가 출자한 것이다. 뎨국신문은 사장 이종일, 주필 이승만이었다. 여기서 주필은 논설기자였다. 한편 동 신문 1898년 9월 7일자의 논설에서 '대개 신문의 목적이 나라를 개명하고 공평한 의론을 세상에 세우라 하는 주의'라고 했다(최기영, 상게서, 22쪽) 한편 "순검, 병정, 상인들 뿐 아니라 부녀자와 하인배에 이르기까지 이 신문을 읽어 국제정세나 정치의 득실, 실업의 발전 등을 알게 되었다."라고 했다(최기영, 1991, 12쪽).

로 내 몸을 먼저 잊어버리고 공심으로 힘을 써서 나도 차차 화해 가며 남도 또한 화하게 만들기를 직분을 삼아 각기 자기 두 어깨위에 나라를 떠메는 짐이 있는 줄을 깨달아야 장차 일후 여망이 있을지라. 이것이 아니고는 어찌 할 수 없으니 오늘 섭섭히 작별하는 랑에 한 장 글을 지어 권면함이로다."라고 했다(이승만, 1903.4.17; 방상훈, 1995, 470쪽).

독립투사로서 사명감을 가진 이승만은 전술했듯, 만민공동회에서 보부상 패와의 대결에서 만민공동회의 청년 선봉장이었다. 더욱이 그의 언론활동은 곧장, 개화운동이었고, 이는 정치적인 당면 과제였으므로 정치 활동과 언론은 한 가지 목표로 귀착되었던 것이다(정진석b, 1995, 47쪽). 그는 11월 29일 중추원 의관(議官)으로도 선출되어 활동하였고,《제국신문》기자로서 활동을 계속했던 것이다. 그렇다면 그의 언론자유 사상은 자유주의 사상과 맥을 같이 하게 된다. 그에게 만민공동회 일은 인민과 더불어 하는 구국운동이 되었고, 언론은 당연히 지사언론이 될 수밖에 없었다.

물론 이승만에게 언론은 상업신문과 그 궤를 달리한다. 그는 "본사신문은 회사도 아니며 정한 주인도 없이 여러 인민에게 속한 것인즉 누구든지 주장하여 확장할 자 있으면 즐거이 부탁할 것이요, 사무를 확장하며 폭원을 늘이고 또 힘이 자라면 값을 감하여 공택에 이롭도록 할지라. 사사이익을 도모함이 아니거늘 동포의 찬조함이 이다지 적연하니 슬프다 외로운 회포를 스스로 금치 못하리로다."라고 했다(이승만, 1902.9.13; 방상훈, 1995, 336쪽).

이승만은 신문에 게재하는 것이 공익을 위한 봉사라고 생각한 것이다. 이승만은 1903년 4월 17일자에 "〈기자의 작별하는 글〉이라는 논설을 게재한 후부터는 제국신문 논설집필을 중단하였다. 그는 이 논설에서 그동안은 제국신문의 재정 상태가 어려워 자신이 논설을 썼지만 이제는 고종의 지원으로 신문의 자립을 기할 수 있게 되었으므로 손을 뗀다고 말했다. 이 때 고종은 내탕금(內帑金) 2천원과 광문사의 사옥 및 그 소유기계 등을 제국신문사에 하사했다"라고 했다(제국신문 1903.3.9 참조; 정진석b, 1995, 52쪽).

이승만은 공익적 성격을 가진 신문에 대한 그 효과를 논의했다. 그는 "이 신문이 내신 이들과 보시는 이들이 다 일체로 내 몸을 먼저 잊어버리고 공심으로 힘을 써서 나도 차차 화해 가며 남도 또한 화하게 만들기를 직분을 삼아 각기 자기 두 어깨위에 나라를 떠메는 짐이 있는 줄을 깨달아야 장차 일후 여망이 있을지라."라고 했다(이승만, 1903.4.17; 방상훈, 1995, 470쪽).

이승만에게 신문은 공익을 위한 것일 뿐 아니라, 일정 부분 사회·독립을 위한 자기희생으로 봤다. 그는 신문을 통한 '학문'은 사회의 공헌이요, 사회 발전의 밑 그름으로 간주한 것이다. 같은 맥락에서 언론의 '학문'은 이승만에게 늘 중요한 과제였다. 더욱이 그는 학문에 평등적 요소를 가미시켰는데, "우리나라 사람들이 항상 위에 있는 상등인이 학문도 없고 착한이도 없는 것을 걱정하지마는 나라마다 아래 평민들이 열리기 전에는 개명한 상등인이 어찌할 수 없는 법인 줄로 생각을 하시오."라고 했다(이승만, 1904.12.29; 방상훈, 1995, 172쪽). 그에 논의에 따르면 평민들이 같은 정보를 공유할 때 의미를 지닌다는 이야기를 하고 있다.

신문은 인민 누구나 정보를 공유할 수 있는 기구임에는 틀림없었다. 이승만은 평민들과 접하는 길은 신문이 유일한 길이라고 생각했다(이우세, 1992, 184쪽). 그는 국민에게 자신의 뜻을 전할 수 있도록 항상 신문 기자를 가까이 하려고 노력했다. 이승만에게 신문의 가장 큰 목적은 "국민들에게 그 시대의 문제가 무엇인가를 알려 주고 그에 대해 판단할 수 있게 함으로써 전체적 번영에 이바지하기 위한 것"이라는 생각했다(이우세, 상게서, 184쪽).

그 때 신문의 역할을 담당하기 위한 전제 조건으로 언론자유가 필요했던 것이다. 이승만은 당시 일인 신문이었던 《한성신보》를 비판하면서 신문의 기능을 《뎨국신문》 1898년 9월 21일자에 논했다. 그는 "신문의 기능은 국민개명에 원동력이 되는 것이라는 언론관을 강조하고, 그렇기 때문에 사실을 독자들에게 그대로 전달하는 것만으로는 소임을 다했다고 할 수 없으며 국민을 계도할 수 있도록 해설을 덧붙여야 한다는 것이다. 또한 신문은 사물에 대해 비판하고 논평을 가함으로써 잘못을 바로잡아야 한다."라고 했다(정진석b, 1995, 46쪽).

이승만은 계몽, 해설, 논평을 언론에서 중요한 가치로 간주한 것이다. 그 전제 조건으로 "자유와 평등의 가치를 강조해 국민 각자의 권리 의식을 높이고 새로운 정치제도를 모색하기 위해 세계지리, 자연과학, 각국의 정치제도, 한반도를 둘러싼 열강들의 각축 등을 상세히 설명한 다음 가장 중요한 결론 부분인 독립국의 긴요한 조목에서 언급했다."라고 했다(이한우, 2010, 44쪽).

이승만은 그 후 언론의 자유와 자유권에 대해 더욱 발전시켰다. 그는 "이 이십세기에 처하여 능히 자유권을 보전하는 민족은 문명부강에 나아가고 자유권을 보전치 못하는 민족은 남에게 밟혀서 잔멸을 면치 못하나니 이것이 지금 세계에 통행하는 소위 강권주의이다."라고 했다(이승만, 1924.4.23; 방상훈, 1995, 210쪽). 그는 또한 "자유가 본래 우리의 물건이요, 남에게 청구할 것이 아니니 가만히 앉아서 남이 가져다주기를 기다리지 말고 일어나서 나아가 취할 것뿐이다. 남이 주지 않는다고 원망할 것이 아니요, 남에게 주고 앉은 우리를 자책할 뿐이다."라고 했다(이승만, 1924.4.23).

이승만은 "공산당 사회당 등으로 의견을 나누기보다, 자유의 목적으로 한 족당을 이루라. 오늘날 우리의 제일 급한 것이 자유라. 자유만 있으면 무엇이든지 우리의 원대로 할 수 있으되 자유가 없으면 아무리 좋은 것도 할 수 없으리니 세계적 주의가 비록 크고 좋으나 우리는 민족이 먼저 살고야 볼 일이다."라고 했다(이승만, 1924.4.23).

전술했듯 이승만에게 자유는 투쟁의 산물이었고, 독립을 위한 조건이라고 봤다. 그 상황에서 신문의 기능이 개화, 자유주의 독립 국가를 만드는데, 앞장설 필요가 있게 된다. 그는 "자유를 위하여 싸우라. 세상에 싸우지 않고 자유를 찾은 민족이 없나니 우리의 붓 끝과 혀끝으로 남의 칼날과 탄환에 대적하며 우리의 배척과 비협동으로 남의 악형과 속박과 싸우자."라고 했다(이승만, 1924.4.23).

　자유 쟁취 정신은 곧 독립, 독립협회의 일과 관련이 된다. 다른 여타의 국가에서 자유의 쟁취와 더불어 국가의 독립을 논하였지만, 독립협회의 처지는 독립이란 명제가 더욱 앞선 과제였다. 그렇더라도 독립협회가 염두에 둔 국가관이 관심의 대상으로 등장한다. 그는 독립협회와 더불어 국가의 독립에 관심을 가졌다. 즉, 1898년 3월 10일 독립협회의 서재필, 이완용, 윤치호 등이 후원해 서울 종로 한복판에서 만민공동회가 열렸다. 주제는 러시아의 부산 절영도 조차요구 반대였다. 그가 이날 했던 연설은 3월 19일자 《협성회회보》 12호에 실렸다. 이후 이승만의 반러시아 성향은 일생동안 계속되었다(이한우, 2010, 22쪽).

　더욱이 이승만은 1898년 3월부터 발동된 독립협회의 만민공동에서 선도적 역할을 담당하였다(유영익, 2002, 10쪽). 그는 온 몸으로 독립의 필요성을 연설했다. 그는 1897년 7월 8일 배재학당을 졸업식에서 '한국의 독립'(Independence of Korea) 영어연설을 할 만큼 독립에 적극적이었다.

　또한 그는 "1898년 3월 10일 러시아의 부산 절영도(絕影島) 조차(租借) 요구에 반대하기 위해 종로에 모인 제1차 만민공동회에서 가두연설을 행하여 민중들에게 '가장 인기 있는 웅변가'로 인기를 모았다. 이 모임의 총대의원으로 선출되어 만민공동회의 결의서를 외부대신 민종묵에서 전달하는 임무를 맡기도 하였다(고정휴, 1986, 36~8쪽; 유영익, 2002, 10쪽).

　독립을 주장하는 개인에게 반드시 그가 속한 국가의 독립을 이야기하는 것은 당연한 일이다. 같은 맥락에서 독립협회는 당시 "열강의 침략과 위협으로 말미암아 조상된 민족적 위기를 타개하는 길은 타 강국의 의존하는 것이 아니라 어느 나라에도 의존하지 않고 '자주독립의 기초를 확고히 세우는 것이라고 주장하고, 당시 수구파의 일부 관료들이 어느 일 강국에 의뢰하여 자주독립을 확보해 보려는 의식과 시도를 신랄하게 비판하였다."라고 했다(신용하, 1975, 590쪽).

실제 독립협회는 국가구성에 관한 논의를 시도했다. 독립협회에 의하면, 국가를 구성하고 있는 개인이다(신용하, 1975, 594쪽). 그들은 개인과 국가와의 관계에 대하여, "국가라고 하는 것은 개인의 집적이다. 즉 개개인이 모두 자유 권리를 가진 연후에 미루어 능히 그 국가의 자유를 건전할 수 있다. 그러므로 국가를 세우는 한 가지 일에 반드시 자주를 바랄진대 그 국가의 자유의 기(氣)를 만들고 길러야 하며, 그 자유의 기를 기르는 방법은 인심의 화합과 중력(衆力)의 단결만 같은 것이 없다."라고 했다(신용하, 1975, 594쪽).

여기서 개인은 '천부인권'을 가진 사람들이다. 당시 독립협회는 "자주독립한 민족국가를 건설하려고 하면 그 국인, 즉 보편적 국민의 자유를 신장시켜야 하며, 국가 개개인의 마음을 화합게 하고 국민 개개인의 중력(衆力)을 단결시켜서 국가적 통일을 이루어야 한다고 보는 것이다."라고 했다(신용하, 1975, 594쪽).

그게 민도가 낮은 국가에서 실현하려면 누군가는 희생을 해야 할 일이었다. 이승만은 《협성회회보》를 창간할 때부터 그 중요한 역할을 맡았다. 전술했듯 《협성회회보》는 '적은 신문이기는 했으나 나는 그 지면을 통해서 자유와 평등이라는 위험한 사상을 나의 힘을 다해서 역설했다.'라고 했다.

이승만의 노력은 한계에 부딪쳤다. 당시 배재학당 학장인 아펜젤러(Henry G. Appenzeller)는 다른 사람들은 내가 급진적인 행동을 계속하다가는 목을 잘리게 될 것이라고 여러 번 충고했다(이정식, 1995, 89쪽). 더욱이 만민공동회의 성공을 만끽하고 있던 1898년 4월 2일 "아펜젤러 교장이 검열을 거치지 않을 경우 배재학당 이름으로 더 이상 《협성회회보》를 낼 수 없다."(Chong-sik Lee, 2001, pp.20~1)라고 하는 바람에 폐간해야 했다.

이승만은 《매일일문》, 《제국신문》 등을 통해 글을 발표했다. 그는 《제국신문》에 1901년 2월 12일 시작하여 1903년 4월 17일 끝을 맺었다. 곧 한반도에 전운이 감돌고, 새로운 기운이 싹튼 것은 1904년 2월 러일전쟁 발발 이후였다. 이 소식을 듣고 이승만은 "다시 조선반도가 요동치기 시작했음을 직감하고 조선이 나아갈 길에 대한 고민을 우선하지 않을 수 없었다. 이승만은 그 때 그의 첫 저서 《독립정신》[5] 집필을 완성했다."라고 한다(이한우 2010. 41쪽).

이 과정에서 이승만의 정치의식은 자연스럽게 조선의 독립과 민주주의 도입으로 모아지고 있었다. 『독립정신』에서 독립의 전제조건은 "인민의 속에 독립 마음을 넣어 주는 것이 지금 제일 일이라. 나의 급급히 이 책을 기록하는 뜻이 다만 이것 한 가지에 있느니..."라고 했다(이승만, 1998, 56쪽).

독립하는 마음이 없으니, "대한동포들도 남과 같이 타고나서 사지백태와 이목구비며 지혜총명이 남과 같이 상등대접받기를 원하지 않으리오.."라고 했다(이승만, 상게서, 55쪽). 이승만은 누구에게 부여해준 '천부인권 사상'을 이야기하고 있다. 그리고 이 대접을 받지 못하는 이유에 대한 대책으로 "전국 사람이 다 나와 같은 생각을 가지도록 하여 주는 것이 제일 긴급하며, 제일 중대한 일이다"라고 했다(이승만, 상게서, 55쪽). 언론의 '학문' 기능이 아쉬운 시점이다.

또한 이승만은 국제 공법에 대한 논의를 했다. 그는 "세계 각국을 공법으로 구별하야 각각 차지하는 권리와 이익의 분간을 말함이니 이 공법을 어느 나라가 홀로 세우거나 만국이 합하여 법관을 내이고 정하는 것은 아니로되.."라고 했다(이승만, 상게서, 73쪽). 물론 공법은 이성에 근거한 자연법이 된다. 그런데 그 문제는 일부국가 폭력을 행사함으로 문제가 생긴다. 여기서 폭력은 "타인의 의사에 반해서, 즉 강제적으로 타인의 자율성을 침해하며 고통을 가하는 행위이다."라고 했다(김봉규, 2010, 3쪽).

---

5 『독립정신』은 1904년 2월 19일 집필을 시작하여, 출옥하기 직전인 1904년 6월 19일 집필을 완료하였는데, 이 책의 원고는 한지에 쓴 원고를 노끈처럼 묶어 출옥에서 가지고 나왔다가, 1905년 박용만이 트렁크 밑에 감추어가지고 태평양을 건너 미국으로 가지고 간 것이다. 이리하여 1910년 2월에 미국 로스앤젤레스에서 처음으로 출간되었으며(정진석b, 1995, 53쪽). 그 후 1917년 3월 3일에 호놀룰루에서 제2판이 출판되었으며, 해방 후 1945년 11월에 서울에서 중간된 다음 이어서 여러 판본이 나왔다(유영익, 1998, 147쪽).

이승만은 폭력국가를 비판하면서, "각국이 시비하여 강한자로 하여금 무리함을 행치 못하게 하는 것도 또한 공법의 힘이니 공법의 힘이 이렇듯 장한지라 어찌 아름답지 아니리요 만은 다만 세계의 교화와 문명이 아직도 한결같지 못하여 혹 강대한 세력을 믿고 어두운 나라들을 대하야 공법을 버리고 불의를 행하는 자도 종종 없이 아니 하매 어두운 나라들은 저희가 공법을 알지 못하는 고로 남이 업신여기어..."라고 했다(이승만, 1998, 73쪽).

이승만은 이 정신을 구현할 수 있는 방법을 공화정으로 간주했다. 그의 『독립정신』에서 미국의 공화정을 소개했다. 그는 "나라를 보호하는 본의를 위하여 권리의 구별한 조목이 아래 기록한바와 같으니, ①조, 나라의 권리가 다 백성에게서 생김이요, ②조는 정부는 전혀 백성을 위하야 세운 것이니 백성의 공번된 권리에서 생긴 것이요, ③조는 제 몸을 제가 다스려 남에게 의뢰하지 아니하며 또한 남의 압제를 받지 안이하고 능히 제 몸을 자유할 줄 아는 자는 다 일례로 평등한 권리를 얻으며..."라고 했다(이승만, 1998, 122쪽).

『독립정신』에서 이승만이 염두에 두었던 정치체제는 "국민들이 자유와 평등권이 보장되는 입헌군주제나 민주공화제였다. 정치제도를 전제군주제, 입헌군주제, 민주공화제로 나눈 다음 전제군주제는 쇠퇴할 수밖에 없는 것임을 분명히 하고 영국이나 일본 같은 입헌군주제는 당시의 현실에 맞는 것이라고 밝혔다."라고 했다(이한우, 2010, 43쪽). 그러나 그는 "총 52장으로 된 이 책에서 영국, 프랑스 등 다른 나라에는 1장 정도만을 할애하면서도 그가 '민주공화제'로 분류한 미국에 대해서는 무려 4장에 걸쳐 상세하게 다루고 있는 것을 감안할 때 그가 궁극적으로 생각한 것은...공화정(共和政)이었다고 볼 수 있다."라고 했다(이한우, 상계서, 44쪽). 여기서 말하는 공화주의는 '평등주의적이고 공동체주의적이다.'(Philip Pettit, 1997/2012, p.57)라는 말과 상통한다.

4. 민주공화주의 원류('세계시민주의', Cosmopolitanism) 논의

전술했듯 1898년 10월 29일 만민공동회를 개최하고 고종 황제로부터 수구파 대신 7인을 퇴진시킬 것과 독립협회측이 제시한 '헌의 6조'를 실천하겠다는 언지를 받아냈다. 이에 놀란 수구파 관료들은 11월 4일 '독립협회가 공화정을 실시하려 한다.'라고 고종에게 무고하였다.

고종 황제와 수구파 관리들은 "이승만이 이처럼 역동적인 대중선동가로서 민중의 인기를 모으자 그를 회유할 목적으로 1898년 11일 29일 한국 역사상 최초로 시도된 '원초적 국회(Embryo National Assembly)'를 허용하고(F. A. Mckenzie, 1920, p.71; 유영익, 2002, 12쪽), 중추원의 50명 의관 중 한 사람으로 이승만을 임명했다.

이승만은 독립협회와 대한제국을 조기에 붕괴시킨 장본인이었다. 고종 황제는 "1898년 12월 25일 민회금압령을 내려 독립협회와 만민공동회를 해체시켰고 1899년 1월 2일에는 이승만의 중추원 의관직을 박탈하였다."라고 한다(유영익, 2002, 13쪽). 그러나 대한제국은 곧 풍전등화를 경험하게 된다.

이승만은 공화정에 대한 본격적인 논의를 시작했다. 즉, 그는 "나라의 두 골은 곧 정부니, 정부의 주의는 곧 국시(國是)라 하는 것이라. 국시가 서지 못하면 일국이 곧 미친 사람의 사지백체와 같이 되며, 폐한 물건만 도리뿐이 아니라, 손은 제 머리에 불을 놓고, 제 몸에 칼질을 하며, 발은 제 다리를 차고 상하게 하며, 골절이 부러져도 아픈 줄은 모르고 필경 제 몸을 망한 후에야 말지니, 다만 하루인들 국시를 세우지 않고야 어찌 부지하기를 도모하리요."라고 했다(이승만, 1902.8.22; 방상훈, 2001, 310쪽).

국시의 성격은 공화주의였다. 이는 자유를 허용하되, 지배를 금지하는 주의이다. 지배는 폭력으로 간주된다. 폭력은 근본적으로 인간존엄성의 침해를 의미한다. 즉 ①자율성의 침해 그리고 ②수단화, 도구화는 존엄성의 훼손으로 어지는 것이다(김봉규, 2010, 4쪽).

개인은 보편적 인권에 따르고, 세계시민의 신분을 부여받는다. 이는 '만국평화론'의 논리이고, '동양평화론'의 입장이다. 세계시민권의 공동체는 될 수 있는 많은 사람을 참여시키는 다원주의 사회이다. 인터넷과 국제교류, 즉 각국과의 FTA도 같은 차원에서 논하게 된다. 이승만은 『독립정신』에서 "서양의 '개명'한 나라들이 부강문명을 누리며 '극락세계'를 이룬 비결은 바로 국가를 구성하는 국민 각자가 '자유 권리'를 행사하기 때문이라고 설파했다. 그는 개인의 자유를 최대한으로 보장하는 정치제도는 민주공화라고 믿었다."라고 했다(유영익, 2013, 116쪽).

이승만은 1914년 2월 《태평양잡지》에 실린 "미국 공화사상에서"라는 글에서 "서양문명의 풍기가 날로 동양에 퍼짐에 동양 사람들에게 '자유', '공화'라는 문자가 자주 전파되는 것이 자연스러운 형세요...대저 공화라 하는 것은 영어로 '데모크라시'라 하나니, 본래 희랍어로 백성이 다스림이라는 뜻이라. 모든 백성이 공동하여 다스리는 것을 지목함인, 지금 미국 사람들이 항상 일컫는바 '백성이, 백성으로, 백성을 위해 세운정부(government of the people, by the people, for the people)'이라는 것이 곧 이것이라...오직 모든 백성이 평등한 권리를 가지고 공동이 합하여 다스리는 것을 곧 공화라 하는지라."라고 했다(이승만, 1914.2; 유영익, 2013, 117~8쪽).

그 전제 조건이 확고한 보편적 인권, '경계', 즉 자연법의 지배에 두었다. 언론은 공개함으로써 이성과 합리성을 확보할 수 있고, 공정한 법 집행은 누구나 용인할 수 있는 결과를 초래할 수 있다. 같은 맥락에서 칸트는 지구상의 사람들은 '세계적 커뮤니티(a universal community)' 안으로 들어오기를 원했다(Kant, 1891, pp.107~8).

같은 맥락에서 이승만은 자유와 법에 무게 축을 둔 것이다. 그는 "배재학당에서, 나는 영어를 열심히 공부했다. 그러나 나는 영어보다도 더 귀중한 것을 배웠는데, 이것은 즉 정치적인 자유이다. 한국의 민중이 무자비한 정치적 탄압 속에 살고 있다는 것을 조금이라고 아는 사람이 기독교 국가에

사는 사람들은 법에 의해서 그들을 통치자의 독재로부터 보호되어있다는 말을 처음 들었을 때 이 젊은이의 마음속에 어떠한 혁명이 일어났을 것이라는 것을 쉽게 상상할 수 있을 것이다."라고 했다(이정식, 1995, 89쪽).

이승만은 '상황(contexts)'의 논리보다, 공정한 법률의 중요성을 강조한 것이다. 그는 "나라는 장차 어느 지경에 이를지 모르나니 그런 고로 법률이라는 것은 곧 사람의 혈맥과 같은 지라, 사람의 혈맥이 고루 통치 못하면 목숨을 보존하지 못할 것이요. 법률이 공평히 시행하지 못하면 나라가 망함을 면치 못할 것이니, 나라의 인민된 자 이에서 더 큰 일이 어디 있으리오."라고 했다(이승만, 1901.4.25; 방상훈, 1995, 274쪽).

이승만은 '세계시민주의 법(Cosmopolitan Law)', 즉 자연법을 옹호하고, 국내를 넘어 지배를 일삼는 일본을 비난했다. 그는 '경계'가 분명하지 않고, 법의 공평하지 못한 일본을 비난한 것이다. 이승만은 "일본서 그 말을 분히 여겨서 기어이 동등 권리로 약조하고 하려한 즉, 여러 나라에서는 첫째 세상의 문명한 나라에서는 법률이 다 같이 공평하여 어느 나라에 가든지 제 나라 법률과 같이 다스리는 고로 다 같이 동등한 권리를 주되, 개화되지 못한 나라에서는 인정이 달라서 공평한 생각은 없고 남의 나라 사람이라면 해롭게 할 생각이 먼저 드러날뿐더러 매일 법률이 같지 아니하니, 개명한 백성을 어찌 개명안도니 법률로 다스리게 하여 그 흉악한 형을 더하게 하리오."라고 했다(이승만, 1901.4.25; 방상훈, 1995, 276~7쪽).

일본인들은 조선인에게 다른 불평등한 법을 적용시킨 것이다. 이승만은 이성에 근거한 자연법, 그리고 '세계시민주의'를 주장한 것이다. 그는 피압박민족으로 피할 수 없는 논의를 한 것이다. 또한 설령 국제법이 아니더라도, 일본의 이런 폭력적 행동은 예(禮)에도 어긋난다고 봤다. 그는 "대저 예라하는 것은 오륜의 근본이요, 만법의 기초라, 그런고로 예가 없으면 윤기(倫紀: 윤리와 기강을 아울러 이르는 말)가 없고, 예가 없으면 법이 없는 것이니, 예가 이렇듯이 사람에게 중한 것이거늘 근일에 자칭 화하였다는 사람들의 언어와 행위를 불지경이면 예모를 잃은 자가 심히 많으니 진실로 소이연(所以然; 그렇게 된 까닭)을 알 수가 없도다."라고 했다(이승만, 1901.6.12; 방상훈, 1995, 285쪽).

이승만은 예의가 없는 개인의 이기주의에도 비판을 한 것이다. 또한 그에게 나라사랑은 개인의 자유·평등과 같은 정도이었다. 그 나라는 가능한 자체 용기이고, 자기 의존이 가능한 곳이다(Derek Heater, 2011, p.30).

이승만은 그 나라에서 이상사회를 염원했다. 그러나 그는 "우리나라가 태서각국만 못한 것은 다름이 아니라 국중에 있는 사람들이 나라를 사랑하는 마음이 아직도 자기 목숨 사랑하는 이만 못하는 고로, 자기목숨 사랑하는 마음이 가장 앞서서 의리도 내 목숨만치 중하지 못하고 경계도 목숨만치 달게 여기지 못하여 욕을 보면서도 죽지 아니할 도리만 찾으며 의리에 어기는 일을 받으면서도 속으로는 조금 분하더라도 목숨이 의리보다 더 중요하게 생각하는 까닭에.."라고 했다(이승만, 1901.6.13; 방상훈, 1995, 289쪽).

이승만은 자기 목숨을 지키기에만 혈안이 된, 즉, 사심이 가득한 인민을 비판했다. 이런 이기적 원리가 바로 폭력을 잉태한다. 그는 그 상황에서 "나라와 토지와 인민을 사랑하는 사람이 드문지라."라고 했다(이승만, 상게서, 289쪽). 그 대신 이승만은 기독교 원리 하에, 개인, 나라 그리고 만민 등은 일정한 희생을 요구했다. 더욱이 이승만은 〈사랑함이 만국만민을 연합하는 힘〉에서 "사람마다 서로 보호하고 사람마다 서로 위로하여 지방에 동서남북과 인종에 황백 적흑을 물론하고 일체로 친형제같이 살아야할진대 우리 사는 이 세상이 참 극락세계가 아니리오. 그러므로 사람마다 다 각기 자기 사는 세상을 지옥을 만들려면 만들고 천국을 만들려면 만드는 힘이 다 제게 있는지라."라고 했다(이승만, 1902.10.21; 방상훈, 1995, 354쪽). 그는 퍽 기독교적 보편적 사랑을 피력했다.

그의 민주공화주의의 원류(源流), 즉 '세계시민주의(Cosmopolitanism)'를 논한 것이다. 이승만은 "오늘 세계상 인구를 통합할진대 십오억만 명이라. 각기 오대주에 나누어 처하여 피차 그 지방을 넘지 못하고 따로 지방을 작정하여 그 안을 지키고 풍속과 언어문자와 의복음식을 다 자의로 정하매 몇백년 몇천 년을 지난 후에 본 즉 대단히 서로 다른지라."(이승만, 1902.10.22; 방상훈, 1995, 356쪽)라고 함으로서 문화의 독특성을 주장했다.

그러나 그는 그것을 뛰어넘은 세계시민주의를 구상했다. 이것은 이성에 바탕으로만 한다거나, 자연법에 의존만 한다면 최첨단의 다원주의를 허용할 수 있는 사고이다. 같은 맥락에서 이승만은 그리스도교적 사랑을 전제하고, "이 다른 의복을 보면 곧 저희들의 원수로 알아 피차 잔해하려 하다가 지나간 삼백여 년 이후로 만국이 문화를 서로 통하고 각색 풍속교화에 좋고 좋지 않은 것을 비교하여 좋은 것을 따르게 하매 전에 제 의견만 가지고 고집하던 완습이 변하여 남과 합할 의견이 나며 혼인을 상통하여 오색 인종이 서로 섞여 살아 정의를 친근히 하매 인하여 그 근본을 생각한 즉, 모두 한 조상의 자손이며 한 하나님의 자녀들이라."라고 했다(이승만, 1902.10.22; 방상훈, 1995, 356쪽).

이승만은 이 원칙을 제헌국회에서 밝혀졌다. 그는 1948년 제헌국회 의장으로서 국회 개원식에서 "새로 탄생하는 대한민국이 민주주의 원칙에 입각한 정부여야 하며 그러한 정부 체제하에서 모든 국민이 평등권과 언론, 출판, 종교 등 모든 분야의 자유권을 누리는 가운데 교육과 공업을 발전시키며 외국과의 통상을 증진할 것이라는 자신의 정책 수상을 밝힌 셈이다(유영익, 2013, 123쪽).

또한 이승만은 "경제면에서는 자유경쟁체제를 원칙으로 하되, '사회 정의의 실현과 균형있는 경제의 발전'이라는 범위 내에서 경제적 자유를 인정하며 주요 자원이나 산업의 국유화와 국공영의 원칙을 천명했다."라고 했다(유영익, 2013, 160쪽).[6] 그는 기본 골격에서 시장경제를 허용한 것이다.

---

6 이승만은 경제의 자유를 인정하였지만, 주요 자원이나 산업의 국유화와 국공공영의 원칙을

이승만의 주장은 독립협회의 구상과 별로 다를 바가 없다. 신용하는 "독립협회가 제일차적으로 주장한 ①생명(신체) 재산의 자유권과, ②언론(출판)과 집회(결사)의 자유권은 일반평민층을 구성하는 개인의 지위와 역할을 강화하기 위하여 국가를 구성하는 개인의 보편적 권리로서 확립시키려 한 것이라고 해석할 수 있다."라고 했다(신용하, 1975, 614-5).

더욱이 독립협회는 "언론과 집회의 자유권은 한 걸음 더 나아가서 적극적으로 일반 평민층이 개개인의 능동적으로 자기의 자유권을 확장시키도록 지원하는 사회의 새로운 규범으로서 주장된 것이었다. 그리고 이 새로운 규범은 사후적으로는 국가를 구성하는 모든 보편적 인간에게 평등하게 적용되는 것으로 주창된 것이다."라고 했다(신용하, 상게서, 615쪽).

그러나 독립협회의 노력은 이상적일 수밖에 없었다. 언론과 집회 결사의 자유는 전제국가, 일본인들에게 강압을 당했고, 민권은 아직도 요원하였다. 언론발전의 실상이 이를 증명하였다. 이승만은 "지금 우리나라 경성의 인구 수를 적게 치더라도 이십여만구는 될 터인데 세 군데 신문처소에서 날마다 팔리는 수효가 불과 몇천 장이 못 되나니 이것만 볼지라도 우리나라가 개명이 못된 것을 알 것이요, 또 문견도 없고 앞으로 나아갈 볼 생각도 없는 것은 가히 알지니 진실로 분하고 부끄러운 일이로다."라고 했다(이승만 1901.6.1; 방상훈, 1995, 283쪽).

천명했다. 이 점에서 이 헌법의 경제 조항들은 국가 사회주의적 경향을 띠었다(양동안, 2011, 526~7쪽; 유영익, 2013, 160쪽). 세계 시민주의 입장에서 어느 누구나 개인을 사회에 동등하게 참여시키고, 영감을 유지하도록 한다. 개인의 교육이 그만큼 중요한 것이다. 이승만이 언론 기능 즉, '학문'이 다른 것이 아니다. 그게 참여를 극대화시키는 다원주의 사회논리이다. 좀 더 현실적으로 논하면, "이승만은 해방 후 대한민국을 건국하는 과정에서 원칙적으로 사유재산을 보호하고 자유경쟁을 조장하는 자본주의적 시장경제 체제의 확립을 기하되 정부의 보호 아래 상공업을 육성하고 아울러 유상몰수, 유상분배의 원칙에 따라 농지개혁을 실시할 것을 구상했다고 말할 수 있다."라고 했다(유영익, 상게서, 110쪽). 그의 자본주의적 정신은 "대한민국 건국 후인 1949년 자신의 통치 이념을 일민주의(一民主義)로 '남녀 구별의 철폐, 귀천 계급의 제거, 빈부 차등의 근절 등을 주장했다.'"라고 한다(유영익, 상게서, 114쪽).

이승만은 그 현실을 자세히 설명하고 있다. 그는 "개명된 나라를 보면 매일 찍어내는 신문지 수효가 부지기 백만 장이요, 가로상 천역(賤役:천한 일)하는 하등인물이라도 신문을 사보아 그 나라 정부에서 돈을 어떻게 쓰는지 세납을 어떻게 받는지 교육을 어떻게 하는지 외교를 어떻게 하는지 어느 사람이 옳은지 어느 사람이 그른 일을 하는지 외국소문에 무슨 말이 있는지 주의하여 재미를 들이는 것은 자기나라 일을 집안일이나 일신상 일과 같이 보는 까닭이다."라고 했다(이승만 1901.6.1; 방상훈, 1995, 283쪽).

그는 신문의 목적을 학문, 경계 그리고 합심으로 보는 한편, "지금 세계의 신문이란 것은 일국의 등불이라. 다만 눈만 밝힐 뿐만 아니라, 귀도 새롭게 하나니, 동리에 매기 등이 없으면 혹 촛불이나 대용하려니와 신문이 없으면 당장 이목이 어두운 중에서 어두운 생각이 생겨 풍설과 낭설 중에서 방향을 모를지라. 어지 이목이 구비한 인생이라 하리요."라고 했다(이승만, 1902.9.12; 방상훈, 1995, 331~2쪽).

이승만은 언론을 통한 인민의 계몽에 관심을 가졌을 뿐 아니라, 외교적 노력에 앞장섰다. 언론은 도덕적 뿐만 아니라, 선한 행위를 일삼는다. 언론은 지배라는 악, 폭력에 대한 도전이다. 그는 늘 이런 도전을 적극적 행동으로 승화시킬 수 있다고 봤다. 여전히 언론인 행세를 했던 이승만은 항상 자신의 생각을 행동으로 옮겼다. 그는 "하와이에서 선교 활동 중인 윤병구(尹炳求) 목사와 함께 포츠머스(Portsmouth)강화회의를 며칠 앞둔 1905년 8월 4일, 루스벨트 대통령을 면담했다. 그 자리에서 이승만은 '미국 정부는 대한제국의 독립을 유지할 의무가 있으며 이번 강화회의에서 그 의무를 이행해 달라.'고 요청했다."라고 했다(유영익, 2013, 26쪽). 유영익은 이승만이 이런 노력으로 "카이로선언에서 '한국 인민의 노예 상태에 유의하여 적당한 시기에 한국을 자유 · 독립케 할 것을 결정한다.'라는 결실을 얻었다."라고 했다.

제3장

민세 안재홍의 '민주공화국' 사상
–그의 언론활동을 중심으로

1. 민주공화국 건설의 논의

민세(民世) 안재홍(安在鴻, 1891~1965)[1]은 대한민국 민주공화국의 이론적 정립에 으뜸 공헌자이다. 그의 언론활동은 일본 제국시대부터, 해방 이후 일관되게 민주공화국 정신을 발전시켰다. 안재홍은 정치 · 경제학 사설 집필자로서, 전조선 기자대회(1925), 신간회(1927), 신민족주의(1948) 등 사회운동을 주도하였고, 대한민국의 민주공화국건설에 결정적으로 기여했다.

안재홍은 1950년 9월 21일 납북되었다. 그는 1946년 미군정의 남조선과도입법의원(김규식 의장)의 관선의원으로 임명되었고, 1947년 2월 5일 '미군정청'[2]의 '민정장관'을 역임했다. 그는 '열린' 민족주의, 즉 신민족주의를 주

---

1 안재홍(安在鴻, 1891~1965)은 와세다 대학 정경학부 출신으로, 《시대일보》 논설 기자(1924. 5~9), 《조선일보》 주필(1924.9~1928), 《조선일보》 부사장 · 사장(1929~1932), 《조선일보》 객원 논설 의원(1935.5~1936), 《한성일보》 사장(1946~1950) 등을 역임하였다. 그는 《조선일보》 재직 8년 동안 사설 980편, 시평 470편을 작성했으며, '민세체'로 불릴 만큼 글쓰기에 뛰어난 소질을 갖고 있었다.

장했다. 안재홍은 '열린 민족주의'를 민세주의라고 하였는데, "세계에서 민족으로 교호되고 조제되는 일종의 민세주의(民世主義)를 형성하는 상세(狀勢)라고 하여, 세계는 바야흐로 민족문화가 다른 세계의 문화와 서로 교호되는 '민세주의'의 시대가 왔다고 주장하였다.[3]

그는 '만국평화'의 시대가 왔고, 개인이 인격을 가진 자유로운 인격체로 이성적으로 판단한다고 보았다. 또한 그에게 국가는 다름 아닌 도덕적 '인격체'이고, 평화로운 공존체이다. 칸트는 『영구평화론』(1796)에서 '공화정'[4]을 "①(인간으로서) 한 사회 구성원의 자유의 원리에 의해, ②(신민으로서) 모두가 단 하나의 공통된 입법에 의존하는 의존의 원리에 의해, ③(국민으로서) 평등의 원칙에 의해 확립된다."라고 했다(Immanuel Kant, 1796/2008, p.26). 안재홍은 행정장관으로서, "하나의 공통된 입법이 의존하는 원리"를 완성시키는 데 결정적 기여를 했다.

물론 안재홍은 칸트의 보편주의와 달리, 조선민족의 '얼'과 '혼'에 기초한 민족주의와 더불어 '만민공생'(萬民共生), '대중개락'(大衆皆樂)의 '다사리국가'[5]

---

2 미군정청은 3권 분립원칙을 고수함으로써, 공화국의 터전을 닦았다. 입법에는 김규식, 사법은 김용무, 행정은 안재홍이 각각 최고 책임자로 된 상태에서 운용되기 시작했던 것이다(정윤재, "대한민국 정부수립 전후 민세 안재홍의 정치활동", 『남북 민족지성의 삶과 정신』, (사)민세안재홍선생기념사업회, 2010.11.8, 53쪽).

3 박찬승, "1930년대 안재홍의 민세주의론", 정윤재 · 박찬승 · 김인식 · 조맹기 · 박한용, 『민족에서 세계로』, 2002, 봉명, 74쪽.

4 이 과제는 100주년을 맞는 2010년 안중근(安重根)의 『동양평화론』 논의에서 시작한다. 안중근은 '동양평화론' 서술 목적을 "도덕세계를 구현하기 위해 일제의 대외침략 정책을 수정하도록 하는데 두었다."라고 했다(안중근, 『동양평화론(외)』, 범우사, 2010, 10쪽). 동 서적은 "한일협정 제1조의 취지로 일본 정부가 그 국민에 대해 가지고 있는 공권 작용 하에서 한국인도 균등하게 보호할 것이라고 해석하여, 공권 작용의 일부에 속하는 형사법을 여기에 적용한다."라고 한다(65쪽). 안중근은 "나를 처벌하려거든 국제 공법(公法)에 의해 다스려 줄 것을 희망하는 바이다."라고 했다. 그 발상은 칸트(Immanuel Kant)의 『영구평화론』과 맥을 같이 한다. 『영구평화론』에서 칸트의 공화국은 '자유, 입법, 평등' 등 요소를 갖고 있다(Kant, Zumewigen Frieden, Ein Philosophischer Entwurf, Friedrich Nicolovius, Koenigsberg, 1796, 이한구 옮김, 『영구 평화론(개정판)』, 2008, 26쪽). 본 연구는 3가지 요소로 민주공화국 사상을 논한다.

를 이야기했다. 그는 "'보편적 민주주의'란 존재하지 않으며, 다만 각 국가들의 구체적인 상황에 따라 여러 가지 다른 형태의 정치가 있을 뿐인 바, 대한민국은 재산의 사유원칙을 분명히 하되 특권 계급을 반대하며, 민주주의, 자주독립, 그리고 국제협조를 건실하게 지키고자 하는 다수의 국민대중이 바라는 나라로 발전해야 한다고 주장했다."라고 한다(정윤재, 상게논문, 77쪽). 그는 좌와 우가 함께 이데올로기 격전장의 해방정국에서 자신의 논의를 폈다. 이처럼 '보편적 민주주의' 사고와는 다를 지라도, 안재홍은 '진정한 민주주의', 즉, '순정 우익'에 기대하여 국가가 발전 되도록 기원했다(정윤재, 상게논문, 64쪽).

그의 민주주의에 대한 지지는 확고하였다. 민정장관 당시 미소공동위원회가 열렸으나, 남북한이 갈린 상황에서 1948년 5월 10일 남한 단독의 제헌국회의원 선거가 실시되었다. 1948년 5월 31일 제헌국회가 개원하여 초대 의장에 이승만, 부의장에 신익희·김동원을 선출하였다. 이어서 7월 20일 열린 국회 제33차 회의는 출석의원 196명 가운데 180표를 얻은 이승만을 대통령으로 선출하였다. 김구는 13표를 얻어 차점이었고, 안재홍 2표, 서재필 1표였다(정진석, 2008, 357쪽).

미군정에 협조한 안재홍은 당시 별 인기가 없었던 것 같다. 그렇더라도 민주공화국에서의 그의 기여는 실질적으로 매우 컸다. 안재홍은 '신민족주의'[6]를 논하면서 ①국민이 다 일하는 국민개로(國民皆勞), ②대중이 더불어

---

5 '다사리국가'는 다함께 살자와 다섯의 의미를 지녔다. 무엇보다도 한 민족의 언어는 그것을 사용하는 민족의 '생활이념'을 담고 있는 것으로 인식하고, 순우리말들을 어원적으로 해석하여 우리 고유의 철학세계를 발견하자 했다. 또한 민세는 숫자를 헤아리는 우리 고유의 낱말들을 철학적으로 해석하며 '조선정치철학'을 체계화하였는데, 여기에는 한민족의 우주기원론, 인간관, 정치관, 세계관, 역사관, 가치관 등이 포함되어 있다(정윤재, 『민족에서 세계로』, 2002, 봉명, 74쪽).

6 안재홍, "한민족의 기본진로-신민족주의 건국이념", 『민세 안재홍선집 ②』, 지식산업사, 1983, 327~70쪽.

살아가는 대중공생(大衆共生), ③만인이 다 다스리는 만민공화(萬民共和)를 기치로 내세웠다. 그것은 공화국 헌법의 핵심으로 그 정신은 칸트의 '영구평화론'과 맥을 같이 한다.

물론 그의 정신은 제헌국회에서 투영되었다. 이 헌법정신은 1948년 6월 23일 제1회 국회 제17차 회의에서 구체화되었다. 이 역사기술에 의하면 "대한민국헌법안은 우리나라에 있어서 대한민국임시정부 헌장, 현 민주의원에서 제정된 임시헌장, 과도입법의원에서 제정한 약헌 등을 종합하고, 그 외에 구미각국에 현재 있는 모든 헌법을 종합해서, 이 원안이 기초된 것이라고 볼 수 있는 것입니다."라고 했다.[7]

안재홍은 과도입법의원으로 참여했고, 당시 민정장관을 역임함으로써, 대한민국헌법 제정에 실제 가담했다. 그의 신민족주의('열린 민족주의') 사상은 민주주의와 사회주의가 함께 공존할 수 있는 민주공화국 정체의 기틀을 마련한 것이다.

본 연구는 안재홍의 언론사상의 궤적을 살펴봄으로써, '대한민국은 민주공화국이다.'라는 헌법 사상의 원류를 찾아보려고 한다. 논문의 논리적 전개를 위해 당시 안재홍의 기본 사상의 원천을 밝히는데 집중하고, 원인이 규명된다면 간접적으로 현재 위정자가 국가를 운영하는 통치철학과 처음 구상했던 헌법정신과의 차이를 발견할 수 있게 된다.

그의 공헌과는 달리, 후세 사람들은 안재홍에 대해 평가가 인색하다. 언론학에서는 정진석(2008), 조맹기(2002) 등이 논할 정도이다. 결론적으로 이 연구는 민주공화국의 초기 구상에 결정적인 기여를 한 안재홍의 업적을 밝히는 것이 목적이고, 이 연구를 기점으로 언론학 분야에서 안재홍의 언론활

---

7 헌법안 제2독회, 제1호 국회 제22차 회의(1948. 7.1) 속기록, 347~8쪽; 신우철, "대한민국헌법(1948)의 '민주주의제 제도 수립-그 역사적 연속성의 복원을 위하여-", 『제헌과 건국 그리고 미래한국의 헌법구상』, 한국미래학회 40주년 기념 학술회의, 2009.3.13, 348쪽.

동에 대해 보다 적극적인 연구가 뒤따르기를 기대하는 바이다.

그렇다면 안재홍이 언론학과 헌법제정에 기여한 것은 무엇일까? 최근 대한민국의 정체성에 대한 논의가 언급되고 있는데, 상해 임시정부가 "국호(國號)를 대한민국으로 정했다."고 한다(이한우, 2010.1.8). 즉, 1919년 4월 10일 밤 10시 중국 상하이 프랑스 조계 내 김신부로(金神父路)에 있는 현순(玄楯)의 집에서 이동녕 이시영 등 독립운동가 29명이 모여, 망명 임시정부 수립을 위한 임시의정원(국회)을 구성했다. 그 자리에서 일본 유학생 출신 26살 청년 신석우(申錫雨)가 먼저 "'대한(大韓)'이 어떠냐."고 발의했다. 더불어 또한 그는 공화제에 해당하는 '민국(民國)'을 덧붙여 국호를 '대한민국'으로 하자고 제안했다. 의정원 의원 다수가 신석우의 제안에 공감하여, 임시정부의 국호가 '대한민국'으로 결정됐다.

신석우가 대한민국의 국호를 제정하는데 기여를 한 것이다. 신석우는 조선 왕조 말에 경무사(警務士) 신태휴(申泰休)의 아들로서, 일본 와세다 대학 정경과를 나와 상해에 동제사(同濟社)라는 독립운동단체에서 활동한 자이다(방우영, 1990, 123쪽). 그는 1924년 9월 13일 송병준(宋秉畯)에게 8만 5천원을 주고, 조선일보 경영권을 인수했다. 당시 신석우는 민중의 지도자로 존경받는 이상재(李商在)를 사장에 추대하고, 본인이 부사장에 머물렀으며, 발행인 겸 편집인에 김동성(金東成), 주필에 안재홍을 영입했다(방우영, 상게서, 123쪽).

안재홍은 1914년 와세다 대학 정경학부 경제과를 졸업했다. 신석우는 동향인 안재홍을 주필로 영입한 것이다. 물론 당시 '혁신' 조선일보에는 동아일보에서 건너온 이상협, 김동성, 홍증식(洪增植) 등과 그들의 소개로 들어온 민태원, 유광열, 김형원 등 우익계 인사들이 있었다. 홍증식은 좌익계 박헌영, 김단야, 임형원 등을 동참시켰다(방우영, 상게서, 124쪽).

혁신 조선일보에는 좌(左)와 우(右)가 함께 공존하게 된 것이다. 안재홍은 혁신 조선일보의 논조를 책임지는 주필이었다. 주필이란 말 그대로 으뜸 논객인데 안재홍이 조선일보의 논조를 책임지는 주필이 된 것이다. 안재홍은 이전에는 1924년 5월부터 최남선이 창간한 시대일보의 논설반에 근무했었다. 그곳에서 3개월을 근무하던 중, 그 신문의 사주가 보천교(普天敎)에 개입하여 경영분규가 일자 그 회사를 떠나, 혁신 조선일보에 주필로 입사하게 되었다.

그는 혁신 조선일보 1924년 11월 1일 사설에 〈조선일보의 신사명−민중에게 申明함〉의 글을 작성했다. 그는 '민족주의'[8]를 대별할 수 있는 사상을 가진 인물이었다.

> 즉, "조선인으로서 딱 당한 문제를 떼여버리고 별로히 세계의 문제가 잇슬 수 업다. 사람은 자기에게 당면한 문제를 해결할 사명과 밋 책임을 마튼 것이요. 또는 자기의 힘이 미칠 수 있는 한도 이외의 문제를 참견하지 못할 천연의 구속이 잇다 할 것이다(안재홍, 『선집 ①』, 1981, 74쪽; 방우영, 상게서, 131쪽).

민족주의는 씨족 공동체가 아닌, 생활·문화공동체이다. 안재홍의 민족주의는 세계 공산주의가 가능했듯, '열린 민족주의'를 가능케 했다. '신생활 운동'이란 곧 열린 민족주의, '신민족주의' 뜻이다.

안재홍의 민족주의 관은 조선일보의 신사명에서 밝힌 내용과 동일하다. 그는 늘 일본 제국주의의 폭력에 대항하여, 자민족 중심주의를 주장해왔으며 언론인으로 현재문제를 직시했다. 이 논설에서 기자의 사명이 서술된다.

---

8 민족은 ①같은 땅위에서, ②하나의 생활공동체를 이루고, ③오랜 시일동안 역사적 경험을 같이 하면서 같은 문화를 만들어온 공동체로서 이해하고 있는 것이었다. 안재홍의 민족은 혈통을 민족 형성의 요소로 내세우지 않고, 생활공동체, 역사 문화적 공동체만을 들고 있는 점이다(박찬승, 상게서, 62쪽). 또한 조선의 상황에서 민족주의라는 특수성과 회통(會通)되어야 했다. 철학적으로 말한다면 민족주의는 더 나아가, 조선의 특수성이 어떻게 세계사의 보편성인 민주주의를 담지 할 것인가 하는 '민주주의와 민족주의의 회통의 문제'이며, 정치적으로 말하면 '민주주의의 토대 위에 존립되는 전 민족적 동일운명의 신민족주의'를 도출했다(박한용, 상게서, 218쪽).

즉, 인생이란 워낙 영원히 쉬임이 업는 정전(征戰, 출정하여 싸움)의 길을 나아가는 나그네이다. 궁달(窮達)과 승패의 계선(界線)을 초월하고 고락과 생사의 경역(境域)을 해탈하여서 다만 최선의 노력−영원한 정전이 잇슬 뿐이다 〈조선일보의 신사명〉.

안재홍은 〈신사명〉에 끊임없는 투쟁의 언론인 정신을 투영시켰다. 그 후 그는 약 8년간 조선일보에 근무하면서, 주필, 발행인, 부사장, 사장을 역임했다. 이 기간 동안 사설 980여 편, 시평 470편 등 1450여 편에 이르는 글을 쓰면서 그는 네 차례에 걸쳐 1년 이상 옥고를 치렀다(방상훈, 2004, 97쪽). 또한 그는 필화 외, 각종 시국 강연이나 신간회를 비롯한 사회운동 등으로 당시 언론인 중 가장 긴 시간 동안 옥고를 치렀다. 그는 모두 아홉 차례에 걸쳐 7년 3개월을 복역한 것이다.

안재홍이 살던 시대는 일제 강점기 시기였으며, 조선인은 "정치를 할 수 없었기에 신문사에 몸을 담고 활동을 벌이는 일 자체가 정치였다."라고 한다(정진석, 상게서, 348쪽). 즉, 안재홍은 정치운동가로서, 신문과 잡지에 논설을 쓰고, 역사논문을 저술하는 방법으로 항일 운동을 전개한 것이다.

안재홍의 신문 역정은 "그 대표적인 하나로서, 그가 붓을 들매 솟구치는 투지가 넘쳐 민중의 격서처럼 일필휘지의 속도로써 날마다 사설과 논평을 발표하였으며, 따라서 필화도 누구보다 많이 당했다."라고 한다(방상훈, 상게서, 98쪽).

'민세체'[9]에 불만을 품은 종로경찰서 고등계 형사, 사이가 시치로(齋賀七郎)

---

9 '민세체'는 동서고름을 아우르는 깊은 지식을 바탕으로 논지를 폈다(방상훈, 상게서, 98쪽). 유광렬은 안재홍이 쓴 사설 〈제왕의 조락〉에 대해 '누가 보든지 장강대하(長江大河) 같은 명문이었다.'고 평했다. 〈제왕의 조락〉은 여러 나라 왕실의 몰락을 예로 들면서 일본에도 이런 현상이 올 수 있음을 암시한 내용이다. 또한 조선일보 편집국장 대리를 지낸 이선근(李瑄根)은 "'민세의 논설들은 참말 대기자라 하리만큼 명문 중의 명문'이라며 '너무 감명이 깊어 그 일부를 욀 정도였는데 사실상 읽은 사람이면 눈시울이 뜨겁지 않은 사람이 없을 정도'라고 했다."라고 전한다. 또한 그는 붓으로 한문 문장을 썼는데 성(成), 유(有), 가(可)와 같은 긍정적인 글자가

는 "안재홍을 '직업적 혁명운동자'"로 규정하였다(정진석, 상게서, 349쪽). 정진석에 의하면 "시치로는 당시 독립운동가와 언론인, 사상범을 전문으로 다루면서 야만적인 고문을 자행하여 악명을 떨친 인물이었다."라고 했다.

또한 시치로는 안재홍을 평하면서 "그는 조선에서는 비합법적인 활동이 곤란하기 때문에 신문에 원고 투고, 팸플릿 발행 혹은 강연, 좌담회 등의 방법으로 민족주의를 선전·선동함으로써 조선민족 독립의 필연성을 고취하여 조선민족으로 하여금 자발적인 독립운동을 하도록 상시 집요하게 불온언동을 일삼은 '악당'이다."라고 막말을 했다(정진석, 2008, 349쪽).

물론 안재홍의 사상은 민족주의, 민주주의 그리고 사회주의를 포함하고 있었다. 그 중 〈조선일보의 신사명〉에서 사회주의에서 강조한 평등뿐 아니라, 공화정에 필수 요소인 자유를 포함시켰다.

　즉, 오인은 밋노라. 천하의 진리는 일부 인의 독창으로써 귀함이 아니오 천하의 긴급 사는 일인의 참신한 제창으로써 그 기교함을 자랑할 없는 바이다. 오인은 이제 개인아로서 민족아로서 사회아로서 인류아로서 가장 침핍(侵逼)과 억압과 모독과 유린이 업시 그의 권위와 존엄과 안전과 행복의 온갖 권리와 기회를 평등적으로 향수하여야 할 것이오. 종족과 계급과 성과의 차별이 업시 모든 경제적 평등의 안전한 기초를 보장하여야 할 것이오. 그리하야 모든 사회적 영예와 밋 교화의 시설에 제진병참(齊進並參)하기를 역도하여야 할 것이다. 이것의 완성이 업는 곳에 우리는 오히려 안마(鞍馬, 말안장)를 버릴 날이 업슬 것이오 안식을 탐 낼 날이 업슬 것이오 천하의 민중으로 더부러 떠날 날이 업슬것이오 유동(流動)하는 시간과 갈릴 틈이 업슬 것이다. 오인은 다만 최선한 노력－영원한 정전(征戰)이 잇슬 뿐이다〈조선일보의 신사명〉.

먼저 나오면 바로 글쓰기에 들어갔다. 반대로 불(不), 무(無), 부(否)와 같이 부정적인 단어가 나오면 잠시 틈을 두었다가 집필을 시작하곤 했다. 그래서 그에게는 '필점(筆占)하고 원고 쓰는 이'라는 말이 붙어 다녔다(99~100쪽). 물론 그의 글들에는 '날카로운 시국관이 배어 있었다.'고 한다.

안재홍은 폭력은 배격하고, 인격체로서 활동하는 개인을 염원했다. 한편 그에게 개인은 개인아로서, 민족아로서, 사회아로서, 인류아로서 행동하는 인격체이다. 더불어 안재홍은 '자유로운 인격체'가 함께 하면서 이뤄지는 '평화로운 공존'을 구상했다. 그는 공화국의 정체를 이야기했고, '영구평화론'을 폈다.

더욱이 안재홍은 '인류아'로 논리를 전개시킴으로써, 자민족 중심의 민족주의를 주장하지만, 다른 한편으로 세계주의를 언급했다. 즉, 개인은 한 국가 안에서 시민이요, 국가 간의 호혜적 관계에 참여하는 시민이고, 세계 보편적 시민인 것이다. 칸트가 『영구평화론』에서 말하는 '세계시민'을 논했다.

안재홍은 폭력으로 점철된 일본 제국주의 하에 살아가면서 민족성을 찾으려고 노력했을 뿐 아니라, 그의 공화정 건설의 노력을 아끼지 않았다. 본 연구는 그가 공화정 건설에 남긴 족적을 논의하겠다. 따라서 이 연구는 시대적 배경, 신민족주의의 실천, 열린 민족주의, 끝으로 민주공화국 사상 등을 논하겠다. 그 논점은 첫째 조선기자대회·신간회, 둘째 신민족주의 건설 등을 통해 그의 공화정에 대한 기여를 탐구한다.

본고에서 문제 삼은 민주공화국의 사상에 관련된 참고 문헌은 칸트(Immanuel Kant, 1796/2008)의 『영구 평화론』에 그 편린을 찾았다. 칸트는 '인간의 존엄성', '인격체', '도덕적 인격체' 등 말을 사용하고, 이런 맥락에서 자유·평등을 도출한다. 경제학 사설을 주로 쓴 안재홍은 자유는 칸트와 같은 맥락이었지만, 평등이 경제적 불평등으로부터 논리를 전개했으며, '국민개로'에서 불평등을 해소코자했다. 그 외 본 연구는 뷰허(Karl Buecher, 1979)의 '사회연계 역할'을 하는 언론에 관심을 가졌다. 또한 정진석(2008)의 '구국운동' 측면에서의 안재홍, 조맹기(2002)의 '신민족주의주자' 안재홍 등을 함께 논의했다.

2. 시대적 배경과 열린 민족주의

1) 시대적 배경

안재홍은 새로운 시대에 글을 쓰기 시작했다. 과거 언론인들은 왕조, 기껏해야 입헌군주제 하에 글을 시도했으나, 안재홍이 맞이한 시대는 전혀 새로운 시대였다. 3·1운동이 일어난 1919년 고종은 승하(昇遐)하였다. 군주제가 막을 내리고, 중국의 상하에서는 공화정 형태의 임시정부가 출범했다. 전통사회에서의 주체 세력은 역사의 뒤안길로 사라진 반면, 청년·노동자·여성·학생 등과 같은 근대적 범주의 새로운 시대가 열린 것이다. 새로운 시대는 새것을 요구하게 마련이었다.

안재홍도 새 시대를 맞이했지만 "일본의 조선을 압박하는 제국주의나 군국주의 본질은 폭력이다."[10]라고 보았다. 개인의 '인격권'을 침해하듯, 한 국가가 다른 국가의 주권을 침해하는 것은 결국 그 국가의 구성원 개별에게 폭력을 가하는 것이라고 본 것이다.

새로운 시대에 혁신 조선일보는 자신의 입장을 정리했고, 주필 안재홍은 언론의 시대적 사명을 적극적으로 논의하기에 이른다.

> 아아 만천하조선인 동포여, 여러분은 현대를 떠나서 잇슬 수 업는 조선인이요 조선을 떠나셔 잇을 수 업는 세계인이오 현조선과 현시대의 사명을 떠나서 그의 존재의 의의를 해석할 수 없는 시국해결 시대창조의 사역자들이다. 그리고 조선일보는 이러한 시대의 조선인과 그의 승패와 고락과 진퇴와 휴척(休戚)을 함께하는 이외에 그의 존재와 발전의 필요와 의의와 사명이 업슬 것이다 〈조선일보의 신사명〉.

---

10 김봉규(2010.6.2), "안중근과 미래신화", 『안중근과 동양평화론』, 가톨릭언론협의회.

〈조선일보의 신사명〉은 언론 침해가 난무하는 시대에, 언론인, 정치 운동가, 경제적 평등의 주구로서 언론활동을 시작한 안재홍이 언론의 사명을 논한 것이다. 그는 혁신 조선일보에 가담하기 전에 이미 시대일보 논설기자로 언론운동, 신생활운동의 전면에 나서 시대적 맥락을 논했었다.

> 즉, 사람으로서 또 조선 사람으로서 천하민중의 시대적 요구를 몸 받아서 그의 시대의식의 돌아가는 바와 시대인들의 원하고 구하는 바를 여실하게 표현하여 그로써 민족적 일대 표현기관을 만들자 함이 이 시대일보의 생명이요 정신이요 및 그 존재한 의의와 가치인바.[11]

일본 제국주의 하에서 안재홍은 독립국가의 건립을 우선순위로 정하고 그것을 시대적 사명으로 알았다. 그는 폭력이 없는 평화의 나라 세우기를 당면과제로 삼았고, 같은 맥락에서 칸트는 개인의 인격을 자연스럽게 하나의 인격체로 국가에 확장시켰다(김봉규, 상게논문, 68쪽).

그는 이런 국가를 "자신을 제외하고, 어느 누구에 의해서도 명령이나 지배를 받지 않는 인간의 사회이다. 국가는 그 자체 뿌리를 지닌 줄기와 같다. 나무의 접붙이기처럼 한 국가를 다른 국가에 병합시킨다면, 그것은 도덕적 인격체로서의 국가의 지위를 파괴하는 것이며 국가를 물건으로 간주하는 것이다."라고 했다(Kant. op. cit., p.16).

칸트는 개인의 인격체 연장으로 생각하였고, 그러한 논리로 보자면 제국주의 폭력성은 개인성을 상실시키고, 평화를 방해하는 것으로 본 것이다. 안재홍 역시 국가는 개인아·민족아·사회아·인류아로서 동일한 선상에서 일치시킴으로써 칸트의 국가론을 논했다.

안재홍의 사상은 안중근(安重根)의 '평화와 평등'을 내세운, 『동양평화론』

---

11 안재홍(1924.7.10), 〈최초의 일념에 순(殉)할 각오로써 만천하족자에게 결별(訣別)함〉, 《시대일보》.

과 맥을 같이 한다. 개인은 제국주의 폭력에 대항하여, 그 국가의 생존을 위해 투쟁의 필요성을 절감하게 된다. 즉. 안 의사는 "사람이 세상에서 살아갈 때, ①몸을 닦고, ②집안을 다스리고, ③나라를 보호해야 한다."라고 했다(안중근, 상게서, 33쪽). 즉, 개인은 몸과 마음을 서로 합하여 생명을 보호하고, 부모와 아내와 자식을 유지시키고, 모든 국민의 단결에 의해서 국가를 보전시킨다.

2) 신민족주의(국민개로, 대중공생 그리고 만민공생)의 실천

안중근은 현 조선의 상황에서 생명보호의 방법을 언급했다. 같은 논의에서 안중근은 "우리나라가 오늘날 이같이 비참한 지경에 빠졌으니 그 까닭은 다른 것이 아니라, 서로 화합하지 못한 것이 제일 큰 원인인 것이다."라고 전했다. 같은 맥락에서 안재홍은 그 논의의 해결책으로 '국민개로', '대중공생'의 신민족주의를 언급했다. 그러나 안재홍은 안중근과 달리, 씨족공동체가 아닌, 생활공동체(혹은, 경제공동체)를 주장하고 있다.

안재홍은 모든 사람이 직업을 갖는 것과 공존의 원리를 찾는 것, 평등에 관련된 대중공생에 깊은 관심을 가졌다. 또한 그는 조선일보사의 주필로서 그 명성을 떨치며 사회주의 운동가로서 현실적 폭력에 맹성을 촉구하며 경제적 불평등 체제에 관심을 가졌다.

안재홍은 조선일보 1924년 12월 7일 사설, 〈진도사건에 대하여〉에서 조선의 경제적 착취 현실을 직시하여, "자본주의국가의 특수부대인 동척회사(東拓會社)와 및 그 충실한 반려인 흥업회사(興業會社)가, 그와 상호의존의 관계에 있는 관권과 공동하여, 사지(斯地)의 원주민을 억압 또 구축코자 하는 것은, 그들의 추구한 수확품과 함께 그의 비고에 감추어둔 예정의 계획이다."라고 했다.

또한 안재홍은 동 신문 1924년 12월 8일 사설, 〈당국자에게 與함─진도사건과 언론압박〉에서 "그릇된 안녕질서라는 개념에 갇히우고 적패인 구습

중에 있어서, 맹목적 또 몰비판적 선입주견으로 다만 농촌의 저항으로 보아, 사회의 안녕과 호조의 정신을 파괴하는 특권계급들로, 관권의 양해를 믿어 만모(慢侮)와 폭행을 자행한다."라고 했다.

물론 이 회사의 배후에 일본정부와 조선총독부가 조종하고 있었다. 동척 회사와 흥업회사가 불평등을 조장하고, 폭력을 행사한 것이다. 그에 조선의 항쟁은 무저항운동에 불과했다(방우영, 상게서, 136쪽). 안재홍은 사회주의자·언론인으로서 경제적 착취 현실의 대안을 규명하기 시작한 것이다.

그는 정치경제학, 경제교환 과정에서 불평등 해소에 참가한 저널리즘을 강조한다. 안재홍은 뷰허(Karl Buecher)[12]와 같은 맥락에서, 신문이 없으면, 현대 자본주의 경제가 불가능하다고 본 것이다. 신문은 체제가 자본주의 메커니즘에 직접 연결되고, 뉴스의 유통이 결국 경제의 회통(會通)에 도움을 준다는 논리이다. 안재홍은 물질적 불평등이 폭력으로 작동하는 현실을 고발했다.

당시 조선일보는 자유와 평등에 기초한 새로운 계층의 형성에 노력을 기울이는 한편, 러시아의 노동(勞農)계층에 관심을 갖는다. 안재홍은 조선의 생활공동체 특수성을 러시아로부터 보편성을 추구한다. 동 신문은 스탈린 체제가 등장하고, 일본이 소련과 외교관계를 수립함으로써 1925년 2월 20일 모스크바에 논설반의 김준연[13]을 특파했다(동아일보 이관용(李灌鎔)을 특파).

---

12 뷰허(Karl Buecher)는 언론이 갖는, '사회의 연계(The Linkage of Society)'의 기능에 관심을 가졌다. 즉, 뷰허는 "경제적 발전이론의 상황에서 일어나는 사회에서 언론의 역할과 기능에 대해서 논했다."라고 한다(Karl Buecher, The Linkage of Society, Hanno Hardt, Social Theory of The Press, Sage Publications, London, 1979, p.99).
경제학자로서의 뷰허는 아이디어의 교환의 장소로서, 또한 경제적 현상을 규정하는 현대적 범주에서 교환(회통)을 강조했다. 당시 언론인은 현대사회의 참여자, 중재자로서 역할을 한다. 이때 뷰허는 사회의 갖가지의 부분을 연계시키는 역할로서 규정함으로써, 언론인은 매일 어렵고 중요한 결정을 짓는 재판관으로 규정했다(Karl Buecher, 1979, p.101).
13 김준연(金俊淵, 1895~1971)은 전남영암 태생으로 일본의 동경제대를 나와 조선일보에 입사했다. 조선일보에서 특파원은 지낸 뒤 동아일보로 가서 편집국장을 지냈다(방우영, 상게서, 138쪽). 1927년 사회주의 단체 화요회(火曜會)에 합류하고, 또 ML 조선공산당을 조직하고,

김 특파원은 6월 10일 귀국하여, 조선일보 15일자부터 혁명 뒤의 소련의 모습을 〈노농(勞農) 로시아의 관상(觀相)〉이라는 제목으로 40회를 연재한다(방우영, 상게서, 138쪽). 또한 그가 얻어온 부하린의 기고 〈도시와 농촌과의 관계〉를 8회에 걸쳐 게재했다.

당시 논설반에는 주필인 안재홍, 김준연, 신일용(辛日鎔)이 근무했으나, 신문의 편집방향은 주필에게 민감한 사안일 수밖에 없었다. 신일용에게 가혹한 일이 벌어졌다. 그는 1925년 9월 8일 조선일보 사설에 〈조선과 노국과의 정치적 관계〉라는 사설을 게재하자, 이 사설로 조선일보는 3차 정간을 당했다. 당시 논설 집필자는 구금되고 발행인 김동성은 징역 4월, 집행 유예 6월의 판결을 받았다.[14]

신일용은 사설에서 "'적로'(赤露, 붉은 러시아)국가는 일 계급의 국가가 아니고 전 인민의 국가이며 또 그 입국정신은 '침략적이 아니라 인도적'이라고 기대를 나타냈다. 그는 '(식민지) 조선의 현상을 타개하는 요체는 정치적인 제국주의와 경제적인 자본주의를 합리적인 다른 제도로 대체하는 데 있다'면서 '(조선의 현상 타개는) 반드시 적로의 세계혁신운동과 그 보조가 일치되어야 할 것이다.'고 주장했다."라고 한다(방상훈, 상게서, 192쪽).

일본 제국주의는 사회주의에게 테러, 폭력을 획책하고 사회주의의 경도에 대해 치안유지법으로 대응했다. 1925년 5월 12일부터 시행된 이 법의 목적은 '국체의 변혁이나 사유재산의 부정을 목적으로 하는 일체의 행위를 금지'함으로써 사회주의를 근절하는 데 있었다.[15]

3차 정간을 당한 조선일보는 안재홍, 신석우, 김동성, 최선익 등 간부들

신간회에도 참가했다. 그의 계속적인 사회주의적 색채는 결국 3차 조선공산당사건으로 7년간 복역하게 만들었다. 해방 뒤 그는 제헌국회의원과 법무장관(1950)을 지냈다.

14 남시욱(2006), "동아일보의 창간", 서정우, 『한국언론 100년사 ①』, 한국언론인연합회, 540쪽.
15 이준식(1999), "사회주의와 반공주의 한 세기", 한국역사연구회, 『우리는 지난 100년 동안 어떻게 살았을까』, 역사비평사, 52쪽; 강준만(2007), 『한국대중매체사』, 인물과 사상사, 196쪽.

이 화요회, 북풍회, 이상협계가 망라된 17명 해임을 조치했다. 좌익계가 신문에서 거세된 것이다. 더욱이 신의주에서 1925년 11월 25일 제1차 조선공산당 사건 등으로 사회주의 계열은 위기를 맞게 되었다(방우영, 상게서, 148쪽).

안재홍과 더불어 조선일보는 붉은 러시아와의 사랑에 방점을 찍는데, 그의 '국민개로', '대중공생'의 생활 공동체, 즉 신민족주의는 시련을 겪게 된다. 한편 언론의 자유에 대한 노력이 이어지고, '만민공화'에 대한 노력이 시도되었는데, 1925년 4월 15일 서울에서 열린 전조선 기자대회에서 안재홍이 큰 역할을 담당했다.

「언론의 권위」를 위해 7백 명이 대회를 열렸는데, 의장에 이상재(李商在), 부의장은 안재홍으로, 당시 이상재 의장은 75세여서 부의장이 모든 것을 총괄할 수밖에 없었다.

동 기자대회는 언론악법의 철폐 등을 포함했다. 이 대회는 전 해에 시도되었다가 유회되고 말았지만, 언론압박탄핵 운동이 다시 결실을 보게 된 것이다(방우영, 상게서, 140쪽). 언론이 정치를 대신했던 당시 전조선 기자대회에 대한 그의 열성은 대단했다.

안재홍은 언론의 중요성을 한층 강화시켰는데, 그가 말하는 언론의 자유는 인격권의 보편가치, 민주주의 핵심가치, 그리고 공화주의 사상이다. 그는 "전 국민에게 언론 · 출판 · 집회 · 결사 등 자유가 보장되어야 한다."라고 주장했다. 그는 신문이 매일 사용하는 막대한 판단, 지식, 경험과 정치적 전술, 마음과 유머의 생존 그리고 언어의 사용 등에 관심을 가졌다. 그리고 신문의 기능이 그 가치를 전부 측정하기에는 힘들다고 생각했다.

안재홍의 신문에 대한 논의로 이루어진 기자대회는 지인의 도움으로 성공할 수 있었다. 언론압박탄핵 운동의 실제 주도자인 유진태(俞鎭泰)는 한규설(韓圭卨)에게 받아낸, 2만원이라는 큰돈을 자금으로 마련해 전국의 기자들이 모일 수 있었다(방우영, 상게서, 139쪽).

이상재에 이어 안재홍이 사회로 시작한 이 대회는 "─. 언론권위에 관한 건, -.신문급 기타 출판물에 관한 현행규범에 관한 건, -.언론, 집회, 결사의 자유에 관한 건 등 세 항목과 제2부로 -.조선인의 경제적 불안에 관한 건, -.대중운동의 발전 촉성에 관한 건" 등이 결의되었다(방우영, 상게서, 140쪽). 여기서 '조선인의 경제적 불안에 관한 것'은 "동척(東拓)을 위시하야 현아 조선인 생활 근저를 침식하는 각 방면의 죄상을 적발하야 대중의 각성을 촉(促)함"을 포함시켰다(방우영, 상게서, 141쪽).

이 대회는 단순한 기자들의 모임이 아니라, 정치가 불가능한 상황에서 정치·경제운동, 혹은 아이디어의 교환의 장소가 되었다. 더욱이 기자대회는 화요회가 주동이 된 만큼 '기자대회'란 표면상 한낱 구실에 지나지 않고 실상인 즉, 각지에 흩어져 있는 사회주의자를 한 자리에 모이게 하기 위한 말하자면, 공산당 조직의 예비회의 같았다(강준만, 상게서, 231쪽).

강준만은 조선일보의 자금 출처에 대해, "기자대회는 화요회의 간부인 홍증식이 영업국장인 만큼 돈은 조선일보사에서 쓰고 실속은 공산주의자들이 본 것이다."라고 했다.[16]

그날 전조선 기자대회는 조선일보 사원이 전 출석자의 약 반수를 점하였다. 그것만이 아니었다. 그 발의 자체는 동아일보 정치부장인 최원순의 발의였으며 사장 송진우와 간부 기자들 중, 김동진, 한기악, 한위건, 설의식 등이 준비위원으로서 기자대회의 준비과정을 맡기도 했다.

당시 동아일보는 경제 편향적 조선일보보다 더욱 정치적이고, 포괄적 사시(社是)를 갖고 있었다. 『동아일보』 1920년 4월 1일 〈창간사〉 중 '민주주의를 지지한다.'라는 부분이다.

즉, 이는 국체니 정체니 하는 형식적 표준이 아니라 인류 생활에 바탕이 되는 큰 이치요 정신이니, 폭력을 배척하고 인격에 고유한 권리 의무를 주장함이

---

16 최민지·김민주(1978), 『일제하 민족언론사론』, 일월서각, 379~81쪽; 강준만, 상게서, 231쪽.

다. 국내 정치에서는 자유주의요, 국제 정치에서는 연맹주의요, 사회생활에서는 평등주의요, 경제 조직에서는 노동 본위의 협조주의를 말한다. 특히 동아시아에서는 각 민족의 권리를 인정하는 것 이상의 친목과 단결을 뜻하며 세계에 대해서는 정의와 인도를 승인하는 것 이상의 평화와 단결을 뜻한다.

동아일보는 일본 제국주의가 폭력을 정당화한 것에 대해 반기를 들고, 도덕성의 상실을 주요 의제로 삼아, 민주공화국의 실체를 규명하려 했다. 그들이 상생과 공존의 원리를 설명하여 전조선기자대회는 민주공화국의 실체에 대한 논의를 진행하게 되었다.

안재홍이 주도한 조선기자대회는 이것으로 끝나지 않고, 1927년 2월 15일 '신간회(新幹會)'[17] 결성과 깊은 관계를 맺고 있다. 신간회에서도 전 조선기자대회와 같은 보편적 인격권, 생활공동체, 역사 문화 공동체 등의 운동을 전개하였다. 이상재 회장은 3월 25일 신간회 회장을 사임하였는데, 그로부터 나흘만인 3월 29일 78세로 생애를 마감했다. 부회장은 진보인사인 홍명희(洪命熹)가 당선되었다.

이상재 사후 안재홍은 전면에 나서 조선일보 간부들과 함께 당시 좌우진영의 연합체, '민족협동전선', '민족단일당'인 신간회를 주도하였다. 신간회 모임에 화요회를 이끌던 홍명희가 개회선언을 하였고, 임시의장에는 대회 준비위원장인 신석우가 선출되었다.

이에 놀란 일제는 안재홍을 구속하고 조선일보를 정간시켜 신간회와 조선일보의 관계를 끊으려고 했다(방상훈, 상게서, 98쪽). 안재홍은 구속이 되자 사원들에게 "'미안합니다. 나 한 사람의 잘못으로 여러분들까지 영향을 입

---

17 신간회(新幹會)는 고목신간(古木新幹)에서 온 말인데, 서울청년회, 화요회, 북풍회, 조선노동총연맹, 고려공산청년회, ML당, 조선공산당 등이 가입했으나, 민족주의자들은 민족단일전선을 구축하고자 했다(방우영, 상게서, 173쪽).이 조직은 이상재, 안재홍, 조병옥, 홍명희, 허헌 등이 참여했다. 회장은 이상재 조선일보 사장, 안재홍 조선일보 발행인이 참여했을 뿐 아니라, 신석우 부사장이 함께 했다. 그러나 좌익들의 중상모략으로 1931년 해체되었다(173쪽).

게 되어서'라며 사원들의 생계를 걱정했다."고 한다(방상훈, 상게서, 98쪽).

안재홍은 조선일보 1927년 1월 10일 사설에서 〈신간회의 창립준비〉에서 "우리들의 정치적 경제적 각성을 제창한다는 것과, 단결을 공고함과, 및 기회주의를 일체 부인함이 그의 강령으로 하는 바요."라고 그 목적을 명시했다.

신간회의 활동의 구체적인 당면과제로서 다음의 여섯 가지 운동을 제의하였다. 즉, "①농민 교양운동, ②경작권의 확보와 외래이민의 방지, ③조선인 본위의 교육의 확보, ④언론 집회 결사 출판의 자유의 획득 및 운동, ⑤협동조합운동의 지도 및 지지, ⑥백의(白衣) 폐지, 심의(深衣) 착용, 망건의 폐지 등이 그것이다."라고 했다.[18]

더욱이 신간회는 일제를 옹호하는 우경적 사상, 기회주의를 원초적으로 배척하며, 전진적·계급적 방법에 의한 민족주의 좌익 전선을 구축하며 단결을 공고히 했다. 안재홍은 대일 타협적 자치를 반대하고, 비타협적 완전독립론을 고수하는 한편, 각 개인은 자아의 자각, 민족아의 자각, 피압박민족의 자각, 민족 심정의 자각 등을 주문했다.

신문은 전 국가를 연계시키는 조직자로서 그 역할을 수행하며, 중재자로서, 참여자로서의 역할을 더욱 공고히 했다. 신간회 운동은 언론을 통해 많은 사람을 동원시킬 수 있었고, 더욱이 신석우, 안재홍의 참여로 신간회조직을 더욱 활성화할 수 있었다. 명실공이 조선일보가 신간회의 기관지가 된 것이다(방우영, 상게서, 190쪽).

안재홍은 조선일보 1928년 3월 27일 사설 〈실제운동의 당면문제-신간회는 무엇을 할까〉에서 "오늘날의 조선 대중은, 그 정도가 비록 탄미(嘆美)함에 미치지 못하나 오히려 절개주의를 양기(揚棄)한 후에, 적극적인 투쟁적 동작으로 진출케 하여야 할 것이요, 그의 제1보에 있어서 조선인의 정치동작을 전연히 경색(梗塞)케 하는 언론집회 결사 출판의 과다 한 구속을 풀고

---

18 신용하(1981.9), "일제하의 민족주의적 역사의식", 《세계의 문학》 21, 195쪽.

그의 자유를 획득하는 것이, 가장 긴절한 요구가 되는 것이다."라고 했다.

안재홍은 언론운동을 곧 공화주의 쟁취운동 및 사회운동으로 간주한 것이다. 그는 언론자유 하에서 대중공생을 찾았다. 동 사설에서 그는 생활공동체 운동으로, "소위 소부르주아지의 생활력 있는 분자를 지지하여 그의 약진적 사상을 가지는 프롤레타리아로 변하는 것을 방지하는 수단으로서의 협동조합과 설립"에 관심을 가졌다.

안재홍의 신간회 결성에 조력한 조선일보사는 "단결이 곧 약자의 무기임을 강조했다"라고 했다(안재홍, 『선집 ①』, 1981, 211쪽). 직업을 통해 인격적 향상의 기회를 박탈당한 노동자, 여성, 취업의 기회조차도 갖지 못한 학생 같은 약자에게는 단체를 통한 단결이 무기인 것은 당연했다.

3) 열린 민족주의

해방 후 모스크바 3상 회담이 이뤄지면서 한반도는 좌·우의 격전장이 되었다. 안재홍은 '은폐된 자문화우월주의'에서 벗어나려고 애를 썼으나, 민족의 독자적 건국은 타국의 의존상태에서 분열이 계속되며 한민족은 위험한 지경에 놓이게 된 것이다.

안재홍이 그 해결책으로 종전에 주장한 민족주의에 논했는데, 그의 민족주의는 "개아성(個我性)을 토대로, 각각의 인민이 낙후된 처지에서 진지한 생활협력의 투쟁적인 역량을 길러내기 위해 필수적 단계이다."라고 했다(안재홍, 상게서, 462쪽).

그는 민족국가 건설의 주체는 개인으로부터 시작한다며, "국가의 진격이 곧 나의 자신이요, 생명이요, 생활이라고 전제하고, 각 개인은 자기아로서 자각하며, 현재의 민족아로서 자각함이요, 그리고 국가, 민족으로서 자각하는 것이다. 따라서 개인의 자유는 어떤 통일보다 앞선다."라고 했다(안재홍, 상게서, 499쪽). 자유주의가 개인의 자유에서 시작한다면 언론의 자유가 필연적으로 대두 될 수밖에 없다고 본 것이다.

안재홍에게 또한 언론이란 "행동의 표출이고, 따라서 실천을 개시하는 자아의 의사의 표출이다."라고 해석했다(안재홍, 『선집 ④』, 1992, 331쪽). 또한 언론의 사명을 논할 때 "공정한 일개의 언론기관의 존폐가 조선인의 민중적 운명과 및 그 문화운동의 성쇠(盛衰)에 관한 심대한 것을 돌아볼 때에..."라는 표현을 사용했다(안재홍, 『시대일보』, 1924.7.10).

그는 당시 언론사와 언론인에 대해 "상업지가 아닌 투쟁지로서, 또 직업적이 아닌 지사며 투사인 언론인에 의하여 운영 제작되었다."라고 했다.[19] 안재홍은 기자의 투쟁정신으로 현실을 극복하기를 원했다. 즉, 안재홍의 신민족주의는 식민지체제를 타파하고, 외세에 대항한 국권회복 운동을 추진하면서 '신생활'의 터전을 다지는 데 있었다.[20]

소부르주아적 속성을 가진 그의 사상은 해방 당시 참담한 현실을 경험하게 되었다. 당시 조선의 노동자와 농민은 종속되었고, 중소지주와 중소상공업자, 그리고 중산층은 계속 몰락하여 생활공동체의 민족성이 계속 부실해졌다.

또한 안재홍은 선구자론에서 과거의 선구자가 소수의 인민에게 편중되어 역할이 주어졌던 것과 달리, 장래의 선구자는 반드시 대중 속에서 배출해야 한다고 강조했다(안재홍, 『선집 ⑤』, 1999, 62~3쪽).

해방이 되자 안재홍은 1945년 9월 24일 국민당을 조직하고, 중앙집행위원장이 되었다. 그리고 그 다음해 1946년 2월 26일 한성일보를 창간하였다. 현실적으로 인민은 당시 신문 커버의 모든 영역에 관심과 비판적 판단을 할 수 없어, 맹목적으로 신문의 논조를 따라가며 신문에 대한 그들의 신뢰를 표출하였다. 이러한 환경에서 신문은 국민의 잘못된 여론의 호도가 크

---

19 이관구(1981), 〈民世선생 12주기에 즈음하여〉, 『민세안재홍선집 ①』, 1977.3.1.
20 조맹기(2002), "안재홍의 신민족주의 언론사상", 정윤재 · 박찬승 · 김인식 · 조맹기 · 박한용 공저, 『민족에서 세계로』, 복명, 208쪽.

다는 것을 인지할 수밖에 없었다.

해방과 더불어 대중의 정치의식이 높아지고, 정치적 당이 성립되었다. 그러한 시점에서 정론지를 시작하며 안재홍은 당과 신문의 공존을 원했다. 그에게 언론은 현대 전문직으로서의 언론과는 다른 개념으로, 정론적 색깔을 지니고 정치와 공존할 대상으로 본 것이다.

정치가 존재하지 않았던 시대의 독특한 성격으로, 언론이 오히려 생활 공동체 운동을 보존하기를 원했다. 해방 후 그가 구가한 민주공화국은 언론, 집회, 결사의 자유를 가진 대중공생, 만민공화의 개념이었다.

안재홍은 해방공간에서, 언론사를 경영한 정치인으로 언론과 정치를 분리할 수 없는 상황으로 보며, '언론도 곧 행동의 하나이니 언론은 곧 생활공동체 구성과 개인의 인격권 회복의 실천을 개시하는 자아의사의 나타남'이라고 규정하였다. 그러나 언론의 자유는 때로 한도를 넘어 선동가와 음모적인 파벌싸움 때문에 지나치게 악용된 면도 없지 않아 언론이 건국이념에서 양립하지 못할 정도에 이르렀다(정진석, 상게서, 359쪽).

안재홍은 진보적인 민족주의 정당인 국민당으로 단결된 자주독립의 국민생활에 관심을 두었다(안재홍, 『선집 ②』, 1983, 120쪽). 민주주의와 산업을 함께 논했던 그는 국민생활에 필요한 자유권, 요구권, 참정권을 앞에 세우며 산업의 목적과 생활문제를 도외시하지 않았다.

그의 민주공화정은 신민족주의와 맥을 같이 한다. 그는 "서구의 민족주의와 민주주의는 궁정 중심의 봉건귀족과 대지주, 자본가 등이 특권을 지니고 계급적으로 억압과 착취를 자행하다가 시대의 변천에 따라 한 걸음씩 발전하는 과정을 거치면서 소시민과 농민, 노동자와 같은 하층계급에게도 점진적으로 정치 참여의 권리를 허용한 이른바 '자본적 민주주의'였다(정진석, 상게서, 354쪽)."라고 보았다.

서구의 발전은 우리와는 다른 역사의 궤적을 달리고 있다. 우리는 "모든 진보적이고 반제국주의적인 지주와 자본가와 농민과 노동자가 한꺼번에 만민(대중)공생의 새로운 발전을 요청하고 있다."라고 했다(정진석, 상게서, 354쪽). 이런 환경에서 그는 국민개로, 대중공생, 만민공화의 민주공화제를 언급한 것이다.

안재홍은 생활 공동체에서 경제적 균등을 중요한 요소로 간주했다. 민주주의 자유는 허용하되, 평등이 주요 덕목이 되고, 외국과의 회통 관계는 '열린 민족주의'를 지향하였다. 그러나 그는 조선인으로서 딱 당한 문제, 즉 역사 문화 공동체를 떼어 버리고 따로 세계의 문제가 있을 수 없다. 사람은 자기에서 당면한 문제를 해결할 사명과 책임을 맡은 것이요, 또는 자기의 힘의 미칠 수 있는 한도 이외의 문제를 참견하지 못할, 천연의 약속이 있다는 것이다.

3. 민주공화국 사상

안재홍은 조선인으로서 당면한 문제에 관심을 가지고 그 문제 해결에 있어 기자의 역할을 최대한으로 활용하였다. 그는 혁신 조선일보의 신사명에서 그 내용을 밝히며, 언론인, 정치운동가, 사회주의자, 자민족중심주의자, 열린 민족주의자로서의 사명을 감당했다.

안재홍은 시대적 사명과 더불어 '대한민국'의 국호제정 후 일어날 민주공화국에 대한 논의를 계속해 나갔다. '대한제국'의 '대한', 또한 '민국'의 '공화제'가 합쳐, 자유·입법·평등을 바탕으로 해 '대한민국'이 건국되었다. 한편 '민주공화국'은 '만민공화'의 의미를 지녔고, 민주를 이루는 방법은 국민개로, 대중공생에 바탕을 두었다. 안재홍은 언론의 자유를 규명하며, 전조선 기자대회에서 보았듯 '동척', 총독부의 착취로부터 탈출하여 인격체로서의 각 국민이 더불어 살게 할 '일반의지' 도출에 관심을 가졌다.

그때까지의 언론인들은 왕조, 입헌군주제를 고려하여 신문에 글을 기고 했었다. 그러나 고종이 승하하고 새로운 세계가 펼쳐지자 안재홍은 더 이상 왕조에 기대어 글을 쓰고 정치를 할 수 없다고 보았다. 대신 그는 새로운 주체 세력이 될 노동자·농민·여성·학생 등에게 관심을 가졌고, 그들을 통해 현실의 생활공동체 붕괴의 당면 문제를 풀고자했다.

안재홍은 새로운 시대가 오자 민주공화국의 건립이란 시대적 과업을 수용했다. 또한 해방 후 "모든 진보적이고 반제국주의적인 지주와 자본가와 농민과 노동자가 한꺼번에 만민(대중)공생의 새로운 발전을 요청하는 역사적 명제 하에 만민공동의 신민족주의, 신민주주의 국가를 건설할 시점에 와 있다고 보았다."고 했다(정진석, 상게서, 354쪽).

안재홍은 폭력의 일본 제국주의 하에서 조선의 현실을 떼어버리고 따로 세계의 문제를 논할 수 없다고 보았다. 모든 사람은 자기에게 당면한 문제를 해결할 사명과 및 책임이 있는 것이요, 또한 자기의 힘의 미칠 수 있는 한도 이외의 문제를 참견하지 못할, 천연의 약속이 있다고 보았다.

그러나 안재홍은 '조선일보 신사명'에서 개인아·민족아·사회아·인류아로서 존엄, 행복 그리고 기회균등을 가질 것을 기대했다. 개인이 자신의 인격뿐 아니라 모든 타인의 인격 안에서 서로 공존하는데 그것이 밖으로 표출되는 생활공동체를 바탕으로 한, '열린 민족주의' 이었다. 안재홍은 1945년 8월 16일 조선건국준비위원회 부위원장으로 인민위원회를 조직하고, 경성중앙방송국에서 "한일 두 민족이 장차 정치형태가 어떻게 변하더라도 자주적으로 상호 각자의 사명을 다해야 할 운명에 처해 있다는 사실을 올바르게 인식해야 한다."라고 하였다. 안재홍이 '열린 민족주의'를 주장한 것이다.[21]

안재홍은 인간의 존엄성에 바탕을 둔 인격체의 평등사회에서 종족, 계급, 성별과 상관없는 평등을 기원했다. 그는 이러한 '국민개로' 주장으로 생활공동체의 평등을 일부 수용하면서 경제적·정치적 평등을 강조하여, 이점에

---

21 안재홍, 〈(방송)해내, 해외의 3천만 동포에게 고함〉, 《경성중앙방송》, 1945.8.16.

서 '칸트'[22]와는 다른 민주공화국의 실체를 논한 것이다.

안재홍은 조선일보 1926년 1월 1일 사설에서 "생존의 노력이 항구한 백열(白熱)을 요하는 오늘의 사회에서 중단 없는 노력을 약속했다."고 했다. 또한 그는 한성일보 1946년 2월 25일 〈건국국민의 대사명〉 창간사에서는 "신문은 보도와 주장과 선양(宣揚)과의 성능을 갖춰 가지는 언론기관인 것이나, 일개인에 있어 언론이 그 자아를 기점으로 사회에 서서 생활생존, 앙양 발전하는데 일상에 없지 못할 기능인 같아 국가민족에게 있어서는 더욱 그러한 것이다."고 했다. 안재홍은 언론의 자유를 논할 때 "언론이 그 자아를 기점으로"라는 표현을 사용하고, 언론인, 시민 그리고 사회운동가 차원에서 '인격체'의 자유를 강조했다.

안재홍은 또한 동 기사에서 "오 동무들아, 오인은 많은 말을 하기보다는 차라리 많은 행동을 요한다."라고 하여, 언론인을 자유와 평등을 지키는 파수꾼으로, 행동하는 지식인으로, 민중과 함께 하는 사람으로, 민중의 대변가로 투쟁하기를 원했다.

신간회에서는 단결이 곧 약자의 무기라고 했다. 직업을 통해 인격적 향상의 기회를 박탈당한 노동자, 취업의 기회조차 갖지 못한 학생들의 단체의 단결을 무기로 본 것이다. 더욱이 당시 언론인은 현대와 같은 전문 직업인이 아닌 사회운동가의 역할을 담당하며 그러한 기자정신은 민주공화국의

---

22 칸트(Immanuel Kant)는 정치공동체를 이야기했고, 안재홍은 정치 · 생활공동체를 이야기했다. 칸트에 관한 해석은 "많은 고대인들도 평화를 이야기했다. 그러나 이것들은 대체로 정복에 의한 평화로서, 하나의 제국이 세계를 지배함으로써 이루어지는 평화였다. 따라서 자유의 희생 위에 이루어지는 이런 평화는 자유와 함께 추구되는 오늘의 평화와는 다른 것이라고 할 수 있다."라고 했다(I. Kant, 상게서, p.94). 여기서 벗어나는 일은 "자연이 인간들의 모든 소질을 계발시키기 위해서 사용하는 수단은, 이 대립이 궁극적으로 사회의 합법칙적인 질서의 원인에 한에서, 사회 속에서의 인간들의 대립이다."라고 했다(pp.86~95). 칸트가 이야기한 영원한 평화는 "①모든 국가의 시민적 정치 체제는 공화 정체이어야 한다, ②국제법은 자유로운 국가들의 연방 체제에 기초하지 않으면 안 된다. ③세계 시민법은 보편적 우호의 조건들에 국한되어야 한다."라고 했다(p.103).

시민정신의 발로였다.

안재홍은 언론인, 정치운동가, 경제적 평등의 전도사로서 활동한 것에 대해, 그를 심문(訊問)했던 일본군 헌병대좌 아리가 미츠도요(有賀光豊)는 그의 실천정신을 이렇게 잘 표현했다. 미츠도요는 "도대체 조선의 안(安) 씨들은 못마땅하다. 안중근, 안명근, 안창호, 안재홍이라 중얼거렸다"라고 한다(방상훈, 상게서, 97쪽).

안재홍은 공화정 정신에 충실하며 자유와 평등을 주장했다. 즉, 해방 후 안재홍은 계급적으로 억압된 착취를 자행하던 것을, 시대가 변함에 따라 한 걸음씩 발전하는 과정을 거치면서 소시민과 농민, 노동자와 같은 하층계급에게도 점진적으로 정치 참여의 권리가 허용되기를 바랐다(정진석, 상게서, 354쪽). 또한 그는 자유와 평등뿐 아니라 법의 제정에도 깊은 관심을 표명하며 영구평화의 기틀을 마련했다.

안재홍은 해방 다음 해인 1946년 12월 공화정을 완성하기 위해 입법과정에 참여해, 미군정의 남조선과도입법의원의 관선의원으로 선임되었다. 남조선과도입법의원은 미군정이 임명한 관선의원과 간접선거에 의한 민선의원 각 45명 씩 모두 90명이었다. 미군정의 한국인 기구 의장에 김규식, 입법 김규식, 행정 안재홍, 사법 김용무의 체제를 이루었다. 이로서 정부의 입법, 행정, 사법 이렇게 세 부분이 모두 조선인에게 옮겨가게 되었다.

대한민국 헌법 1조는 "대한민국은 민주공화국"이란 표현을 쓰고 있다. 그 개념의 원류를 살펴보면서, 필자는 그 기원이 상해임시정부, 그리고 일제 당시에 안재홍과 같은 국내 지식인 특히 언론인들이 집약적으로 논의하였음을 알 수 있었다. 그렇다면 현 시점에서 당시의 민주공화국 정신이 제대로 실현되고 있는가? 그렇지는 않다. 자기중심적 이익추구로 폭력은 난무하지만 평화는 저 멀리 있다. 사회의 폭력은 날로 증가하고, 부의 불평등은 늘어나고, '청년실업'은 쌓여만 간다. 민주공화국의 개념이 퇴색되어 당시 구도와는 거리가 멀어만 간다. 더욱이 헌법징신에 따른 국가사회의 이상을 따르기보다는 우리의 현실과 동떨어진 딴 세상을 추구하고 있다.

민세 안재홍은 민주공화국 정립의 실천적 과정에 결정적 기여를 했다. 그리고 그의 사상은 우리 헌법에 투영되었다.

한 인격체로 개인의 자유와 그 자유를 누릴 수 있는 부(富)는 모든 사람에게 똑같이 필요하다. 안재홍은 민족주의의 혈통을 민족 형성의 요소로 내세우지 않고, 생활(경제)공동체, 역사 문화적 공동체 조성에 관심을 가졌다. 조선의 상황은 민족주의라는 특수성과 어떻게 회통(會通)되어야 할 지, 조선의 특수성이 어떻게 세계사의 보편성인 민주주의를 담지 할 것인지가 문제였다. 안재홍에게 '민주주의와 민족주의의' 회통이 중요한 문제이며, 정치적으로 말하면 이는 민주주의의 토대 위에 존립되는 전 민족적 공동운명의 신민족주의를 도출하는 일이었다. 그는 열린 민족주의, 신민족주의 하에서 민주공화국 건설에 지대한 관심을 가졌다.

모든 공화국이 그렇듯, 그 당시 논의도 평등이 전제된 자유 국가 건설 염원에 있었다. 개인은 한 인격체로서 자유를 가지고, 그러한 자유를 누릴 수 있는 언론인으로 안재홍은 국가건설에 조직자 역할을 충실히 하였다. 그 속에서 생존하는 개인들은 자연스럽게 '다사리 국가', 민주공화국 발전을 희망하게 되었던 것이다.

제4장

안재홍의 신민주주의와 언론
−제헌 헌법 제정 정신을 중심으로

1. 언론인 안재홍

안재홍은 1924년 《혁신 조선일보》 주필로서 언론의 전면에 나타난 이후, 《한성일보》 사장직을 끝으로 언론인 생활을 마감했다. 그 후 그는 1950년 6·25 때 공산군에 의해 북으로 납치되었다. 그는 강제 납북될 때까지, 글쓰기를 주업으로 삼았다. 그의 26년 언론 활동은 언론사에 있어 괄목할만한 궤적을 남겼으며, 더불어 정치인으로서도 큰 족적을 남겼다. 무엇보다 안재홍은 1945년 해방 이후 분망한 가운데에서도, 1946년 《한성일보》를 창간하였다(이관구, 1981, 572쪽).

그의 삶과 주장은 격동기 언론의 갈 방향을 제시하고 있으나, 언론 자체에 관해 그렇게 많이 언급하지는 않았다. 안재홍은 당시를 언론과 정치를 분리할 수 없는 상황으로 보았다. 그는 '언론도 곧 행동의 하나이니 언론은 곧 실천을 개시하는 자아의사의 나타남.'이라고 규정하였다(정진석, 2008, 359쪽). 그는 정치사상을 언론인의 사명과 그 역할에 녹여 놓았던 것이다. 그리고 이러한 응축된 사고는 오늘날의 정파성 언론을 풀이하는 데 도움을 준다.

그렇다면 안재홍이 논설을 통해 주장하는 언론의 기본적 소명을 어디에서 찾아야 할까? 그는 민족주의(nationalism, 民族主義, 혹은 국민주의)를 '정치적 판단(political judgement)'의 준거로 삼았다. 그는 "전면적 사회의 일각으로서의 신흥 세력 중에서는, 혹은 국제의 최전위적인 사상 감정의 경지에까지 약진하는 채로, 모든 전통적인 또 민족적인 색채 하의 가능한 최대한의 정치 · 문화적 요소의 성장 발전을 직시한 것이다."라고 했다(안재홍, 1936.1, 『선집 ①』, 558쪽).

안재홍은 민족의 고유성을 바탕으로 하되, 자유를 확장시키고, 평등의 가치를 유지함으로써 민족주의를 다원적 가치로 승화시킨 것이다. 따라서 그의 '신민족주의(열린 민족주의)'와 언론관은 현대적 의미로 해석할 필요가 있다. 그의 '열린 민족주의' 정신은 현재 우리의 언론 상황에 귀감이 된다. 해방 이후뿐 아니라, 여전히 보수와 진보의 정론지적 성격에 매몰된 우리의 언론 상황에서 안재홍의 '열린 민족주의'는 다원성을 확보하게 하고, '불편부당(impartiality)', '객관주의'의 기틀을 마련하기 때문이다.

또한 그는 '미군정 민정장관(남조선 과도 정부 수반)'[1]으로서 '남조선과도입법의원'[2]을 주선했으며, 그 핵심에 이관구(李寬求)를 추천했다. 초대 신문편집

---

1 민정장관은 한국인들이 책임을 맡고 있는 군정 내 각 부처의 업무를 총괄 조정하는 일을 담당하였다(정윤재, 2010, 51쪽). 미군정은 입법은 김규식, 사법은 김용무, 행정은 안재홍 등이 담당토록 했다. 안재홍 민정장관(1947.2.5~1948.5.31)은 5 · 10 선거가 끝난 6월 8일 민정장관직을 사임했다.

2 남조선과도입법의원은 1946년 12월 12일~1948년 5월 19일까지 제헌 헌법 제정 작업에 착수하였는데, 그 구성은 관선의원 45명, 민선의원 45명이었다. 의장이었던 김규식은 중도파의 통합 운동을 전개하였고, 1947년 10월 4개 연합 단체와 14개 정당, 25개 사회단체로 구성된 민족 자유 연맹을 주도했다(이철순, 2010, 11쪽). 당시 군정 법령에 따르면 남조선과도입법의원은 "임시 조선민주정부의 수립을 기하며 정치적 · 경제적 및 사회적 개혁의 기초로 사용될 법령 초안을 작성하며 군정장관에게 제출할 기관이다."라고 했다(상게서, 10쪽). 김규식은 "입법의원에의 참여를 통해 좌우 합작 및 남북 합작에 나서는 한편 자주적인 통일 민족 국가 수립에 대비하는 것이 당시 정세로는 최선의 길이다."라고 생각했다(상게서, 11쪽). 이러한

인협회회장이었던 이관구는, 신간회,《조선일보》정치부에서 안재홍과 같이 호흡을 맞췄던 인물로,《한성일보》주필직도 역임했었다. 그 결과 안재홍은 헌법 제정에 적극적으로 간여할 수 있었다. 그의 사고는 1948년 제정된 '대한민국 제헌 헌법 정신'[3]에 지대한 영향을 주게 된다.

안재홍은 '민족 통일', '민주주의 자주독립 국가'의 완성을 위해, 신민족주의 하에 '신민주주의'를 제창했다. 그는 신민주주의론에서 '국민개로(國民皆勞)', '대중공생(大衆共生)', '만민공화(萬民共和)' 등을 언급했는데, 이는 개인은 노동의 분업을 통해 더불어 살아가는 행복을 느끼게 되고, 국민개로와 대중공생을 통해 만민공화를 경험하게 된다는 것이다. 또한 그의 민주 공화국은 커뮤니케이션의 최적화로, 신민주주의가 이루어질 때 가능한 것이었다. 개인은 자유를 갖되, 기본 생활을 영위할 수 있는 권한 또한 갖게 된다는 것이다.

모든 국민이 직업을 갖고 자신의 일에 헌신하게 한다는 그의 신민주주의론은, 사회주의 색채도 띠고 있다.

김규식의 이념은 남북 협상 5개항(1948년 4월 19일 발표)에서 그 편린을 찾아 볼 수 있다. 즉 '① 여하한 형태의 독재 정치라도 이를 배격하고 진정한 민주주의 국가를 건립할 것, ② 독점 자본주의 경제 제도를 배격하고 사유 재산 제도를 승인하는 국가를 건립할 것, ③ 전국적 총선거를 통하여 통일 중앙 정부를 승인할 것, ④ 여하한 외국에도 군사 기지를 제공하지 말 것, ⑤ 미소 양군의 조속 철퇴에 관해서는 먼저 양국 당국이 철퇴 조건, 방법, 기일을 협정하여 공포할 것' 등이다(상게서, 14쪽).

3 안재홍(1948.7), 〈민정장관을 사임하고 ─ 지로에선 조선민족〉,《신천지》; 안재홍은 "목하(目下) 국민의회(國民議會)가 성립된 후, 헌법은 제2독회(讀會)가 끝났고, 정부조직법도 멀지 않아 통과되면, 어떻게고 신정부도 수립될 것이다."라고 했다. 이 대목을 통해 민정장관으로서 안재홍이 제헌 헌법 제정에 직접 참여했음을 알 수 있다.
한편 제헌 국회의원 선거가 5월 31일 실시되었고, 국회는 헌법기초위원회를 출범시켰다. 이 위원회는 1948년 6월 1일 제헌 국회 본회의에서 헌법기초위원 선임을 위한 전형 위원을 각 도별로 1명씩 총 10명을 선출하였다. 그 전형 위원들이 30명의 헌법기초위원을 선출하였으며, 사법부·법조계·교수 등 각계에서 권위 있는 10명을 전문위원으로 선임하였다. 헌법기초위원회는 1948년 6월 3일부터 22일까지 16차 회의를 열어 전문 10장 102조의 헌법안을 초안하였고, 23일 국회 본회의에 제출하였다. 헌법안의 심의는 질의·토론·축조심의 순서로 진행되었으며, 7월 12일에 완료되었다(http//terms.naver.com).

한편 법의 정신은 객관성을 지녀야 하고, '중립성(neutrality)', '진리(truth)', '형평성(fairness)' 등이 요구된다(Denis McQuail, 2005, p.196). 물론 이러한 정신은 '대한민국은 민주 공화국이다.'라는 대한민국 헌법 제1조에 투영되어 있으며, '대한민국의 주권은 국민에게 있고, 모든 권력은 국민으로부터 나온다.'라는 제헌 헌법 제2조에도 규정되어 있다. 안재홍은 헌법 조항에 '만민공화(萬民共和)' 정신을 반영시킨 것이다.

이외에도 '국민개로(國民皆勞)', '대중공생(大衆共生)'의 의미는 '모든 국민은 노동의 권리와 의무를 가진다.'라는 제헌 헌법 제17조와 '근로자의 단결, 단체 교섭과 단체 행동의 자유는 법률의 범위 내에서 보장된다.'라는 제18조에 각각 담았다.

또한 민족주의는 '전 국민의 이익', '우리의 국가', '국민의 국가' 등 국민의 권리를 실현할 필요를 느끼게 된다. 이에 안재홍은 '정치 · 경제 · 사회 · 문화의 모든 영역에 있어서 각인의 기회를 균등히 하고, 능력을 최고도로 발휘하게 하며, 각인의 책임과 의무를 완수케 하여, 안으로는 국민 생활의 균등한 향상을 기하고 밖으로는 항구적인 국제 평화의 유지에 노력하여 우리들과 우리들의 자손의 안전과 자유와 행복을 영원히 보장할 것으로 결의하고……'라는 제헌 헌법 전문을 통해 그 정신을 나타냈다.

물론 '국민 생활의 균등한 향상'이라는 문구에는 대한민국 임시정부의 '임시 헌법'과 '건국 강령'의 이념이 포함되어 있다. '인류의 공통적인 최대 염원', '인류의 최고 이상'인 균등주의 이상을 담고 있는 것이다.

이후 1987년 개정된 헌법 전문의 '유구한 역사와 전통에 빛나는 우리 대한국민은 3 · 1 운동으로 건립된 대한민국 임시정부의 법통과……'[4]라는 첫

---

4 제9차 개정 헌법은 1987년 10월에 공포되었으며, 군사 정권 시기 헌법에서 사라졌던 대한민국 임시정부의 법통성이 다시 복권되었다(김인식, 2002, 20쪽). 법통의 정신은 조소앙(趙素昻)의 균등주의 이념을 바탕으로 한다. 대한민국 임시정부는 민족 해방 운동의 기본 정신을 임시 헌법과 대한민국 건국 강령에 담았다. 이는 '인류의 공통적인 최대 염원', 혹은 '인류의 대

문장에는 조소앙(趙素昻)[5]의 완전독립과 균등주의 이념도 내포되어 있다(김인식, 2002, 20쪽). 안재홍은 당시 정치(均權)·경제(均富)·교육(均智)의 균등에 관심을 가졌다. 그는 "경제 균등이 없는 정치 균등은 '가평등'일 뿐이며, 교육 균등도 반드시 정치 균등과 경제 균등을 '보좌'해야 한다."고 했다(김인식, 2002, 42쪽).

이처럼 조소앙에 의해 활성화된 균등주의 사상은 임시 헌법·건국 강령·제헌 헌법에 명문화되었으며, 이 정신은 1987년 헌법의 '법통'으로 이어졌다. 그러므로 제헌 헌법을 만드는 데 중요한 위치에 있었던 미군정의 민정장관 안재홍은 우리가 연구해야 할 중요한 인물이라 할 수 있다. 그리고 만약 그가 '중도우파'[6]를 주도했다면, 언론의 불편부당, 객관주의 정신과도 연결된다. 그러나 당시 중도 우파를 대표했던 조소앙뿐 아니라, 안재홍, 김규식, 정인보, 손진태 등이 납북되면서 그들의 정신도 희석되었다.

또한 언론뿐 아니라, 헌법 정신도 안재홍에 의해 완성되었다면, 그의 정치 사상도 심도 있게 논의되어야 한다. 그의 민족주의, 신민족주의, 그리고 그것을 바탕으로 한 신민주주의 등 민주공화국의 조작적 정의는 언론 사상에 큰 의미를 부여하기 때문이다.

따라서 본 연구는 그가 작성한 글에 사용된 각 단어의 의미를 '해석(interpretative understanding)'하는 방법론을 택했다. 즉 이 단어의 개념들이 '대한민국은 민주공화주의이다.'라는 명제의 조작적 정의들이기 때문이다. 이 원

이상인 균등주의' 등을 제헌 헌법에 반영시킨 것이다.

5 조소앙의 삼균주의(三均主義)는 정치·경제·교육의 균등을 기초로, 나라 안으로는 국민 각 개인의 균등 생활을 확보하고, 밖으로는 민족과 민족, 국가와 국가 사이의 균등을 실현함으로써, 궁극에 세계 일가(一家)의 이상을 이루려는 민족 국가 건설론이었다(김인식, 2002, 21쪽).

6 이철순·김인식·정윤재·이황직·이진한·최재목(2010), 『납북 민족지성의 삶과 정신』, 2010, 제5회 민세학술대회. 안재홍은 해방 정국 전후 민족주의자들, 즉 우파를 수용했다. 그러나 그는 신민족주의를 주장함으로써, 일제시대의 '비타협적 민족주의', 즉 좌파도 함께 수용했다. 즉 그는 맹목적 우파도 거부하고, 극단적 좌파도 비판하는 입장에 섰는데, 그것이 바로 우리가 말하는 당시의 중도주의였다.

리는 커뮤니케이션의 최적화와 관련이 되어 있다.

안재홍은 조선시대의 '풍문'에 의한 언론의 형태를 비판하였으며, 자유주의 측면에서 언론의 자유를 주장하는 등 비판적 정신으로 접근했다. 또한 그는 일제 강점기에는 민족주의로 저항적 언론에 동조했으며, 1945년 이후에는 그 언론관에 기초하여 더욱 발전된 개념으로 신민주주의 건설을 기획하였다.

신민주주의는 프랑스 혁명과는 달리 생활의 실천을 강조하는 측면이 두드러진다. 즉 사변적 자유 · 평등 · 박애가 아닌, '국민 생활의 균등한 향상'을 기치로 한 '경제적 민주주의'를 시도했다. 그는 마르크스(Karl Marx)적 측면에서 독점적 경제 권력에 의한 삶은 그만큼 자유가 줄어들고, 소외가 늘어나게 되고, 커뮤니케이션이 왜곡된다는 현실을 직시했다.

언론의 공개성(Publizitaet)은 민족주의를 열린 민족주의로 이전시킬 수 있었다. 이는 정론지에 몰두한 해방 정국의 상황을 더욱 정교하게 '민주공화국' 체제로 접근하게 했다.

최근 우리 사회의 언론은 여전히 일제 강점기와 같이 정론적 입장을 고수하고 있다. 우파 신문은 관료주의적 폐쇄 형태로 기득권 옹호에 관심을 가지며, 그 언론은 비대한 관료 원리에 의해 반시장적으로 운영되고 있다. 또한 이들은 정치 권력과 자본주의적 조직으로서의 그 기능을 강화시키고 있다.

한편 진보 신문은 진보 본연의 모습을 왜곡시켰다. 좌파를 무조건 맹종하고, 우파는 무조건 비판한다. 그들은 여전히 낡은 정파적 언론의 속성을 벗어나지 못하고 있다. 결국 언론은 더 이상 토론의 장, 혹은 공론의 장을 형성하지 못하는 문제점을 양산하고, 한국의 민주주의를 더욱 경색시키고 있다.

이런 최근의 상황을 역사적으로 규명하기 위해 본 연구는 안재홍의 '신민족주의' 하의 '신민주주의' 언론의 이념에 관심을 갖는다. 즉 그의 '신민족주의' 언론은 커뮤니케이션 활성화, 그리고 이 이념의 정향에 따라 다원주의 경향을 지닐 수 있다. 따라서 안재홍의 신민주주의를 부각함으로써 정론지적 성격의 의미를 재조명할 수 있고, 아울러 안재홍이 정립한 언론관을 통해 현재 언론이 지향해야 할 발전적 좌표를 제시할 수 있다. 이에 본 연구는 안재홍의 관점에서 본 현재 ① 정파적 언론, 그리고 ② 신민족주의 세계관, ③ 신민주주의, ④ 신민주주의와 언론 등의 순서로 논의를 전개시킨다. ②, ③은 안재홍의 관점이며, ④는 그의 언론관에 준하여 발전적 방향에서 현재 언론을 조망한 것이다.

2. 정파적 언론

안재홍은 언론에 대해서 뿐만 아니라 자신의 정치적 이론도 피력했다. 그는 언론 자유에 대하여 무척이나 적극적이었고, '언론보국(言論報國)'이라는 말까지 사용하기도 했다(안재홍, 1949.9.3, 『선집 ②』, 449쪽).

그는 "민주주의 자유 언론의 정상한 기능을 참스럽게 발휘하여 써 대중으로 하여금 국가 기본의 정치 이념과 난국 극복의 확호(確乎)한 신념 및 결심과 국내외 제정세의 정확한 인식과 또는 국정 및 사회 사태에 대한 정당한 비판, 파악 있도록 함이 언론인으로서의 중대 또 존귀한 과업이다."라고 했다(안재홍, 1949.9.3, 『선집 ②』, 449쪽).

또한 그는 언론을 '언론도 곧 행동의 하나이니 언론은 곧 실천을 개시하는 자아 의사의 나타남.'이라고 규정하였다. 그는 행동의 자유와 언론의 자유를 동일한 것으로 본 것이다. 이와 같은 맥락에서 그는 언론의 자유와 공개적 비판의 기능도 언급했는데, 이것들이 계몽(Aufklaerung)의 첫걸음이라고 하였다(나종석, 2012, 25쪽). 의견이 지면에 공개됨으로써 개인은 '공적 이성(public reason)'을 갖게 되고, 진리 규명이 이 상황에서 가능하게 된다는 것이다. 반면, 왜곡된 정파적 언론은 공적 이성을 망각하게 되고, 교육 기능을 상실하게 된다.

안재홍은 집단적 자유에도 적극적이었다. 그는 "집회 결사의 자유를 확장하라. 이것은 이론을 제쳐 놓고 현하 조선인의 대중적 요구이다. 일(個) 인민은, 그의 집회 결사의 자유에 의하여, 공중적 · 민중적 그리고 대중적 의사 감정의 표현과 또는 그 표현 수단의 정상화를 주축으로 삼아야, 그의 민중적 또는 민족적의 성장 발전의 길을 걸어 나아갈 수 있는 것이다."라고 했다(《조선일보》. 1931.9.5. 『선집 ①』. 423쪽).

한편 안재홍은 사회 발전사적 측면에서 언론 자유를 논의했다. 그는 "사회 발전의 일정한 단계에 이르면 필연으로 '자유'를 그 생활 태도의 필수한 조건으로 삼게 되는 것이요, 근대 선진 제국의 역사적 과정은 어디나 이 자유주의에 의하여 일정한 진보 발전의 사상적 주축을 삼은 것은 길게 말할 바 아니며 …… 이 자유가 의정단상에서 서민의 대표자의 국정평의(國政評議)를 그 최상의 양식으로 삼는 언론의 자유로써 잘 표현되는 것도 현대 사회 상식의 하나입니다."라고 했다(안재홍. 1935.5. 『선집 ②』. 499쪽).

안재홍은 이러한 자유의 가치를 제헌 헌법 제13조 '모든 국민은 법률에 의하지 아니하고는 언론, 출판, 집회, 결사의 자유를 제한받지 아니한다.'라는 조항을 통해 드러내었다. 그러나 안재홍이 무조건적 자유를 원한 것은 아니었다. "조선시대의 대간(臺諫)과 정부가 한갓 구설(口舌)로 경알(傾軋)과 분쟁의 폐습을 뿌리 깊게 사회 습벽화한 유래를 펼쳐놓았다."라는 그의 말을 통해 그의 언론관이 매우 조심스러웠음을 알 수 있다(안재홍. 1935.5. 『선집 ①』. 501쪽).

또한 그는 당파적 비판 정신에도 관심을 가졌는데, 이는 "근본 민주주의 소위 '인민의, 인민 때문의, 인민에 의해서'가 정당한 언론이 아니고, 편협 가열(偏狹苛烈)한 당파적 국견(局見)에서 게다가 현실을 정관(正觀)치 않고서의 공연한 변박(辨駁)의 말단이던 데서, 고려 말기로 한양조 5백년을 통하여 사회 민국을 두독(蠹毒)하는 일원유로 된 것이다."라는 그의 글에서도 잘 드러난다(안재홍, 1935.5, 『선집 ②』, 499쪽).

그러나 안재홍은《시대일보》에서 벌어진 일개 종문의 정파적 언론에 대해 퍽 비관적이었다. 그는 "《시대일보》의 난산이 개인의 사심을 채우자 함도 아니요, 어떠한 권력의 자호(庇護)를 입어서 그에게 영합과 아유(阿諛)를 하자 함도 아니요, 사람으로서 천하 민중의 시대적 요구를 몸담아서 그의 시대 의식의 돌아가는 바와 시대인의 원하고 구하는 바를 여실하게 표현하여 그로써 민중적 일대 표현 기관을 만들자 함이 이《시대일보》의 사명이요 정신이요 및 그 존생(存生)한 저의와 가치인 바……."라고 했다(안재홍, 1924.7.10, 『선집 ①』, 65쪽).

그는 당파성이 아니라, 언론이 그 시대 정신을 공개적, 객관적으로 대변하기를 원했다. 안재홍은 "공평한 일개의 언론 기관의 존폐가 조선인의 민중적 운명과 및 그 문화 운동의 성쇠에 관한 바 심대한 것을 돌아볼 때에, 우리들은 최후의 한날까지 그 최초의 일념을 지키려고, 그의 존재한 사명과 의의를 옹호하려고, 그의 존귀하고 신성한 정신과 생명을 살려가려고, 노력하지 않을 수 없다."라고 했다(상게서, 64~5쪽).

더불어 그는 당파성 신문에 대한 시각을 불식시키고, 공기로서의 언론을 이야기했다. 그에게 언론은 다른 것이 아니라, 각 개인의 표현의 자유에 불과했다. 당파성 언론을 통해서는 대중이 왜곡 없이 더 많은 자유와 계몽을 누릴 수 없다고 본 것이다.

안재홍은 그가 말한 모든 사람이 참여하는 의회 민주주의(지역적 · 직능별로 선정한 의회 구성)를 언론 기능의 확산을 통해서 가능한 것으로 보았으며, 관료적 파당을 지닌 언론의 형태를 거부하였다.

이러한 그의 생각은《혁신 조선일보》의 '신사명'에서도 나타난다. 주필 안재홍은 "오인은 동아의 한반도의 조선인이 되었다. 조선인으로서 딱 당한 문제를 떼어 버리고 따로 세계의 문제가 있을 수 없다. 사람은 자기에게 당면한 문제를 해결할 사명과 및 책임을 맡은 것이요, 또는 자기의 힘의 미칠 수 있는 한도 이외의 문제에 참여하지 못할, 천연의 약속이 있다고 할 것이다."라고 했다(안재홍, 1924.11.1, 『선집 ①』, 42쪽).

안재홍은 언론 기관이 그 시대적 사명을 직시하기를 바라면서, 그가 염원하는 언론의 보편적 사명에 대해서도 '신사명'에서 논의했다. 그는 "천하의 진리는 일부인의 독창으로써 귀함이 아니요, 천하의 긴급사는 한 사람의 참신한 제창으로써 그 기교함을 자랑할 없는 수는 바이요, 오인은 이제 개인아로서 민족아로서 사회아로서 인류아로서 가장 침핍과 억압과 모독과 유린이 없이 그의 권위와 존엄과 안전과 행복의 온갖 권리와 기회를 평등적으로 향수하여야 할 것이요."라고 했으며, 이 관점에서 그는 《조선일보》가 "현대의 조선인과 그의 승패와 고락과 진퇴와 휴척(休戚)을 함께 하는 이외에, 그의 존재와 발전의 필요와 이의와 사명이 있을 수 없을 것이다."라고 했다(상계서, 42쪽). 즉 전 조선인의 관점에서 특권적 언론을 배척하고, 비판적 자유로 계몽에 참여하기를 원한 것이다.

이 신사명은 조선의 강한 민족주의 사상과 현실을 공개장으로 끌어와 신민족주의를 표방한 것으로, 안재홍은 개인아, 민족아, 사회아, 인류아로서 공존할 현실을 직시한 것이다. 그는 "진정한 민주주의는 조선 현하 사회의 객관 조건에 입각하고 구원(久遠)한 역사와 문화의 전통에서 요약되고 귀납되는 논리적 성과로서 필연 또 당위의 존재인 것이다."라고 했다(안재홍, 1947.2, 『선집 ②』, 215쪽).

그는 언론 보도에 있어 역사와 문화의 귀납적 · 경험적 접근을 시도한 것이다. 뿐만 아니라 그는 직면하고 있는 정치적 · 경제적 환경에 더욱 민감하기를 기대했다. 그는 개인의 '천하민중의 감각'과 국가 차원에서 개개인이 동일한 감각을 가질 것을 염원했다.

"신문이 보도와 주장과 선양(宣揚과)의 성능을 갖춰 가지는 언론 기관인 것이나, 일개인에 있어 언론이 그 자아를 기점으로 사회에 서서 생활생존 · 앙양발전(昂揚發展)하는 데 일상에 없지 못할 기능인 같이, 일 국가 민족에게 있어서는 더욱 그러한 것이다."라는《한성일보》창간사를 보면 그의 논리는 더욱 생생하게 다가온다(안재홍, 1946.2.25, 『선집 ②』, 97~8쪽).

또한 안재홍은 개인의 자유와 책임을 함께 논의했다. 즉 각 개인의 사고를 세계적 차원에까지 확산시켰는데, 그는 "전 국민 각 계층의 복리 즉 그의 평권적(平權的)인 생존 및 생활을 정치적·경제적·문화적으로 구현하되, 우리의 조국과 동포와 역사와 및 문화의 전통과를 사랑하고, 동경하면서 그를 현대적으로 순화 앙양하여, 널리 인류 대동의 조류에 적응케 하기로 한다. 이는 진보적인 민족주의요, 또 선량한 국제 협동주의인 것이다."라고 했다(안재홍, 1946.2.25, 『선집 ②』, 98쪽).

안재홍은 개인의 사변적 자유와 경제적 생활을 동시에 추구코자 하는 데 평권적 생존은 헌법을 통해 쟁취할 수 있다고 본 것이다. 이는 자주독립국을 성취하기 위한 전제 조건이 된다. 이때 개인은 자유를 갖고, 비판 정신을 강화시킨다. 그는 이성과 합리성을 바탕으로 논리를 전개시켰다. 그 하에서 그는 대동(大同)을 기하고자 하였다. 안재홍은 특수 이익 집단으로서의 언론을 절대 허용하지 않았던 것이다.

안재홍은 비판적 자유와 깨어있는 의식을 강조하였지만, 더불어 계몽의 중요성도 언급했다. 이러한 사고는 의회 민주주의의 형성에서 잘 나타난다. 안재홍은 "① 국민 교육 특히 사회 교육의 충족한 시행이 필요하고, ② 전 국민에게 언론·출판·집회·결사의 자유가 보장" 되기를 바랐다(김인식, 2002, 124쪽).

안재홍은 그 과정에서 당파적 속성이 오히려 건국에 장애의 요소임을 강조했다. 그는 "사회적 불평등과 분열 대립의 제화인(諸禍因)을 전반적인 국정 시설에서 점층적 발본색원(拔本塞源) 함으로써 균등경제, 만민공화를 목표로 삼는 신민족주의 독립 국가가 요청되는 것이다."라고 했다(안재홍, 1949.9.3, 『선집 ②』, 450쪽).

그는 심지어 닫힌 민족주의라는 전체의 당파성에도 의문을 표시했다. 동

사설에서 "자체에서는 조국과 자유와 안전한 공동 생존의 때문에 민족주의
인 것이요, 상대적인 경지에서는 당연 인류대동사상에 의한 국제 협조주의
인 것이다."라고 했다(상게서, 450쪽).

안재홍은 진정한 '민주주의 민족 독립 국가'로서 정진하는 이외에는 딴 길
이 없음을 명백히 한 것이다. 여기서 계몽의 중요성이 인식된다. 그는 민주
주의 운용의 첫째 조건으로 국민 교육의 문제를 강조하였다.

물론 교육은 자유의 의미를 알려 주고 비판적 사고를 길러 준다. 나종석
교수는 "모든 것을 비판적 검토의 대상으로 삼을 수 있는 자유가 흔히 의사
표현과 언론 및 출판의 자유라고 알려져 있다."라고 했다(나종석, 2012, 25쪽).
그러나 파당은 자신과 자기 파의 비판을 제외시킴으로써 계몽과 진리 전파
의 장애를 가져올 수 있다. 파당성은 자신과 자당의 공개성을 거부함으로써
'공적 이성'에 방해를 가져오게 되는 것이다.

이러한 우려는 국내에서 현실로 벌어졌고, 당시 국내 파당의 상황은 복잡
하게 전개되었다. 안재홍은 일제 강점기 이후 달라진 해방 이후의 상황을
"작금 민족 진영 강화의 공작이 추진되고 있으나 거기에 종파적 우승열패의
감(感) 움직임 있어 자못 난산난항 중에 있었다. 매양 국가 민족이 흥패의
지로에 섰을 때가 가장 계심(戒心)할 것은 종파 혹 당벌(黨閥) 있어 독력 오히
려 내외의 난국을 타개할 수 있다고 착각함에서 모든 대립된 세력 공치의
비극에 빠지게 하는 일 있는 것이다."라고 묘사하였다(안재홍, 1949.9.3, 『선집
②』, 451쪽).

안재홍은 자신이 처한 해방 이후의 상황을 서구에서 사회주의가 득세할
때와는 다르다고도 보았다. 서구의 사회주의는 이기주의(egoism), 탐욕(greed)
등에서 비롯된 자본 축적의 상황에서 벌어진 것이지만, 우리는 식민지에서
막 벗어난 상황에서 벌어진 것으로 소통의 문제가 생겼기 때문이다.

안재홍은 그 해결책으로 '초계급 독립 국가'를 염원하였다. 그리하여 제헌
헌법에는 전 국민을 대표하는 민주 공화국 체제를 염원하는 정신을 담았다.

"여하한 이유라도 일부 계급만의 공화 체제를 허용하지 않는다."라고 못 박은 것이다(김인식, 2002, 107쪽). 그는 '프롤레타리아 독재(사회주의)', '부르주아 독재(독점 자본주의)', 또한 값싼 민족주의에 기댄 '국가주의' 등 어느 것도 허용하지 않았다.

이와 더불어 안재홍은 지금까지 진영 논리로 발전에 장애가 되었던 당파성에 대한 언론의 맹성을 촉구했다. 그는 "강토 통일·민족 규합을 촉진하면서 국민 대중으로 하여금 신뢰와 안정에 지향케 할 것이다. 누가 이것을 무시하면서 한갓 정치적 종파 관념에 달라붙어 써 분열을 만성화시키고 결합 생존의 민족 대의를 일부러 말살할 자이다."라고 했다(안재홍, 1949.8, 『선집 ②』, 434쪽).

그렇다면 '초계급 독립 국가'로서 세계의 일원으로 나아갈 수 있는 방법은 무엇일까? 해방 후 안재홍은 민족주의, 신민족주의, 신민주주의를 통한 '자주독립 국가'로의 이행을 촉구했다. 즉 국민개로의 균등 사회를 통해 전 국민을 대표하는 민주 공화국을 이룰 수 있다고 보았다.

3. 신민족주의 세계관

1) 민족주의

안재홍의 언론인 생활은 언론 자유를 극도로 억압하던 시기에 시작되었다. 1924년 조선총독부가 친일파 집단들을 비호하면서 민중의 언론과 집회를 압박하자, 이를 탄핵(彈劾)하는 민간 유지들의 운동이 일어났다. 안재홍은 그 실행 위원으로 활동하던 무렵에 언론 활동을 시작하게 된다(천관우, 1981, 7쪽).

최남선(崔南善)이 《시대일보》를 창간한 그 해 5월부터 안재홍은 논설반에서 일하게 되었다. "이전에는 억압된 소리를 대변하는 것이 소통의 중요 과제였다(Juergen Habermas, 2012.7.11).⁷"라고 한 하버마스(Juergen Habermas)와 같은 맥락에서 그는 당연히 억압된 목소리를 대변하기 시작했다.

그리고 이러한 억압된 목소리를 대변하는 언론의 방법이 무척 이상적이었다. 그는 "인류가 늘 미래를 바라보면서 금일의 현실에 살아 나아가는 것이다. 생성의 유래인 과거의 역사와 행진할 미래인 피안의 목표가 모든 금일인 현실에서, 일정한 목적 의식의 형태로서, 일상생활로써, 구체 실천되는 것입니다."라고 했다(안재홍, 1935.6, 『선집 ①』, 512쪽).

안재홍은 우리들의 과거 생활을 살피는 것이 그 미래의 해석에 도움이 된다고 생각했다. 원래 커뮤니케이션은 역사성을 이야기할 때, 각 개인들의 공유 범위를 넓힐 수 있게 된다. 더욱이 과거의 역사는 강한 민족주의를 잉태시킨다. 즉 일제 강점기 안재홍이 지녔던 소통의 도구에 관심을 가졌다면 그는 이런 민족주의를 대변한 것이라 볼 수 있다.

안재홍은 "(민족주의는) 그 지역 풍토를 기반으로 일정한 기질·성능을 갖추고 연마하여 온 것이다. 그리고 ① 민족은 동일 혈연체이다. 같은 조상 - 고대 사회에서는 동일한 씨족 공동체(또 그 이전은 혈족 단체) - 에서 출발하였으리라고 추단되는, 공통한 조상에서 물려받은, 같은 핏줄을 계속한 생존 공동체인 것이다. ② 민족은 일정한 지역, 일정한 공간에서의 협동체인 생활을 하였음에 인하여, 또는 하고 있음에 의하여, 자기 독특한 형체로 만들어진 것이다. ③ 민족은 운명 공동체로서의 생활 협동체인 것이다. 공동 문화의 유대에서 결속되고 성립된 운명 공동 사회이다."라고 하였다(안재홍, 1945.9.22, 『선집 ②』, 16~7쪽). 즉 이 운명 공동체로서라는 외적 표현이, 공통

---

7 하버마스는 지금은 과거와는 다르다고 전제하면서(Juergen Habermas, 2012. 7. 11), 현재 다들 자기 이익을 지키고자 큰소리를 내지만, 소통은 없고 갈등의 대립이 증가할 뿐이라고 하였다. 이에 하버마스는 1949년 나치 체제의 유산을 청산하고 민주 제도를 도입했지만, 적과 동지를 이분법으로 가르는 정치 문화를 개선하는 데 오랜 시간이 걸린 서독의 경험을 소개했다. 우리의 경우에도 서독과 같이 일제 강점기와 해방 이후 상황이 전혀 달라진 것이 없는 것처럼 보였다.

한 자연 방어에 의하여 되는 것임은 물론이거니와, 혈연, 지연 등 자연적인 요소 외에, 공동 문화체로서 운명 공동체가 된다는 것이다.

무엇보다 안재홍은 역사성을 배제한 민족주의에 강한 반발을 했다. 당시 그가 스탈린식 사회주의를 경멸한 것도 여기에서 그 이유를 찾을 수 있다. 그는 "문화의 전통을 거세한 합리주의적인 인공적인 국제 추수주의(追隨主義)는, 일편 공식으로 추락되고 마는 것이다. 그보다도 민족적 개아성을 걱정하게 발휘시키는 것은, 전 국제 협동의 분야에서 각각 독자의 이채(異彩)를 발양(發陽)케 하는 것이니……."라고 했다(상게서, 21쪽).

그는 사회주의 국가에서도 각 개인의 천품(天稟)과 능률에 따라 그 사회적 임무와 지위를 달리하는 것이 당연한 이치라고 주장하였다. 즉 사회주의라도 민족주의를 원용할 수 있다는 것이다.

그리고 안재홍은 민족주의를 개인의 역사관에만 적용한 것이 아니라, 국가관에도 적용시켰다. 그는 "일국민 일민족은 일정한 민족국가로서 혹은 제국의 국가로서 또 일정한 영요(榮耀)하는 단계에 올라간 자들입니다. 여기서 일국민 일민족은 모두 ① 그 향토나 조국의 자연인 풍토를 토대 삼아, ② 그 허구(許久)한 연대를 통하여 겪어 오고 싸워 온, 생활의 항구한 지속으로서의 종합적인 역사를 주조로 삼아, 즉 공통한 생활 집단의 준칙(遵則)할 생생한 대강령으로 삼아, ③ 각각 그 현실에서의 교호 착종(錯綜)하는 국제적인 제 세력과 온갖 문화와의 교섭과 융합과 및 그로 인한 끊임없는 신 자아와 신문화의 건설 또는 창조에 의하여 일진일퇴 일 굴(屈), 일 신(伸)하면서 민중적의 역사적 행진을 한 것이요."라고 했다(안재홍, 1935.5, 『선집 ①』, 480~1쪽).

이와 같이 그는 민족주의 하에서 신문화 건설과 창조가 가능하다고 봤다. 그리고 그 문화의 향상을 위해 '실천 운동, 언어의 중요성을 언급'[8]했다. 그

---

8 안재홍은 1929년 5월부터 《조선일보》를 통하여 색의 단발(色衣斷髮), 건강 증진(健康增進),

는 언론의 행동 강령으로 이념적 운동보다, 실천적 운동에 더욱 적극적이었던 것이다.

안재홍에 따르면 민족주의 사상에서 논의되는 것 중 하나는 언어의 문제이다. 그는 "내 나라의 민족심의 결정인 내 나라의 언어를 옹호 및 선양하는 것은, 민족적 자립 정신을 발휘하는 제1보가 되는 것이요."라고 했다(안재홍, 1926.2.4, 『선집 ①』, 176쪽).

그는 '독창적인 문자로써 그의 고유한 언어를 기술하게 하는 것은 가장, 선명 확고한 자립 정신의 표현인 것을 의미한다.'라고도 했다. 또한 "인류 문명 발달의 근본 능력이, 그 사상의 완전한 발표 교환 및 전수 혹 유전의 기구인 언어의 공효(功效)에 있는 것은, 오인이 재론함을 요치 않는 바이다. 언어의 공효를 확충 또 영속케 하기 위하여 문자의 사용이 있는 바이니 ……."라고 하였다(안재홍, 1925.5.28~29, 『선집 ①』, 109쪽).

즉 안재홍은 민족 정신과 언어에 관심을 갖고 우리의 앞날의 방향을 이야기했다. 그는 "식민지 상태에 있어 동방 제 국민에게 있어, 계급적 문제에 앞서 국민적, 민족적 문제가 선결 문제임을 지적하여, 기본 입장이 분명히 나타나 있다."라고 했다(안재홍, 1925.8.26, 『선집 ①』, 122쪽).

한편 각 개인의 차원에서 국민주의는 후진국에서 민족주의로 간주했다(안재홍, 1931.2.18, 『선집 ①』, 461쪽). 안재홍은 "국민주의와 민족주의 그것이 동근 이질의 것인 것을 지적 논평한 바도 있었다. 민족 그것은, 거북한 우상도 아니요 고루한 편견도 아니요, 그 문화와 전통과 취미와 속상(俗尙)과 정치와 경제상의 핍박한 공통적 이해 따위 – 공동한 자연적 테(紐帶) 안에 일정한 특수 생활 경향을 형성한 집단으로 된 것이요, 이것은 좋거나 나쁘거나를

상식 보급(常識普及), 소비 절약(消費節約), 허례 폐지(虛禮廢止)를 당면의 행동 목표로 하는 '생활개신(生活改新)' 운동을 제창하고, 이어 그해 7월부터는 그 연장 내지 집중적 운동이라고 볼 수 있는 '귀향 학생 문자 보급' 운동을 제창하였다(천관우, 1981, 『선집 ①』, 14쪽).

논치 말고, 일종의 본능적인 경향에 의하여 친절한 동포 의식을 가지고 또 대체로 공동 이해감을 가지고, 서로 한 가지 움직이게 되는 것이다."라고 했다(안재홍(편집자 주), 1932.3.2, 463쪽).

민족주의는 문화적 개념이지만, 근대 국가로 이전할 때 두 가지 방향으로 나뉘게 된다. 하나는 국가주의로, 독립된 국가에서 붙여진 이름인데 일 계급, 일당에 의한 지배의 형태이다. 이에 대해 안재홍은 국가주의는 "일 계층, 일 계급을 영도 지배하는 변혁의 도정에 약진한다 하면, 그것을 결국 일 민족의 사회적 기구의 일대 변화가 생겼음을 의미함일 것이다. 그 자신의 침략적인 허다한 기만적인 이유를 가지는 현대 소위 선진국의 국가주의이다."라고 했다(안재홍, 1931.2.18, 『선집 ①』, 462쪽).

다른 하나는 추상성을 낮춘 국민주의로, 국민주의는 민족주의 형태로 '우리들의 국가', '국민의 국가', '전 국민의 이익' 등으로 국민의 권리를 실현할 필요가 있게 되었다. 좀 더 풀이하면, "국민주의는 일 인민이 낙후된 처지에서 진지한 생존 노력의 투쟁적인 역량을 걸러 내는 데는, 반드시 한번 지나가는 필요한 계단으로 동류 의식과 연대감으로써 그 연소되는 정열이 실로 순화 · 쟁화 · 심화 또 단일화의 존귀한 작용으로 된다는 것이다. (그렇다면) 만일에 이 민족주의로 세련 과정을 치름이 없이 산만한 공식론적 '국제주의(스탈린식 사회주의[9])'에의 고답적 행진을 하는 인민이 있다면, 그는 실로 심상치 아니한 불행일 것이다."라는 것이다(안재홍, 1932.2.18, 『선집 ①』, 462쪽).

안재홍의 경우에는 국민주의자로서 나갈 사회 운동의 방향을 제시했다. 즉 그는 세계에 처하여 조선인이 되었고, 금일을 떠나서 시대를 해석할 수

---

9 '스탈린식 사회주의'는 당시 소련을 지칭하는 것인데, 안재홍은 그들에 동조하지 않았다. 그러나 1942년 10월 1일부터 다음해 4월 1일까지 국내에서 벌어진 조선어 학회 사건에서 안재홍은 좌쪽으로 기울어진다(오영섭, 1998, 192쪽). 조선어 학회 사건은 일제가 조선 민족을 말살하기 위해 조선어 교육을 단계적으로 폐지하는데 대해 반발한 것이다. 당연히 민족주의자는 대동출판사의 조선어 사전 발간 사업에 참여하였다. 안재홍은 그 때 함남 홍원 경찰서에 투옥되었고, 그 후 1945년 건국준비위원회까지 사회주의자에 동조했다.

없으니 조선인인 것을 본위로써 현대의 대세에 순응할 것을 염원했다.

2) 신민족주의

안재홍은 해방 정국에서 식민지 상태의 민족주의에서 벗어나, 다시 민족주의에 대한 자신의 입장을 정리하게 된다. 그는 국가주의, 국민주의 등에 관한 심각한 고민을 하게 되었다. 독립 국가의 처지에서 이들을 논의하게 된 것이다.

그리고 선진 국가들의 헌법 정신을 우리의 제헌 헌법 정신에 투영할 필요가 있게 되었다. 당시 안재홍이 공론장을 통해 꿈꿨던 국가와 지금의 상황을 비교하면 더욱 설득력 있는 결론에 도달할 수 있다. 그는 강한 국민주의 정신으로 '다사리10', '겨레', '공동체' 같은 논의로 해방을 맞았다. 즉 일제 강점기 하에서의 닫친 민족주의가 아닌, 열린 민족주의 논의가 필요하게 된 것이다. 그는 '법의 지배' 하의 객관주의, 불편부당의 정신을 통해 중립성, 공정성, 진실성 등 자유주의 사상에 심취하게 되었다.

먼저 자유주의 보편 이념인 인권 문제에 관심을 가졌다. 일제 강점기의 '인권 유린'과는 달리 헌법으로 그 인권을 보장해 줘야 하는 상황에 직면했다. 해방된 상태에서 받아들인 것은 '천부 인권 사상'의 보편적 가치였다. 다른 한편으로 안재홍은 진백(盡白)으로서의 자유와 진생(盡生), 즉 만민공생의 가치를 실천적 목표로 삼았다.

일제 강점기와는 달리, 국민주의 및 민주 공화국 하에서 인민을 능욕(凌

---

10 ('다사리'는) 신라의 건국 회의로서 알천안상(閼川岸上)에 회합하였던 자는, 성년남자로서 공민 자격을 가진 자는 한가지로 참석하였고 또 동일한 투표권을 가졌던 것이 추단(推斷)되나니 … 화백(和白) 혹은 성(誠)으로 보인 다사리회(會)이었던 것이다. 다사리는 치리(治理)의 어의인 것처럼 정치 회의던 것이 명백하다 … 인민 총의에 좇아서 국정을 처리한다고 함이요, 그 목적인 즉 국민 총원을 '다 살린다'는, 진생(盡生) 혹은 함존(咸存)케 하는 공영 국가를 만들자는 것이다(안재홍, 1947.12).

辱)하는 일은 없어야 했다. 또한 자유주의 국가 하에서 언론의 자유를 확장하고, '만민공화'의 상황에서 소외를 줄여야 했다.

결국 안재홍은 해방 후 정신적 무정부 상태 그 자체를 구제하기 위하여 당파성을 강조하는 어떤 주의도 거부하고, 신민족주의를 제창하고 나섰다. 여기서의 신민족주의는 폐쇄된 것이 아니었기에 언론이 앞서 공개(Publizi-taet) 원리를 시작했다. 따라서 언론은 자유와 비판 정신을 필요로 했다. 안재홍은 민족주의의 '정치적 판단'을 해방 정국에 맞게 표출시켰으며, 이는 우리가 말하는 신민족주의로 민족주의를 세련되게 만든 것이었다. 그는 "민족 내 각 계층의 협동의 공동체를 세우고, 밖으로는 국제 협동의 분담자로서의 굳건한 민족 국가를 보유한다."라고 했다(안재홍, 1945.9.22, 『선집 ②』, 55~8쪽).

공개성의 원칙에 있어 안재홍은 좌·우의 중간 노선을 취했다. 이를 통해 그는 불편부당, 객관성을 담보할 수 있는 방법을 찾았다. 그는 중간 노선에 대해 "소위 극좌 극우의 편향 노선 있음에 비추어 진정 민주주의 노선은 그 상대성에서 당연 중앙 노선이 되나니, 이 의미에서 중앙 노선은 그 어(語)와 의(義) 아울러 가하다."라고 했다(안재홍, 1947.10, 『선집 ②』, 208쪽).

또한 "다만 중앙 노선의 노선 됨이, 민족 자주 노선이요, 독립 기본 노선이요, 신민주주의의 사회 건설의 토대 위에 구축 현시되는 노선인 것이며, 이는 실로 독자적인 민주 독립 노선인 것이니, 좌와 우를 논할 바 아니다."라고도 했다(상게서, 211쪽).

그는 극좌와 극우를 배격하면서, 중도를 택한 것이다. 그게 진리를 규명하는 첩경인 동시에 좌우 갈등의 사회 변동기에 언론이 안전하게 취할 수 있는 노선이었다. 이러한 중도주의의 합당성은 하버마스의 소통 3원칙에서도 엿볼 수 있다.[11]

---

11 하버마스가 설명한 소통의 3원칙은 다음과 같다. "① 누구나 배제되는 사람이 없이 평등하게

안재홍은 중도파이면서도 강한 민족주의 성향을 가진 인물이었다. 그러나 그의 민족주의는 강한 외세의 영향력 안에서 그 방향의 유연성을 발휘했다. 즉 그는 강한 민족주의자를 극우파로 몰아 세웠고, 언론을 통해 이데올로기의 허위의식을 공론화했다.

당시 미 육군 제24군단장 하지(John R. Hodge)는 군정장관에 아놀드(General Arold), 러치(A. Lerch)를 임명하고, 민정장관에 안재홍을 임명했다. 안재홍이 미군정의 관리가 된 것은 어찌 보면 과거의 그의 경력과 모순이라 할 수 있다. 그래서 그 내용을 살펴볼 필요가 있다. 하지는 "군정의 업무와 책임을 한국인에게 넘겨 줄 방침과 민정장관이 책임을 맡고 있는 군정 내 각 부처의 업무를 총괄 조정하는 일을 담당할 것을 공언했다(정윤재, 2010, 51쪽). 더불어 그는 "안재홍이 학력, 경험, 유연한 성품, 그리고 누구 못지않은 애국심을 갖추고 있을 뿐 아니라 한국의 사정에 밝은 인물이기 때문에……." 라고 임명의 이유를 밝혔다(상게서, 51쪽).

하지 중장이 언급한 '조정 업무'와 '애국심' 측면에 관해 살펴보면, 안재홍은 중도주의를 택한 인물이므로 어느 정도 유연성을 갖고 있었다. 또한 과거 그의 국제관은 〈제남사변(濟南事變)의 벽상관(壁上觀)〉[12]에서 보듯 무척 냉정했다. 그는 민족주의 외에는 외세에 대해 냉소적이었다. 일제가 한반도를 강점하고 있을 때도 안 주필은 일본에 대해 대척점을 형성시켰다.

당시 안재홍은 '초파벌적 민족주의자'로 간주되었다. 그는 일본 제국주의

참여할 수 있어야 한다, ② 어떤 주장이건 관점이건 자유롭게 개진될 수 있어야 한다, ③ 상대의 말을 자신의 입맛에 맞게 해석하는 것이 아니라 상대의 관점에서 해석함으로써 공평한 상보성을 보장해야 한다"(Juergen Habermas, 2012.7.11).

12 안재홍이 《조선일보》 1928년 5월 9일자에 게재한 사설로, 그는 이 사설의 집필로 옥고를 치르게 된다. 그는 초(楚)의 항우(項羽)가 진(秦)을 칠 때, 제후(諸侯)가 성벽에서 관전(觀戰)만 할 뿐 구원치 않았다는 『사기(史記)』의 고사를 인용해(안재홍 편집위원회, 1981, 282쪽), 일본군과 중국 국민군이 제남에서 정면으로 충돌하여, 두 편에 많은 사상자를 낸 제남사변 또한 조선인은 제3자 입장이므로 이러한 남의 나라 내전에 개입이 불가하다는 주장을 하였다(상게서, 277쪽).

시대의 타협적 민족주의자였던 우파도 아니었으며, 그렇다고 비타협적 민족주의자도 아니었다. 즉 그의 중도주의는 일본편도 아니고, 소련편도 아닌 독자적 노선이었다. 그리고 이러한 중도주의 철학은 실생활, 혹은 생활 철학으로 서로 공유할 수 있는 부분이었다. 그래서 그는 자연주의적 사실주의에 더욱 관심을 가졌다.

그의 이러한 경향은 해방 이후에도 마찬가지였다. 그는 미소 공동 위원회의 재개가 어차피 불가능한 상황에서 미소 협조에 의한 남북 통일 정부의 수립은 어렵다고 판단하였다. 그래서 미군정이 종식된 이후 남한 만에서라도 정치가 극우나 극좌 세력에 의해 지배되지 않고 '민주주의 민족 진영'에 의해 주도될 수 있기를 염원했고, 그러한 분명한 목적에 따라 민정장관직을 수락했다(정윤재, 2010, 52쪽).

안재홍은 취임사에서 "제반 방침과 법규를 준수하되 '행정권의 완전 이양과 독립선의 성취를 지향하는 노선에서' 최선을 다하고……."라고 했다(정윤재, 2010, 53쪽). 그러나 그는 당시 한독당의 폐쇄적 민족주의 정책, 즉 임시정부의 법통과는 달리 시대를 봤다. 따라서 김구(金九) 등은 안재홍의 민정장관 결정에 부정적일 수밖에 없었다.

삼균정치를 주장했던 조소앙은 "토지와 대생산 기관의 국유화를 주장함으로써, 미국에 대해 퍽 비관적이다. 그는 '미국이 국민들의 정치상의 평등이 이뤄졌다지만, 정권은 사실상 자본가가 좌우하며 일반 평민은 옛날과 마찬가지로 자본가에게 대항할 수 없다.'라고 했다(김인식, 2002, 42쪽). 이와 같이 독점 자본주의에 대해 냉소적인 조소항 등의 중도 우파 또한 미국에 인색할 수밖에 없었다.

그러나 안재홍은 미국을 직접적으로 언급하는 것을 피했다. 그는 미국 기자단과의 비공식적인 인터뷰를 통해 "한국의 영원한 독립을 보장하는 문제는 유엔에 달렸다. 그리고 미군과 소련군 철수는 동시에 이루어져야 한다."라는 견해를 밝혔다(HQ, USAFIK, G-2 Weekly Summary; 정윤재, 2010, 53쪽).

이처럼 안재홍은 미국을 오히려 유엔의 관점에서 보는 한편, 소련에 대해서 약속을 이행하도록 닦달했다. 그는 "모스크바 3상 회담에서, 그 제1항으로 조선에 민주주의 임시정부를 수립하여 자유 독립 국가를 건설케 할 것을 규정하였으니, 이토록 보장된 국제 공약은 카이로와 포츠담 선언 이래 줄곧 계속하여 온 바이고, 이 공약을 논거로 우리가 하루빨리 민주주의 임시정부를 수립하여 갈망하는 자주독립을 관철키로 주장 요청하는 것은 당연하다."라고 했다(안재홍, 1946.10.10~13, 『선집 ②』, 154쪽).

안재홍은 소련이 '자주독립 국가 건설'을 방해하는 이유도 설명하였다. 그는 "소련 정부가 전후 즉시 그가 수립한 외교 원칙에서 위반하여 유고 정부를 둘러엎기를 목적으로 반민주주의적 행동을 하고 있다. 스탈린 수상은 기타 슬라브 동방 각국의 독립을 확인하였다고 하나, 이는 이행되지 않고 있다."라고 했다(안재홍, 1949.10.5, 『선집 ②』, 482쪽).

더불어 "공산 독재 정권이 유라시아에 걸치어 수립된 것이다. 공산 독재는 그 본질을 여러모로 해석할 수 있으나, 슬라브 인의 지둔성(遲鈍性)과 개인주의 자유 사회에까지 발전되지 못하였다는 아시아적 후진성을 다분으로 포용하고 있는 러시아가, 짜알리즘에 여러 백년 종순하던 굴종적인 국민성을 토대로 현실 지속되는 것이다."라고 소련을 강하게 비판하였다(안재홍, 1950.1.4, 『선집 ②』, 556쪽).

안재홍은 소련을 또 다른 국가주의로 본 것이다. 그는 "일당 전제로 공산주의거나 파쇼주의거나 간에 가장 비민주주의적인 독재를 단행하는 선결요령으로 되어 있는 것이니, 찬성할 수 없다. 러시아의 공산 독재는 이즈음 우리 정체 또는 정치 평론계에서 가장 많이 지적 비난되는 바이니, 차라리 더 언급하지 않는다."라고도 했다(안재홍, 1949.2.26, 『선집 ②』, 506쪽).

그는 "근대에 있어 국제적 협동 연관성을 무시하는 고립 배타적인 민족주의 혹은 국가주의는 배격되어야 하겠지만, 민족자존의 생존 협동체로서의 주도 이념인 민족주의는 거룩하다."라고 했다(안재홍, 1945.9.22, 『선집 ②』, 16쪽).

이러한 맥락에서 "독일의 민족주의는, 너무 역사학파적 주관 독선적인 그리고 인위적 기획의 테 속에 국척(跼蹐)하여, 역사적 지양 회통의 길을 걷지 못하고 객관 통찰의 원활한 손을 쓰지 못한 까닭에, 구경(究竟)의 실패를 한 바이니, 그는 지리와 역사와의 필연 양성(釀成)한 분위기 중에서도 지도층의 과실이 다분으로 작용한 것이다."라고 했다(안재홍, 1945.9.22, 『선집 ②』, 267쪽).

안재홍은 폐쇄적 민족주의에 근거한, 국민 국가에 의한 종속을 원하지 않았다. 그가 추구하는 세계관과 국가관은 개인뿐 아니라, 국가 사이에도 동등하게 교류하는 것이었다. 즉 그는 "20세기 현 단계의 인류 역사의 특징은, 각개 민족의 세계적 대동의 방향, 즉 국제주의적 방향에 향하여 자동적 구심 운동을 하고 있는 것이 하나이요, 그 반면에 각 민족이 이 세계적 즉 국제적 영향 하에 있으면서 오히려 각각 각자의 민족 문화로서 순화 심화하려는 의욕 및 그 노력 중에 있다."라고 했다(안재홍, 1935.6, 『선집 ①』, 512쪽).

그는 소련이 신봉하는 마르크시즘에 대해서도 "마르크스는 유물사관을 말하고 계급 투쟁을 지적하였다. 그의 유물사관에는, 줄잡아서 계급이 분열된 이래의 사회는 계급 투쟁에 의하여 그 역사가 전개되었다고 가르쳤다."라고 비판하였다(안재홍, 1948.10 강연, 『선집 ②』, 357쪽).

따라서 안재홍은 마르크스 이론의 적용 가능성에 대해 비관적이었다. 그 대신 그는 "마르크스에 관해서는 좀 더 그의 역사와 사회의 환경에 대해서 면밀한 검토를 가함을 요하는 터이나, 오늘날 조선인이 맹성할 것은 다만 사회 역사만에 들어붙어 계급 투쟁에만 열중할 시대로 되어 있지 않나 ……."라고 했다(안재홍, 1948.10 강연, 『선집 ②』, 357쪽).

오히려 안재홍은 일제 강점기 때부터 계속된 민족주의에 더욱 관심을 가졌다. 그는 또한 민족주의가 형성되는 과정을 설명했다. 그는 "사람은 살음이니 살음은 생활(生活)이요 또 생명(生命)이다. 사람이 사랑에 가까우니 사람이 사회의 가장 특색 되는 것은 사랑에 말미암아 서로 결리고 아끼고 뭉치어 돕는 그것이다. 민족은 겨레이니, 겨레는 즉 결리어 어울리는 것으로,

겨레는 서로 결리어 조직되고 편성됨에서 비로소 그 협동 생활체로서의 기능이 발휘되고 그 자체와 안전한 생존의 자보장(自保障)이 되는 것이다."라고 했다(안재홍, 1949.10.9, 『선집 ②』, 490쪽).

물론 '서로 결리고 아끼고 뭉치어 돕다.'라고 할 때, 사회가 기능하기 위해서는 개인의 행동과 도덕성을 담보로 해야 한다. 그 때에야 비로소 계속성을 유지할 수 있기 때문이다(Anthony Giddens, 1972, p.12).

이런 정서 하에서 안재홍은 언어에도 무척 민감했다. 그는 언어 공동체를 통해 민족주의의 풀이를 시도했다. 언어는 각 문법이 법칙을 갖고 있기 때문에 그 법칙이 가능하다면 언제든 이성적 분석이 가능하고, 그에 따른 객관적·논리적 판단이 가능하게 된다는 것이다. 이 때 안재홍은 폐쇄적인 민족주의가 아닌, '열린 민족주의'를 주장했다.

그는 법칙성을 사회 정책적 차원에서 규정하였는데, 1947년 9월 말 "① 독립 국가의 완성, ② 진정한 민주주의, ③ 경제적 민주주의"라는 '시국대책요강의 3대 원칙'을 발표하였다(정윤재, 2010, 57쪽).

덧붙여 진정한 민주주의는 '순정 우익'의 사상과 정책을 옹호하고, 경제적 민주주의는 정치적 민주주의의 기본이 되는 것으로 독점 자본과 대지주의 전행을 배제하고 대부분의 민중의 복지를 보장하고 증진시키는 것임을 언급하였다.

한편 '독립 국가 건설'에 대해서는 민족주의 입장을 천명하면서 거기서 끝나는 것이 아니라, 나라 안으로는 국민 각 개인의 균등 생활을 확보하고, 밖으로는 민족과 민족, 국가와 국가 사이의 균등을 실현할 수 있다고 보았다. 그리고 이때의 정치적·경제적 민주주의는 세계의 공동체를 가능케 하는 자유주의 독립 국가의 연합이 가능한 형태라 하였다.

안재홍은 개인이 자유를 갖고 행동의 코드가 항상 변화할 때, 그 체제는 항상 변혁만을 추구하게 된다고 보았다. 또한 그 환경에서 과도한 욕구와 탐욕을 선동하게 되면, 그 사회는 통합력을 상실하게 된다는 것이다. 그 때 등장하는 것이 사회주의이고, 이와 같이 사회주의는 탐욕 등으로 산업의 규제가 불가능한 상태에 대응하여 나타난다는 것이다(Anthony Giddens, 1972, p.13).

안재홍은 자유를 제약하고, 경제를 통제하는 형태를 거부했다. 또한 그는 "좌우 합작의 경우, 반드시 극좌 극우를 다 배척하고 대중공생, 만민공화하는 신민주주의 민족 국가를 만드는 데 그 목표를 두었다.

4. 신민주주의

안재홍은 조선의 민족 정당인 국민당을 창당하고, "사람은 사름이라, 인류 공존의 홍대(洪大)한 이념을 함축한 바인데, 나라는 나로라, 자아의식의 강렬한 충격에서 결성된 것이다. 밖으로 인류 대동의 이념에 적응하고 안으로 민족자존의 의도에서 집결맹진(集結猛進)함을 요청하는 것은 ……." 라는 강령을 발표했다(안재홍, 1945.9.25, 『선집 ②』, 61쪽).

삶, 생활, 생명으로 시작하여, 그는 개인을 규정한다. 그 바탕 위에 개인의 행동과 언론의 자유를 논의했다. 나라는 국민주의자로서 개인 삶의 집합체임을 강조했다. 이것으로써 인류의 대동을 염원하게 된 것이다. 국민당은 위에서 언급한 강령 외에도 "① 민족 국가의 건전한 발전과 국제 협력의 최선한 분담(分擔)자됨을 기함, ② 국민개로(國民皆勞)와 대중공생(大衆共生)을 이념으로 신민주주의의 실현을 기함, ③ 민족 문화의 전면적 앙양과 함께 인류 대동의 조류에 순응키를 기함." 등의 정강을 채택하였다(상게서, 63쪽).

또한 안재홍은 국민이 다 직업을 갖고, 더불어 살아가는 사회를 염원했다. 그 바탕 위에 만민공화, 즉 공화국이 건설된다는 것이다. 그는 사변적 민주주의를 비판하고, 신민주주의를 주장했다. 이는 국민당의 정강 · 정책 해설의 "만민을 정치에 참여케 하는 것은, 빈부와 직업의 차이를 두지 않고

성(性)의 차별도 두지 않아, 국민총체가 일정 연령에 달한 자는 모두 선거와 피선거권을 가지는 것이다."라는 내용에서도 확인할 수 있다(안재홍, 1945,12, 『선집 ②』, 68쪽).

이때 참정의 방식에 대해서는 "전 국민 각자가 누구나 정치에 참여할 수 있되, 일정한 인구의 비율로 대의원을 보내어 간접으로 국정에 참여케 함은 민주주의 정치의 통칙(通則)이라 하여 의회 중심의 정치가 이뤄진다."라고 했다(김인식, 2002, 122쪽).

안재홍은 "2차 대전 이전까지의 프랑스, 영국 및 미국의 자본적 민주주의가 거대한 금융, 산업 자본과 혹은 소수의 대지주들로 형성된 특권벌(特權閥)의 존재에 의하여 오인이 의도하는 균등공영의 신민주주의와는 그 본질에서 동일하지 않다."라고 했다(안재홍, 1947.9.23, 『선집 ②』, 194~5쪽).

그렇다고 안재홍이 소련식 공산주의에 동의한 것은 아니었다. 그의 평소 논리에 따르면, 공산주의 방식은 경제 평등이라는 이상형을 바라기 어렵고, 조선 독자의 사회 정세로 볼 때는 균등경제, 평권 정치로써, 소위 균등사회, 공영국가를 지향 완성한다는 것은 스스로 그 방책이지, 사대주의적인 공산 추수(追隨)는 공염불에 불과한 것이다.

그는 "개인의 자유성과 개성적 자유성을 무시하고 인민을 기계화하는 것 또한 수용할 수 없다."고 강변했다(안재홍, 1947.9.23, 『선집 ②』, 194쪽). 무산자 독재의 방식으로써 사회의 진보적인 역사성을 너무 말살하고 폭압적 인위의 촉성 때문에, 소련이 과당한 민족적 노력을 망치는 것으로 본 것이다.

그는 선진 자본주의든, 소련의 사회주의 체제든 맹성을 촉구하면서 그런 민주주의가 아닌, '다사리' 신민주주의를 주장했다. 이는 자유주의 행동 강령이며, 언론 자유의 확장이라 할 수 있다. 안재홍에 따르면, '정치'의 원의 (原義)도 '다사리'요, 그 방법에서도 만민공화의 개백(皆白), 즉 '다사리'요, 그 목적도 만민공생(萬民共生), 개활(皆活), 즉 '다사리'인 것이다. 다시 말해, '다사리' 상태는 신민주주의가 싹트고, 커뮤니케이션을 최대한 확장시킬 수 있는 조건이었다.

그러나 모든 사람들이 이런 상태를 찬성하는 것은 아니었다. 안재홍은 이를 모함하는 사람에 대해 "만민공생은 조선식 공산주의라고 하나니, 그도 편벽이 심한 자이다. 대중공생은 균등 경제의 토대 위에 만민공화하는 공영 국가를 건설함을 조선인의 독존 자재적(獨尊 自在的)인 대주의인 것이니 하필 외래사상 혼효(混淆) 대비하여 고하를 운위할 바 아니다."라고 했다(안재홍, 1947.10, 『선집 ②』, 215~6쪽).

또한 안재홍은 '균권', '균부', '균지' 등 삼균주의에 대해서도 이야기했다. 그는 한국독립당의 당시(黨是)이었던, 조소앙의 삼균주의를 주장한 것이다 (안재홍, 1947.12, 『선집 ②』, 228쪽). 조소앙은 "지력(智力)의 원소적인 것 같지마는, 대중적이요 또 사회적인 제도 기능에서는 부력(富力)이 결정적인 조건으로 되었다."라고 했다(안재홍, 1947.12, 『선집 ②』, 228쪽). 현대 사회에서 일체를 지배하는 것이 부력(富力), 즉 경제적 토대인 것이요, 그 위에 정치적 기능 즉 권력 체제가 건조되는 것이며, 따라서 지력(智力), 즉 교육 문화의 제 기능도 결정된다는 것이다.

당시 '인민의, 인민 때문에, 인민에 의하여' 등 민주주의 3원칙이란 것은, 이미 케케묵은 투어(套語)가 되어 있었다. 이에 대해 안재홍도 "아무리 인민 본위의 철저한 의도에서 출발함이라고 하더라고, 그것이 일편의 정치상 법률상의 평등에만 그치고 그 부의 균등에까지 이르지 못하였을진대, 그 평등은 다만 껍데기의 평등에 지나지 못하는 것이고, 빈부의 차별은 모처럼의 법제상 평등의 공영 생활(共榮生活)을 보장할 수 없는 것이다."라고 했다(안재홍, 1947.12, 『선집 ②』, 229쪽).

물론 균등 사회 형성 과정에서 능률은 사람마다 차등이 있으니, 능률을 무시한 인위적 균등은 악 균등인 것이요, 개성은 각각 허용되어야 할 자유의 한도이다. 그 바탕 위에 대중은 각각 최저 생활 수준의 확실성을 보장받는 것이 균등 사회의 기준이다. 신민주주의는 곧 균등 사회의 경제적 토대 위에 대중적 정치 평등의 체제를 수립하는 것이다(안재홍, 1947.10, 『선집 ②』, 215쪽).

같은 맥락에서 안재홍은 현재 선진국의 독점적 상황에서의 커뮤니케이션의 왜곡 상태를 비판했다. 그는 "프랑스 민주주의란 것은 순전히 소수의 금융·산업 자본벌과 대지주들의 수중에 있어 금권 정치에 타락된다. 그에 의하면 불평이 내재한 사회에 통합이 있을 수 없고, 균등 사회가 조직되지 않는 한에 공영 생활이 성취될 수 없나니, 균등 사회 공영 국가는 우리 조국 재건의 지도 이념이다."라고 했다(안재홍, 1947.12, 『선집 ②』, 230쪽).

결국 삼균주의는 자본적 민주주의에 대립할 만민공생의 신민주주의인 것이다. 즉 만민개로, 대중공생의 신민주주의인 것이다. 그리고 삼균주의는 그것의 실천 형태인 것이다.

안재홍은 "이 신민주주의를 내용으로 홀연 일치되는 단일 민족은 반드시 그 총체가 운명 공동의 신민주주의 집단으로 존립하는 것이다."라고 하였다(안재홍, 1947.12, 『선집 ②』, 230쪽). 그의 신민주주의가 의도하는 바는 경제적 균등 또는 경제적 민주주의의 실현으로, 민권의 요청이 다만 정치적 평등에만 그치지 않게 하자는 데 그 목표가 있었다. 민생주의라는 점에서 소련 공산주의와는 그 입론의 근거와 실천의 방편이 다를 수밖에 없었다.

신민주주의는 가장 현대 사조와 조응하는 만중(萬衆)이 지지할 대주의로, 이것은 결코 기계적 절충(折衷)의 값싼 산물이 아닌 것이다(안재홍, 1947.12, 『선집 ②』, 232쪽).

5. 신민주주의와 언론

안재홍은 남조선의 공영 국가 건설의 3대 목표를 "① 민족적 자주독립 완성의 지상 명령, 즉 민주 독립 국가의 완성, ② 진정한 민주주의의 확립, 이것은 본인으로서는 순정 우익이라고 규정하는 진정한 민주주의의 사상, 정책의 확립 및 옹호, ③ 민생 문제를 해결하기 위한 경제적 민주주의 강조" 등으로 잡았다(안재홍, 1947.2, 『선집 ②』, 222쪽).

물론 나라와 시기에 따라서 그 현실이 모두 서로 일치하지는 않는다. 그래서 시대의 진운(進運)에 따라 한 걸음씩 소시민, 노동자 및 농민 등 하층 계급의 사람들에게 그 정치 참여의 법을 할양(割讓)한, 소위 자본적 민주주의가 탄생하였다.

안재홍은 "민족적 감정이 다만 희망과 공상의 영역에 저미(低迷)하는 동안, 확고한 대중적 토대를 구축할 수 없다."라고 하였다(안재홍, 1945.9.22, 『선집 ②』, 50쪽). 따라서 개개인은 시민적인 일상생활에서 필연적 생각을 가질 필요가 있다. 이는 금후 전 정치ㆍ경제적 분야에 뻗치어 면밀한 전문적 기술의 기획 입안을 요구한다.

또한 안재홍은 공허한 좌우의 이념에 대한 경고를 했다. 그는 "대중 때문의 주의이지, 주의 때문에 생긴 대중이 아닌 것이고, 주체의 추상적 존재를 위하여 대중의 이해와 의지를 무시하는 것은 곧 죄악인 것이다."라고 했다 (안재홍, 1945.9.22, 『선집 ②』, 50쪽). 만민의 대중 생활을 그의 국정과 국제 관련성에서 규정 입안하여 실천 여행(勵行)하는 데서 일개의 생동하는 주의가 구성된다는 것이다.

이때 민족의 특수한 전통과 국제 대동(大同)의 체제는 대립됨이 아니라, 실천에서 회통되는 것이라고 보았다(안재홍, 1945.9.22, 『선집 ②』, 47쪽). 어느 주의라는 기성관념에 고정 집착하는 것도 과오이고, 대중의 확고한 이해가 주안이요, 역사의 엄숙한 요청이 지상 명령인 것이다. 모든 고정된 선입관의 국견(局見)이 지양되고, 파벌이 지양되고, 협동 통합의 민족 국가로의 초계급적ㆍ초당파적인 회통이 요청된다는 것이다.

안재홍은 열린 민족주의자로서 우리의 문제에 대해 언급했는데, 그 문제는 "①무기력함이요, ②불관용이요, ③너무 관념적인 점이요, ④지속성의 부족한 점이요, ⑤비조직적인 점이다."이었다(안재홍 1935.5, 『선집 ①』, 491쪽).

그리고 그는 이를 치유하는 방법은 단연 경제적 숙명론이나 기계론적 유물 사관의 관조를 배제하고, 자유와 평등의 다원적 가치로 그 진로를 새로 모색하는 것이라고 보았다. 그는 폐쇄된 민족주의가 아니라, 비판을 가미한 열린 민족주의를 주창한 것이다.

이러한 신민족주의가 세계 보편적 가치를 포함하는 것은 물론이다. 여기서 행동의 강령뿐 아니라, 언론의 역할이 요구되는데, 이는 오직 '공개성의 형태'로 요구된다. 이러한 공개의 가능성은 모든 법적 주장을 함축하는 것이다. 왜냐하면 공개성이 결여된 어떠한 정의도 존재할 수 없고, 정의는 공적으로 알려질 수 있는 것으로만 제한되기 때문이다. 현재 우리 언론이 안고 있는 고질적 당파성에 그는 일찍이 반기를 든 것이다. 지금도 여전히 종북(從北), '꼴통 진보' 언론이 존재하고, 보수는 맹목적 자유 시장주의를 주장하고 있다. 그렇다면, 부의 불평등이 점점 심화되는 상황에서, 과연 자유주의가 가능할까? 안재홍은 민족주의, 열린민족주의를 바탕으로, 공개성 안에서 자아비판과 더불어 불편부당성, 객관성을 확보하는 것을 그 대안으로 삼았다.

또한 안재홍은 제헌 헌법에 근거해 정의로운 사회의 기틀을 다졌다. 그는 "국가의 진격이 곧 나의 자신이요, 생명이요, 생활이라고 전제하고, 각 개인은 자기아로서 자각하며, 현재의 민족아로서 자각함이요, 그리고 국가·민족아로서 자각한다."라고 열린 민족주의에 대해 말하였다. 그는 생활 철학으로 하나하나 더 넓은 사회를 규정하기 시작한 것이다.

안재홍은 "개인이 미래를 바라보면서 금일인 현실에 살아나아 가는 것이니, 생성의 미래인 과거의 역사와, 행진할 미래인 피안의 목표가 모두 '금일'인 현실에서, 일정한 목적의식의 형태로써, 혹은 일상생활로써, 구체적으로 실천된다."라고도 했다(안재홍, 1935.6, 『선집 ①』, 512쪽).

즉 그는 과거를 망각하고 현재와 미래만 추구하는 지금의 언론과 달리,

과거, 현재, 미래를 엮는 생활의 진화론적 철학을 강조함으로써, 인위적·관료적·반시장적 정서를 강하게 배척한 것이다. 그는 생활 철학을 바탕으로 자유와 경제적 평등으로 다원적 가치를 실현하고자 했다. 또한 그는 "신민족주의가 신민주주의 체제를 완성시키기 위해 개인의 자유, 언론의 자유가 어떤 통일보다 앞선다."라고 했다. 물론 안재홍은 행동과 언론을 같이 보았기 때문에 자유주의를 개인의 자유로 그 기점을 잡는다면 언론의 자유는 필연적으로 대두될 수밖에 없었다.

처음 그는 《시대일보》 논객으로서 언론이 '천하 민중의 시대적 요구', '민족적 표현 기관', '사회의 일대 공기'로서 작동하기를 바랐다. 그는 평등사상에 근거하여, 어떤 종파의 언론도 거부하였다. 그의 언론 성향은 다름 아닌 민족 언어를 포함한 민족주의 색깔을 띨 뿐이었다.

안재홍은 신민족주의, 신민주주의 그리고 중도 사상 등 우리에게 많은 유산을 남겼다. 그는 민족주의, 신민족주의를 주장하고 신민주주의를 통해 개인과 그들의 관계를 유지토록 했다.

무엇보다 안재홍은 조소앙의 삼균주의 중 '부의 균등'에 더 관심을 가졌고, 생산의 국가·사회적 지도 및 계획 조정과 분배의 민족적 합리성을 구하는 '경제의 균등'을 실현해야 한다고 제안하였다. 조소앙은 경제 균등의 목적이 "국민 각개의 균등 생활을 보장하여 인민의 물적 생활을 제고 향수케 하며 국가의 경제적 토대를 합리화 견고하는 데 있다."라고 했다(김인식, 2002, 39쪽).

또한 조소앙은 경제적 균등과 더불어 지력(智力)의 균등도 내세웠다. 그는 학교·근로 작업장 등에서의 교육에 있어 3가지 대 본령을 제시했는데, "① 교육은 지식 수준을 제고하는 데 제1보를 두어야 한다, ② 일반 대중의 '두뇌 과학화주의'에 제2보를 두어야 한다, ③ 교육의 궁극 목적은 새로운 자아, 민족아, 세계아를 창조하여 세계일가(世界一家)의 이상을 이루는 데 있다."가 바로 그것이다(김인식, 2002, 41쪽).

조소앙은 안으로는 국민 각 개인의 균등 생활을 확보하고, 밖으로는 민족과 민족, 국가와 국가 사이의 균등을 실현함으로써, 궁극적으로 세계일가의 이상을 이루려는 민족국가 건설론에 초점을 두었다.

이러한 그의 논의는 민주 공화국의 초석이 된다. 그리고 안재홍은 같은 맥락에서 민족주의, 신민족주의 하에서의 다사리 신민주주의를 주장했다. 다사리 신민주주의는 정론성을 배제한 상태에서 커뮤니케이션 활성화의 최적 상태를 유지할 수 있게 하며, 그것만이 진정한 민주주의를 가능케 한다고 보았다.

칸트(Immanuel Kant)는 그의 『영구 평화론』에서 "이(공화정) 시민적 체제는 첫째 (인간으로서) 한 사회 구성원의 자유의 원리에 의해, 그리고 둘째 (신민으로서) 모두가 단 하나의 공통된 입법에 의존하는 의존의 원리에 의해, 그리고 셋째 (국민으로써) 평등의 원칙에 의해 확립된다."라고 했는데(Immanuel Kant, 1796/2008, p.26), 안재홍은 이 원칙에 경제적 민주주의를 첨가한 것이다.

이와 같은 유일한 세계 체제는 원초적 계약의 이념으로부터 도출할 수 있고, 이것은 모든 법률상의 입법에 근거하는 공화제였다. 제헌 헌법의 "대한민국은 민주 공화국이다."라는 표현이 이런 상황에서 만들어진 것이다.

그리고 이러한 맥락에서 안재홍은 자신이 주장한 신민주주의를 통해 '초계급적 통합 민족 국가' 건설을 시도했다. 그 목표 아래 중소 지주, 중소 자본가와 노동자, 농민 등 모든 근로 인민층을 통합함으로써, 어떤 형태의 계급 독재도 거부하는 만민공화의 정치 체제를 이루고자 하였다(안재홍, 1945.9.25, 『선집 ②』, 61쪽).

즉 안재홍은 영미식의 자유주의와 민주주의를 바탕으로 하고, 여기에 경제 평등을 실현하려는 공산주의 이념을 제도로 입법함으로써 신민주주의를 완성하려 한 것이다(김인식, 2002, 112~3쪽). 그는 자유·평등·박애를 표방한 프랑스 혁명과 같은 사변적 민주주의가 아닌, 경제적 민주주의, 즉 '신민주주의'를 선호한 것이다.

1919년 고종의 승하 이후 계속 논의된 '공화주의'는 해방 후 제헌 헌법 제정 정신으로 완성되기에 이르렀다. 그리고 이 논의는 '영구 평화론'의 '세계주의'와 맞물렸다. 안재홍은 그 당시 한반도를 둘러싸고 있는 국제주의에 대해 언급했다. 즉 20세기 그 당시 단계의 인류 문화는 각개 민족의 세계적 대동의 방향, 즉 국제주의적 방향을 향하여 자동적 구심 운동을 하고 있었다. 안재홍은 가장 온건 타당한 각 국민 각 민족의 태도를 "민족으로 세계에, 세계로 민족에, 교호(交互)되고 조합되는 민족적 국제주의, 국제적 민족주의를 형성하는 상세(狀勢)이다."라고 했다(안재홍, 1935.6, 『선집 ①』, 512쪽). 안재홍은 신민족주의를 주창하지만, 그의 속내는 좌·우의 파당을 뛰어넘는 중도주의인 '다사리 민족주의'에 정치적 판단의 중심을 둔 것이다.

제5장

해방 후 《한성일보》의 중도주의

1. 중도주의에 대한 최근 논의

18대 대선이 끝난 후 지식인들은 민주통합당(이하 민주당)을 향해 중도주의를 주문하고 있다. 이는 민주당이 중도를 표방해야 할 이유가 존재함을 보여 준다.

2013년 1월 1일 《경향신문》은 현대리서치연구소와 함께 실시한 여론조사 결과를 발표했다. 이 조사에서 '자신의 정치적 성향이 어느 쪽에 가깝다고 생각하는가.'라는 물음에 응답자의 37.5%가 자신을 '보수'라고 대답했으며 (안홍욱, 2013.1.1). 36.0%는 '중도'라고 대답했다. '진보'는 21.2%로 '보수'보다 16.3% 포인트 적었고, '잘 모름'은 5.3%였다.

《경향신문》은 동 기사에서 "2011년 말 진행한 '2012년 신년 여론조사'와 비교할 때, 보수는 28.8%에서 8.7% 포인트 늘었고, 진보는 28.0%에서 6.8% 포인트 줄어든 것이다. 중도는 37.2%에서 1.2% 포인트 감소해 별다른 변화가 없었다."라고 했다.

2012년은 4·11 총선과 12·19 대통령 선거를 함께 치른 해이다. 이렇듯 정치적으로 민감한 양대 선거가 실시된 시기의 유권자 여론조사 결과는 필자에게 '중도'에 대한 관심을 불러 일으켰다.

여론조사뿐 아니라, 일간신문에도 '중도'란 말이 자주 등장한다. 중도주의는 오랜 역사의 산물이다. 물론 언론에서 이야기하는 중도는 좌·우의 중간에 있는 중도라는 뜻도 있겠으나, 그 중도는 오히려《한성일보》[1]에서 이야기하는 '열린 민족주의', '신민주주의'에서의 중도와 일맥상통한다.

《한성일보》는 일제 강점기 시대 대표 논객이었던 안재홍(安在鴻, 1891~1965)이 창간한 것이다. 이후 그의 납북 사실로《한성일보》는 사람들에게 잊혀 왔으나, 최근 안재홍 기념 사업회를 통해 활발히 연구되었다. 그러나 그것도 역사·정치학 영역에서의 연구를 거듭한 것일 뿐이다. 물론 언론학 분야에서도 정진석(2008), 박용규(2012) 등이 연구를 해 왔으나, 여전히《한성일보》신문에 대한 연구는 초보 단계에 머물고 있는 실정이다.

당파성적 속성을 지닌 이러한 신문은 경영·조직보다 논조가 부각되게 마련이다. 즉,《한성일보》는 '열린 민족주의'로, 파시즘의 논리가 아닌 개개

---

1 《한성일보(漢城日報)》는 타블로이드판 2면으로, 1946년 2월 26일에 창간하여 1956년 6월 폐간된 신문이다. 이 신문은 당시 다른 신문과 같이 서울공인사(公印社)에서 발행했으며, 간여한 사람은 발행 겸 편집인 양재하(梁在廈), 사장 안재홍(安在鴻), 인쇄인 김종량(金宗亮, 안재홍 처남), 주필 이선근(李瑄根), 편집국장 함대훈(咸大勳), 편집부장 송지영(宋志英), 정치부장 남국희(南國熙), 사회부장 김제영(金濟榮), 문화부장 조중옥(趙中玉) 등이 창간했다(방상훈, 2001, 303쪽). 1946년 8월 1일 경제보국회가 기금 500만 원을 모아서 한성일보 재단을 설립하였다. 그리고 당시 사장 안재홍, 부사장 공진항, 전무 박기효, 상무 김종량, 주필 이선근, 편집국장 함대훈의 편집 진영에 이사진도 강화하였다(정진석, 2008, 360쪽). 그 후 1949년 2월 4일부터 7개월간 휴간에 들어갔다가 9월 1일에 속간하였다. 휴간 중에 자본금 2천만 원의 주식회사 설립을 추진하던 안재홍은 1950년 2월 새 재단에 판권을 이양하여, 한성일보사는 1천만 원의 주식회사가 되었다. 그 때 사장으로는 장내원이 취임했다(361쪽). 이 신문은 최초 창간사에서 "민족통일, 민주주의, 자주 독립국가를 완성하는 도중에 있어 '건국구민(建國救民)'의 목적을 두고, '보도와 주장과 선양(宣揚)과의 성능을 갖추어 갖는 언론 기관인 것이니 일개인에게 있어 그 자아를 기점으로 사회에 서서 생활(生活), 생존(生存) 앙양 발전하는데 일상에 없지 못할 기능인 것이 일 국가 민족에게 있어서는 더욱 그러한 것이다.'"라고 했다.

인이 처한 시간적 · 공간적 상황 하에서 중도주의의 보편적 · 일반적 논리를 추구했다. 뿐만 아니라 《한성일보》는 평권 정치(平權政治)로, 프롤레타리아 등 소수의 특수 계층에만 봉사하지는 않았다.

최근에는 《한국일보》가 이러한 중도적 가치를 대변하고 나섰다. 《미디어 오늘》과의 인터뷰를 통해 이종재 전 《한국일보》 편집국장은 "55년 한국일보 역사에서 한순간도 버리지 않은 것은 중도라는 가치다. 그 행보를 이을 것이다."라고 했다(김원정, 2009.8.5). 이 편집국장은 "우리 사회는 극과 극으로 갈리고 있다. 진보는 진보대로 보수는 보수대로 극단으로 치닫는다. 하지만 '반대를 위한 반대'는 독자들이 더 잘 안다. 신문은 사회 통합 기능도 중요한 덕목인데 언론이 앞장서 분열을 조장하고 있다. 신문이 '촛불'을 들고 있으면 안 된다. 과거 민주화운동 하던 시기에는 국민을 앞에서 이끄는 역할이 필요했으나, 지금은 시대의 거울이어야 한다."라고도 했다(김원정, 2009.8.5). 또한 인터뷰에서 《미디어 오늘》 기자는 "중도는 양비론으로 흐르기 쉽다. '가치 있는 중도'가 구체적으로 뭔가?"라고 물었고, 이에 이 국장은 "'기계적 중도', '소극적 중도' 모두 반대한다. 우린 적극적 중도를 지향한다. 옳은 것은 옳다 하고 그른 것은 그르다 얘기할 것이다. 미디어법 예를 들어볼까? 적어도 법안이 지향하는 가치는 맞지만 그걸 통과시키는 과정에서 국민의 환멸을 불러일으켰다. 민생법안을 뒤로하고 '그렇게 밀어붙여야 했나' 그건 아니다. 우린 1면 톱으로 대리투표 논란을 다뤘다."라고 했다.

소수 권력층의 안락을 위한 이데올로기의 허위의식을 더 이상 용납할 수 없다는 소리다. 지지자가 얼마 되지 않는 그들만의 논리를 배제시킨다는 것이다. 이 국장은 인터뷰에서 현실에 밀착해 '옳은 것은 옳다 하고 그른 것은 그르다 얘기할 것이다.'라고 했다. 그는 우리 언론이 좌 · 우 이데올로기 논쟁에 머물고 있음을 지적한 것이다. 그는 이데올로기의 경향을 신문에서 배제시키겠다고 한다. 이 국장은 현재 언론의 정파성(政派性)이 노골적이란 소리를 하고 있는 것이다.

2012년 총선과 대선 과정에서 정파성 신문과 방송은 우리 언론의 문화를 대변했다. 1945년 해방 정국에서 다뤄졌던 냉전의 이데올로기가 여전히 작동함을 보여 주었다. 과거 美·蘇 양국 사이에서 줄타기하면서, 상대를 배척했던 것과 별로 달라진 것이 없다. 여전히 종북(從北) 정당이 존재하고 야당은 그들에 동조하고, 이런 형태를 일부 언론이 앞장서서 옹호하고 있다. 일부 진보 신문·방송은 무조건 새누리당이 싫고, 일부 보수 신문·방송은 무조건 진보당이 싫은 것이다. 심지어 민주통합당 후보들은 종편 방송 근처에 가는 것도 거부했다.

앞서 언급한 《경향신문》의 정치적 성향을 묻는 여론조사에서 이러한 편가르기 언론에 염증을 느낀 2040세대 유권자는 동 조사에서 20대는 42%, 30대는 42.1%, 40대는 40.6%로 중도를 각각 지지했다. 이데올로기에 맹목적으로 봉사하는 신문의 정파성과 유권자와의 괴리 현상이 노출된 것이다.

이데올로기의 형성 상황을 이야기한 왓킨스는 "모든 이데올로기가 공통적으로 지니고 있는 하나의 성격, 즉 지나치게 문제를 단순화시킨 외곬스런 성격을 설명하는 것이다. 급속한 변화의 시대에는 모험과 기회가 불가피하게 경험보다 앞서는 것이다. 산업 혁명 이후 오늘날에 이르기까지 인간은 언제나 한 문제를 해결하자마자 다른 새로운 문제에 쫓길 수밖에 없었다. 이러한 상황 속에서 단호하고도 효율적인 지도력은 대담하고 자신에 찬 인간들로부터 나올 수밖에 없다."라고 했다(Frederick Mundell Watkins, 1964/1989, p.35).

2012년 총선과 대선 과정에서 우리의 언론은 이러한 '외곬스런 성격', 혹은 '확증 편향'을 그대로 노출한 것이다. 그리고 2040세대는 그런 언론에 환멸을 느낀 것이다. 만약 언론이 해방 이후 관행을 그대로 답습하고 있다면 문제가 아닐 수 없다. 여기서 유권자가 내놓은 대안은 다름 아닌 중도주의였다. 그러나 문제는 《한국일보》와 같은 중도 성향의 신문이 독자를 흡수하지 못하는 것이다. 같은 맥락에서 해방 정국의 냉전 상황에서 '중도주의'[2]

를 표방한 《한성일보》도 지금의 《한국일보》와 같은 고민을 하였을 것이다.

이에 본 연구는 《한성일보》가 당시의 시대적 상황 하에서 어떻게 이데올로기적 요소를 걷어내고 현실에서 중도주의를 지킬 수 있었는가 하는 문제의식의 측면에서 비롯되었다. 즉, 중도주의의 원류를 찾아 2012년에 실시된 총선·대선의 의미를 역사적으로 조망하여 보고자 한다. 또한 민족 분단의 상처에서 비롯된 과거의 정치적 갈등이 정리되지 않고 계속되는 문제에도 관심을 갖는다.

따라서 필자는 당시 《한성일보》의 중도주의 성향을 설명하고, 그 신문이 당시에 설득력을 가질 수 있었던 이유를 현재와 비교하면서 서술하고자 한다.

2. 해방 정국의 시대적 상황

《한성일보》는 창간사에서 "보도와 주장과 선양(宣揚)과의 성능을 갖추어 갖는 언론기관인 것이니 일개인에게 있어 그 자아를 기점으로 사회에 서서 생활(生活), 생존(生存) 앙양 발전하는데 일상에 없지 못할 기능인 것이 일 국가 민족에게 있어서는 더욱 그러한 것이다."라고 했다. 즉, 이 신문은 창간사에서 보도와 논평을 통하여 개인의 생활과 생존, 그리고 민족의 생활과 생존을 위해, 그 실체를 '드러내어 널리 떨치게 한다.'라고 했고, 언론의 자유가 민족의 생존과 직결된 것으로 간주하였다. 당시 이데올로기의 허위의식에 사로잡힌 편향된 보도와 논평에 일침을 가한 것이다.

---

2 당시 중도파 세력은 '일제 시기에 국내외에서 민족통일전선을 펴왔고, 민족국가 건설을 어떤 가치보다도 최우선시'함을 특징으로 한다(서중석, 1992, 388쪽; 박용규, 2012, 32쪽). 중도파의 또 다른 특징은 이들 중 다수가 '학자풍'이었고, '교육과 계몽을 중시'했다는 것이다(도진순, 1997, 190~1쪽; 박용규, 2012, 32쪽). 이들 중 적지 않은 수가 언론 활동을 했던 이유는 언론이 계몽을 위한 중요한 수단이었기 때문이다.

'중도주의'3를 표방한 《한성일보》는 창간 당시 냉전의 이데올로기 상황에 직면하게 되었다. 그 과정에서 순탄치 않은 민족의 역사가 펼쳐졌다. 1941년 8월 1일 미국과 영국은 '대서양헌장'을 발표하고, 그 3조에서 '일절 국가의 인민이 자기에 의거하여 생존할 정부의 형태를 선택할 권리를 존중한다. 동시에 주권과 자치권이 강제적으로 박탈(剝奪)되고 있는 각국 인민은 그것을 회복하기를 희망한다.'라고 했다.

한편 1943년 12월 카이로에서 회담을 한 미 · 영 · 중 3국의 수뇌는 한국을 직접적으로 언급하며 "한국인민의 노예 상태에 유의하여 적당한 시기에 한국을 자유 차(且) 독립케 할 것을 결정한다."라고 했다(이기백, 1986, 437쪽). 이어 1945년 5월 독일이 항복한 이후 그 7월에 베를린 교외의 포츠담에 다시 모인 위의 3명의 거두들은 전날의 카이로 선언을 재확인하였다. 그 해 8월에는 소련도 포츠담 선언에 참가하였다.

그러나 한국에 관한 국제협약은 전혀 선언의 원론대로 이행되지 않았다. '중도주의'를 표방한 《한성일보》는 창간(1945.2.26)하자마자 곧 냉전의 이데올로기 전쟁에 휩싸이게 되었다. 즉, 영국 수상 처칠(Winston Churchill, 1874~1965)이 1946년 3월 5일 미주리 주 폴턴의 웨스트민스터 대학(Westminster College)에서 '철의 장막'을 경고함으로써 냉전의 임박을 알렸다(Iron Curtain had descended From the Baltic to the Adriatic, Craig R. Smith, 1998, p.2). 이후

---

3 중도주의는 『中庸章句序』에서 '인심은 위태롭고 도심은 은미하니, 정갈히 하고 한결같이 하여야 진실로 그 중을 잡을 수 있다는 것은 순임금이 우임금에게 전수해 주신 것(人心惟危, 道心惟微 惟精惟一, 允執厥中者, 舜之所以授禹也)'이라고 규정하고 있다(강영철, 1988, 149쪽; 윤대식, 2005, 180쪽). 여기서 '中'은 '中道'로 풀이되는데, '중도'의 의미는 '도에 적절한' 또는 '도에 맞는' 이라는 의미이다. 말하자면 어떤 경도된 경향에서 벗어나, 현실의 고차원적 삶이 의미를 지녔다. 실제 해방정국의 현실에서 중도주의는 좌와 우의 중간의 의미를 지녔다. 한편 안재홍은 "정치적, 법적 평등이 경제적 평등 또는 균등의 토대 위에서만 가능하다는 인식을 보여주는데 주목해야 할 것이다. 그 이유는 이후 그가 국민당의 정책으로 표현했듯이 경제적 균등의 토대구축을 국가건설의 제일요건으로 규정하는 단서이기 때문이다."라고 했다(윤대식, 2005, 161쪽).

냉전으로 美 · 蘇 각축전이 벌어지기 시작했다.

한반도도 냉전의 분위기에서 예외가 될 수 없었다. 미 · 영 · 소 3국의 외상은 1945년 12월 7일 전후 처리를 위하여 모스크바에서 회담을 가졌다. 당시 민족 통일을 위한 공작에 실패한 우리나라 정계 지도자들은 물론이고, 그 지도자에 실망한 민중들은 오직 3상 회담 결과를 듣기에 열심이었다. 그러나 냉전의 국제 정치적 상황에서 한반도 문제는 쉽게 풀리지 않을 것이 명약관화(明若觀火)했다. 그리하여 한반도 신탁(信託) 통치의 문제가 대두된 것이다. 그 때 발 빠르게 대처했던 좌파는 기선을 잡고, 인민당 · 한민당 · 공산당 등이 좌 · 우가 함께 행동 통일을 하자고 나섰다(성준덕, 1955, 147쪽). 즉, 이 3당은 '① 막부(莫府) 3상회담의 한국에 관한 결정에 대하여 한국의 자주독립을 보장하고 민주주의적 발전을 원조한다는 정신과 의도는 전면적으로 지지한다. ② 정쟁의 수단으로 암살과 테러 행동을 감행함은 민족 단결을 파괴하며 국가 독립을 방해하는 자멸 행동이다. 건국의 통일을 위하여 싸우는 우국지사는 모든 이러한 반민족적 테러 행동을 절대 반대하는 동시에 모든 비밀 테러 단체와 결사의 반성을 바라며 그들이 자발적으로 해산하고 각자 진정한 애국 운동에 성심으로 참가하기 바란다.'라는 의견의 일치를 보았다.

미 · 소의 노력은 1946년 3월 20일 결실을 보았다. 그 결과를 덕수궁 석조전에서 하지(John R. Hodge) 중장이 먼저 발표를 했다. 그는 "세계의 2대 강국이 압박과 학살을 타파하고 얻은 그 승리를 선용하여 원만한 노력을 하느냐 또한 불행하고 오래 압박을 받은 나라를 자유열국중의 일개 독립자주국으로 회복시킬 능력이 있느냐는 이 공동위원회의 결과가 증명할 것이다. 이 위원회가 성공하여 성과를 얻으면 이것은 조선의 장래와 세계의 평화 행복에 항구한 결과를 남길 것이다."라고 말하여 공정한 해결을 자신하고 회의 성공은 세계 평화의 기초라고 했다(하지, 1946.3.21).

하지의 개회사가 끝나자 이어 스티코프(Terenti F. Stykov) 소련 수석대표는 "과거 일본 통치 잔재 요소를 영원히 숙청하고 국내 반동분자의 반민주주의적 정당과 경쟁적 투쟁을 할 수 있고 한국을 미래에 소련을 침범함에 필요한 요새지와 근거지가 되지 않게 하기 위해서는 민주주의 사회단체를 망라한 대중적 기반 위에 정부를 수립하여야 한다."라고 했다(스티코프, 1946.3.21).

이 내용이 제1차 미소공동위원회4의 회의 결과 내용이었다. 양측은 한국의 자유주의·독립국가 건립에 이의를 제기하지 않았다. 그러나 미·소 공동위원회의 회의 내용은 냉전의 이데올로기로 인해 과거의 언급 내용과는 전혀 달랐다. 이후 미소공동위원회는 계속 진행되었고 소련 대표는 1947년에 이르러 1946년도 (미소)공동위원회에서 그들이 취하였던 태도를 재차 확인했다. 소련 대표는 '막부(莫府) 결정에서 온 탁치안을 반대한 정당은 등록을 할 수 없다.'라고 하여 의사 발표 자유의 근본 문제는 재차 극복하기 어려운 난관에 봉착하였다(성준덕, 1955, 177쪽).

소련이 한반도에 깊게 관여하기 시작한 것이다. 그 역사를 보면 북한에 진주한 소련군은 1945년 8월 10일 일본의 무조건 항복 후 지방적으로 조직된 소위 인민위원회가 행정권을 이양하는 것뿐 아니라 행정기구 확립 운동도 적극 원조했다(성준덕, 1955, 140쪽). 광복 직전에 조직되었던 독립 운동 단체인 건국동맹(建國同盟)도 그 준비 작업을 차근차근 실시했다. 이후 여운형(呂運亨)과 안재홍이 주동이 되어 건국준비위원회(이하 건준)를 설립하기에 이른다. 그러나 좌파의 속성이 노골적으로 표출되자 안재홍은 탈퇴를 선언했고, 건준은 곧 해산되었다. 물론 그 경향을 보면 안재홍도 좌파와 전혀 무관

---

4 1차 미소공동위원회는 1946년 3월 20일부터 시작하기로 결정했다. 그 이틀 전 하지 중장의 발표가 있었다(성준덕, 1955, 154쪽). 미국 측 위원으로는 수석위원에 아치발트 뵈 아놀드 소장, 위원에 윌리암 R. 랭돈, 찰스 W. 데이어, R. H. 부스 大佐, 프랭크 H. 뿌리론 대좌이었으며, 소련 측 위원으로는 수석위원에 토렌티 포밋치 스티코프 중장, 위원에 니코라이 죠지빗치 레버데프 소장, 세미온 콘스탄치노비치 차랍킨, 게리십 말티노빗치 말라사노프, 치콘 이바노비치 칼 쿨렌케 中佐 등이었다. 그들은 덕수궁 석조전에서 2일 하오 1시에 회의를 속개했다.

한 인물은 아니었다.[5]

한편 해외 혁명 세력의 입국도 계속되었고, 건국동맹이 주축이 되어 조선공산당을 건설하기에 이른다. 이렇듯 발판을 잡은 소련 군정이 존재하는 한 국내 정치는 더욱 안개 정국을 면치 못했다.

이와 같이 해방 후 전개된 좌우 대립 혼선은 정계를 혼미 상태를 이끌었으며, 이를 보도하는 신문 통신들도 좌우로 분열이 된 채, 각기 정강 정책을 선전하기 위해 예리한 필봉을 휘둘렀다. 특수한 사람들이 모인 특수한 정당들이 난립하게 된 것이다. 즉, 소수자가 다수자를 지배하려고 든 것이다. 카이로선언에서 결정한 '자유주의(自主)', '독립국가'는 역사의 뒤안길로 사라질 판국이었다. 언론은 개인에게 자유를 부여하는 것이 아니라, 미·소에 줄서기를 강요하였다. 이데올로기의 허위의식이 난무하고, 색깔이 다른 편을 인정하지 않기 시작했다. 물론 좌파에서 이야기하는 마르크스 이데올로기가 작동할 상황은 아니었다. 마르크스주의자들은 이데올로기를 늘 사회적 관계와 결부시킨다(John Fiske, 1990/2005, p.301). 즉, 마르크스주의자들은 노동의 분업으로 인한 계급이 이데올로기를 결정하는 사회적 실체라고 보고 있는 것이다. 그렇다면 식민지 상태에서 금방 해방된 국가에서는 마르크스 이데올로기가 작동할 이유가 없는 것이다. 결국 좌·우의 편을 갈라 한국은 허위의식의 이데올로기 각축장이 된 것이다.

소련 군정 대표는 당시 반탁지(反託紙)였던 《동아일보》, 《조선일보》, 《한성일보》, 《대동신문》, 《대한독립신문》 등은 신문으로 인정하지 않았고, 《조선인민보》, 《자유신문》, 《서울신문》, 《중앙신문》, 《현대일보》, 《독립신보》,

---

5 안재홍은 1942년 12월 조선어학회사건으로 함남 홍원 경찰서에 수감되었다 1943년 7월에 석방되었다. 그 후 그는 일본 패망 조짐을 감지하고 국내의 민족주의 및 사회주의 계열의 인사들과 활발하게 접촉했다(오영섭, 1998, 192쪽). 안재홍은 "당시를 언론과 정치를 분리할 수 없는 상황으로 보았다. 그는 '언론도 곧 행동의 하나이니 언론은 곧 실천을 개시하는 자아의식의 나타남.'이라고 규정하였다"(정진석, 2008, 359쪽).

《중외일보》, 《해방일보》 등만을 신문으로 인정하였다(김민남 외, 1988, 290쪽). 소련 대표는 신문을 당파성으로 제한해 버린 것이다.

한편 미 군정은 1945년 9월 8일 뒤늦게 한국 땅을 밟게 되었다. 그리고 미군정 대표도 언론 정책을 발표하기에 이른다. 그들은 1945년 10월 30일 '군정법령 제19호'로 '신문 및 기타 출판물에 대한 등록제'를 실시했다(김민환, 1997, 385쪽). 그러나 좌파 신문들은 등록을 거부했다. 이후 1946년 5월 29일 군정법령 제88호, '신문 기타 정기간행물 허가에 관한 건'으로 미군정의 색깔을 띠지 않는 신문은 폐간을 시키기에 이른다. 이에 소련 군정과 미군정 당시 언론은 당파성의 이데올로기를 대변하기 시작하였다.

해방 직후 우리나라에는 50여 개의 군소 정당이 난립하였다. 인공, 인민당, 공산당이 좌측을 형성하였고, 우측은 한민당, 국민당, 한독당 등이 그중에 주요 정당으로 이름을 올렸다. 한편 건준위에서 탈퇴한 안재홍은 국민당을 창당했다. 국민당이 취한 정강 정책은 중도주의였고, 그는 《한성일보》가 그 당파성에 몰두하도록 했다.

무엇보다 미·소 냉전의 이데올로기 하에서 남한에 생존하기에 적합한 신문은 극우 신문도, 극좌 신문도 아닌, 그 중간 지점에 있는 중도파들이었다. 즉, 중도 좌를 택하거나, 중도 우를 택하는 것이 생존에 적합할 수 있었다. 《한성일보》는 당시 별로 인기 없는 신문이었으나, 시대 조류를 잘 간파하였다. 이 신문은 미 군정보다 유엔을 앞세우고, 좌·우에 편승하기를 거부하고, 민족주의에 기대는 것이 더욱 설득력이 있는 것임을 알았다.

그러나 중도주의가 현실성에 바탕을 둘지라도 유권자는 아직 자유주의 훈련이 되지 못한 상태였다. 또한 독립국가 건설은 여전히 미·소 군정에 의해 지배를 받을 수밖에 없는 상황이었다. 냉전은 다름 아닌 상대는 '악(惡)'으로, 자기편은 '선(善)'으로 간주하는 것이었다. 미·소의 각축전이 곧 우리의 삶의 양식이었던 것이다. 그리고 이 같은 원리가 해방 정국을 넘어 2012년 대선에도 이데올로기로 작동했다. 즉, 친노(親盧)의 패권주의, 안철

수 현상, 그리고 민주당의 단일화 논쟁은 유권자와는 전혀 관계없는 진영 논리의 이데올로기로 작동하였다.[6]

과거든 현재든 좌·우의 극단 상황은 점검할 필요가 있다. 《한성일보》의 안재홍 사장은 중도주의를 표방한 정치인이었으며, 언론인이었다. 그는 '언론도 곧 행동의 하나이니 언론은 곧 실천을 개시하는 자아의사의 나타남.'으로 간주했다. 안재홍 사장은 무척 정치적 언론인임에 틀림없었다. 그는 세계의 주류에 편승하여 제국주의·국제주의 이데올로기 전쟁에 미 군정 장관으로서의 정치력을 발휘했다.

안재홍이 미 군정 장관을 수락할 당시의 정황은 호의적일 수 없었다. 당시 우익은 해방 후 미 군정과 결탁하여 반혁명의 선두에 섰고, 일제가 남긴 강력한 관료제의 유산은 미 군정의 반혁명의 물리적 수단이 되었다(최장집, 1989, 15쪽). 그러나 이에 대한 비판을 거부한 미 군정은 군정 장관 러치(A. L. Lerche)를 내세워 1946년 4월 16일 "대한 경제 원조의 진의는 한국의 정치적 자립, 나아가 자주독립을 신속히 함에 있다."라고 했다(러치, 1946. 4. 17).

안재홍은 무조건적으로 세계의 주류에 편승한 것은 아니었다. 미소공위의 미국 측 수석 대표이던 브라운(A. C. Brown) 소장은 안재홍(호 민세(民世))을 미 군정의 민정 장관직에 권유하면서, "안재홍이 학력, 경험, 유연한 성품, 그리고 누구 못지않은 애국심을 갖추고 있을 뿐 아니라 한국의 사정에 밝은 인물이기 때문……."이라고 했다(김재명, 1986, 439쪽; 정윤재, 2010, 51쪽). 브라운 대표는 안 사장의 강한 민족주의 성향을 언급한 것이다.

---

6 이데올로기로 작동한 2012년 민주통합당 전략이 소개되었다. (2012년 대선에서) 진보 좌파의 선거 구호에서 '복지', '경제 민주화'는 사라지고 '역사 심판', '과거 청산'이 그 자리를 대신했다 (이선민, 2013. 1. 18). 물론 보수 우파의 박근혜 후보가 '복지', '경제 민주화'를 내건 것도 영향을 미쳤지만, 그것을 맞받아쳐 정면 대결을 벌이지 않고 전선을 옮긴 데에는 진보 좌파 내부의 파워 게임이 작용했다. 그 결과로 세계적인 안목을 바탕으로 진보 좌파적인 미래를 설계하는 데 공들여 온 정책 전문가들은 밀려나고, 폐쇄적인 역사 인식을 토대로 우리가 힘들게 만들어 온 과거를 부정하는 데 몰두하는 정치 선전·선동가들이 전면에 등장했다.

다른 한편으로 정윤재는 "안재홍은 적어도 1947년 2월 초 미 군정의 민정 장관 취임 이후, 6·25 발발 직후 납북되기까지 극단주의적인 정치 세력들을 통제하고, 통합적이며 건강한 민주 정치를 정착시키기 위해 노력했다."라고 했다(정윤재, 2010, 50쪽).

안 사장이 민족주의, 자유주의 성향으로 좌·우 통합의 중도주의를 위해 노력한 것을 쉽게 알 수 있는 대목이다. 그러나 이는 미 군정을 둘러싸고 상호 간 갈등을 초래하였으며, 결국은 민족 통합을 저해하는 하나의 요인으로 작용했다(오영섭, 1998, 189쪽).

당시 우익에는 이승만, 김구, 김규식이, 좌익에는 여운형, 박헌영 등의 인물들이 있었다. 이들 외에도 많은 인사들이 나름대로의 노선에 따라 민족 국가 건설을 위해 헌신하였는데, 그 중 한 사람이 바로 안재홍이었던 것이다.

그는 해방 후에 중도우파의 지도급 정치가는 신민족주의론과 신민주주의론에 입각하여 우파를 중심으로 좌파까지 망라하자는 이른바 민공협동론(民共協同論)을 주장했다(오영섭, 1998, 190쪽). 당시 '민족주의계와 공산주의계가 사심 없이 합심 협력해서 민족국가를 건설하자.'라는 논의를 한 것이다. 물론 안재홍의 민공협동론은 남북 분단 상황을 극복하고 자주적인 통일 민족국가를 건설해야 하는 당면 과제를 안고 있었다.

안재홍의 중도주의는 곧 우파로 경도된다. 즉 그는 미·소 간 냉전 체제가 고착되어가는 국제 정세 하에서 민공협동론의 실현 가능성이 점차 희박해지자 이승만과 유엔 및 미국이 제안·지지하는 남한 단정수립론을 적극 수용함으로써 이상주의자에서 현실주의자로 변신했다(오영섭, 1998, 190쪽).

3. 《한성일보》 사람들

중도우파의 안재홍이 좌·우의 이데올로기에서 일정한 부분 거리를 둘

수 있었던 것은 그의 '민족주의'[7] 성향 때문이었다. 그는 1914년 와세다 대학을 졸업한 후 1924년《혁신 조선일보》신석우(申錫雨) 체제에 주필로 참여했다.

안재홍은 1927년 2월 15일 민족주의 단체였던 신간회(新幹會)를 사실상 주도했다(조선일보 사료연구실, 2004, 98쪽). 좌·우 합작이었던 신간회에서 안재홍의 역할은 우파의 일제와 어느 정도 타협하는 타협적 민족주의자가 아닌, '좌파 계열의 비타협적 민족주의'[8]에 속했다.

안재홍이 1928년 밝힌 신간회의 당면 문제로 "① 우선 특수한 정세 하에 있는 조선의 현실에서, 그들은 어떠한 구체적 방침으로써 그 당면한 직능을 다하여 할 것인가, ② 당면 문제의 구체적 방침으로, 농민 교양에 적극적 노력이 들 것이니, 경제적으로 낙후한 조선으로서 전 인구의 8할의 3분을 차지한 농민층에 놓여야 할 것이 길게 말할 바 아니다, … ⑤ 언론·집회·결사·출판의 자유 획득 및 이를 위한 운동이니……."라고 했다(안재홍, 1928.3.27).

신간회는 이데올로기의 허위의식에 머물지 않는 대안 있는 일제에 대한 항거였던 것이다. 또한 안재홍은 여기서 '소위 소부르주아지의 생활력 있는 분자를 지원하여 그의 약진적 사상을 가지는 프롤레타리아로 변하는 것을

---

7 안재홍은 민족주의를 논하면서, 조선 민족은 "① 동일 혈연체, 씨족공동체이며, ② 일정한 지역, 일정한 공간에서의 협동체인 생활을 논함에 있어서, ③ 운명공동체로서의 생활협동체." 라고 했다(안재홍, 1983, 16~7쪽).

8 좌우의 색깔은 임정(臨政)에서 시작한다(안준섭, 1988, 205쪽). 임시 정부 헌법 개정은 좌우 합작 운동과 관련시키지 않고는 적절하게 파악될 수 없다. 그 후 결성된 신간회는 좌우의 합작임이 쉽게 감지되는 측면이다. 여기서 비타협적 민족주의는 좌파에 가까웠는데, 그들의 논리는 사공표(司空杓)의 "조선의 정세와 조선 공산주의자의 임무"에서 "신간회에 대한 지지가 금후에도 계속적으로 타당하다고 말하고 그것에 대한 프롤레타리아의 당면 임무를 다음과 같이 규정하였다. 즉, ① 신간회의 구성원은 노농 대중에 기반을 두어야 한다, ② 추상적·일반적 강령이 아닌 구체적 강령이 필요하다, ③ 신간회 내부에서 민주주의를 확립하는 것이 필요하다, ④ 우익 간부를 고립시켜야 한다, ⑤ 공산주의자는 신간회 내에서 정치적으로, 조직적으로 지도적 지위를 정해야 한다, ⑥ 신간회를 절대시해서는 안 된다. 혁명의 주도적 역할은 오직 공산당이 할 뿐이다. ⑦ 민족 개량주의를 분쇄해야 한다."라고 했다(장상수, 1988, 151쪽).

지양하는 수단으로서의 협동조합과, 소비 그리고 생산 공동체의 기구로서…'라고 신간회의 사명을 논하였다. 이를 바탕으로 그는 각 개인의 자아, 민족아, 피압박 민족, 민족심 등의 자각 등을 당면 문제로 부각시켰다.

안재홍은 프롤레타리아의 존재를 부각시켰지만, 그는 그들의 혁명보다 협동조합을 통한 공동체 형성에 더욱 관심을 가진 것이다.

주필 안재홍은 《조선일보》의 논조를 주관했으며, 그 인맥들이 신간회를 주도했다.

뿐만 아니라, 이들은 《한성일보》 창간과 그 운영의 주역도 담당했다. 당시 대학이 여전히 황폐한 상황에서 언론은 국내 최고의 지성을 영입할 수 있는 좋은 위치에 있었다. 《한성일보》의 사장은 안재홍이었고, 발행 겸 편집인은 양재하[9]였다. 안재홍과 더불어 신간회에 참여한 양재하 편집인은 '민족혼의 환기와 민족 문화 유지에 힘썼으며, 혼란기의 국민 여론 지도와 자주민주국가 창건에 앞장섰다.'고 한다(엄기형, 1992, 400쪽). 또한 양재하는 여운형(呂運亨), 안재홍과 같이 건국준비위원회를 조직하고, 양재하, 최익한(崔益翰), 이여성, 김광수 등과 더불어 건준의 신문위원으로 참여했다. 양재하는 이들과 《매일신보》를 접수하여 《해방일보》를 발행하려 했으나, 1945년 8월 17일 그때까지 남아있던 일본군의 방해로 좌절되고 말았다(엄기형, 1992, 404쪽).

---

9 양재하(建初 梁在廈, 1906~6·25 납북)는 경성법학전문에서 법을 공부하고, 《조선일보》에 입사했다. 당시 사장은 신석우, 부사장 겸 주필에 안재홍, 편집국장은 한기악(韓基岳) 등의 진용이었다(엄기형, 1992, 401쪽). 한편 1927년에 김규식(金奎植)이 남경에서 조직된 피압박민족연합회회장에 취임하고, 국내에서는 조선공산당조직에 대비하여 신석우, 안재홍 등이 민족단일전선을 위하여 신간회를 조직했다. 양재하도 신간회에 참여하였다. 그는 광주학생 사건 이후 전 조선학생회대표위원으로 활동하는 한편 유학생 친목회 간사로도 일했다. 해방 후 그는 《해방일보》 창간에 공모했으나, 실패하고, 《한성일보》에 발을 디뎠다. 《한성일보》는 창간 후 곧 공진항, 박기효 등이 5백만 원을 출자하여 서울공인사를 설립하였다. 그 때 양재하는 고문으로 물러났으나, 1947년 4월 19일 함대훈이 국장직을 사임하고, 군정청 공보처장에 취임하자, 다시 편집국장에 복귀했다(엄기형, 405~6).

《한성일보》 운영진은 국제 감각을 가진 인사들이었다. 그들은 조선의 독립이 고립되어서는 결코 이루어질 수 없다는 것을 감지하였다. 그래서 주필 이선근(霞城 李瑄根, 1905~1983)은 1923년 2월 와세다(早稻田) 대학 사학과를 졸업하고, 1924년 유학생들과 비밀결사 '한빛회'를 결성, '외국문학연구회', '협동조합운동회', '농우연맹' 등을 내세워 야외에서 자주 모였다(엄기형, 1992, 348쪽). 이후 1927년 와세다 학부 서양사학과에 진학한 이선근은 그해 1월 국내에서 이상재(李商在), 안재홍 등이 신간회(新幹會)를 창설하자 '한빛회'를 바탕으로 신간회 도쿄 지회를 창설하기도 했다. 그는 귀국 후 김동설(金東卨)의 소개로 《조선일보》 부사장 겸 주필이던 안재홍을 만나게 되고, 안 주필은 "신간회 지회 결성 때의 인연과 와세다 대학 후배라서인지 급료에 구애받지 않는다면 곧 출근해도 좋다."라고 했다고 한다(348쪽). 이선근은 그 길로 정치부 기자로 입사하게 된다. 당시 《조선일보》 사장에는 신석우(申錫雨), 편집국장에는 한기악(韓基岳), 정경부장에는 이관구(李寬求), 선임기자에는 유완희, 사회부장에는 이광열(柳光烈) 등이 있었다.

1929년 4월 18일 신석우 사장은 '협동조합운동에 대하여'란 글로 필화를 당하고, 1932년 4월 22일 부사장에게 업무를 인계하고 회사를 떠난다. 그해 한기악 편집국장은 경영 지원을 위해 평 이사로 자리를 옮기고 이선근 정치부장이 편집국장 대리를 겸임하였다. 안재홍과 이선근은 같은 노선을 오랫동안 유지한 것이다.

한편 안재홍이 민정 장관을 끝내고 《한성일보》 사장에 복귀한 1949년 9월 1일 주필 및 편집국장에 이관구(誠齋 李寬求, 1898~1991)[10]가 임명되었다. 그 또한 신간회 활동을 도와 신간회 중앙위원 겸 정치부 간사로 임명됐다.

---

10 이관구는 "1926년 일본 교토제국대학 경제학부를 졸업하고 동대학원을 수료했다. 당시 교토 대 경제학부는 마르크스 경제학이 주류를 이루었다(조맹기, 2009, 380쪽). 그는 일제 강점기 시대 조선일보, 조선중앙일보를 거쳐, 해방 후 서울신문 주필로 근무했다.

그는 신간회와의 인연으로 곧 《조선일보》의 정치부장을 맡으면서 안재홍 등과 함께 사실과 시평을 썼다(조선일보사 사료연구실, 2004, 107쪽).

좌·우의 이데올로기전(戰)에서 중도주의는 강한 민족주의적 색깔을 낼수 있었다. 당시 소련 군정에 경도된 좌익 인사는 그들의 특수 이익을 챙길수 있었고, 한민당계의 우익은 '타협적 민족주의자'로 일제 강점기 시대의특권을 계속 누릴 수 있었다. 양자는 이데올로기의 허위의식을 통해 소수의특수 이익을 채울 수 있었던 것이다.

그러나 신간회 주동의 민족주의자들은 국제 감각을 가진, 혹은 쇼비니즘을 거부한 열린 민족주의자들이었다. 그들은 냉전의 이데올로기 속에서 소수 권력층의 기득권 유지를 강하게 비판했다. 그들은 해방 이후 정치적으로중도주의뿐 아니라, 사실주의로 중도주의를 표방하였다. 당시 《한성일보》에사실주의를 강하게 부각시킨 소설가와 시인들이 등장한 것이 이를 잘 보여준다. 이 신문의 함대훈 편집국장과 송지영 편집부장이 그 역할을 담당했다.

편집국장 함대훈(咸大勳)[11]은 조만식이 이끄는 조선민주당 황해도당부 해주 위원장을 맡아 반탁 운동을 주도했다(조선일보사 사료연구실, 2004, 495쪽). 그는 도쿄 외국어대 러시아학과 출신으로 1946년 《한성일보》가 창간되자편집국장을 맡았다.

또 다른 《한성일보》 창간 주역은 편집부장 송지영(宋志英, 1916~1989)[12]이

---

11 함대훈(一步 咸大勳, 1907~49)은 도쿄 외국어대학교 러시아학과를 졸업했다. 문학에 소질을갖고 있었으며, 1931년 유치진, 장기제, 이헌구 등과 극예술연구회를 만들어 문학과 연극운동을 주도했다. 그는 《조선일보》 정경부·학예부 기자로 활동하다 1932년 임경래가 《조선일보》를 인수하자 퇴사했다가 방응모 사장이 취임하자 1935년 다시 복귀했다(조선일보사 사료연구실, 2004, 494쪽). 그는 장편소설 『폭풍전야』(1934), 『순정해협』(1936), 『무풍지대』(1937)를 발표했고 단편소설 『빈사의 백조』, 『방파제』, 『첫사랑』, 『성애』, 『체조선생』, 『묘비』등을 내놓았다.

12 송지영(宋志英, 1916~1989)은 6살 때부터 마을 글방에서 천자문을 배우기 시작, 사서삼경을읽었고, 15세 때 남경 중앙대학 재학 중 일본 경찰에 의해 구속되었다. 그는 1934년 월간잡지《일월시보》에서 논문과 시조를 발표했으며, 1935년 《동아일보》에 '화전민들과 같이'란 생활기록을 14회 연재했다. 1936년 《신동아》, 《신가정》에 수필, 기행문을 발표했고, 1937년 《동

다. 그리고 그는 이데올로기를 제외한 사실주의라는 측면에서《한국일보》의 중도주의와 일치하는 부분이 있다. 송지영은 문인이며 한학에 조예가 깊은 묵객(墨客)이었고, 말년의 한때는 정치인이기도 했다. 할아버지와 아버지가 모두 항일의병에 종사했기 때문에 학교에 가는 것이 절대로 허락되지 않았다(김상현, 1992, 477쪽).

그는 자신의 일기에서 "우리의 땅덩어리를 금수강산이라고 말로만 내세울 것이 아니라 정말 비단으로 수놓은 듯 빛나고 아름답게 하기 위하여 한국의 구석구석마다 사람 사는 마을 주변에 온갖 화초를 심어 힘들여 가꾸지 않더라도 잘 자라는 꽃들이 봄·여름·가을 내 활짝 피어있게 한다면 그야말로 글자 그대로 금수강산이 되지 않겠는가."하고 하소연한 바 있다(김상현, 1992, 477쪽).

이처럼 그는 중도주의자로서 현실의 사실적 묘사에 민감한 사람이었다. 자연주의적 사실주의(리얼리즘)에 경도된 것이다. 열린 마음으로 자신이 서있는 시간과 공간의 위치에서 자연의 현실을 직시했다.

송지영은 1943년부터 중경 임시정부의 특파원인 김병호와 함께 남경 지역 지하 공작 상황을 보고하는 등의 활동을 하다가 1944년에 일제에 의해 채포되었다(김영희·박용규, 2011, 138쪽). 그는 1944년 6월 상해에 있는 일본 영사관에서 치안유지법 위반의 죄목으로 징역 2년 형을 받은 후 일본 나가사키 형무소로 이감되어 옥고를 치르다가 해방을 맞이하게 되었다.

송지영은 해방이 된 지 두 달 뒤인 10월 9일 맥아더 사령부의 정치범 석방 명령으로 출옥해 귀국할 수 있었다. 서울로 온 뒤 그는 정치 상황을 관망하다 한동안 중도주의자 조소앙의 비서로 일하다, 새로 창간된《한성일보》에 입사했다. 사장 안재홍과 주필 이선근이 권유했다고 한다(김영희·박용규, 2011, 138쪽).

아일보》에 입사하여 '횡설수설'을 집필했다(김상현, 1992, 477쪽).

그 후 그는 《조선일보》 편집국장 때 4 · 19혁명이 일어나 연일 학생들을 중심으로 한 대규모 군중 시위가 거리를 메웠을 무렵, 《조선일보》 1면 톱에 '학해는 해일(學海는 海溢)'이란 제목을 초 특호 활자로 장식하여, '젊은 학생들과 교수들이 합세한 성난 지성인들의 아우성이 전국의 학원가와 방방곡곡에 메아리쳐서 노도처럼 출렁여 바다를 메운다.'라는 뜻으로 풀이하기도 했다.

그리고 송지영과 더불어 《한성일보》 편집진에 참여했던 정치부장 남국희, 사회부장 김제영, 문화부장 조중옥 등은 《신조선보》 기자들이었는데, 이들은 일제 강점기에 《조선일보》에 근무한 경력이 있다(박용규, 2012, 35쪽). 이들은 주로 중도 또는 좌익적 성향을 보였으나, 1946년 5월 9일 양재하가 편집 고문으로 물러앉을 때 《한성일보》를 떠났다.

《한성일보》는 요즘 《한국일보》와 같은 대중지와는 달리 정파성을 띤 신문이었다. 즉, 이 신문은 조선국민당[13]과 더불어 발전한 것이다. 정파성 신문은 당의 · 당강 · 당책 및 각종의 선언문 등을 확실하게 노출하였기 때문에 그 경향을 쉽게 알 수 있는데 《한성일보》의 중도주의는 콘텐츠 면에서 확연한 것이었다. 더욱이 이 신문은 좌 · 우가 격돌하는 소련 군정과 미 군정의

---

13 해방과 더불어 건국준비위원회(建國準備委員會)가 설립을 서둘렀다. 그 주요 인사는 여운형 위원장과 안재홍 부위원장 등이었다. 한 사람은 중도좌파였고, 다른 한 사람은 중도우파였다. 우파인 안재홍은 곧 건준을 탈퇴하고, 조선국민당을 창설했다. 조선국민당은 서울 영보빌딩에서 1945년 9월 1일 안재홍 등 100여 명이 '신민족주의'와 '신민주주의'의 새로운 깃발을 내걸고 창당했다(최영희, 1996, 15쪽). 앞서 김병로, 유억겸 등에 의한 건준 확대 공작이 좌절되고, 그 중 우파가 이탈되어 신당의 주축이 될 것이다. 조선국민당은 위원장에 안재홍, 위원에 조헌식, 서범석 등 25명을 선출했다. 그들은 중경 대한임시정부 절대 지지, 국내의 건국 준비, 치안 유지에 협력, 해외 동포 보호 귀환의 긴급 실시 등을 결의하고 국민당은 만민개노(萬民皆勞), 대중공생(大衆共生)의 대의에 투철하여 새 민족 문화를 드높일 것을 선언했다. 또한 조선국민당은 제1회 중앙위원회를 열고 각파 · 각층의 대동단결로써 전민족전선의 순화귀일(純化歸一), 중요 산업기관의 공영화, 농민 자작 본위의 농지 이용, 자위 군비의 급속 준비, 민족 의식에 의한 국민 재교육 운동 등 10개조의 강령을 발표했다. 건준 우파가 조선국민당을 조직함으로써 건준은 사실상 좌익의 집결체로 변하여 갔다(19쪽).

찬탁 · 반탁의 와중에 창간되었다.

4. 해방 후 《한성일보》의 중도주의

이렇듯 정파성이 난립한 시기에 창간한 《한성일보》이었지만, 소수의 특수 계층에 봉사하는 신문은 아니었다. 창간일 이성근 주필은 "(8 · 15 해방 이후) 무엇보다도 통일이 급선무인 줄은 알면서도 대립과 분열로 기울었고 생산과 시설이 요긴하다고 외치면서도 소모와 파괴에로 치우친 것이 엄연한 현실로 되었으며 자유 독립 이외에 갈 길이 없는 줄을 (뼈 깊이) 깨닫고도, 타력 의존의 사대(思想)에 의존한 것이 사실이다."라고 했다(이선근, 1946.2.26). 이 주필은 해방이 된 현실에서도 좌 · 우의 이데올로기에 매몰된 현실을 직시한 것이다. 그는 여전히 '자주독립국'의 현실에 관심을 가졌다.

또한 동 창간사에서 현실의 왜곡을 더욱 강조했는데, 그는 "8 · 15 이후 우리 조국 재건의 대업은 아직도 성취치 못하였고, 불안 속에 방황하는 대중의 고통은 날로 심하다. 40년의 폭학(暴虐)을 발보이던 제국주의 일본이 도궤(倒潰)되고 우리에게 민족 해방과 자주독립 국가의 광복이 약속되었으나, 정치 · 경제 · 문화 등 사회의 전부 면에 뻗치어서의 잔인한 파괴와 침식과의 자취를 이어받은 것인 만치, 이 회천의 대업은 워낙 용이할 수 없는 바인데, 38선의 장벽으로 강토가 양단되어 있음과, 사상의 귀일집중을 결하게 된 민족대중의 현실은, 더욱더 광복과 중명의 거대한 진통을 깨닫게 한다."라고 했다. 미 · 소의 냉전의 이데올로기적 대결이 가져온 현실이 파괴 자체인 것이었다.

그리고 안재홍은 카이로선언 등 국제 회의에 근거하여 '미 · 소 회담'에 대한 로드맵을 따졌는데, "제1단계는 민주주의 제 정당 및 사회 단체들과 협의하여 한국의 민주주의 임시정부를 수립함이요, 제2단계는 탁치 문제에 관한 처리 방법이다. 이번 회담의 목적이 이에 있는 만치, 발표된 순서는 당연에 지니는 일이다."라고 했다(안재홍, 1946.4.2).

더불어 안재홍은 열린 민족주의 입장에서 이데올로기적 냉전 상태에서 벗어날 수 있다면 문제가 될 것이 없다고 강변했다. 동 칼럼에서 "오인은 미소공동위원회가 먼저, 한민족의 의사가 자주독립 민족주의국가 건립 및 그 보유를 절대 요청하고 있음을 인식하여 주기 바란다. 우리가 비록 약소민족의 반열에 저회(低佪)하고 있으나 그 영토·인구·자원과 고도의 문화를 가진 탄력성이 부(富)한 단일민족으로서, 통일 불가분의 독립국가가 되어야 할 권리 및 실력이 있다."라고 했다.

안재홍은 민족주의를 언급했다. 그러나 실제 그는 국수주의를 거부하고, 열린 민족주의를 논의하고자 했다. 이것은 카이로 선언과 얄타회담 등 국제 조약과 맥을 같이 한다. 같은 맥락에서 그는 《한성일보》 창간사에서 "연합국의 승리와 나치스 독일 및 군국주의 일본의 패퇴(敗退)는, 즉 국제 파쇼의 몰락과 민주주의의 승리인 것이다. 하물며 우리에게는, 근세 이래 그릇된 전제정치의 기구의 그늘 속에서 생존했을지라도, 상대(上代) 이래 민족 고유한 정치문화로서의 만민공생의 민주주의가 있었다. 우리는 이 문화의 전통과 세계 인류의 양심과 국제 정치의 요청 및 사회 객관의 정세에 터를 잡아, 근로 대중의 복리에 중점을 두는 전 국민 각 계층의 평권적(平權的) 생존 및 생활을 구현하는, 진정한 민주주의, 즉 신민주주의를 주장키로 한다."라고 했다.

이와 같이 《한성일보》는 조선의 현실에 맞는 평권적 민주주의를 논했다. 창간사에서 이 점이 더욱 부각되었다. 동 창간사에서는 "전 국민 전 계층의 복리, 즉 그의 평권적인 생존 및 생활을 정치적·경제적·문화적으로 구현하되, 우리의 조국과 동포, 역사와 문화의 전통을 사랑하고 동경하면서 그를 현대적으로 순화 앙양하여, 널리 인류 대동의 조류에 적응케 하기로 한다. 이는 진보적인 민족주의요, 또 선량한 국제협동주의인 것이다."라고 했다.

이는 신민주주의·신민족주의의 실체를 이야기한 것이다. 그 바탕에서는 "지력(智力)을 고르게 하고 부력(富力)을 고르게 하고 권력(權力)을 고르게 하는 것, 이른바 '삼균(三均)'[14]"이 있다고 했다(안재홍, 1947.12; 안재홍, 1983, 228쪽). 안재홍은 분열, 대립은 불평등에서 온 것으로 간주했다. 그는 3가지 균등을 통하여 소수의 특권 계층이 소멸되기를 바랐다. 이는 조소앙(趙素昂)의 삼균주의와 맥을 같이 한다.

조소앙은 삼균주의를 '인여인(人與人), 족여족(族與族), 국여국지균등생활위주의(國與國之均等生活爲主義)'라고 정의했다(정학섭, 1988, 179쪽). 정학섭의 논의에 의하면 '인여인'의 균등을 이루기 위해서는 정치·경제·교육의 균등을 이루어야 한다고 전제하고, 정치적 균등은 보통 선거제에 의해 민주 공화국의 수립, 국민의 제반 기본권의 확립에 의해 가능하다고 보았다.

조소앙의 논리에 안재홍은 독특한 해석을 단 것이다. 안재홍은 이것을 '과학(科學)'으로 간주했다(안재홍, 1947.12; 안재홍, 1983, 228~9쪽). 그는 구체적 사건의 맥락 속에서 결정하는 칸트의 '맥심(maxim)'의 원리로 설명한 것이다. 안재홍의 논리는 정교했다. 즉, "민주주의는 '인민의, 인민 때문에, 인민에 의해서'라는 3원칙을 언급하는데, 이는 이미 케케묵은 투어(套語)로 되어있지마는, 아무리 인민 본위의 철저한 의도에서 출발함이라고 하더라도, 그것이 일편의 정치상, 법률상의 평등에만 그치고 그 부의 균등에까지 이르지 못하였을진대, 그 평등은 다만 껍데기의 평등에 지나지 못하는 것이고, 혹심한 빈부의 차별은 모처럼의 법제상의 평등이 아무런 실질적 공영 생활을 보전할 수 없는 것이다."라고 했다.

안재홍은 민정장관직에 재임할 당시인 1947년 9월 26일, 제2차 미소공

---

14 '삼균'은 거시적 차원에서 "① 개인과 개인 간의 균등, ② 민족과 민족 간의 균등, ③ 국가와 국가 간의 균등"을 의미한다(정학섭, 1988, 178쪽). 그 중 개인과 개인 사이의 균등을 실현하기 위하여 안재홍은 '균권(均權)', '균부(均富)', '균지(均智)' 등을 언급했다.

동위원회가 결렬되자 각 도지사와 부처장의 합동회의에서 '시국대책요강'을 발표했다. 그 요강에는 "독립국가의 완성, 진정한 민주주의 및 경제적 민주주의의 확립"이라는 '남조선의 3대 목표'가 명시되어 있었다(안재홍, 1947.2; 정윤재, 2010, 57쪽).

안재홍은 진정한 민주주의란 그의 '순정우익의 사상과 정책을 옹호하는 민주주의'이며, 경제적 민주주의는 정치적 민주주의의 기본이 되는 것으로 독점 자본과 대지주의 전횡을 배제하고 대부분의 민중의 복지를 보장하고 증진시키는 것임을 부연 설명하였다. 요컨대 이 3대 목표는 '공산당의 집권을 반대하고, 더불어 극우적인 편향도 방지하면서 진정한 민주주의 정책에 대중을 집결시키어 민족자주독립을 완성하자.'는 것이었다.

물론 즉, 안재홍의 중도주의는 공산당도 거부하고, 극우적 인사도 거부하는 것이었다. 《한성일보》는 보편성의 논리를 따지지만, 여전히 강한 민족주의 성향을 지니고 있었다. 이는 "통일과 합작이 완전 독립을 전취하는 무조건적인 첫 단계임을 빤히 알면서도 단계에 오르기도 전에 계단 앞에서 등단 선후를 다투고 있는 것이 현재 조선의 정치적 현실이라 할지라도 신성하여야 할 피와 눈물과 광영의 기억인 3·1 기념식전이 소위 좌우 양분되어 따로따로 준비되고 있다."라는 사설을 통해서도 알 수 있다(사설, 1946.2.27). 3·1 운동의 민족적 경험을 이야기하지만, 동 사설은 민족 앞에서 모두 솔직하기를 원하고 있다.

또한 동 사설은 이데올로기의 허위의식으로 소수 권력층을 옹호하는 주의를 거부한 것이다. 즉, 당시 지식인은 좌·우로 편을 갈라 치열한 논쟁을 했지만, 그 추종 세력은 일부에 불과했다. 요즘의 '시민 없는 시민사회'와 같은 맥락으로, 앞서 언급한 2013년에 발표한 《경향신문》의 여론 조사에서 나타난 유권자의 냉소적 논리와도 일맥상통한다.

종합해 보면, 안재홍이 말하는 '순정우익'은 자주독립 국가, 즉 민족 해방의 완성을 지향하고, 계급 대립이 아닌 균등 경제와 평권 정치를 지향하며,

미국의 경제 원조는 받되, 그로 인한 주권 침해는 배제한다(안재홍, 1947.10.12; 정윤재, 2010, 64쪽).

안재홍은 좌도 아닌, 우도 아닌 중도(中間)를 택했다. 그는 좌·우의 난립 속에서 소수 권력층의 이익만을 위한 폐쇄적이고 억압적인 체제를 거부한 것이다. 같은 중도주의를 택한 《한국일보》 이계성 국제부장은 "어정쩡한 중간이 아니라 특정 정서에 영향을 받지 않고 선입견 없이 진실과 실체를 추구함으로써 적극적 중도 이미지를 확고하게 구축해야 한다."라고 했다(정은경, 2004.10.29).

또한 《한국일보》 사주 장기영(張基榮)은 '창간 이념'을 지키는 언론의 역할을 논의했다. 그는 "'진실하다고 확인한 사실만 보도함으로써 시대의 호흡을 같이하는 독자의 귀와 입과 눈이 될 것'임을 밝히고 '신문은 누구도 이용할 수 없고 누구도 억제할 수 없다.'"라고 했다(방상훈, 2001, 384쪽).

중도주의를 표방했던 《한성일보》는 구체적 방법을 이미 논의했었다. 동 신문은 사설에서 "우리 조선 민족이 걷는 대도에는 좌측을 통행하든, 우측을 통행하든 우리는 각 개인의 자유에 따라 걷게 하는 적어도 긴절(緊切)히 요구되는 점은 통행자 각자가 모든 질서와 공적 도덕을 존중하고 앞서 달아나겠다고 보조를 어지럽게 하는 일없는 호양(互讓)과 겸손의 미행이 충분히 발휘되는 일이다."라고 했다(사설, 1946.5.4).

그리고 안재홍은 신간회를 회고하면서 언론·집회·결사의 자유의 의미를 부각했다. 언론을 중도주의를 실현시킬 수 있는 도구로 본 것이다. 더욱이 안재홍은 《한성일보》를 통한 중간 노선을 "그 '중간'의 어귀부터 단연 배격의 요(要) 있는 것은 오늘 재론치 말자. 소위 극좌 극우의 편향 노선 있음에 비추어 진정 민주주의 노선은 그 상대성에서 당연 중앙노선 되나니, 이 의미에서 중앙 노선은 그 어(語)와 의(義) 아울러 가하다. 다만 중앙 노선의 노선 됨이, 민족주의 노선이요, 독립 기본 노선이요, 신민주주의 사회 건설의 토대 위에 구축 현현되는 신민족주의 노선인 것이며, 이는 실로 비교 상대로 모름 짓지 않는 독자적인 민주 독립 노선인 것이니, 좌와 우를 논할 바 아니다."라고 했다(안재홍, 1947.10.14).

즉, 안재홍은 '語(언어)'와 '義(옳음)'를 의제로 간주한 것이다. 정치는 곧 정명(正名), 이름을 바르게 하는 것이고(임철순, 2013.1.25), 이 논리의 정당성은 "특정 정서에 영향 받지 않고 선입견 없이 진실과 실체를 추구"하는 것에서 얻어지게 된다(정은경, 2004.10.29).

같은 맥락에서 안재홍은 사실주의로 진실, 정의, 올바름 등의 현실을 직시하였다. 자연을 있는 그대로 그려내듯이, 언론은 사건을 '진실하다고 확인한 사실만' 보도해야 한다는 것이다. 이에 안재홍은 함대훈 편집국장, 송지영 편집부장 등 문인들을 《한성일보》의 핵심 부서에 배치했다. 또한 그는 신간회에서 좌·우도 아닌, 독특한 민족주의, 열린 민족주의를 논하였다. 그는 《한성일보》 사설에서 "오인의 독립전취운동이 그 독자성에서 합작 노선으로 설명되는 진보적인 민족주의, 즉 균등 사회, 공영 사회를 건설하는 신민주주의 노선으로 일로매진함을 요청하는 것임과 아울러 반탁 공작의 배외화(排外化) 혹 배미화(排美化) 등을 계신(戒愼)하게 되는 이유이다."라고 했다(사설, 1947.1.22).

그는 창간호에서 신문의 사명에 대해서도 논의했다. 《한성일보》 창간사에서 '보도와 주장과 선양(宣揚)과의 성능을 갖추어 갖는 언론 기관인 것이니 일개인에게 있어 그 자아를 기점으로 사회에 서서 생활(生活), 생존(生存) 앙양 발전하는데 일상(日常)에 없지 못할 기능인 것이 일 국가 민족에게 있어서는 더욱 그러한 것이다.'라고 했다.

제6장

좌·우 최전선에서의 성재 이관구*

1. 해방 전 이관구의 성향

성재(誠齋) 이관구(李寬求, 1898~1991)[1]는 일제시대와 해방정국을 풍미했던 언론인이었다. 그는 신문편집인협회 초대회장(1957)을 역임할 만큼 출중한

---

* 이 논문은 《한국사 시민강좌》 2008년 8월호, 통권 43.〈특집−대한민국을 세운 사람들〉을 수정, 보완하였습니다.

1 이관구의 가계와 기록은 다음과 같다. 이관구의 조부는 명성황후를 지키기 위해 일본 부랑배에게 맞서다 살해된 이경직(李耕稙)이고, 아버지는 항일에 생을 바친 이우규(李禹珪)였다. 이러한 집안 출신인 이관구는 신간회(회장 이상재) 활동을 도와 신간회 중앙위원 겸 정치부 간사로 임명됐다. 그는 《조선일보》에 재직한 2년 여 동안 300여 편의 사설과 시평(時評)을 남겼다. 일제시대 사설이나 시평은 거의 대부분 무기명이지만 이관구가 쓴 글은 그의 부인이 스크랩해 보관했다. 그의 부인은 6.25 때 피난살이를 하면서도 사설 묶음만은 반드시 지니고 다녔다고 한다(조선일보사 사료연구실, 107쪽). 그의 자녀들은 이를 기초로 하여 1986년 『성재 이관구 논설선집』을 출간했다. 그러나 이 책에는 1956년 《경향신문》 이후의 사설을 제외한 해방 후의 사설은 누락되어 있다.

안재홍은 당시 좌우에 별로 개의치 않았던 민족주의자였다. 안재홍과 보조를 맞췄던 성재는 성격이 급했고, 호탕하게 웃는 모습을 봐 외골수적 성격은 아닌 것 같았다. 그는 항상 밀주(密酒)를 탐닉하였으며, 그의 나이 93세에 세상과 하직했다. 주객들은 일반적으로 일찍 세상을 등졌지만, 이관구는 다른 사람과 다른 건강한 체질을 가졌던 것 같다.

언론인이었다.

본고에서 다루고자하는 부분은 해방정국에서의 이관구, 《서울신문》주필의 기여한 바이다. 그는 좌파와 우파 사이에서 유연하게『서울신문』의 주필직을 수행하였다. 즉, 한국적 풍토에 적합한 국사 언론인의 리더십을 발휘한 것이다. 더욱이 신탁통치 하에서의 이관구는 과히 역사에서 기록으로 남길 만 하였다. 필자는 그의 경력에서 우선 좌·우파적 경향을 논하고, 신탁통치 문제에서 보여준 태도와 행적, 그 후 남조선과도입법의원으로서의 활동 등을 중심적으로 다루고자 한다.

이관구는 신간회(新幹會) 활동을 계기로 《조선일보》에 입사했다(조선일보사 사료연구실, 2004, 107쪽). 조선일보 사장 이상재(李商在)가 당시 신간회 회장이었으며, 이관구는 신간회 중앙위원 겸 정치부 간사로 임명되었다. 그는 신문사에서 취재경험을 바탕으로 성장한 언론인은 아니었지만, 신간회와의 인연으로 곧 정치부장을 맡으면서 안재홍(安在鴻) 등과 함께 사설과 시평을 썼다(조선일보사 사료연구실, 2004, 107쪽). 그의 논조는 신간화의 단일 민족주의에 맞춰져있었다.

이관구는 1926년 일본 교토제국대학 경제학부를 졸업하고, 동 대학원을 수료했다. 당시 교토대 경제학부는 마르크스 경제학이 주류를 이루었다. 그의 지도교수 가와카미 하지메(河上肇)는 이름난 마르크스주의 경제학자였다. 그는 지도교의 영향을 많이 받아 사회주의 성향을 키웠다(조선일보사 사료연구실, 2004, 109쪽). 같은 맥락에서 성재의 아들 이신복(李信馥) 전 성균관대 교수는 "내가 분석해 봐도 선친의 일제시대 때 쓰신 논설은 사회주의 성향을 띤 것이 태반이다"라고 말함으로써 그의 사상적 경향을 잘 알 수 있다.

이관구는 1927년 4월 《조선일보》에 발을 디뎠다. 그는 경제학 전공으로 식민지 경제에 관심을 가질 수밖에 없었다. 그는 《조선일보》 입사 후 두 번째 논설로 〈국농소쟁의(國農沼爭議)와 사음제도철폐(舍音制度撤廢)〉를 기사화했다. "조선의 소작쟁의는 반드시 계급의식을 가지고 투쟁선상에 나아갈 때가 지금에 돌아오겠으니 한녑으로 소 '뿌르'적 이익옹호문제가 목전에 소작쟁이의 목표가 되어 있는 것은 사실이다.…이와같이 조선의 소작쟁의가 자연발생적 과정에 처해서 가장 먼저 외치고 약진하라 함은 당면의 생활문제 해결에 있음으로써 지주와 사음의 가혹한 착취(搾取)를 경감하기 위하여 사음철폐의 요구가 긴절(緊切)하게 일어남은 당연하고도 당연한 일이다."로 무산계급의 착취 용어가 언급되고 있다. 이 대목은 그의 마르크스 경제학의 경향을 알 수 있는 대목이다.

더욱이 이관구는 동 논설에서 "조선에도 무산계급의 각성은 날로 현저하며 그의 단결은 날로 공고하여 간다. 소작쟁의로 나타난 일면을 볼지라도 이번 국농소쟁의에서 사음철폐를 실현한 것은 참으로 농민운동의 획기적 약진을 의미함이 아닐까."라고 함으로써 무산자계급자의 사회운동을 더욱 부추기고 있다.

또한 이관구는 1927년 7월 21일《조선일보》의 〈소위 사상취체(思想取締)−경찰간부회의를 보고서〉에서 "'대개 사회운동의 발생과 그 진전은 사회의 진보에 따라 일어나는 당연한 귀결이매 그 건전함에 일어서는…원만한 사회문화의 발전에 비보(裨補)하는 것이 적지 않다. 특히 현시의 사회진화의 추세는 극히 급격하다.'고 내상(內相)은 현명하게도 잘 관찰하였다…'사회는 진화된다. 그러나 일본은 움직일 수 없다.'는 것이 아마 당국자의 항용하는 말이며 또한 유일의 도피처일 것이다. 그러나.."라고 함으로써 사상취체의 부당함과 사회운동의 당위성에 대한 논조를 펴고 있다.

이관구는 그의 언론관에서 당시 자신의 사상을 피력했다. 즉, "언론자유를 자본주의제도의 개인주의적 자유로 해석하여서는 안 된다. 언론기관을 '사회의 목탁'이나 '공론의 면경'이니 '공평무사'이니 하는 등 객관적 실상과는 전혀 착오된 인식으로 조선에서도 신문지를 상업화하거나 잡지쟁이의 잡지를 발행함은 조선의 현실을 무시함이 이보다 더할 수 없겠다. 외국의 언론기관이 각 정당 각 계급의 정치적 경제적 사회적 투쟁의 무기인 것 같이 조선인의 언론기관도 이러한 사명을 떠나서는 존재할 사회적 근거가 없는 것이 사실이다."라고 주장함으로써 그는 당파성 신문을 옹호하고 있다.

이관구의 사회주의적 행보는 탄력을 받기 시작했다. 일본인들과 조선일보의 '반일사설'[2]로 신경전을 벌였던. 그는 1929년 10월 조선일보사를 퇴사하고 《중외일보》가 《중앙일보》로 개제(改題)한 곳에 주필을 맡았다. 《중앙일보》는 1932년 10월 30일 사장 최선익(崔善益), 전무 윤희중(尹希重), 주필 이관구의 진용으로 속간했다. 그러던 《중앙일보》는 1933년 2월 《조선중앙일보》로 다시 개제(改題)하고, 여운형(呂運亨)을 사장으로 옹립했다. 당시 성재는 1936년 10월까지 만 4년 동안 주필과 편집국장 자리를 오가면서 논객으로 활동했다.

해방 이후 인민당 당수였던 여운형과 같이 이관구는 일제시대 《조선중앙일보》의 주축 멤버였다. 당시 《동아일보》, 《조선일보》에 비해 《조선중앙일보》는 진보적 색깔을 띠었다. 성재는 물론 이 신문은 일제시대의 노동자 착취현상이나, 노동문제 등에 관해 많은 사설을 집필하고, 게재했다. 《성재 이관구 논설선집》에서 보듯, 그는 친(親)마르크스 형식의 논조를 유지했다. 뿐 아니라 정파적 논리를 피력했다.

그러나 그는 당시 《조선중앙일보》에 〈백두산 탐험기〉를 16회 연재할 만큼, 글재주가 뛰어났다. 《조선중앙일보》 1935년 10월 17일 〈수해에 나타난 운일점 아년 진로를 폐쇄, 목적를 4천킬로 남기고 위기 일발에서 회정〉으로

---

2 조선일보의 '반일사설'은 1928년 1월 21일 이관구가 쓴 〈보석지연(保釋遲延)의 희생〉으로 안재홍 주필이 책임지고 4개월의 금고형을 받았고, 이해 5월 〈제남사건벽상관(濟南事件壁上觀)〉으로 8개월의 금고형을 당했다(이관구, 1978, 62쪽). 1929년 12월 광주 학생사건까지 겹쳐 신석우(申錫雨) 사장이 사퇴하자, 1931년 7월 안재홍이 사장으로 취임했으나, 그 이듬해 3월에 만주 조난동포 구호금을 유용했다는 혐의로 징역 8개월의 선고를 받고, 투옥된 동시에 그 사장 자리를 불과 8개월 만에 물러나게 되었다. 이런 상태에서 《조선일보》는 그 채권자인 임경래(林景來)에게 발행권이 넘어가려할 즈음에 이관구는 이 회사를 사퇴하게 되었다(이관구, 1978, 62쪽).

보면 "관모련봉의 험악한 기류는 이곳의 지리를 아는 이는 대강은 짐작이 나서리라. 조선의 용마루(背梁)인 소장백산맥의 줄기, 더욱이 관모련봉을 필두로 2천메-터 이상의 준령(峻嶺) 72좌가 하늘이 낮다하고 다투어 빼내인 이른바 조선알프스는 동해를 향하여 절벽으로 떨어지고 그 넘어는 1천 5, 6백 메-터 이사상의 망망한 개마고원 천리천평(千里天坪)이란 예(여기)를 두고 이름인데 가없는 수해(樹海)가 이 속에 담겨있어 멀리 백두산의 웅장한 자태가 바라보인다..."라고 하였다.

성재는 일반적 탐험기의 딱딱한 내용을 풀어서 재미있게 쓸 줄 알았다(이혜복 외, 1992, 113쪽). 성재는 부드러운 문장으로 '백두산 탐험기'를 성공시킨 것이다. 그렇다면 이관구는 마르크스 경제학 뿐 아니라, 전통문학을 논할 줄 아는 재능을 가졌던 것 같다. 그러나 언론사 생활에 만족했던 이관구에게 불행이 찾아왔다. 《조선중앙일보》가 '손기정 일장기 사건'으로 폐간된 것이다. 그는 이 신문이 폐간된 후, 1939년 4월부터 41년 3월까지 주식회사 대동출판사(大東出版社) 취체역(이사) 주간으로 만 2년 동안 출판사 일을 하게 되었다.

2. 한반도 분할점령안

이관구가 언론사 전면에 다시 나타난 때는 1945년 11월 23일 미군정이 《매일신보》의 정간을 풀고, 《서울신문》으로 제호를 변경한 후의 일이다. 당시 주요 신문은 좌익계 북한의 《정로(正路)》[3], 남한의 《조선인민보》(1945년 9월 8일 창간), 《해방일보》(1945년 10월 9일 창간) 등이 주동이 되었으며, 우익지

---

3 《정로》는 조선공산당 북조선 조직국 기관지로 1945년 10월 17일 창간되었다. 소련군정이 언론 정책에 따라 만든 최초 기관지이다(김국후, 2008, 123쪽). 이 신문은 소련공산당의 선전, 선동 지침에 따라 제작되었으며, '신문과 방송은 혁명의 총알'이라는 목표 하에 발행되었다.

《조선일보》(1945년 11월 23일 복간), 《동아일보》(1945년 12월 1일 복간), 《한성일보》(1946년 2월 26일 창간) 등은 늦게 시작하였다. 그들 신문에 비해《서울신문》은 당시 인적 구성, 시설 면에서 월등한 위치를 점하고 있었다.

오세창(吳世昌) 사장은 10월 25일 주주총회 후 '독립의 완성'이란 표어를 걸고, 운영진용을 발표하고, 《매일신보》 재건에 앞장섰다. 그러나 그는 12월 9일 '적색에 물든자'(홍명희 고문, 그리고 홍기문 편집국장, 문화부장 홍기무 형제) 관리의 문제로 명예사장으로 일선에서 물러났다.

이관구는 취체역(이사) 주필, 그 후 편집국장까지 맡게 된 것이다. 그는 신문사의 '민족적 욕구', 즉 분단에 관한 논조를 결정하는 중요한 위치를 점하게 되었다. 그 자세한 내막을 서울신문사는 이렇게 정리하고 있다.

미군정청으로부터 하경덕(河敬德), 이관구 두 사람이 신문 창간 작업을 맡았다(서울신문사, 2004, 295쪽). 일간지 《코리아타임즈》를 창간한 경험이 있는 미국 하버드대학교 사회학 박사 출신 하경덕은 1945년 11월 10일 이관구를 끌어들여 쇄신《매일신문》의 인선작업을 한 것이다.

『서울신문 100년사』는 "이관구에게 인선작업을 맡기게 된 이유로 그가 과거 신간회에도 참여함으로써 좌우의 양쪽에서 무난히 수용할 수 있는 인물이었기 때문이다"라고 기록했다(서울신문사, 2004, 295쪽). 미군정은 1945년 11월 10일 《매일신보》에 정간 명령을 내린 바 있었다. '정간의 이유'[4]로 "매일신보가 해방 후에 사원들로 구성된 자치위원회를 결성하여 좌익 계열과 밀접한 관계를 가지고 미군정에 비판적인 태도를 취했기 때문이었다."라고 열거했다(강준만, 2007, 295쪽).

---

4 '정간의 이유'는 '자치위원회'가 11월 7일 '경과보고를 겸하여'에서 간부인사에 대한 기자들의 의견존중이 선결되어야 한다고 강조했다(서울신문사, 2004, 296쪽). 나아가 자치위는 매일신보의 자본금 150만원 가운데 한국인 주주를 제외한, 일본인이 갖고 있던 48.8%의 귀속주를 그들에게 유상 양도하는 문제를 정식으로 거론했다. 이 성명은 미군정청이 11월 10일 매일신보에 정간명령을 내리는 직접적인 계기로 작용했다.

해방 후 여운형[5]은 '건국준비위원회'를 결성하는가 하면 박헌영(朴憲永)은 조선공산당을 재건했다. 송진우(宋鎭禹)가 한국민주당도 결성했지만, 일제시대 행적으로 좌파에 비해 우파는 정통성이 위약한 상태였다.

총독부의 통제에서 벗어난 《매일신보》는 여운형 중심의 건국준비위원회를 중심으로 정국의 향방을 자세히 보도하였다. 미군정은 10월 30년 군정법령 제19호 언론 구조의 큰 틀을 어겼다는 이유로 정간을 시킨 것이다.

미군정은 한국의 언론보도에 결정적 반감을 가진 것은 '전조선신문기자대회'였다. 이 대회는 1945년 10월 23일 서울 종로 중앙기독교청년회 대강당에서 열렸는데, 창립선언문에서 "신문이 흔히 불편부당(不偏不黨)을 말하나 이것은 흑백을 흑백으로써 가리어 추호도 왜곡치 않는 것만이 진정한 불편부당인 것을 확인한다. 엄정중립이라는 기회주의적 이념이 적어도 이러한 전 민족적 격동기에 있어서 존재할 수 없음을 우리는 확인한 것이다. 우리는 용감한 전투적 언론진을 구축하기에 분투함을 선언한다."라는 내용을 담았다(정진석, 2001, 434쪽).

전조선신문기자대회는 좌익이 주축이 되었음을 쉽게 알 수 있었다. 좌익에 앞장선 《서울신문》을 미군정이 허용할 이유가 없었을 것이다. 당시 상황으로 봐 《서울신문》은 정간의 길을 걸을 수밖에 없었고, 이 살얼음판을 헤쳐 나갈 중심적 인사를 물색한 것이다. 그 대상으로 언론인 이관구였던 것 같았다.

---

5 여운형은 남경대학을 졸업하고, 1921년 상하이에서 수립된 임시정부의 외무상이었다. 그 해 모스크바에 가서 레닌을 만나고, 1929년까지 상하이에 있었다(김국후, 2008, 105쪽). 1924년 여름 상하이에서 일본경찰에 체포되어, 조선으로 이송되어 3년 구형을 받았으나, 1년 반 동안 감옥생활을 했다. 그리고 1933년 《중앙일보》로 제호를 바꾸어 《조선중앙일보》(1934~1936)를 발행하였다. 그 후 1944년 《건국동맹》이란 신문을 창간했다. 이 신문은 ①민족통일전선을 창설하고, ②연합국들, 특히 소련과 손을 잡고 일본제국주의와 독일 파시즘을 반대하는 투쟁을 전개하며, ③민주정부를 수립한다는 강령을 세웠다(김국후, 2008, 280쪽). 그가 이끄는 전국동맹에는 약 50명이 가입했었다(김국후, 2008, 105쪽).

이관구는 1945년 11월부터 1946년 3월 20일까지 주필 편집국장을 겸임했으나, 홍명희(洪命憙)의 아들 홍기문(洪起文)과의 불화로 4월 16일 고문으로 자리로 이동했고, 4월 26일자로 고문직마저 사임하고 말았다. 그 후 1946년 10월 8일《합동통신》부사장, 그리고 1946년 11월 24일에서 1947년 2월 21일까지 다시《서울신문》주필로 임명을 받았다. 그 후 1947년 2월부터 1948년 7월까지 안재홍과 함께, 이관구는 과도정부의 관선 입법의원 등에 임명되었다. 그리고 안재홍이 민정장관 후, 1949년 11월 10일 편집발행 겸 인쇄인으로 된《한성일보》의 주필을 맡아, 6·25 전쟁으로 이 신문이 파괴될 때까지 근무했다. 더불어 이관구는 언론사에 오가면서, 1949년 9월~1957년 3월까지 성균관대학교 경제학 교수로 강의를 계속했다.

이관구의 해방정국에서의 기여한 것은 1945년 11월 23일부터 1946년 3월 20일까지, 그리고 1946년 11월 24일에서 1947년 2월 21일까지였다. 그는 가장 큰 신문의 주필 겸 편집국장, 그리고 주필 단독직을 수행했다.《서울신문》은 사장 오세창, 부사장 하경덕의 체제로 11월 23일자 석간부터 속개되었다. 동 신문은 진보적 민주주의를 내세우고, 신탁통치에 찬성하는 논조를 펴다 1946년 1월 6일 우익 테러단의 습격을 받는 등 3차례의 피습을 당하기도 하였다(김복수, 1991, 114쪽).

물론 그 당시 한반도에는 일어난 중요한 사항은 신탁통치 찬, 반의 논쟁이 한반도를 엄습하고 있었다. 모스크바 3상회의는 한반도 분단에 결정적으로 기여한 것이다. 그때 이관구는 신문논조에 결정적 영향을 미치는 주필 겸 편집국장을 지낸 것이다.

이관구는 분단을 애석하게 생각했던 것 같다. 그는 "해방은 기쁘나, 허리 잘린 해방이 큰 슬픔의 씨앗을 뿌려 놓은 것이다."(이관구, 1978, 133쪽)라고 분단의 애석함을 표현했다. 그리고 그는 "이 38선은 전시에 있어서 일본의 관동군(關東軍)과 조선군(朝鮮軍)의 관할 분개선이다. 연합군이 일본군의 항복을 받을 때, 미소 양군이 각각 이 선을 분계점으로 나눈 것 같다. 그러므로

8월 11일 미국이 일본에 대한 항복문서의 초안을 받을 때, 미국은 군사적 목표로서 미소 양군의 진주 지역을 이렇게 그어 놓고, 일반 명령 제1호로서 당시 마닐라에 주둔하고 있던 맥아더(Douglas MacArthur) 장군에게 타전한 것이다. 그리고 동시에 영소 양국에도 통보하였다. 이러한 양해는 이미 얄타회담(The Yalta Conference)[6] 때 이루어진 것이라고도 하나 확인할 길이 없다. 좌우간 군사적 목표로서 우연히 그어진 이 38선이 내내 굳어질 줄이야…"라고 당시 분단 상황을 회상했다.

한편 1945년 12월 28일 미국·소련·영국 세 나라 수도에서 발표된 모스크바에서의 결정은 한국의 신탁통치에 관한 내용을 담고 있다(강준만, 304쪽). 이는 '찬, 반탁' 논쟁을 국내에서 불러일으켰다. 당시 한국민주당 대변지 《동아일보》는 "소련이 신탁통치(공산당은 '후견제'라고 함) 주장, 미국은 즉시 독립 주장, 소련의 구실은 38선 분할점령"으로 요약하여 보도했다.

맥아더 사령부는 1945년 9월 2일 북위 38도선을 경계로 하는 미·소 양군의 한반도 분할 점령안을 논의했다. 그 후 한반도는 '줄잡기' 논쟁이 심화되었으며, 각 언론단체는 이들의 논쟁에 휩싸이기 시작했다. 정치조직이 미결성된 상태에서 언론을 중심으로 논의와 한반도 질서가 재편될 수밖에 없었다.

3. 《서울신문》의 찬탁, 그리고 공정성

조선공산당은 《해방일보》[7], 북한의 조선인민공화국은 《조선인민보》[8], 한

---

6 얄타회담(The Yalta Conference)은 1945년 2월 4일부터 11일까지 소련 흑해 연안에 위치한 얄타에서 미국, 영국, 소련 수뇌가 모여 나치독일의 2차 세계대전의 패전과 그 관리에 대하여 의견을 나누었다(www.EnCyber.com).
7 《해방일보》는 1945년 9월 19일 조선공산당 중앙위원회가 서울 장곡천정(長谷川町)에서 기관지로 창간한 신문이었다(김민환, 2001, 30쪽). 이 신문은 조선공산당 중앙집행위원 권오직(權

국민주당은 《동아일보》, 국민당은 《한성일보》 등으로 재편되었다. 그리고 《서울신문》은 신한민족당에 속해있었다고 봐야한다. 신한민족당은 1945년 12월 14일 창당한 민족주의자의 정당이었으며, 후일 안재홍의 국민당과 함께 김구(金九)의 한국독립당으로 합당하였다. 그 지도부는 신간회에 가담했던 권동진(權東鎭)이 당수였으며, 오세창이 부당수로 지도부를 구성했다. 이 당에는 우익계 뿐 아니라, 좌익계의 고려청년당, 조선혁명당이 포함되어 있었다(최영희, 1996, 133쪽). 당시 《서울신문》의 논조를 알 수 있는 대목이다.

각 정당은 모스크바삼상회의에 촉각을 세웠다. 그들은 12월 27일 모스크바삼상회의에서 합의한 3항에 "공동위원회는 조선 임시정부를 참가시키고 조선민주주의 제 단체를 영입하여 조선인민의 정치적 · 경제적 · 사회적 진보와 민주주의적 자치발전 또는 독립국가의 확립을 원조 · 협력하는 여러 방안도 작성할 것이다. 그리고 공동위원회의 제안은 조선 임시정부와 협의한 후 5년 이내에 기한으로 하는 조선에 대한 4개국 신탁통치협정을 작성하기 위하여 미 · 소 · 영 · 중 제 정부의 공동 심의를 받아야 한다"라는 내용에 관심을 갖기 시작했다. 더욱이 '신탁'의 문구가 나오자 국내 여론은 요동을 쳤다.

소련이 "삼상회의의 결정에 반대하는 세력은 후에 대한민국임시정부 수립에 참여할 수 없다"라고 함으로써 좌익의 태도는 1946년 1월 2일을 기점으로 반탁으로부터 찬탁으로 바뀌었으며, 우익은 반탁 노선을 처음부터 시

五稷)이 사장 겸 주필, 조일명(趙一明)이 편집장을 맡았고, 조선공산당 박헌영(朴憲永)의 입장을 충실히 대변했다. 그러나 『해방일보』는 조선공산당이 위조지폐를 인쇄했다는 '조선정판사' 사건으로 1946년 5월 18일 미군정으로부터 폐간조치를 당했다.

8 《조선인민보》는 1945년 9월 8일 총독부 기관지 《경성일보》를 나온 기자들이 종로의 중앙기독교청년회관에 편집실을 두고 발행한 신문이다. 김정도(金正道)가 사장 겸 발행인이었으나, 10월 하순 홍증식(洪增植)이 이 신문을 인수했다. 김오성(金午星) 편집국장 체제 하에서 가장 진보적 논조를 펴, 1946년 9월 6일 군정에 의해 발행정지 처분을 받았다(김민환, 2001, 32쪽).

종일관하였다.

　김구(金九)를 중심으로 한 임정계의 반탁은 그 강도를 높여 갔다. 1945년 12월 28일 임정을 중심으로 '신탁통치반대국민총동원위원회'가 결성되었다. 서울신문 고문 권동진을 위원장, 안재홍(安在鴻), 김준연(金俊淵)을 부위원장으로 한 그들은 12월 30일 서울운동장에서 '신탁통치반대국민대회'를 열었다. 한편 좌익은 1월 2일 이후 '신탁통치 절대 지지'로 입장을 강화했다. 평양의 소련군정은 1946년 1월 5일 긴급 '평남인민정치위원회'를 열어 반탁을 선언한 조만식(曺晩植)을 의장에서 물러나게 했다(김국후, 2008, 158쪽). 더욱이 소련은 미국정책의 부당함을 규탄하고 폭로하는 정책, 즉 강경정책을 쓸 것을 당 중앙에 건의했다(김국후, 2008, 175쪽).

　한편 남쪽의 좌익정당, 사회단체들은 총망라하여 2월 3일 서울운동장에서 '민족통일자주시민대회'를 열고, 4일에는 '민주주의적 민족통일전선'을 형성하였다.

　좌·우익 사이의 테러전은 심화되었다. 신탁통치 반대를 외치던 데모대 일부가 1945년 12월 31일 저녁 을지로2가에 있던 『조선인민보』의 인쇄소를 습격하였다. 한편 신탁통치 찬성을 외치던 데모대는 1월 7일에는 반공극우지인 《대동신문》을 습격했다. 당시 좌익적 성향을 띠고 있던 《서울신문》은 1월 6일 이후 모두 3차례 우익으로부터 테러를 당했다(서울신문사, 2004, 318쪽).

　신탁통치 반대지와 찬성지가 서로 갈리었다. 반대지는 《동아일보》, 《조선일보》, 《한성일보》, 《대동신문》, 《대한독립신문》 등이었으며, 찬성지는 《조선인민보》, 《자유신문》, 《서울신문》, 《중앙신문》, 《현대일보》, 《독립신보》, 《중외신보》, 《해방일보》 등이었다. 당시 신문들은 자신과 주장이 다르면 역적시하고 온갖 욕설로 상대방을 비방하고 중상하였다. 더욱이 반대파 언론에 폭력과 테러로 시설을 파괴하는 등 사회불안을 조성했다.

　좌익진영이 삼상회의 결정을 '민족해방 확보의 진보적 결정'이라고 한 후

《서울신문》도 반탁에서 찬탁으로 논조를 바꾸었다. 당시 사설을 쓴 주필 이관구는 "찬탁을 비판하는 내용으로 공무국에 넘긴 사설이 좌익계 편집국 간부에 의해서 고쳐진 채 인쇄되었다."라고 술회했다(서울신문사, 2004, 322쪽). 즉, "편집국에서 원고가 공장으로 넘어오면 공장 노총간부가 보아서 비위에 맞지 않으면 몰수해 버리기 일쑤여서 편집국장이나 담당자는 모두 허수아비 꼴이었던 것이다."라고 했다(서울신문사, 2004, 313쪽).

이관구는 당시를 이렇게 회상했다. "해방 직후 우후죽순 같은 신문이 난립했는데 그 대부분이 좌경적 색채를 띠고 있을 때인지라《매일신보》도 역시 좌경된 자치위원회에 의하여 운영되었던 것을 인계 발행하는 데는 우선 그 정리 작업이 여간 힘들지 않았다. 남로당의 공산분자들에 남로당수 박헌영은 미국 기자 존스톤에게 '소련조국론'까지 토로했던 일을 기억하거니와, 내가 〈정치는 궤변이 아니다〉라는 제목으로 찬탁을 통박하는 사설을 싣기까지에는 내 나름대로의 결단이 있었다."라고 당시 심정을 토로했다(이관구, 1978, 134쪽).

"해방 직후 지하에서 뛰어나온 공산도당들의 소련을 조국으로, 또 상전으로 떠받들고 그들이 사수하는 대로 반탁에서 찬탁으로 하룻밤 사이에 태도를 표변(豹變)하는 등의 소란을 일으킨 일이 생각나거니와 이와 못지않게 친일파, 민족 반역자들이 갑자기 반일 애국자로 변장하고 나와 그들이 민족진영의 전열(前列)에서 세력을 휘두름으로써 혼란을 가중시킨 것도 숨길 수 없는 사실이다."(이관구, 1978, 127쪽)라고 이관구는 당시를 회상했다.

한편 해방 후 언론계에서는 출판노조, 교통 분야에는 철도 노조를 결성하는 등 다양한 노조들이 결성되었으며, 전국 노조를 규합하여 '전국노동자평의회'를 결성하였다. 특히 신문사, 출판사, 인쇄소 등의 직공들을 포섭한 출판노조는 좌익세력의 가장 유력한 무기였다(송건호 외, 2000, 159쪽).《매일신보》를 비롯한 각 신문사 좌익계 공무국 직원들은 출판노조에 포섭되었고 조판과 인쇄 등의 공무 관계의 요직을 장악하였다. 일인(日人)들이 남기고 간

커다란 인쇄공장이 거의 출판노조에 장악되었다(송건호 외, 2000, 159쪽). 국내 우익 언론은 좌익의 선전, 선동술로 좌익 언론을 대적할 수 없을 정도가 되었다.

《매일신보》 자치위원회는 1945년 9월 23일부터 경영간부가 없는 공백상태의 《매일신보》를 장악하였다. 자치위원회위원장 윤희순(尹喜淳) 기자는 편집국, 공무국 등에 소속된 600여 명의 사원을 통제했다(서울신문사, 2004, 296쪽).

전국출판노조 산하 공장노조를 결성한 공무국 사원들은 신문제작에서 분명한 견해를 갖고 자치위원회 못지 않은 발언권을 행사했다. 그러나 《서울신문》 '자치위원회'는 대외적으로 '불편부당 엄정중립의 보도기관'이라고 표명했다.

《서울신문》 자치위원회는 1945년 10월 23일 〈매신(每新)은 어디로〉의 성명을 내고, "《서울신문》은 특정 정당의 기관지나 개인소유가 절대로 될 수는 없고, 공정한 민중의 기관이어야 한다."라는 요지를 발표했다. 이관구는 1945년 11월 23일 〈혁신에 즈음하여〉라는 사설에서 "해방 벽두의 건국 대업이 바야흐로 바쁜 이때에 누 십년간 압축된 세력을 내뿜어 자유로운 언론으로서의 진실한 임무를 다할 날이 시작되었다. 여기서 우리는 일당일파에 기울어지지 않고 언론보도에 공정하고 또 적확(的確)할 것은 물론이려니와 한 걸음 나아가 민족총력의 집결통일과 독립완성의 시급한 요청에 맞추어 단호 매진하는 동시에 국내를 비롯하여 연합우방의 동업기관과 더불어 어깨를 걸고 민주주의적 질서 수립을 위하여 상응한 노력을 기울이려 한다"라고 했다.

이관구 주필의 사설 요지는 '민족적 욕구와 국제적 협조의 조화'로 자치위원회와 같은 논조였다. 그는 《서울신문》이 책임 있는 권위지로서, 광복 직후 민족이 처한 상황에서 중차대한 언론인으로서의 사명을 3000만 동포 앞에 다짐한다는 것이다. 그의 논조는 "일당일파에 기울어지지 않는 공정하고 또 적확한 보도"라고 밝혔다(서울신문사, 2004, 299쪽). 즉 그는 사설을 통해 이 신문은 당파들의 대변지가 아니라, 광복 후 민족의 과제 등을 언급하고 '민족총력의 집결통일과 독립완성'을 바탕으로 '민주주의적 질서수립'의 필요성을 강조했다. 이관구는 1927년 신간회의 단일 민족주의 논조를 계속 유지한 것이다.

《서울신문》은 모스크바3상회의의 결정에 따라 신탁통치 찬반논의가 한창일 당시, 1946년 1월 평양에 서병곤(徐丙坤) 기자와 윤일모(尹逸模) 기자를 특파했다. 그리고 《서울신문》은 1946년 4월 1일부터 4월 13일까지 무려 10회에 걸쳐 사회경제사학자로 연희전문 교수로 재직하다, 정계에 투신한 백남운(白南雲)의 시평을 게재했다. 그는 제1회에서 〈민주정치는 여론정치〉라고 규정하고, '인민 본위의 민주주의 정치'를 구가하기를 원했으며, 마지막 호에서는 '민주경제만이 민족갱생의 길'로 간주했다.

《서울신문》은 미소공동위원회에 대해 엄정중립으로 접근함으로써 그 자체를 부정하는 논조를 취하지 않았다. 미소공동위원회 본회의에 앞서 예비회담이 1946년 1월 16일 덕수궁 석조전의 미(美)군정청 제1회의실에서 열렸다. 《서울신문》은 이튿날 〈역사적 미소회담 개막!〉이라는 1면 제목과 함께 "우리들 3천만 민족의 운명과 새 역사가 창조되는 순간이 드디어 왔다"라고 톱기사로 분위기를 잡아갔다. "열강에 의한 한반도 문제해결의 과제를 풀어갈 미소공동위원회는 내부적으로 민족 자체역량의 성숙을 통해 완전독립을 이룰 수 있는 계기로 파악했던 것이다"(서울신문사, 2004, 324쪽).

예비회담에서의 합의대로 3월 14일 열릴 예정인 미·소공위 정식회담이 소련 측 대표의 미착으로 연기되었다고 발표되었다. 그날 조선문필가협회는 YMCA에서 결성대회를 열었는데, 그 참석자는 정인보, 이선근, 이병도, 손진태, 이관구 등이었다. 이들은 진정한 민주국가 건설과 즉시 완전독립 촉구 및 조선 문화의 발전 등을 강령으로 내세우고 일제에 유린된 민족문화 재건을 다짐했다(최영희, 1996, 182쪽). 이관구는 우파 자유주의적 민족주의로,

좌익으로부터 결별할 수준까지 온 것이다.

그는 과거 신간회의 단일 민족주의 것과 다른 논조를 계속했다. 즉, 그는 친(親)마르크스적 당파성 신문에서 우파 자유주의적 민족주의 언론으로 논조를 변화시킨 것이다. 그 경향은 다음 글에서 확연하게 나타냈다. 이관구는 1955년 1월 13일《경향신문》에 〈언론제한의 역행망상을 완봉하자〉를 게재했다. 즉, "언론의 자유는 민주주의국가의 특징이다. 뒤집어 말하면 전체주의나 공산주의의 독재국가가 아니고는 오늘날 언론의 자유를 보장하지 않는 나라가 없는 것이다. 언론·출판의 자유는 모든 자유의 중핵이 되는 것이며 표현의 자유가 있는 곳에 모든 자유를 확충하는 길이 열리는 것이니 여기에 비로소 자유사회의 맹아(萌芽)가 있는 것이다…정부는 언론의 자유를 제한해서는 안 될 뿐 만 아니라 여론의 판단을 간섭하지 않도록 그 권한을 자제해야 된다. 왜 그러냐 하면 언론의 자유는 공동생활의 중요한 이해관계를 반영하는 것으로서 하나의 도덕적 권리이며 의사의 발표는 인간 본연의 욕망인 동시에 자기양심과 사회복지에 대한 의무, 즉 진리에 대한 의무이기 때문이다."라고 했다.

한편 1차 미, 소 공위가 3월 20일 열렸으나 난항을 거듭했다. 회담 첫날 소련은 우익 반탁세력의 임시정부 참여 배제를 강력히 주장하는 한편, 미국은 좌익의 한반도 지배를 허용할 수 없다고 맞서게 됨으로써 양자는 충돌하게 되었다. 미군정은 좌익세력의 '선전, 선동적 태도의 확산에 긴장한 것이다. 그 좌익의 확산을 방지하기 위해 군정청은 1946년 5월 18일 '조선공산당의 위조지폐 인쇄'라는 죄목으로《해방일보》폐간 처분 명령을 발동했다.

좌우가 합의를 도출하는 것처럼 보였지만《해방일보》의 좌우합작 문제가 전면에 부각되면서 양편의 합작은 곧 갈등으로 번졌다. '조선정판 위조지폐 사건'으로 더욱 수렁에 빠진 것이다. 해방일보사 건물에서 위조지폐를 찍어낸다는 보도로 미(美)군정청은 공산당이 사용하던 조선정판사의 사옥과 시설 일체를 압수하고 이 시설을 천주교에 넘겼다. 이를 넘겨받은 천주교 측

은 구한말에 발행하던 『경향신문』에 시설을 제공함으로써 이 신문은 1946
년 10월 6일 복간할 수 있게 되었다.

4. 좌 · 우 최전선에서의 성재 이관구

양편이 험악한 상황에도 불구하고 1947년 5월 21일 제2차 미소공위가 열
렸다. 《서울신문》은 5월 20일자 사설 〈미, 소공위의 재개〉에서 다시 한 번
미, 소공위에 기대를 걸었으며, 우리의 동포들은 냉정한 사안과 침착한 태
도로 일관할 것을 주문했다. 그러나 1947년 좌우합작의 핵심적 인물이었던
여운형의 피살로그 실패의 미소공위가 효력을 발휘하지 못했다.

이관구는 1946년 5월 제1차 미소공동위원회가 무기휴회로 들어가자, 김
규식(金奎植), 여운형 등 온건한 좌 · 우 양파의 지도자 중심으로 미군정이 만
든 '남조선과도입법위원'(1946년 12월 12일~1948년 5월 19일, http/dic.naver.com)
으로 선임되었다. 당시 민선의원 45명, 관선의원 45명으로 구성된 이 기구
에서 이관구는 관선의원으로 활동했다.

이관구는 당시 안재홍의 《한성일보》에서 6 · 25까지 근무하였다(이관구,
1978, 64쪽). 그는 1927년 신간회의 창립과 동시에 《조선일보》의 논설반 주
임으로서 안재홍 주필과 함께 논평의 책임을 맡게 된 것이 신문인으로서의
첫 출발이었다(이관구, 1978, 134쪽). 당시 《조선일보》 발행인 안재홍은 신간회
책임간사였고, 이관구는 중앙위원 겸 서울지회 정치부 총무간사이었다. 그
리고 해방 후 안재홍은 민정장관(民政長官, 1947년 2월~1948년 6월까지) 후 《한
성일보》의 편집발행 겸 인쇄인으로 다시 복귀했다. 이관구는 1949년 11월
11일부터 안재홍을 따라 주필을 맡았는데, 당시 편집국장은 조규희(曺圭熙)
이었다.

한편 좌우합작의 한반도 문제의 해결은 결국 미국 주도하의 유엔UN으로

넘어가고 만다. 미국은 분단 지향적 정책을 합리화시켜줄 수단으로 유엔을 이용한 것이다. 당시 유엔은 미국 외교의 뒷마당이었다. 미국은 1947년 9월 국무장관 마셜(George C. Marshall)의 유엔 연설을 통해 한반도 문제의 의제 채택을 정식 거론했다(서울신문사, 2004, 326쪽). 그리고 유엔은 1948년 2월 26일 미국의 결의안대로 "접근 가능지역인 남한에서만이라도 총선을 강행한다"라는 결정을 내렸다. 이 결과 해방 이후 대한민국 정부가 들어서면서 '해방정국'은 막을 내렸다.

그 사이에 한반도 분단의 씨앗이 뿌려진 것이다. 당시 『서울신문』은 이것만은 막으려고 했던 것 같다. 처음에는 '반탁', 그리고 '찬탁'으로 분단의 위기를 모면하려고 했다. 그 주역 중 한사람이 성재 이관구였다.

물론 이관구에게 한계가 있었다. 이관구는 풍토적 국사로서 그 명성을 떨쳤으나, 당시 언론사 사원에 불과했다. 그는 인사명령에 따라 영향력을 발휘하거나, 그렇지 않을 수도 있었다. 말하자면 오세창 사장이 《서울신문》을 떠나기 이틀 전인 1946년 3월 20일 주필 이관구가 편집국장을 겸임하도록 했다. 그 당시 좌파에 경도되어있었던 홍명희의 장남인 초대 편집국장 홍기문(洪起文)은 일선에서 물러나 편집고문을 맡았다.

그러나 전술했듯, 오세창 사장이 마지막으로 단행한 인사는 그가 떠난 후 별로 영향을 미치지 못한 것 같았다. 인사이동은 채 한 달이 되지 않았던 4월 16일 홍기문이 편집국장에 복귀하고 그리고 이관구가 편집고문으로 임명되었다. 그러나 이관구는 4월 26일자로 고문직마저 사임하고 말았다. 그 이유로 "편집국과 공무국 일부 사원들의 입김이 크게 작용한 결과였다"라고 했다(서울신문사, 2004, 315쪽).

홍기문은 1933년 조선일보사에 입사한 좌익의 기자였다. 그의 아버지 홍명희(洪命熹)[9]와는 15세 밖에 차이가 나지 않았다. 그는 《서울신문》 주필 겸

---

[9] 홍명희는 북한 제1부수상이었다. 김일성과 박헌영이 합의해 1948년 7월 31일 내각과 최고인민

편집국장을 지내고 다시 조선일보사로 돌아와 전무이사로 재직하다. 그리고 1948년 그는 월북했고, 김일성대학 교수와 사회과학원장 등을 지내며 『리조실록』을 완역하는 데 공헌했다. 그의 둘째 아들 홍석중은 소설 『황진이』로 북한 소설가로서는 처음으로 '만해문학상'을 수상했다.

홍기문과의 인사 갈등을 보면 이관구의 성향을 알 수 있었다. 이관구는 일제시대에는 좌파의 글을 쓰고 해방 이후에는 우파로 활동했던 것이 사실이었다. 그는 《서울신문》 재직 시 과거 《조선중앙일보》의 사장이었던 여운형을 《서울신문》에 자주 등장시켰다. 그러나 그는 그와 깊이가 있게 동조하지는 않았던 것 같다.

홍기문은 《서울신문》에 주필 겸 편집국장직에 있었으나, 그의 뜻대로 논조를 끌고 갈 수는 없었던 것 같다. 오세창 사장 이후 《서울신문》은 1946년 6월 10일 주주총회를 열어 취체역 사장으로 하경덕[10]으로 선출했다. 그는 《매일신보》로부터 《서울신문》으로 개제할 시기에 부사장직을 맡았고, 원래 『사회법칙론(Social Laws)』을 저술한 자유주의자였다. 또한 그는 하지(Jone R. Hodge) 사령관의 정치고문인 버치(Leonard Bertsch)와 하버드대학교 동창이었다고 한다(서울신문사, 2004, 295쪽). 전문경영인 하경덕은 연희전문학교 뿐 아니라, 흥사단 등에도 관여한 사람이었다.

6 · 25 당시 서울에 있으면서 북한의 회유에 불응한 하경덕은 9 · 28 수복

___

회의 의장단 명단을 소련군 제25군 군사회의 군사위원 레베데프(N. G. Lebedev, 평양주둔 소련군정 정치사령관으로서 북한정권 창출의 주역)에게 통고했다. 소련군정 사령부는 북과 남, 정당과 파벌을 안배해, 두 사람이 제안한 명단을 대폭 수정한 뒤 소련공산당 중앙위의 승인을 받아 최종 확정하고 김일성과 박헌영을 불러 이를 통보했다(김국후, 2008, 280쪽). 그 명단에는 수상 김일성, 제1부수상 홍명희(민주독립당), 제2부수상 허헌(남노당), 제3부수상 홍기주(조선민주당) 등이었다.

10 하경덕은 당시 언론계에 중요한 위치를 점하고 있었다. 1946년 3월 5일 조선신문주간회(朝鮮新聞主幹會)가 발전적 해체를 시도했고, 동시에 국내의 일간 언론기관을 망라하여 3월 9일 조선신문협회(朝鮮新聞協會)의 발기인 모임이 개최되었다(김복수, 1991, 125쪽). 그 이사장은 서울신문 사장 하경덕, 부이사장은 합동통신 사장 김동성(金棟成)을 선임했다.

직전 서대문형무소에 투옥됐다가 혼란을 틈타 탈출을 시도했다. 그가 좌쪽으로 경도될 아무런 이유가 없었다.

하경덕은 자유주의 맥락에서 《서울신문》을 미군의 뜻에 따라, 미국식 경영체제로 운영하기를 원했다. 초기에 오세창은 81세기 고령으로 실제 하경덕이 실권을 쥐고, 《서울신문》의 창간에 개입했다. 그리고 2대 사장이 된 그는 "국토의 분단, 정치지도자들의 대립, 극에 달한 민심·민생 등으로 광복의 기쁨이 광복의 시련으로 변했다"라고 전제한 뒤 "하루 바삐 민족독립국가 수립을 위하여 안으로는 자치적인 통일운동을 전개하면서 국제의 공명노선을 밟아갈 것"으로 다짐했다(서울신문사, 2004, 316쪽). 하경덕 2대 사장은 1946년 6월 19일 주주총회에서 정관상의 회사명인 주식회사 매일신보사가 주식회사 서울신문사로 제호를 변경시켰다. 《서울신문》은 그의 체제하에 완전히 장악되었다.

《서울신문》은 1946년 11월 30일자 독립 운동가였던 '김창숙 씨 담(談)'에서 신문에 "불순분자 단호 제거하고, 자당(自黨)을 고집하지 말고 서로 겸허하라"라고 경고하고 "첫째, 친일분자를 포함하지 말고, 둘째는 임시정부나 인민공화국이나 과도정권 수립에 겸허한 태도를 가져달라"라고 주문했다.

1948년 5월 10일 치러진 총선은 일부 우익과 좌익전체의 불참에도 불구하고 전국 유권자 788만여 명 가운데 90.8%가 투표에 참여해 198명의 제헌의원을 선출했다. 5월 31일 국회 개원과 6월 10일 국회법 통과로 대한민국 정부수립을 위한 준비 작업이 진행되었고, 7월 9일 헌법 초안 전문이 발표되었다.

'남북 연석회의'[11]로 남·북의 문제를 풀고자 했으나, 이것도 결국 실패로

---

11 남북 연석회의는 1948년 4월 19일부터 30일까지 평양에서 남북 56개 정당, 사회단체 대표 545명이 참가한 가운데 일련의 정치회담이 열렸다(김국후, 2008, 245쪽). 김구, 김규식, 박헌영, 백남운 등 남쪽 대표 11명과 김일성, 김두봉, 최용건, 주영하 등 북쪽 대표 4명이 참가한 남북 요인 15인 회담에서 ①미소 양군 즉시 철수, ②전 조선 정치위원회 주도로 남북총

끝났다. 해방정국이 끝나자 《서울신문》의 영향력은 《동아일보》, 《경향신문》, 《조선일보》로 이전 되었다. 그러나 《서울신문》은 해방정국의 격동기에 좌·우를 수용한 유일한 신문이었다. 이관구는 당시를 회상하면서 "2차 대전 말기의 조급한 전후처리와 소련 세력의 팽창으로부터 계기된 공산 대 자유진영의 대립은 유엔의 본래 목적인 국제협력의 정신과 배치되게 발전하는 경향이 점점 농후해진 것을 잊을 수 없다."(이관구, 1978, 96쪽)라고 당시 참담했던 심정을 토로했다.

당시 《서울신문》은 좌 또는 우의 정론지 만이 득세하는 좌우격돌 시대에 불편부당의 중립을 유지했던 권위지였다(서울신문사, 2004, 314쪽). 그리고 그 뒤에는 '풍토적' 국사 언론인으로서 좌·우 최전선을 조화시킨 이관구의 노력이 있었다. 모스크바 삼상회의 동안 좌·우 최전선에 성재 이관구가 존재한 것이다. 그의 논조는 신간회의 단일 민족주의, 친(親)마르크스 주의, 우파 자유주의적 민족주의 등으로 시대에 따라 변화했다.

선거 실시, ③남한 단독선거 반대, ④외국군 철수 내전 발생 부인 등 4개항에 합의했다(246쪽). 그 후 김구, 김규식, 김일성, 김두봉의 4김 회담에서는 ①북측의 남쪽에 대한 송전 계속, ②연백수리조합 개방, ③조만식의 월남문제 등을 합의했다.

제7장

민주공화주의 하에서 원활한 소통의 미학

1. 멀티미디어 사회에서 소통의 문제

경향신문이 2009년 1월 4일부터 〈새로운 공화국을 꿈꾸며〉라는 제목 하에 "민주공화주의(民主共和主義)가 대한민국 불변의 정신, 원칙, 비전"으로 간주하고, 연재(連載)를 시작했다. 민주공화국에서의 소통문제를 점검한 것이다. 동 연재는 "한국사회가 지금까지 경험하지 못했던 구도에 놓여 있습니다. 보수 대 진보라는 구분, 절차적 민주주의로는 해결되지 않는 다양한 요구가 존재하고 충돌하면서 새로운 패러다임으로 바뀌고 있습니다."라는 과제로 연재를 시작했다(김상봉·박명림, 2009.1.4).

박명림은 "1987년 이후 잦아들었던 항쟁의 에너지가 머지않아 폭발적으로 분출하리라고 예견해왔는데, 지금 이 정부가 하는 행태를 보면 제가 예상했던 것보다 훨씬 빨리 정권의 위기가 닥치리라는 생각이 듭니다. 대한민국의 역사는 국민을 적으로 돌리는 국가기구가 어떻게 국민의 손에 의해 전복될 수밖에 없는지를 가장 눈부시게 보여주는 사례입니다."라고 문제를 제기했다(김상봉·박명림, 2009.1.4).

인터넷의 발달로 개인의 참여와 의견개진이 현저하게 늘어남으로써 대의 민주주의가 도전을 받게 되었다. 본고는 민주주의 의미를 더욱 명쾌하게 규명할 필요가 있다. 현대 공화정을 먼저 논한 미국은 권리장전(the Bill of Rights)을 헌법에 명시하고, 그 후 연방수정헌법을 공포했다. 1791년 개정된 수정헌법 1조는 '의회가 종교 설립에 관련된 법의 제정하기를 금지하고, 언론(speech)의 자유, 출판(press)의 자유, 집회(assembly)의 자유, 그리고 슬픔을 퇴치하기 위해 정부에 청원할 수 있는 자유로운 운동 등을 제약하는 어떤 법도 만들지 못한다.'라고 규정했다.

수정헌법 1조는 대의민주주의에서 '소통(communication)'이 얼마나 중요한 덕목인지를 알려줬다. 즉, 이 헌법 조항은 '언론의 자유'를 으뜸 국가운영 원리로 간주한 것이다. 여기서 이야기하는 언론의 자유는 면대면 토론, 서신의 상호교환, 신문의 인쇄와 구독 등을 포함하고 있다(Lloy Morrisett, 2003, p.21). 물론 당시 시·공간이 이러한 자유를 실현하기 위한 장애로 작동했으나, 현대 전자기술은 소통의 활성화에 어느 정도 기여를 했다. 사회가 기술을 창출하고, 기술은 사회를 창출하기에 이른다(Morrisett, 2003, p.22). 기술은 공간과 시간의 거리를 극복하게 되고, 그 영향력을 도외시 할 수 없게 되었다.

20세기의 지배적 커뮤니케이션 매스 미디어는 책, 인쇄신문, 영화, 전화, 라디오, TV 등으로 그 역할을 담당했다. 각 미디어는 소통의 방법을 달리했고, 언론 자유의 형태를 변화시켰다. 각 미디어는 소통에 일조를 한 것이다. 같은 맥락에서 풀(Ithiel Pool)이 '자유의 기술(technologies of freedom)'을 언급하듯, 기술이 개인의 자유를 보장하게 되었다. 또한 맥루한(Marshall McLuhan)이 '미디어가 메시지이다(the medium is the message, Marshall McLuhan & Quentin Fiore, 1967)'이라는 말이 설득력을 갖게 되었다.

물론 미디어로서의 책 내용은 그 나름대로의 독특한 '아우라(aura, 美學)'[1]

를 창출하였고, 그 이후에 나온 미디어, 즉 영화, 라디오, TV 등도 각기 다른 맥락에서 '미학'을 창출해왔다. 각각의 미디어는 고도의 기술적 속성을 가짐으로써, 서로가 서로의 메시지를 인정하게 되었다. 이들 미디어는 고유의 미학과 시장, 그리고 고유의 수용자를 갖고 사회에 공헌을 하고 있다. 각 미디어는 고유한 속성과 더불어 영역을 갖고 정보와 오락의 전달을 시도했다.

그러나 미디어 역기능은 또한 존재하기 시작했다. 각 미디어의 정보와 오락이 충격적이면, 그 수용자는 수동적일 수밖에 없다. 더욱이 TV는 '투사(scanning)'로 가상(假像)의 이미지를 형성시켰다. 투사의 빠른 속도는 수용자의 시각, 청각, 촉각을 작동시키도록 강요한다. 그 충격에 시청자는 수동성을 지니게 된다.

미디어가 인간 행위형태를 결정하기에 이른다. 더욱이 수용자는 시공을 넘어 빠른 속도로 다가오는 정보와 오락을 균형적 차원에서 성찰(reflection)할 기회를 상실하게 되었다. 미디어의 속성에 따라 전해지는 정보와 오락은 소통을 단절시키고, 결국 진리를 왜곡시키게 이른다.

사회 내 면대면의 소통은 줄어들고, 면대면의 '숙의(熟議)'가 희박해진다. 더욱이 개인은 자유의 법칙에 의한 지배원리를 생각하기보다, 자신의 이익을 성취하는 도구로 자유를 생각한 것이다(Maurizio Viroli, 2002, p.ix). 개인은 자신의 이익에 따라, 기술을 채택하고, 조직의 비대화를 시도했다. 그 비대화의 성취를 위해 미디어가 큰 역할을 담당하게 되었다.

개인은 자신의 이익, 가족의 안정 등을 성취할 수 있지만, 사회는 강한 사회적 인지, 커뮤니티와 그 필요, 그리고 개개인의 능동적 관여의 습성을 상실하게 된다. '소통'의 문제가 심각하게 대두된다. 정보사회는 더 이상 사

---

1 본고에서 다루는 'aura(미학)'은 일반적으로 왜곡되지 않은 아이디어로 간주한다. 필자는 프랑크푸르트학파들에서 이야기하는 미학에 경도되어있다. 같은 맥락에서 아도르노(Theodor W. Adorno)는 라디오 음악으로부터 미학의 개념을 도출했다.

고하는 사회, 숙의의 사회, 그리고 이성과 합리성의 사회 등은 아니게 된다 (Morrisett, 2003, p.24).

기술의 발전에 따라 다양한 종류의 미디어가 출현하지만, 소통의 문제는 날로 심각하게 된다. 물론 맥루한은 '미디어는 메시지'로 메시지가 어떤 독특한 성격을 지니고 있다고 봤다. 그에게 각 미디어는 인간의 '감각'을 독특하게 확장시킨다고 본 것이다.

전화는 '핫 미디어'로서 다른 미디어에 비해 참여의 정도를 줄이지만, 상호작용(interactive exchange)의 독특한 성격을 지녔다. 그러나 전화는 수용자의 능동적, 성찰적, 분석적, 숙고적, 숙의적, 합리적, 이성적 속성 등을 상실할 수 있다.

더욱이 21세기로 진입하면서 기술의 발달은 전화와 같은 쌍방향의 멀티미디어 인터넷으로 개인의 직접 참여를 확산시켰다. 인터넷은 전화의 속성뿐 아니라, 게시판, 채팅, 뉴스 등으로 사용하기에 이른다. 인터넷은 과거의 개념을 확장시킬 뿐 아니라, 과거 미디어가 갖고 있던 많은 기능을 증폭시켰다. 인터넷은 텍스트, 이미지, 소리 등을 복합적으로 구사하지만, 광고, 조작, 선전이 가능한 충동적 매체가 될 수 있다.

멀티미디어로서의 인터넷이 강력하게 등장한 것이다. '인터넷'은 전 사회를 '전자시청(electronic town halls)'을 가능케 했다. 그렇다면 인터넷 멀티미디어가 공화주의 정부를 발전시키고, 소통을 원활하게 할 수 있을까? 좀 더 풀이한다면 본고는 ①소통의 의미가 무엇인지, 그리고 그 발달과정은 어떤 경로였을지, ②소통과 그 도구인 미디어는 공화정 하에서 어떤 기능을 하는지, ③공화정이 미디어의 발전과 관계를 맺어왔다면 원활한 소통의 미학은 무엇인지 등 연구문제를 풀이한다. 결국 이 연구는 현대 멀티미디어 상황에서 공화주의의 소통 미학을 해결책을 제시코자 한다.

본 연구는 공화정 하에서 소통의 '해석'에 관심을 갖는다. 우선 갖가지 멀티미디어 이론을 포함한 커뮤니케이션 이론을 도입하여, 전통적 소통의 의미를 조망한다. 더 나아가 커뮤니케이션을 통한 공화정의 실체를 규명하고, 그에 따른 소통의 의미를 '해석', 그리고 우리사회의 소통해결의 방법을 모색한다. 이런 논의 근거로 본 연구는 ①소통 개념의 형성, ②공화주의 하에서 소통의 미학, ③미디어를 통한 소통의 미학 등으로 논리를 전개시킴으로써 궁극적으로 우리가 직면하고 있는 공화주의 정체성 문제를 소통의 미학으로 풀이하고자 한다.

한편 본 연구는 현실적 문제를 풀어감으로써 일간지에 나오는 이야기도 포함시켰다. 현재의 문제적 속성을 해석하기 위한 최선의 방법일 것 같다. 그렇다면 본 연구는 순수 아카데미 페이퍼와 거리가 있음을 먼저 밝힌다.

2. 소통 개념의 형성

커뮤니케이션은 공유를 의미하는 라틴어의 'communis'에서 유래했다. 즉, 커뮤니케이션은 인간(들)이 다른 인간(들)과 생각이나 지식, 정보, 의견, 의도, 느낌, 신념, 감정 등을 주고받아 공유 또는 공통화하는 것이다(차배근, 1987, 17~25쪽; 윤석민, 2007, 3쪽).

윤석민은 커뮤니케이션(communication)을 커뮤니케이션행위, 커뮤니케이션적 상호작용, 의사소통 행위, 소통적 행위, 의사소통, 그리고 소통이라는 용어와 혼용하여 사용하였다(윤석민, 상게서, 3쪽).

물론 소통은 그리스 '아고라(agora)'[2]에서 등장한다. 아고라는 시장으로 경제

---

2 아고라는 성소나 교통 중심지에 자리한, 거의 비어 있는 공공장소였다. 예를 들어, 아테네의 아고라는 여러 도로가 교차하면서 만들어낸 삼각형의 빈 공간에서 생겼다. 이 공간에 성소가 들어서자, 성소의 보호를 받기 위해 공공건물과 상점들이 들어섰다. 이렇게 고대의 아고라는 종교, 정치, 경제라는 세 가지 기능을 가지고 있었으며, 이러한 기능은 각각의 소속된 특정 건물, 즉 신전과 각종 예배소, 민회장과 평의회실, 법원 등과 같은 장소에서 수행되었다 (Corinne Coulet, 1996/1999, 68쪽). 말하자면 도편추방(陶片追放, ostrakismos)을 위한 집회나 재판도 아고라에서 열렸으며, 연극 무대와 운동장으로도 쓰였고, 로마에서는 포룸

활동의 중심지였으며, 시민들이 사교 활동을 하면서 여론을 형성하던 의사소통의 중심지였다(http://ko.wikipedia.org/wiki). 즉, 아고라에서 서민의 정치집회, 집회장, 시장, 광장 등 역할이 이뤄졌다. 그리스, 로마 이후 고전적 '공화주의자'는 아고라에서의 커뮤니케이션을 '해방의 의미(emancipatory meaning)'로 발전시킨 것이다.

'공화주의자'의 자유는 종속의 상황으로부터 자신들을 해방시키는데 목적을 두었다(Viroli, 2002, p.12). 그렇다면 '공화주의' 이념은 정치적 자유 뿐 아니라, 정치적 자유를 필요하게 된 정념(passions)의 이론이다. 이 근거에서 각 시민은 적극 참여로 '시민의 덕(德, civic virtue)'을 발전시켰다. 사회는 정치에 가장 많은 사람을 참여시킨다.

초기 이탈리아 '공화주의' 이론은 나라 사랑의 '시민 덕(civic virtue)'과 동일화시켰으며, 진정한 나라 사랑의 정념으로 서비스의 행위와 보살핌의 행위에 관심을 가졌다(Viroli, 2002, p.13).

그렇다면 아고라는 '민주주의', '자유주의', 그리고 '공화주의' 등과 관련을 맺고 발전한 개념이다. 아테네의 민주주의는 다름 아닌, 아고라에서의 시민들 간의 커뮤니케이션에서 시작하였다고 해도 과언이 아니다. 때문에 아고라는 오늘날에도 사회의 공적인 의사소통이나 직접 민주주의가 이루어지는 공간이나 그러한 행위 자체를 상징하는 말로 널리 사용된다(http://ko.wikipedia.org/wiki).

또한 아고라는 단순한 세속적인 의사 표현 장소가 아니라, 종교적 성소(聖所)의 의미를 지녔다. 성소는 원래 종교적 예식이 거행되는 장소였으며, 피신 장소로서 안전성을 보장받을 수 있었다. 이런 의미에서 성소는 피신처, 법률의 보호를 받을 수 없는 불안전한 상황에 놓인 도망친 노예나 망명자들의

(forum)이라는 명칭으로 계승되었다(http://ko.wikipedia.org/wiki). 또한 아고라를 찾는 시민들은 정보를 얻기 위해서나 개인적 용무를 해결하기 위해서 뿐 아니라, 의사 결정에 참여하기 위해서 이 장소를 찾았다. 그러므로 도시국가 내의 아고라라는 다소 무정부적인 공간이라고 생각할 수 있었으며, 개인의 집을 지을 수 없을 뿐 아니라, 사유지와 분리되어 있었다.

도피처였다.

성소는 인간과 신의 커뮤니케이션 장소였을 뿐 아니라 인간들 간의 커뮤니케이션 장소였다. 대중의 의사 표현 장소가 성역(聖域)이란 말이다. 그들의 논쟁은 신 앞에서 맹세와 더불어 시작되었다.

다른 여러 신성(神聖)한 장소가 그렇듯이 아고라에서 신들과의 커뮤니케이션은 제물 봉헌과 헌주(獻酒)로 기도, 제사, 축제, 신탁 등 갖가지 행사가 이뤄졌다. 아고라토론은 종교적 의미를 지님으로써 삶과 죽음의 세계이다. 즉 허위의 선동은 죽음을 각오해야한다는 말이다.

물론 종교적 예식이 민회(民會)에서도 일어났다. 민회가 열리는 장소는 신성한 곳으로 간주되고, 회기가 시작되기 전에 제물을 받치는 의식이 치러졌다. 이 임무를 맡은 사람은 제물을 들고 참석자들이 접근할 수 있는 경계선 주위를 한 바퀴를 돈다. 이어서 군사가 나쁜 기운을 없애는 주문을 외우고, 마침내 신성한 표시가 나타나면, 즉시 민회의 회기가 시작되었다.

개인들은 민회의 분위기에 압도당할 수밖에 없었다. 민회 의장은 평의회에서 미리 준비해 놓은 포고령, 또는 프로불레우마(probouleuma)를 낭독하게 한다(Corinne Coulet, 1996/1999, 140쪽). 그리고 민회는 500인정도로 구성된 평의회에서 미리 준비한 문서를 바탕으로 논의를 시작했던 것이다.

그리스 시민은 민회의 토론 중 원칙적으로 모든 사람이 민주적 형태로 발언권을 행사할 수 있었으며, 민회는 투표를 거수로 행했다.

민회와 더불어 중요한 기구는 법원이었다. 법원은 토론하는 형식이 민회와는 달랐다. 법원은 양측의 변론을 들은 후, 토론 없이 곧바로 재판관들의 투표에 들어갔다. '숙의(熟議) 민주주의'는 아닌 것 같다. 또한 민회와는 달리, 법원의 투표는 비밀투표로 투표함에 표를 넣음으로써 권리가 행사되었다. 비밀투표로 진행됨으로써 다른 사람이 어느 쪽에 표를 던지는지 보는 것은 불가능하였다. 개인의 의사는 완전히 존중되는 상황이었다.

그리스의 커뮤니케이션은 신성성(神聖性), 즉, 왜곡되지 않는 아이디어가

지향되고 있었다. 아테네 사회에서 공식적으로 배척을 당한 사람은 누구든 정상인에게 말을 하는 것이 금지되었다. 이 사회는 사상적으로 건전한 시민만이 투표권을 가질 수 있었다.

물론 그리스 당시 커뮤니케이션에 정통한 소피스트들(sophists)이 존재했다. 그들은 종교적이라기보다, 퍽 실용적이었다. 소피스트들은 명사와 지식인의 집회, 민회, 올림피아 제전 등을 보기 위해 그리스 전역에서 몰려온 다양한 청중들 앞에서 연설을 했다. 민회가 시작하기 전이나, 끝난 이후에 이런 현상은 두드러졌다.

소피스트들은 커뮤니케이션을 세속적 차원으로 끌어내렸다. 그러나 그리스 사회는 아고라에서의 연설에 종교적 속성과 절제, 절도를 강화시켰다. 그리스인들은 중상모략, 정치 선전, 검열과 같은 커뮤니케이션의 어두운 이면을 차단하려는 속셈을 갖고 있었던 것이다. 즉, 아고라의 커뮤니케이션은 신성한 것으로, 미학(美學)적, 탐미적 성격을 가진 것이다.

물론 민주주의 국가의 아고라는 개방된 장소로, 모든 사람—거의 모든 사람이 출입할 수 있는 곳이었다. 그러나 어느 도시국가에서나 범죄자들, 종교적인 과실을 범한 사람들은 아고라에 출입할 수 없었다.

아고라에 출입할 수 있는 사람들은 부지런히 다녔다. 아침부터 아고라는 북적거렸다. 그리스어에서는 '한낮', '아침이 끝날 무렵'이란 표현을 '아고라가 꽉 찰 시간'이라고 표현하기도 했다(Coulet, 1996/1999, 139쪽). 아고라에 가는 이유로 민회나 법원에 가서 소송을 걸기도 하고, 장을 보기도 하며, 주랑(柱廊) 아래 그늘에 쉬러 가기도 했다. 새로운 소식을 들을 수 있는 곳도 아고라나 주변의 작은 상점들이었다.

그리스의 '직접 민주주의'가 아고라의 커뮤니케이션 형태와 관련을 맺고 있다. 같은 맥락에서 현대 민주정치에서 공공적 공개의 개념은 이념에 따라 객관적(sachlich)인 성질을 가지며, 동시에 엘리트적인 것으로 경계를 지으며, 그러한 면에서 비민주적인 동기의 상실을 도왔다(Thodor W. Adorno, 1958/1988,

160쪽).

공개된 직접 민주제는 커뮤니케이션의 활성에 도움이 될 것이 틀림이 없었다. 같은 맥락에서 벤야민(Walter Benjamin)은 공적 장소에서 개인의 정념에 의해서 지배됨을 직시했다. 그러나 벤야민은 공중(pubikum)이 항상 옳지 못한 것을 보유하고 있을 때, 비평가에 의해 변호되고 있다고 생각했다(Benjamin; Adorno, 1958/1988, 164쪽).

소통의 중요성은 어느 사회에서나 존재한다. 그러나 어느 사회에도 절도와 절제 없는 소통에 제약을 가했다. 그리스 아고라에서 커뮤니케이션을 신성한 것으로 보았듯, 누구나 소통의 장소에서 쉽게 뜻을 표현할 수 있었던 것은 아니었다.

같은 맥락에서 고립한 상태에서 정통성을 유지한 루터나 캘빈 교회는 자녀들이 예술과 음악을 즐기는 것을 죄를 짓는 것으로 간주했다(Adorno, 1958/1988, 155쪽). 프로테스탄트 신봉자는 내적 절제의 동기가 완전히 발달된 자본주의에서보다도 엄격하고, 관습을 지키는 전통을 지니고 있었다.

그리스, 그리고 종교개혁 당시 이들 소통은 강한 절제와 제약을 미덕으로 생각한 것이다. 소통의 아우라는 절제와 제약, 결국 종교적 의미로 까지 성화한 것이다. 그러나 현대사회에서 아고라의 소통이 종교적, 미적 의미가 퇴색되었으나, 소통의 도구는 획기적 발전을 거듭했다. 전문 소통기구가 날로 융성해갔다. 소통을 가능케 하는 미디어, 즉 인쇄매체, 영화, 라디오, TV, 그리고 인터넷 등이 발달되면서 사회가 더욱 혼란스럽게 되었다. 맥루한의 논리에 따르면 각 미디어는 소통을 위해 다른 언어를 사용했다.

다원성이 획기적으로 증진된 것처럼 간주되었다. 그러나 또 다른 일면으로 소통의 매체가 고도로 발달했지만 사실은 근원적인 소통이 어려운 사회이다(남경태, 《중앙일보》, 2009.2.5). 그 이유는 소통을 원활하게 하는 매체의 발달에 못지않게 소통을 가로막는 체계적인 구조도 발달하기 때문이다. 각 매체의 다른 기술과 언어들은 오히려 소통을 가로막고 있다. 텍스트는 넘치지만 서로 다른 미디어 간의 메시지는 개인들 간의 소통을 꼬아놓았다. 텍스트의 생산과 해석이 동시에 일어나야할 대목이다.

해석이 필요한 텍스트가 흘러넘친다면, 그들의 해석에 더욱 관심을 가져야 할 것 같다. 물론 누구도 금세 의미를 알 수 있는 텍스트도 있지만, 모든 텍스트에는 그것을 둘러싼 배경, 즉 콘텍스트가 존재하게 마련이다. 상황과 맥락에 관심을 둘 때에만 소통은 의미를 갖게 된다. 물론 의사소통을 왜곡하는 장애물들이 차근차근 제거되면, 투명한 커뮤니케이션 통로를 확보할 수 있으나, 소통의 필요성 자체를 느끼지 못하는 사회적 분위기라면 그건 해법을 찾기가 쉽지 않다. 소통이 체계적으로 차단되어 있다는 점이다.

3. 공화주의 하에서 소통의 미학

그렇다면 소통의 문제를 미디어와 정부형태에서 제도적으로 풀어갈 필요가 있다. 필자는 '공화주의' 하에서 제도를 통한 소통의 문제를 언급한다. '공화주의'는 제안 당시 현저한 덕성(德性), 전설적 설립자의 지혜, 그리고 시민의 자유 등을 고려했다(Viroli, 2002, p.15).

공화주의가 다시 등장(로마제국 후)하게 된 것은 이탈리아의 14세기와 16세기 초에 일어난 자유 공화국이었다(Gramsci, 1937/1996 참조; Viroli, 2002, p.21). 그리고 그 후 르네상스의 플로렌스인들(Florentines)은 입법 위원회에 참여하거나, 정부의 관리를 선출하기 위한 야망, 이익, 그리고 시민의 긍지에 가득 차있었다(Viroli, 2002, p.24). 그들은 1494년 '대평의회(Consiglio Grande)'를 수용할 뿐 아니라, 규칙과 법을 제정하고, 공화국의 안정을 취했다.

그 역사적 맥락을 살펴보면, 이탈리아 역사에서 노예 없는 최초의 공화정은 중세 말기였다(Viroli, 2002, p.3). 플로렌스, 베니스, 제아, 루카, 시나 등과 같은 이탈리아 도시의 성문 안에서 공화정이 싹트기 시작했다. 이들 중소 도시는 왕자와 왕을 옹립하지 않았다. 그들은 왕족 대신, 관습법과 기타 법령 하에서 함께 공존하였다. 시민은 가장 완전한 감정의 개인으로서, 극히 소수만이 특권을 가졌을 뿐이었다. 성안에서 공적 기구, 법의 연구, 역사가, 정치 이론가 등은 자유의 원리를 유지, 보존시키는 정치 이론의 독특한 형태로 공화주의 사고를 창출한 것이다(Viroli, 2002, p.3).

공화주의의 이론가는 로마법으로부터 자치 정부의 원리를 도출했다. 법은 모든 사람에게 자유를 부여하고, 어떤 외부의 통제나 간섭으로부터 탈출하고, 자신을 '관리(mastery)'할 수 있게 했다. 그 사회의 모든 사람은 자신에 의해 중요한 결정해야 할 것 같았다. 물론 자기의 이익을 취하지만 그들은 공통성을 위해 '숙의'해야 했다. 그들은 특수 당파성에 대항해 공통선을 구사했다.

공화주의는 민주적 참여가 필수적이다. 지배나 간섭이 아닌, 자유의 확장은 민주적 참여가 반드시 필요하다(Philip Pettit, 1999, p.8). 이런 민주공화주의의 도입에 대한민국은 적극적이었다. 그 사례를 들어보자. 국회속기록에 '우리는 민주국 공화정체이다.'라는 것을 기록하고 있다(헌법안 제2독회, 제1회 국회 제22차회의(1948.7.1) 속기록. 347~8쪽; 신우철, 2009. 37쪽). 같은 맥락에서 독립선포 전문으로 기미년 때 선포한 것 뿐 아니라, 그 후 정부가 상해에서 남경으로 옮겨갔던 때도 공화정체의 정신이 계속되었다.

물론 대한민국의 헌법은 여러 차례 개정하였으나, 1987년 개정된 헌법은 제 1조에 "대한민국은 민주공화국이다."라고 규정하고, 그 다음 항에 '대한민국의 주권은 국민에게 있고, 모든 권력은 국민으로부터 나온다.'라고 정의하고 있다. 개인은 왜곡된 아이디어를 뒤로하고, 법의 원리에 따라 소통을 시도한다.

우리의 '민주공화국'[3]은 오랜 역사를 갖고 있다. 민주공화제의 설명은 우

---

3 이(대한민국헌법) 헌법안은 우리나라에 있어서 대한민국임시정부 헌장, 현 민주의원에서 제정

선 '자유주의 정치이론(liberal political theory)으로 시작해야 할 것 같다. 이는 주권자가 제도적, 법적 규범에 의해 제약된다(Viroli, 2002, p.6). 더욱 자세하게 풀이하면, 정치사회의 목적은 생명, 자유, 재산을 보호하는 데 멈춘다. 이런 관점에서 자유주의 이론은 인간의 자연권에 대한 이론이며, 법의 지배를 강조한다.

자유주자 외 다수는 법의 지배와 더불어 언론의 자유를 강조했다. 밀턴(John Milton)은 "아레오파지티카(Areopagitica, 1644)"에서 의회가 통과시킨 출판허가제(검열제)의 부당성을 설명하고, 언론, 출판의 자유의 중요성을 강조했다(박상익, 2008, 113쪽). 그는 당시 이탈리아인들의 경우에서 보았듯, 검열제가 위대한 재능을 질식시킨 것으로 봤다. 밀턴은 그리스의 대법정에서 연설할 때 이름 붙였던 '아레오파지티카' 정신을 다시 연상시켰다.

한편 미국의 벤자민 프랭클린의 라이벌이었던 브래드포드(Andrew Bradford)는 1721년《American Weekly Mercury》를 필라델피아에서 발행하였다(J. Herbert Altschull, 1990, p.109). 그는 1734년 인간의 권리로서 법의 범위 안에서 종교와 정부의 견해를 표출할 수 있는 언론의 자유를 주장했다. 물론 당시 영국정부는 미국언론을 허가하지 않았다. 식민통지 당국은 언론의 자유가 다른 자유를 확산될 수 있다고 보고, '선동모욕죄(seditious libel)'를 엄하게 규정했다.

된 임시헌장, 과도입법의원에서 제정한 약헌 등을 종합하고, 그 외에 구미각국에 현재에 있는 모든 헌법을 종합해서, 이 원안이 기초된 것이라고 볼 수 있는 것입니다(헌법급정부조직법기초위원회위원장 서상일의 보고, 제1회국회 제17차회의 1948.6.23, 108쪽; 신우철, 2009, 36쪽). 대한민국 임시정부가 수립된 1919년 4월 민주·공화를 첫 번째로 결합시켜, '민주공화'란 말을 사용했다(박명림, 2009.2.9). 헌법 제1조에 명시한 것이다. 그리고 제2조에 '대한민국의 주권은 대한인민 전체에게 재함, 그리고 1925년 2차 개헌 당시 '대한민국은 민주공화국임', 1927년 3차 개헌 '대한민국은 민주공화국이며 국권은 인민에게 있다', 1944년 5차 개헌 '대한민국은 민주공화국임', 그 제4조에 '대한민국의 주권은 인민전체에게 있음'으로 규정하고 있다. 한편 좌파인 민주주의 민족전선마저 '조선민주공화국임시약법(1946년 1월 시안)에서도 민주와 공화를 결합시켰다(박명림, 2009.2.9).

당시 자유는 절대적 권리로 침해할 수 없는 것으로 간주하지 않았다. 개인이 말하고, 쓸 수 있는 권리가 허용되지 않았다. 그러나 젱거(Peter Zenger)는 《New York Weekly Journal》에서 〈Cato's Letters〉란 칼럼으로 138개의 논설로 언론자유를 논했다(J. Herbert Altschull, 1990, p.111). 〈카토스의 편지〉는 언론의 자유를 모든 사람의 권리로 인정하게 되었다(Free speech is the right of every man). 언론의 자유는 다른 사람의 권리를 침해하지 않거나, 통제할 수 없도록 간주한 것이다.

언론자유는 헌법조항에 명문화했다. 그 과정을 보면『법의 정신』(The Spirit of Laws, 1748)의 저자 몽테스키외(Montesquieu)는 미합중국 헌법을 기초한『연방주의자의 문서』(Federalist Papers)에 큰 영향을 주었다(Altschull, 1990, p.72). 미국인들은 몽테스키외를 '혼합정부(mixed government)'[4] 주창자로 간주했다. 정부는 개인의 정치적 자유를 확산시키기 위해 정부기관을 삼부로 분리시키고, 각 부는 '견제와 균형'의 체계 속에 상호간에 감시토록 했다.

몽테스키외는 '정치적 덕성(political virtue)'이 공화국 정부의 정신이었고, 이 정신이 시민의 지배적 정념으로 간주했다(Viroli, 2002, p.70). 개인에게도 덕성이 있듯, 국가에 대한 믿음도 함께 갖는다. 몽테스키외는 사회의 '정의'[5]가 실현하는 방법으로 법의 지배를 옹호했다. 그에게 법은 오직 정의의 승리를 보장하기 위해서만 채택되어야 한다(Altschull, 1990/1993, p.142). 그에게

---

4 혼합정부는 고대에 아리스토텔레스와 폴리비우스(Polybius)가 혼합정부의 개념을 찬성한 바 있고, 플라톤도 그의『법』(Laws)에서 정부권력의 분리를 구상한 바 있다. 그러나 이러한 개념들을 자유사상과 그리고 특히 프랑스 계몽주의의 열정과 융합시키고 널리 퍼지게 했던 사람은 몽테스키외였다(J. Herbert Altschull, 1990/1993, 141쪽).

5 몽테스키외의 정의는『페르시아인의 편지』(Lettres persanes) 83자에서, "정의는 두 사물 사이에 실제로 존재하는 조화적 관계이다…이 관계는 신의 관점에서 보든, 천사의 관점에서 보든, 인간의 관점에서 보든 결코 변하지 않는다…심지어 신이 존재하지 않는다 하더라도 우리는 항상 정의를 사랑하여야만 한다(J. Herbert Altschull, 1990/1993, 143쪽).

법은 정의를 보장할 뿐 아니라, 시민의 자유, 국가의 번영에 필수적 요소로 간주한 것이다. 몽테스키외는 소통의 문제를 법치로 풀어간 것이다.

몽테스키외는 '공화제'[6]와 민주주의를 혼동하여 사용하였다(Altschull, 1990/1993, 144쪽). 후자는 어떤 민주적 제도가 모든 가능한 방법으로 증진시킬 정치적 참여를 고려했다. 한편 전자는 그리스에서 보았듯, 자유를 보장할 수단, 그리고 지배에 적대할 정치문화를 증진시킬 목적으로 가장 덕성을 갖추고, 잘 길러진 시민권(citizenship)을 통한 리더십을 선택한다.

몽테스키외는 좋은 법은 정의와 자유의 승리를 보장해준다고 봤다. 그러나 여전히 공화제는 군중의 지배로 몰락할 수 있었기에 몽테스키외는 권력의 분립을 설정했던 것이다.

전통적 자유주의 이론은 법의 지배에 관심을 둔다면, 민주주의 이론은 '대중주권'(popular sovereignty)을 강조한다(Viroli, 2002, p.7). 자유주의는 타인의 간섭이 문제가 된다. 한편 몽테스큐외는 '대중주권'의 방법에 관심을 가지고, 입법, 사법, 행정의 견제와 균형을 원한다. 3권 분립의 법은 개인에게 더 큰 자유를 부여할 것 같았다. 법 자체는 구조적 평등과 관련을 맺고 있다(Pettit, 1999, p.113).

몽테스큐외는 자유주의에서 자연권 대신, 선(the good)으로서 자유를 생각했다. 몽테스큐외는 자유의 실천에 더욱 관심을 가진 것이다. 그는 입법, 사법, 행정과 더불어 제4부로서 언론의 역할도 기대할 수 있었다. 물론 '견제와 균형'은 모든 시민들에게 생계를 보장하고 적절한 의복과 건강에 알맞은 생활을 보장할 의무가 있다(Norman Hampson, 1983, p.22; J. Herbert Alt-

---

6 비로리는 "모든 사람에게 영향을 주는 것은 모든 사람에 의해서 결정된다."라는 원리가 강하게 작동하는 공화주의를 이야기했다. 그 체제 하에서 개인은 그곳에 참여하는 사람은 모두에게 동등하게 영향을 줌으로 공동선을 위해 숙의(熟議)했다(Maurizio Viroli, 2002, p.4). 공화주의 구현 방법으로 직접 참여하는 민주주의 이론이 아니라, 제도의 범위 안에서 대의적 자치의 이론으로 규정했다.

schull, 1990/1993, 147쪽).

　엄밀하게 따지면 공화제는 인민주권(the sovereignty of the people)에 기초를 하고 있다(Altschull, 1990, 112). 인민주권은 가장 적은 요구로, 다수의 지배와 맥을 같이 한다. 그러나 공화제는 독립(independent), 상호주관적 신분(intersubjective status)에 더욱 관심을 가짐으로써, 민주주의보다 더욱 적극적이다. 개인은 정통성 있는 법에 의해 종속되는 자유로운 시민이나, 그는 많은 시민의 의무와 책무를 성실히 수행해야 한다(Viroli, 2002, p.10).

　한편 메디슨(James Madison)은 군주 국가를 극복할 수 있는 주권자 미국 시민을 환영했다. 밀턴과 그의 친구는 왕들(Stuart Kings)과 싸운 의회의 주권 찾기 운동과 같은 맥락이다. 또한 루소는 일반의지(the General Will)로 인민주권을 주장했다. 인민주권은 군주의 주권을 거부한 것이다.

　연방수정 헌법을 주장한 메디슨은 미국에서 진정한 주권을 성취할 수 있을 것으로 여론을 열거했다. 그는 소통의 수단으로 언론을 언급한 것이다. 좀 더 언급한다면 미국의 연방주의자의 보고서(The Federalist Papers)는 건국의 아이디어를 집약하고 있는데, 87개의 보고서 가운데 공화주의자의 보고서 10번째(Federalist No. 10)가 메디슨이 제안한 여론에 관한 것을 담고 있었다(J. Herbert Altschull, 1990, p.112).

　메디슨은 자유로운 언론이 그의 마음의 원리 중에 있다고 봤다(Altschull, 1990, p.112). 그러나 그는 자유 제도에서 파당(factions)의 위험성을 경고했다. 메디슨은 이기적 이성(selfish reason)이 작동하여, 자유의 제약을 가져온다고 본 것이다.

　메디슨은 헌법과 권리 장정의 원론적 필자였다. 미국 헌법이 제정될 당시 그는 미국의 믿음 체계에서 큰 영향력을 주지 못했으나, '연방주자의 보고서(Federalist No. 10)'를 수정헌법 1조에 포함시킴으로써 공화주의자(a republic)가 된 것이다(Altschull, 1990, p.112). 즉, 메디슨은 소통에 강조점을 두고, 인민의 적극적 자유를 공화주의 헌법에 삽입시켰다. 소통을 가능케 하는 언론의 자유가 시민의 덕을 실현시킬 수 있다고 본 것이다.

그의 사고는 다수파의 지배를 가능케 하는 민주주의 원리를 거부하고, 공화주의자에 접근했다. 그의 논리에 따르면 민주주의는 다수자파가 소수자를 지배할 수 있어, 자유주의 제도를 파괴하는 것이다.

메디슨은 언론의 자유를 통해 다수자에 대항한 소수자의 당파성을 보존할 제도를 구상했다. 그는 언론을 통해 '시민의 덕성'이 공개시장에서 소통의 왜곡을 막을 수 있을 것으로 봤다. 궁극적으로 링컨(Abraham Lincoln, 1895/2007, 204쪽)은 1863년 11월 19일 '게티스버그 연설(Gettysburg Address)에서 "국민의, 국민에 의한, 국민을 위한 정치를 지상으로부터 절멸시키지 않도록 하기 위하여 우리는 굳은 결의를 해야 한다."라고 했다(Lincoln, 1864.11/2007, 195쪽).

그의 민주주의는 다수자의 당파성을 경고하고 있다. 링컨은 남북 전쟁 승리의 순간 "정부가 너무 강해서 국민의 자유를 위협해서는 안 된다."라는 점을 지적했다. 메디슨이 "서로 다른 당파가 균형을 취하도록 하는 것"과 같은 맥락이다(Altschull, 1990, p.112). 한 당파성이 소수자의 생각을 강요할 수 할 수 있게 때문이다. 몽테스큐외는 견제와 균형을, 메디슨과 링컨이 같을 맥락에서 말함으로써, 이들은 민주주의자 뿐 아니라, 공화주의자들이었다.

링컨의 공화주의는 분명 물질적, 정신적 평등에 기초한 공산주의(communitarianism)의 속성을 지녔다. 이 형태의 국가가 "커뮤니티의 삶의 양식을 잘 조화시킬 수 있다."라고 본 것이다(Pettit, 1999, p.120). 링컨의 선의지(a good will)는 사회적 선과 공통적 선의 공산주의 아이디어와 같은 맥락일 것이다.

공화정의 공산주의적 특성은 남한과 북한이 공화정으로 이름지우는 것과 관련이 있다. 물론 현실적 제약은 다른 차원이나, 조선민주주의인민공화국 헌법(1948.9.8) 제11조에 에 따르면 공화국의 일체 공민은 "성별, 민족별, 신앙, 기술, 재산, 지식 정도의 여하를 불문하고 국가, 정치, 경제, 사회, 문화 생활의 모든 부분에 있어서 동등한 권리를 가진다."라고 규정한다(서철호, 2009, 20쪽).

인민공화국과 민주공화국은 같은 형태의 공화정을 정체로 한다. 같은 공화정 하에 북한은 평등에 강조점이 있고, 남한은 자유에 강조점을 두었다. 대한민국 헌법은 3권 분립을 규정하고, 언론의 자유를 규정한다. 그리고 헌법 정신에 공중도덕, 사회윤리에 관해 규정하고 있다.

사회윤리는 그리스 아고라에서 이야기하는 공화정의 덕목과 관련을 맺고 있다. 소크라테스가 말한 내용을 플라톤은 전한다. "악법도 법이다."라는 대목이다. 소크라테스는 "오오 재판관들이여, 여러분도 죽음에 대하여 좋은 희망을 품어야 되겠습니다(플라톤, 427BC/1992, 84~5쪽).

착한 사람에게는 살아 있을 때나 죽어서나 나쁜 일이 하나도 없고, 또 무슨 일을 하든지 신들의 배려를 받지 않는 법이 없다는 것을 진리로 알고 마음에 새겨 두어야 한다…제가 당하고 있는 일도 지금 우연히 생긴 것이 아닙니다. 제에게는, 제가 이미 죽어 귀찮은 일로부터 해방되어 있는 것이 더 좋다고 하는 것이 분명합니다…또 저는 저를 유죄로 투표한 사람들이나 저를 고소한 사람들에 대하여 조금도 화를 낼 생각이 없습니다. 하지만 그들은 이런 일을 생각하고 저를 유죄로 판결하거나 고소한 것은 아니고, 오히려 해치려고 생각했던 것입니다. 여기 대해서는 그들이 비난을 받아 마땅합니다.

소크라테스는 그리스 법에 대해 어떤 거부감을 표시하지 않고 있다. 법정신은 소통의 미학을 포함하게 있다. 그리스 도시국가의 공중도덕과 사회윤리에 더욱 충실하였다. 그는 나라사랑을 실천코자 했다. 그리고 그리스 시민들에게 자신의 후손들을 부탁했다(플라톤, 427BC/1992, 85쪽).

제 자식들이 성장하여 어른이 되거든, 제가 여러분을 괴롭힌 것과 같은 일로 저들을 괴롭혀서 복수를 해주세요. 즉, 저들이 덕보다도 돈이나 그 밖의 다른 것에 먼저 머리를 쓴다고 생각되거든, 또 아무것도 아닌데 무엇이 되기라도 한 양 생각하거든, 제가 여러분에게 한 것처럼 마음을 써야 할 일에는 마음을 쓰지 않고, 아무것도 아니면서 잘난 줄 알고 있다 고 말하여 꾸짖어 주세요. 여러분이 이렇게 해주시면, 저 자신이나 제 자식들은 여러분에게 옳은 대접을 받은 것이 되겠습니다.

'시민의 덕성'의 문제는 공공의 선에서의 시민의 이해인데, 이것은 애국심(patriotism) 문제로 다가오게 한다(Viroli, 2002, p.79). 루카(Ptolemy of Lucca)는 "모국의 사랑이 자애의 근거로부터 성장하며, 이것은 '개인의 선'을 넘어선 '공공의 선'으로 간주했다.

모국의 사랑은 정의와 이성의 원리를 존중할 경우에 '합리적 사랑'(rational love)로 불릴 수 있고, 이것은 공화국과 그 시민을 위한 구체적 징표이다(Maurizio Viroli, 2002, p.80). 또한 18세기 정치이론가에게 모국의 사랑은 자연적 감정이 아니라, 법, 좋은 정부, 그리고 시민의 삶의 참여에 의해서 증진되어질 수 있는 인위적 느낌으로 간주했다. 심지어 계몽주의 정치 이론가는 공화국(republic)과 모국(fatherland)을 동의어로 간주했다(Viroli, 2002, p.82).

모국은 단순히 영토에만 머무는 것이 아니라, 사랑의 사고이며, 공동체의 관념에서 이뤄질 수 있는 것이다. 그 안에 생존하는 어린이는 하나로 묶이게 된다. 아고라의 커뮤니케이션이 지향하는 목표이고, 소통의 미학이 이뤄질 현장이다.

4. 미디어를 통한 소통의 미학

존엄성을 갖고 살기를 원하는 사람에게 '시민의 덕성'은 중요한 덕목에 속한다. 그 이유는 커뮤니티가 붕괴되면 구성원은 존엄성을 갖고 살기가 불가능해진다. 그렇다면 시민들은 공통적 자유(the common liberty)를 갖도록 모든 수단을 강구한다.

모국에 대한 사랑은 민주주의 국가에서 시민의 덕성, 법의 사랑이다. 개인은 절제를 통해 자신의 완성을 시도하며, 국가에 대한 희생을 감수한다. 물론 희생정신은 개인의 이해를 넘어 공통의 선을 위치할 필요를 느끼게 된다(Viroli, 2002, p.70).

개인은 독립적일 뿐 아니라, 공통의 선을 향한 정신이 공화제에 필요한 것이다. 개인의 내적, 인간 상호관계의 소통이 강조되는 부분이다. 아도르노는 큰 집회에 으레 공식 인사들의 연설이 있는데 그때에 음악의 국제적 성격, 즉 국민을 하나로 묶는 본질을 강조했다(Adorno, 1958/1988, 169쪽).

음악과 스피치는 법을 통한 공화주의에서와 같이, 사람을 함께 묶는다. 아도르노는 '음악사회학(musiksoziologie)'이란 용어를 사용했다. 즉, 음악 사회학이란 음악 현상 자체를 사회적으로 해독하는 것이며, 또한 그 현상들이 실사회와 갖는 본질적인 관계와 그 내적인 사회적 내용 및 기능을 통찰한다(Adorno, 1958/1988, 212쪽). 즉, 아도르노는 음악으로 공화국을 함께 묶는 소통하는 방법을 언급한 것이다. 그러나 그는 라디오 음악의 대중적 성격에 반기를 들었다. 아도르노는 "음악에 대한 사회학의 감정이 확실하면 할수록 그 감정들은 음악에서 더 멀어지고 피상적이 된다."라고 봤다(Adorno, 1958/1988, 213쪽). 그는 음악의 대중성을 경계한 것이다. 물론 아도르노는 음악이 자기 나름의 민족적, 혹은 미학적 요소들을 가지고 있다는 점을 간과하지 않았다. 사회의 역사와 그 조직 형태가 갖는 본질상 민족적 경계선을 가지고 있다는 점에 비추어 그렇게 생각할 수 있다(Adorno, 1958/1988, p.170). 분명 음악은 민족적 특징을 반영한다.

그러나 19세기 중엽 이후로 음악은 민족의 특징들을 내보이고, 민족의 대표자로서 등장하면서 정치적 이데올로기가 되어 버렸다(Adorno, 1958/1988,

170쪽).

이데올로기는 허위의식의 표현양식이어서 진리와는 거리가 있다. 소통에 왜곡이 생긴 것이다. 대중 매체인 라디오 음악은 미학과는 거리가 멀었다. 미디어는 상업의 도구로 전락하고, 시민은 수동적 수용에 몰두하게 되었다.

아도르노는 "예술이 진리의 표현 현상이다"라고 봤다(Adorno, 1958/1988, 214 쪽). 예술은 이미 창조되어진 것이라는 사실과는 타협하지 않으려고 하는 그러한 반동적인 속성을 지님으로써, 예술이 당연히 이데올로기로부터 해방되어야 했다. 즉, 예술 작품의 순수성이 작품 속에 존재하는 흔적들에 의해 더럽혀질 것을 염려하지는 않지만, 그 흔적들이 작품을 통해 작품을 손에 넣는다는 사실은 두려운 일이다(Adorno, 1958/1988, 214쪽).

아도르노에게 양식의 통일은 그 통일이 결여되는 곳에서 축복받은 것처럼 보이고, 반면 통일이 존재하지마자 강력한 힘을 갖는 것처럼 보인다. 양식이라는 그 자체의 개념이 요구하는 것, 즉 보편적인 것과 특수한 것의 화해는 양식이 아니었으며 양식은 항상 특수한 것을 억눌러 왔다. 그 점에 관해 현재 존속하는 양식도 양식을 유발시킨 모든 일관성에 있어 그 뚜렷한 잔재를 지니고 있다. 그러나 그 잔재는 내용에 있어 사회적인 것이다. 아도르노는 지나친 사회성은 예술성과 진리를 붕괴시킨다고 본 것이다.

사회성은 분명 문제를 양산시킨다. 입법, 사법, 행정의 사회적 형식(social patterns)은 쉽게 경직화되지만, 미디어는 왜곡된 사회적 형식을 교정할 능력을 가졌다. 메디슨도 경직된 사회제도를 유연하게 하는 언론에 관심을 두었다.

그리스 소통의 미학이 요구되는 시점이다. 현대 대중 매체는 '허위의식'의 이데올로기를 퇴치하고, 공용 같은 사회조직을 유연성을 확보함으로써 예술성과 진리의 사회현실을 확고히 할 수 있다. 더욱이 최근 발달된 쌍방향성의 인터넷 미디어는 더욱 시민의 참여를 더욱 확산시킬 수 있을 것 같다. 멀티미디어 인터넷은 상호 작용성을 강화시켜, 대중 매체가 만들어 놓은 다수파의 횡포를 개선시킬 수 있다.

바롤리는 "현재의 공화주의자가 가장 높은 가치로서 자신의 정부에 직접 참여를 독려했다."라고 한다(Roger Boesche, 1998, p.863; Viroli, 2002, p.70). 전통적 공화주의자는 공화국의 시민의 참여로 개인의 자유를 보존하며, 시민교육을 활성화시켜 줄 것을 기대했다. 이 상황에서 이성성의 방법(reason-able ways), 책임감의 확보가 돋보이게 된다.

아도르노와 같이, 바롤리는 "시민의 모든 의견에 참여하기보다, 좋은 지도자를 갖는 것이 더욱 중요하다."라고 본 것이다(Viroli, 2002, p.70). 공화주의는 더욱 엘리트의 행정력에 더욱 가능성을 열어두었다.

물론 행정력에는 제약을 가했다. 즉, 우리는 1948년 헌법 이후 9차에 걸쳐 개정된 되었으나, 정부형태의 면에서 대통령제와 의원내각제의 절충형태를 밝혔다(함재학, 2009, 5쪽). 그 내용은 권력분립 및 상호견제의 정도, 비상대권의 한계 내지 제한방법, 사법부의 권한과 독립, 위헌법률심사제도의 형태 등을 가졌다.

한편 미디어가 정부를 감시하게 하였으며, 우리의 민주공화정은 숙의민주주의를 권장했다. 더욱이 최근 논의 되고 있는 숙의(熟議)민주주의와 결의(決議)민주주의 논쟁거리가 된다(하영선, 《조선일보》, 2009.2.6). 숙의는 논의를 합의에 이를 때까지 충분히 익힌다는 의미를 지녔고, 결의는 논의의 대결을 통해서 결정하는 것을 말한다. 숙의 민주주의는 원래 논의의 옳고 그름을 단순히 산술 계산으로만 결정하는 합의(合議)민주주의에 대한 불만에서 출발했다. 그러나 결의 민주주의는 전쟁의 특성이 적대성이라면, 정치의 특성은 대결성이고 편 가르기다. 따라서 민주주의를 위해서는 섣부른 합의보다도 다원적 대결을 존중해야 한다는 것이다. 민주공화정은 파당이 서로 경쟁하고, 그리고 결의를 존중하는 제도이다.

그러나 숙의민주주의는 다른 차원이다. 개인은 덕성을 지녔고, 국가는 개인에게 믿음의 덕성을 발휘케 한다. 물론 숙의는 개인의 합리성에 기초한다. 같은 맥락에서 현대사회는 미디어의 공정을 확보하기위해 정확성, 객관성, 균형성, 공정성을 확보하도록 바란다. 개인의 합리성은 사실을 객관적으로 진리에 가깝게 가기 위해서 존재한다고 가정한다. 그러나 그리스 아고라에서와는 달리, 감정이 빈번히 개입될 때 숙의민주주의 화학적 결합은 불가능하다. 결의민주주의로 공화국의 문제를 풀 가능성이 열거된다.

언론은 소수의 당파성을 보호할 때 결의민주주의가 가능할 것 같다. 결의민주주의로 미디어의 현상을 논해보자. 현대사회의 미디어는 책, 신문, 영화, 라디오, TV, 인터넷 등이 활성화되면서, 그 만큼 기술의 영역을 확장시켰다. 더욱이 인터넷의 개인 미디어는 이미지, 소리, 텍스트를 함께 실어 나르고 있다. 그러나 디지털 미디어는 이미지, 느낌, 감정, 감각, 충동에 더욱 몰두한다(Benjamin R. Barber, 2004, p.40). 새로운 미디어는 광고, 선전, 조작에 익숙해 있다. 각 미디어가 만들어낸 메시지는 소통의 미학에 도움을 주기보다, 자본주의를 견고히 하는데 관심을 가짐으로 왜곡된 커뮤니케이션을 확산시켰다.

더욱이 현대국가는 미디어 기술은 지식에 근거하기보다 정보에 기초한 정부를 만들었다. 개인은 정보추구에 몰두하게 된 것이다. 공화주의에서 필요한 교육, 토론, 숙의, 선택 등이 문제를 야기 시켰다. 시민의 덕은 실종위기에 있다. 우리는 미디어가 활성화된 이 시점에서 그리스의 소통의 장소였던 아고라를 생각할 필요가 있다. 그 당시 소통은 제사의 형식으로 치러졌다.

현대 우리사회에서 논의되고 있는 좌와 우를 가르는 경계선은 어디일까? 판단의 근거가 불안정하다. 누군가의 시선이 극단적인 우측으로 치우쳐 있다면 그의 눈에 개혁적 보수는 극좌파이고, 그 시선이 극단적으로 왼쪽에 치우쳐 있다면 합리적 진보는 극우파이다(박경철, 《기자협회보》, 2008.9.10). 조중동이라 불리는 보수 언론과 한경오(오마이뉴스)로 대표되는 진보언론의 기준은 무엇인가? 독자를 대신해 세상을 바라보는 시선이어야 할 언론이, 어느 정당이나 정권의 눈으로 세상을 보니까 스스로의 정체성을 규정하는 기준이 되고 있는 것이다(박경철, 《기자협회보》, 2008.9.10). 그렇다면 소통의 매체가 고도로 발달했지만, 실제 근원적인 소통의 난항을 겪게 된다.

그 이유는 소통을 원활하게 하는 매체의 발달에 못지않게 소통을 가로막는 체계적인 구조도 발달하기 때문이다(남경태, 《중앙일보》, 2009.2.5). 텍스트의 생산과 해석에 문제가 얼마든지 생길 수 있다. 해석할 텍스트가 늘어나면 날수록 커뮤니케이션의 장애를 발생시킨다. 물론 누구도 금세 의미를 알수 있는 텍스트도 있다. 하지만 모든 텍스트에는 사건과 그것을 둘러싼 배경, 즉 콘텍스트가 있다.

텍스트가 정확하게 풀리게 되면, 결의 민주주의 갈등이 그만큼 줄어든다. 미국의 공화정 초기에 신문이 그 기능을 했다. 설령 당파성 신문이 존재하였더라도, 그들은 텍스트 풀이를 통해서 당파성 간의 갈등을 해결한다.

메디슨은 입법, 사법, 행정에 서로의 다른 당파성이 경쟁하도록 했다. 그리고 연방수정헌법은 1조에 "의회가 종교와 언론의 자유를 제약하는 어떤 법도 두지 말라."라고 했다. 그 의미는 언론이 당파성의 견제와 균형을 취하고, 소수의 당파성을 보호하도록 했다.

엄밀하게 말하면 공화주의는 직접적 참여 민주주의 이론이 아니라, 제도의 범위 안에서 대의적 자치 정부에 관한 이론이었다(Viroli, 2002, p.36). 초기 공화주의자 마키아벨리(Machiavelli)는 자연권(natural rights)의 아이디어를 말하는 것이 아니라, 개인이 좋은 정치적 군사적 제도를 가지고 있다면, 개인은 즐길 선으로서의 자유를 이야기했다(Viroli, 2002, p.7).

선의 길은 예술, 진리의 길이다. 플라톤은 죽음을 두려워하고, 지혜가 없으면서 지혜가 있다고 생각한다고 했다. 죽음을 두려워하다는 것은, 지혜가 없으면서 지혜가 있다고 생각하고 있는 것이기 때문입니다(Plato, 427B,C/ 1992, 61쪽). 소크라테스는 소통의 미학을 이야기했다. 그는 절대 선, 왜곡되지 않는 아이디어의 소통을 이야기하고 있다.

아도르노는 미학적 창작물을 이야기했다. 이것은 물적 생산물과 본질적

인 것을 구별한 것이며, 미학적 창작물에서 예술인 것은 근본적으로 물적(物
的)이지 않다고 했다(Adorno, 1958/1988, 219쪽). 그는 제도의 범위를 뛰어넘은
여론에 대해 이야기했다.

그는 "여론은 음악에 관해 이야기하는 자들 사이의 확실한 일치와 동의
속에서 시작이 된다."라고 봤다(Adorno, 1958/1988, 157쪽). 음악이 갖는 여론
과의 관계와 음악 자체가 명확성을 가진 문화 이데올로기와 철저히 융합되
면 될수록, 말하자면 공공 음악생활의 보수적인 제도의 영역 속에 철저성을
시도할수록 여론은 그만큼 더 명확하여 진다. 그러나 여론은 대중성을 지니
면서, 미적 영역에서 벗어나게 된다. 음악이 외면적, 사회적 성격을 지니면
지니는 만큼, 내면적, 순수적 성격을 상실하게 된다.

합리성에 익숙한 아리스토텔레스는 플라톤의 미학을 부정할 것 같다. 플
라톤의 경우에 있어 철학적 문제 형태는 존재론으로부터의 어떤 가능한 구
제에 대해 묻고 있으며 또한 존재론에 대한 지속적인 비평을 요구하고 있다
(Plato, 427B,C/1992, 225쪽). 존재의 외적 표현은 음악의 양식을 띠고 있다.
즉, 음악은 자신이 공간과 시간성에 있어 자신 속에 가지고 있는 그 무엇의
추상성을 통해 보편화된다기보다는 바로 그 무엇의 응결을 통해서 보편화
된다(Adorno, 1958/1988, 172쪽).

미학으로서의 음악은 특수성을 인정한 보편성의 존재이다. 같은 맥락에
서 소통에서의 관용은 예술을 오락으로서 흡수하는 현실에서의 실행과 동
일한 조건을 창출한다. 정치에서도 어떤 미학적 소통이 부족한 것 같다. 같
은 맥락에서 한국 정치의 큰 문제 가운데 하나는 소명의식이 있는 정치가의
부재가 아닌가 싶다(박상훈, 《경향신문》, 2008.12.19). 왜 정치가가 되려했는지,
어떤 정치가가 되려 하는지, 좋은 정치가가 되기 위해 어떤 노력을 하는지
에 대해 인상적인 모습을 보여주는 정치가가 점점 줄어든다.

개인 미디어 인터넷은 참여를 보장하고, 직접 정치 참여가 가능하다. 개
인은 신민의 덕을 활성화시킨다면 소통의 길을 열어줄 것 같다. 더욱이 사

회가 복잡성을 더해 가면서 당파성이 증가하고, 미학적 영역이 확산된다.

소통의 미학은 다름 아닌, 그 얽혀있는 소통의 고리를 풀어갈 필요가 있다. 공화주의는 민주적 참여를 극대화하고, 자유를 확장시킬 수 있는 방법을 모색한다. 그 한 방법으로 현대사회의 미디어는 공정을 확보하기위해서, 정확성, 객관성, 균형성, 공정성을 확보한다. 객관주의 정신으로 사회적 콘텍스트의 의미를 규명한다.

다른 하나의 방법으로 종교적 의미를 지닌 그리스 법정의 표결방식이 주효했다. 또한 결의민주주의가 그 해결책을 제시해줄 수 있다. 링컨(Abraham Lincoln)은 1864년 11월 10일 '재선 환호의 노래(세레나데)에 대한 답례의 말'에서 '공화정치의 참뜻'으로 "국민의 정치가 지상에서 사라지지 않는다." 라고 강변했다. 그는 나라 구성원 전체의 민족주의적 당파성을 이야기 했다. "우리나라가 앞으로 마주하게 될 또 다른 시련이 찾아왔을 때에도, 지금의 시련을 겪어 나가는 사람들과 마찬가지로 약한 자와 강한 자가 있을 것이고 우매한 자와 현명한 자, 그리고 약한 자와 선한 자가 있을 것이다. 그래서 이번의 시련에 수반된 다양한 사건들에서 지혜와 철학을 배워나가는 태도로 볼 수 있도록 하고, 무엇이라도 복수해야만 하는 부정적인 시각으로 보지 않도록 합시다."라고 했다.

링컨은 민주공화주의 하에서 소통의 미학을 이야기했다. "양자(남과 북) 모두 같은 성서를 읽고, 같은 신에 기도하고, 그리고 각각 적을 물리치고 승리하기 위해 신의 조력을 구하고 있습니다."라고 했다(Lincoln, 1895/ 2007, 204쪽). 그는 아고라에서 그리스 민회의 시작 전후에 하는 연설을 연상케 했다. 그는 '시민의 덕성'에 관해 논하였으며, 공화국 시민의 애국심에 관심을 가졌다. 그는 분명 시민의 덕성, 사회와 공통의 선에 관심을 가졌다. 링컨은 "우리에겐 전부는 아니라 할지라도 함께 공유하는 믿음이 있다. 이제 함께 이 나라를 구하기 위해 단결하자. 링컨은 (대통령 재선 승리의 제일성으로) 화해와 통합을 촉구했다"(권태선, 《한겨레신문》, 2009.2.6).

공화정의 이념은 다원성을 지녔고, 자유와 평등은 역동성(dynamism)을 선사했다. 헌법급정부조직법기초위원회 서상일 의장은 1948년 6월 23일 "대한민국임시정부 헌장, 현 민주의원에서 제정된 임시헌장, 과도입법의원에서 제정한 약헌 등등을 종합하고, 그 외에 구미각국에 현재에 있는 모든 헌법을 종합해서, 이 원안이 기초된 것이라고 볼 수 있다."라고 강조함으로써 우리의 민주공화국의 헌법의 의미를 알 수 있다.

공화정 하에서 소통은 그리스에서 발전되었으며, 그리스의 아고라에서 그 왜곡되지 않는 아이디어를 유통시켰다. 더욱 현대사회에서 언론이 소통을 원활하고, 미학을 지켜나가는 기능을 대별했다. 현재 멀티미디어 상황에서 소통의 왜곡에서 벗어나, 그 미학을 정립할 필요가 있다. 건국 제헌 60주년을 지난 우리는 민주공화국의 의미를 다시 생각할 필요가 있다. 공화국 헌법은 그 핵심을 소통(communication)에 두었다.

제8장

공영방송의 정체성
–법적 · 역사적 접근을 중심으로

1. 정체성의 논의

1987년 민주화 이후 '공영방송'만큼 소란스런 조직이 없었다. 그 만큼 이름값을 하지 못한 것이 공영방송 KBS, MBC, EBS, YTN 등이었다. 공자(孔子)도 '정명(正名)을 정치의 요체'라고 봤다. 그렇다면 우리의 방송은 이름을 엉뚱하게 붙이고, 이름과 다른 기능을 한다는 소리가 된다.

자본주의 경제 질서 하에서 개인은 자유를 누린다. 뿐만 아니라, 그 자유에 대한 책임도 동시에 지게 된다. 행위주체자이든, 조직이든 직업적 윤리를 갖게 된다. 즉 변호사, 판사, 군인, 성직자 등은 전문적 윤리를 갖고 있다(Emile Durkheim, 1933, p.2). 방송도 그 원리에서 예외적일 수 없다. 여기서 공화주의 하에서 공영(公營)은 사적 개인(the private self)을 공적 개인(the public self)으로 변화시킨다는 의미를 지닌다.

공영방송 KBS(Korea Broadcasting System)는 체계의 원리에 따라 운영하면 되나, 그렇게 운영하지 못한 것이 화근이 되어 소란스런 조직이 되었다. 체제는 개인의 동기가 있고, 그 행위의 패턴이 있고, 그에 대한 개인의 윤리, 직업윤리가 있다. 이들이 위약하면 사회의 갈등은 증폭되고, 그 갈등을 공영방송이 앞서서 부추기는 꼴이 되었다. 심지어 '탈 진실(the post truth)'[1]에 앞장서기까지 한다.

'공영방송'[2]은 '인민이 나라의 주인'이라는 공화주의 헌법 정신과 전혀 다른 원리로 운영된다. 방송 정체성의 미로를 찾는 과정에서 일어날 수 있는 일이다. 같은 맥락에서 이집트 주신 오시리스(Osiris)는 악당들에 의해 죽임을 당하면서 살점이 떨어져 뿌려졌고, 그의 부인(Isis)에 의해 그 살점을 모우고, 그 살점을 찾아 진리를 규명했다. 나일 신 오시리스가 삶의 세계로 생환하는 것이다. 물론 신화의 생환에는 미학(美學) 요소가 사회 내에 만연될 필요성이 있는 시점이다.

살점이 나일강변에 뿌려지는 과정이 일제 강점기 시대라면, 그 살점을 찾는 과정이 이승만 그리고 전두환 시대까지 일어났고, 1987년 민주화 이후는 진리를 찾으려는 노력을 했다. 더욱이 인터넷 시대에 공영방송의 '탈 진실' 시대는 일탈로 까지 번지고 있다. 공영이 아니라, 공영(空營) 방송이 되고 있다.

민주화시기의 방송은 정권이나, 노조의 나팔수가 아니라, 개인과 기구의

---

1 '탈 진실'(post truth)은 영국 옥스퍼드 사전은 올해의 단어(2016)로 선정했다. 이는 "진실이나 사실보다는 감정이나 개인적인 믿음에 호소하여 여론을 형성을 지칭 한다(relating to or den oting circumstances in which objective facts are less influential in shaping public opinion than appeals to emotion and personal belief(http://blog.daum.net/vancou ver2010/760).

2 영국의 방송규제기구인 Ofcom(the Office of Communication)은 2004《공영방송평가보고서》에서 소프트웨어적 측면에서 '좋은 방송'(good television), '가치 있는 방송'(worthy television), '공중의 관여가 없으면 존립할 수 없는 방송'(television that would not exist without public intervention) 등을 말하나, 하드웨어적 측면에서 '방송을 행하는 기구'(the institutions that broadcast this type of television)로 규정했다(강형철, 2005, 33쪽). 필자는 하드웨어적 측면에서 종사자, 기구의 판단 미학(美學) 등을 중시한다. 연역적 접근을 시도한 것이다.

자율성과 정당성을 확보해 한다. 그 과정에서 '공정성', '공익성'의 개념이 크게 부각되었다. 공영방송은 '국가(the state, the brain of social organism, 'sacred quality')'와 더불어 기능을 수행할 수 있지만, 방송 자체로만 두고 보니, 헌법 정신과 다를 수가 있었다.

밀턴(John Milton)이 이야기하는 오시리스 신화는 자연법이나, 이성의 부동심을 존중한다. 그 전제 하에서 헌법을 숙지하고, 방송법을 만들 수 있다. 물론 공화주의 헌법은 아리스토텔레스로 그 근거를 찾을 수 있다. 공화주의는 아리스토텔레스의 '시민의 덕(德)'에서 그 편린을 찾을 수 있다. 그리스 시민은 탁월성, 고상함, 올바름 등을 으뜸 미덕으로 갖고 있었다.

우리 헌법의 '자유민주적 기본질서'는 이성(理性)의 인지틀(perceptual frame)에서, 실천이성의 행위준칙으로 도덕률(道德律), 그리고 판단의 미학(美學, art)을 권장하는 체제이다. 물론 인지의 틀에서 체계(system)의 원리를 발견할 수 있다. 다른 측면에서 공화주의헌법의 작동원리는 입법·사법·행정의 균제와 균형을 취하고, 언론은 그 체계의 독립된 기관 밖에서 이 3부를 견제할 수 있도록 했다. 즉, 공영방송은 개인의 자유를 확보하고, 체제의 유지와 안전에 관심을 둔다.

공화주의 체제 안에서 "'비지배'의 자유가 다원주의적 사상과 접목된다. 그렇다고 공화주의 사상은 어떤 정체된 이념화(a static ideal)에 만족하지 않고, 오히려 역동성의 이념화에 관심을 갖는다. 공화주의는 진정 법과 민주주의 패턴의 전체가 아니라, 오히려 견제와 균형의 체계에 대한 필요성을 요구한다."라고 했다(졸고, 2012, 262쪽). 그 만큼 공화주의 헌법정신은 견제와 균형으로 역동성을 갖는다.

공영방송은 당파성을 뒤로하고 사회체제를 견제하고, 균형을 취하도록 함으로써, 당파성을 지니는 것을 배격한다. 대신 내부는 명료하고, 숙의적(熟議的) 사고에 익숙하게 한다. 공영방송은 내부세력의 당파성을 제약시키고, 외부에서의 압력을 차단시킬 필요가 있다. 다른 사회 제(諸)세력의 나팔수로 당파성을 막아야할 기구가 자신의 당파성을 지니는 것은 논리에 맞지 않다.

한편 우리의 공영방송은 1987년 이후 '공정성'이라는 말을 집약적으로 사용해왔다. 일본의 공정성은 "정치적으로 공평할 것, 의견이 대립하는 문제는 가능한 다각도로 논점을 명확히 할 것."[3]이라고 했다(한영학, 2003, 241쪽).

물론 각 개인은 사적 개인의 경험세계가 다른 사람의 것과 같은 부분이 그렇게 많지 않다. 절제를 통한 판단의 미학이 필요한 부분이다. 감성을 뒤로 하고, 이성의 질서에 충실할 필요가 있다. 더욱이 언론은 상황(contexts)이 중시되는 부분이기 때문에 공정성을 쉽게 실현할 수 없다. 그 대안은 취재 현장의 합리성(rationality)을 획득함으로써 어렵기는 하지만, 자연과학적 인과관계로 사건과 사고를 풀이할 수 있다.

자연법사상은 공정성과 다른 이념의 잣대가 필요하게 된다. 말하자면 이성의 인지 틀을 염두에 두고, 인터넷 시대 하 공론장에서 오시리스 신화처럼 공개적으로 사실의 진실과 진리를 규명하도록 한다. 그 만큼 공익성·공정성의 개념보다 건전한 공론장이 필요하게 된다. 우리의 현실은 공론장이 정부든, 노조든 나팔수의 정파성을 띄고 있다. 현실은 그렇게 하면서 1987년 이후 공정성이 모든 것을 다 해결해주는 것처럼 생각했다. 정착되지 못한 '공정성'은 귀에 걸면 귀걸이, 코에 걸면 코걸이가 되었다. 사람마다 자기주장만 하는 것이 탈 진실의 공정성 개념이다. 사회갈등이 심해지는 것을 보면, 공영방송이 기능을 하지 못하게 된 것이다.

정확한 사실보도, 진실의 보도만을 한다면 공영방송은 공정성의 난맥상

---

3 방송법상 방송의 공정성에 관련되는 규정을 이행했다고 해서 항상 공정성이 확보되었다고는 볼 수 없다. 왜냐하면 공영방송 NHK는 전 국민을 상대로 방송업무를 하는 이상, 표면적인 정치적 공평성과 다각적인 논점제시를 넘어, 사회 전체적인 맥락에서 자기의견 표명의 기회를 찾지 못하는 소수 계층 등, 정보 약자를 배려하는 다양하고 균형 잡힌 서비스가 요청되기 때문이다(한영학, 2003, 241쪽).

보다 더 정확한 잣대를 제공할 수 있다. 《뉴욕 타임스》는 '간결하고, 산뜻한 형태, 공정한 보도를 주장한다. 대중의 욕구에 영합하지 않는, 지식층의 새로운 독자를 겨냥하여, 정확한 사실(facts)에 근거하여 기사를 작성한다.'

여전히 우리의 공영방송의 공정성 개념이 평정심의 헌법 정신과 다른, 엉뚱한 논쟁을 하고 있는 것이다. 개념이 모호하니, 공영방송 KBS는 아주 빈번히 정파성을 갖고 각종 선거에 개입했다. 공영방송 KBS는 나쁜 선례를 남기고 있다. 시대 때도 없이 노조와 그 정파성의 언노련이 간섭하면서 공영방송은 정체성의 위기를 맞게 되었다.

말은 공정성이지만, 실제 구성원들은 자신들의 집단이기적 방송을 만들어가 가고 있다. 다른 공기업의 형태와 별로 바를 바가 없다. 주인 없는 공기업에 낙하산 인사의 도래지로, 혹은 노영방송이 되어 왔다. 이 둘은 매번 적절히 타협하면서, 순진하지 못한, 탈 진실의 현재 경영실태를 유지하고 있다.

필자는 현재 공영방송에서 진정한 공정성이 있는 것인지 의문을 품는데서 시작한다. 이 논리라면 공영방송은 드라마의 극화가 주 무기가 아니라, 사실에 근거한 드라마, 혹은 사실에 근거한 뉴스 프로그램으로 정보사회(즉, 사물인터넷시대, internet of things)를 주도할 수 있다. 필자는 공영방송의 정체성을 법과 역사적, 혹은 사회심리학으로 나름대로 정리한다.

여기서 정체성은 삶의 방향, 조직의 향방을 규정한다. 개인에게는 '자기 개념'(self concept)이 있고, 그에 따라 자신의 고유한 커뮤니케이션 스타일을 갖고 있다. 즉, 개인의 정체성과 판단의 원형을 찾아냄으로써 사회적 과정으로 상호주관성의 틀을 거부한다(E. Goffman, 1959, pp.1~9).

물론 그 사고가 행동으로 옮겨질 때, 자신 나름의 행위의 준칙을 갖게 된다. 이는 사회적 규칙(social patterns)을 가능하게 한다. 개인은 자신의 역할(roles)에 따라 어떤 정형화된 행동을 하게 된다. 그게 사회 체계(social system)를 형성시킨다. 유기체와 동일한 사회체계는 질서를 갖게 되고, 그 질서는 하부체제를 갖고, 다른 하부체제와 전체의 체제가 유기적 관계를 맺게 된다.

우리가 살고 있는 세계에서 기본적 주체성과 지속적 관련성을 인정한다 (Anthony Elliott, 2015, p.1). 이는 인간의 성찰, 개인적 자치, 정치적 자유 등을 포함하고 있다. 우리의 삶은 정체성에서 시작할 수도 있고, 삶에서 정체성으로 엮어질 수 있다.

규범적 관계는 헌법에 규정하고, 그리고 실제 삶은 항상 시대에 맞게 묘사적(기술적) 방법으로 변형시킨다. 1987년 개정된 헌법은 전문에서 "…자율과 조화를 바탕으로 자유 민주적 기본질서를 더욱 확고히 하여 정치 · 경제 · 사회 · 문화의 모든 영역에 있어서 각인의 기회를 균등히 하고, 능력을 최고도로 발휘하게 하며, 자유와 권리에 따른 책임과 의무를 완수하게 하여, 안으로는 국민생활의 균등한 향상을 기하고 밖으로는 항구적인 세계평화와 인류공영에 이바지함으로써…"라고 했다(박영률, 2003, 13쪽).

물론 그 정신은 제헌헌법의 '국민개로'(國民皆勞, 모든 국민은 직업을 가진다), '만민공생'(萬民共生, 전 국민이 더불어 산다), '만민공화'(萬民共和, 만민이 서로 다스린다) 등을 포함시켰다. 안재홍(安在鴻) 등 중도우파의 열린 민족주의 정신이 투영된 것이다(졸저, 2011, 236~45쪽).

우리 헌법정신은 '자유주의[4] 민주적 기본질서'를 가진 공화주의 헌법이다.

---

4 우리의 자유주의 시작의 편린을 살펴보고, 그 기본 사상을 살펴보자. 결론은 조선의 자유주의는 정치운동의 민족주의가 아니라, 경제운동으로 자유주의를 논한 것이다. 《조선일보》 1920년 3월 7일 〈실업의 실지〉에서 "생활의 형식이 의식주이며, 의식주의 기초가 재물이요, 재물의 원천을 경제로 본 것."이라고 했다. 조선일보는 경제를 살리기 위해 직물을 장려하며, 토산품을 개발하며, 무역을 강화시키기 위해 실업계의 실지를 가지도록 권장했다. 또한 안재홍이 쓴 《조선일보》〈조선일보 신사명〉에서 1924년 11월 1일 "천하의 진리는 독창으로써 귀함이 아니오. 천하의 긴급사는 일인의 참신한 제창으로써 그 기교함을 자랑할 수 없는 바이다. 오인은 이제 개인아로서 민족아로서 사회아로서 인류아로서 가장 침핍과 억압과 모독과 유린이 없이 그의 권위와 존엄과 안전을 행복의 온갖 관리와 기회를 평등적으로 향수하여야 할 것이다. 그리하여 종족과 계급과 성과의 차별이 없이 모든 경제적 평등의 안전한 기초를 보장하여야 할 것이다. 그리하여 모든 사회적 명예와 및 교화의 사설에 제진병참(齊進並參)하기를 역도

동 헌법은 '세계평화를 지향한다.'라고 했다. 제헌헌법의 각론으로 가면 제1
조로 "①대한민국은 민주공화국이다.②대한민국의 주권은 국민에게 있고,
모든 권력은 국민으로부터 나온다."(박영률, 2003, 20~1쪽)라고 규정한다. 이
는 민주공화주의 정치 형태를 말한다. 그 환경은 구체적으로 제3조에 '대한
민국의 영토는 한반도와 그 부속도서로 한다.'라고 규정했다.

　그 헌법 정신의 환경 하에서 하부구조들이 작동한다. '우리의 공영방송'[5]
도 이런 하부구조와 무관할 수 없다. 즉, 헌법정신과 다른, 방송법이 있을
수 없다는 말이 된다. '자유민주적 기본질서' 하에서 라스웰(Harold Lasswell)
은 언론의 '환경감시(surveillance)' 기능을 우선 꼽았다.

　라스웰은 환경감시를 언급하면서 구성원이 삶의 세계에서 일어나는 사건
에 대한 공적 정보의 계속적 흐름을 언급했다(Charles R. Wright, 1985, p.14).
언론은 허리케인, 지진, 군사적 공격 등 절박한 위기의 위험을 경고한다.
언론의 보도로 인해, 전 국민들은 누구나 동등하고, 평등하게 안정된 삶을
계속 할 수 있게 된다.

하여 할 것이다."라고 했다.

5 우리의 공영방송은 KBS · MBC · EBS 등 공영 지상파 방송으로 규정했다(강형철, 2005, 19
　쪽). 여기서 각 방송은 영문자로 Korea Broadcasting System, Munhwa Broadcasting
　Corporation, Education Broadcasting Station 등으로 표기된다. 공적이라고 하지만
　MBC는 순수 광고로 운영된다. 나머지는 일부 시청료로 운영된다. 그렇다면 여기에서 KBS,
　EBS 등 공영방송은 일정 부분 국민의 시청료로 운영되는 방송으로 보면 된다. 특히 방송법
　제4장 〈한국방송공사〉에서 제43조〔설치 등〕⑤에서 "공사의 자본금은 3천억 원으로 하고 그
　전액을 정부가 출자한다."라고 했다. 공영방송이 아니라, 국영방송인 것이다. 물론 공영방송은
　그 운영에서 전 국민에게 시청료를 받음으로써, 공영방송이 될 수 있다. 즉, 소유는 국가가
　갖고, 운영은 국민이 한다는 말이 된다. 실제 국민이 운영에 직접 개입할 여지가 없다면, 공영
　방송은 시청료와 관련시켜서 공영방송일 뿐이고, 광고를 하니까 어느 누구 확실한 주인이
　없다. 더욱이 광고는 특수이익을 대변함으로써 공영성과는 거리가 멀 수 있다. 이것도 아니고,
　저것도 아닌, 공영방송은 힘이 센 국가권력, 혹은 '노영방송'이라는 말이 설득력을 얻는다.
　두 축이 역사적 분석에서 중요한 위치를 차지한다.
　한편 필자는 Korea Broadcasting System, 즉 System에 근거를 두고 공영방송을 풀이한다.
　강형철은 그 분석 요건으로 "이해당사자들, 즉 수용자, 국가, 자본, 경쟁매체 등 또한 민주적
　환경 속에서 공영방송을 새로 자리매김하는 데 참여하게 되었다."라고 했다(29쪽).

다른 한편으로 자연 환경 뿐 아니라, 현대사회에서 생존하는 개인은 사회의 제도가 작동하는 정보를 얻음으로써 일상생활을 영위할 수 있게 된다. 이렇게 할 때 자유주의 체제가 원만하게 운영된다. 미디어는 사회 각 부분에 존재하는 사회를 규범이 아닌, 묘사로 사회의 현실을 그려준다.

개인은 규범적, 당위적으로 사회를 이해할 수 있게 되고, 묘사적 측면(기술적 측면)에서 질서를 부여받을 수 있다. 한편 현장의 합리성은 자연과학의 진화론적 발전을 원용할 수 있다. 뿐만 아니라, 라스웰은 공적 정보가 어떤 질서 없이 전달되는 것이 아니라, 편집의 기능을 통해 위계질서를 줄 필요를 언급한 것이다. 언론은 정보를 선택, 평가 해석함으로써 연계(correlation)를 가능하게 한다. 다른 말로 언론은 전 사회의 현실을 질서, 즉 체계(systems, organs) 안으로 가져온다. 지구촌 안에서 그 역할을 더욱 강조한다. 이 과정에서 해체(entropy)를 통제의 질서(anti-entropy)로 가져오게 된다.

그 나머지 부분은 시대에 따라 그 질서가 유지되고, 변화하는 모습을 다른 세대에게 전승시키게 된다. 이 논리에 따라 헌법 전문의 '우리들과 우리들의 자손의 안전과 자유와 행복을 영원히 확보할 것을 다짐하면서...'라는 논리가 가능하게 된다.

언론의 3가지 기능으로 헌법정신의 묘사적(기술적) 현실과 규범적 현실을 맞춰가게 된다. 물론 이 때의 체제는 닫친 체제가 아니라, '열린 체제'[6]이다. 방송법도 이런 체제의 유지라는 현실적 요구와 무관할 수 없다. 그 안에서

---

6 체계는 원래 목표추구(goal seeking)를 하면서 성장한다. 그 때 열린 체계는 항상 환경의 요소를 극대화한다. 이에 반대로 닫힌 체제(closed system)를 생각할 수 있다. 기득권자는 닫힌 체계에서 집단이기주의를 극대화 시킨다. 강한 민족주의 성향은 닫힌 체제의 대표적 실례가 될 수 있다. 그러나 우리의 헌법정신은 '우리끼리'라는 표현과는 다르고, '인류공영'이라는 열린 체제를 연상할 수 있다. 설령 그렇더라고 체계, 혹은 유기체는 환경을 피드백이나 조타(steering)로 통제 안으로 끌어 들어올 수 없을 때는 일탈로 처리된다. 라스웰이 주장하는 구조기능주의도 같은 맥락에서 환경의 감시, 사회연계, 사회화 등을 언급해야 한다. 그 만큼 체계에서는 질서(order), 체계(system)의 개념이 중시된다.

자유·책임을 누리게 되는 것이 공화주의 하 자유주의 사상이다.

현재 공영방송이 위치하고 있는 현실적 상황은 녹녹하지 않다. 우선 방송은 원심력의 측면에서 '양질의 정보'와 오락으로 수용자에게 사회 분화를 강화하도록 도와줘야 한다. 언론인의 전문화로 가능한 영역이고, 그들의 직업윤리가 또한 중요한 덕목으로 작동한다. 그러나 공영방송의 현실적 모습은 낙관적이지 못하다. 공영방송이 '하나의 표준을 제공한다.'라는 말은 남의 나라 이야기처럼 들린다. 특히 KBS 현실은 여타 방송과 구별이 되지 않는 또 다른 하나의 방송일 뿐이다. 물론 이때 좋은 영상 그림은 제공할지 몰라도, 사회제도를 연계시켜 주는 알찬 내용으로 승부수를 던지기에는 역부족이다. 여전히 공영방송은 다른 매체와 같이 사건·사고 소식의 속보성 경쟁을 일삼는다.

공영방송은 기획기사를 늘리고, 헌법 정신에 따른 재난 등 환경의 감시기능을 강화할 필요성을 가지게 된다. 사회제도 안에서 국민이 생활할 수 있도록 바른 정보를 제공한다. 재정의 열악한 상황에서 양질의 정보는 점점 자취를 감춘다. 구심력의 측면에서 원인을 제공하기보다, 폭로성 결과를 보도함으로써 사회적 갈등은 증폭시키고 있다. 그 결과 우리 사회의 평론가 집단은 계속 늘어나지만, 그들의 말에 대한 책임 의식을 가지지 않는다. 공영방송도 그 평론가 집단에 숟가락을 얹어놓을 뿐이고, 체제는 붕괴 직전 상황을 경험하게 된다.

국가는 이념적으로 갈린다. 지역, 남북, 남녀, 계층, 세대 등 갈등이 수렴되지 않는다. 국가는 의견 통합 영역을 늘려가려고 하지만, 그것도 쉽지 않아 보인다. 공영방송의 인사는 여·야 가릴 것 없이 점점 폐쇄적으로 선정이 된다. 일반적 공영방송이 갖는 '태생적 한계'일 수 있다. 그 사이 공정성을 파괴하는 노조의 반발이 심해지고, 이젠 노조의 집단이기주의까지 작동한다.

국가 내의 양극화는 심해지지만 공영방송의 구심적 기능은 점점 약해진

다. 사회 내 정규직 · 비정규직, 대기업 · 중소기업, 계층 간의 갈등은 증폭
된다. 그 간격이 점점 더 벌어지고 있다. 자본의 영향력은 강해지고, 그 견
제수단은 점점 희석되어 간다. 경쟁매체는 우후죽순처럼 생겨나고, 그 생존
전략은 '약탈적' 현상까지 보인다.

광고영업에서 공영방송까지 뛰어들어, '광고 총량제'를 주장한다. 공 · 민
영, 지상파 · 케이블, 위성, IPTV, 인터넷, 신문까지 미디어 시장을 놓고 경
쟁하고 있다. 그 경쟁적 상황에서 딱히 공영방송이 특별한 의미를 지니지
못한다.

필자는 1927년 《경성방송》부터 현행까지 언론법과 그 규정을 중심으로
공영방송을 점검한다. 그 논의는 ①총독부 통제 하의 경성방송국, ②해방
후 국영매체로서의 KBS-국영방송시대, 공영방송시대, ③유사 헌법기구로
서의 공영방송, ④공정성을 넘어 헌법정신에 맞는 방송법 등의 순서로 언급
했다. 결국 이 연구는 사회 갈등이 심화되고, 통합이 불가능한 우리의 현 상
황에서 공영방송의 정체성논의를 시도한다.

2. 총독부 통제 하의 경성방송국

방송역사는 1927년 2월 16일 개국한 '사단법인 경성방송국(JOD)'에서 시
작한다. 이 방송국은 1926년 12월 9일 조선총독부 고시 제379호로 '방송
무선전화' 시설 허가를 받았다. 그 모법은 1914년 6월 21일 법률 제26호인
'무선 전신법'이다.

이 무선 전신법 제1조는 "무선전신 및 무선전화는 정부가 이를 관장한
다."라고 했고, 제 2조는 "아래에 열거한 무선전신 또는 무선전화는 명령이
정하는 바에 의거 주무대신의 허가를 얻어 이를 사설(私設)할 수 있다(홍두표,
1997(별책), 327~8쪽). 총독부가 허가를 하고, 그에 따른 모든 사항은 그들이

관장했다. 말은 사단법인이지만, 실제 총독부 산하 방송국으로 시작한 것이다. 방송은 총독부의 나팔수가 되었다.

한편 1907년 제정한 〈광무신문지법〉은 '황실의 존엄을 모독하거나, 국헌을 문란하거나..'라고 함으로써 언론의 상황을 알 수 있는 대목이다. 군국주의 일본은 그리스 아고라보다 더 강한 국가 통제력을 발동시켰다. 사무라이 군국주의 실제를 볼 수 있었다. 국가는 폭력을 합법적으로 쓸 수 있다는, 즉 강한 힘을 바탕으로 국가운영이 가능하다는 현실을 보여줬다.

경성방송 설립 목적은 대한제국의 완전 해체와 새로운 질서 확립의 명을 받은 것이다. 일본 체계 안으로 조선반도를 편입시켰다. 개국하던 날 경성일보 문화부 출신 미쯔나가(光永紫潮)가 방송주임이 되어, 일본말로 콜 사인을 넣고 한국인 기술자 노창성(盧昌成)의 부인 이옥경(李玉慶)이 통역을 담당했다(홍두표, 1997, 89쪽).

경성방송국을 통제 하에 둔 총독부는 '일본의 식민지 통치를 합리화하는 내용', '황민화 정책', '내선일체(內鮮一體)', '일선융화(日鮮融和)', '일시동인(一視同仁)' 등 선전방송 일색을 선보였다. 일본 제국주의 나팔수 경성방송국은 조선 문화를 지우고, 새로운 일본 군국문화를 이식하기 시작한 것이다. 군국주의는 장교에게는 많은 권한이 부여되고, 사병에게는 어떤 특권도 부여하지 않는다. 자유주의 하에 동기를 바탕으로 한 체제와는 전혀 다르다. 총독부는 위로부터 강압적 사회개혁을 시도한 것이다.

당시 방송의 역할은 총독부 체제 안으로 조선반도를 끌어들여, 일본의 질서를 형성하고자하는 의도였다. 즉, 경성방송국은 식민지 조선 지배를 정당화하기 위해 홍보 매체로 사용한 것이다. 더 큰 그림에서 보면 경성방송국은 일본방송협회의 동경방송국, 오사카, 나고야 등과 같은 보조를 맞추게 되었다.

실제 경성방송국은 총독부 산하 기관으로서 '반도 민중의 문화를 개발하여 복지를 증진시킨다.'라고 했다. 이 방송국의 체제는 분업을 강화시킬 목적이었으나, 목표 추구를 위한 동기가 결핍한 '강압된 분업'(forced division of labour) 상태였다(Anthony Giddens, 1972, p.11). 공화주의 하 '각자가 스스로 다스리는 것'은 절대 허용되지 않는 상황이었다.

유기체 내에서 확실한 사회적 기능이 서로 조정이 되지 않았다. 강압에서 체계가 작동한 것이다. 이때 경성방송은 조선에서의 식민통치나 대륙 침략 등을 위한 프로퍼갠더의 역할을 하게 된다(이연, 2013, 330쪽). 경성방송국에서 환경의 감시기능은 제한될 수밖에 없었다. 개인의 동기, 자립정신, 독립은 먼 나라 이야기였다.

더욱이 도쿄방송의 초대 총재이었으며, 타이완 민정장관을 지낸 고토 신페이(後藤新平)가 경성방송국의 사장이 되면서 일본과 그 보조는 더욱 확고해진다. 즉, 방송사 설립 당시 경성방송국의 초기 방송프로그램은 도쿄방송국의 프로그램을 그대로 중계하는 경우가 많았다(이연, 2013, 331쪽).

물론 경성방송은 일본말을 진행하고, 후일 한국어 방송(2중 방송, 1934.7.31)을 뒤 따르게 했다. 물론 라디오는 당시 '부족적 마술'을 불러오기에 충분했다. 라디오를 통해 들려오는 원시인의 북소리는 귀를 의심할 수 있게 했고, '1대1의 사적, 친근한 대화는 수용자의 마음을 사로잡았다(Marshall, McLuhan, 1964/1997, 434쪽). 그렇더라도 그 내용물을 보면, 라디오는 현장의 합리성을 결하고 있어, 일본 정부의 선전도구로 사용하기 알맞은 미디어였다. 현재 출입처 중심의 취재 관행은 지금도 예외가 아니었다.

보도와 계도의 교양 프로그램은 일본을 선전과 홍보하는 기능을 하게 했다. 총독부가 독점적으로 운영하는 미디어였어, 어떤 대안도 생각할 수가 없었다. 더욱이 전쟁이 본격화된 1930년대 초기부터 전시계몽 방송으로 심전개발(心田開發), 농촌부흥, 부녀교육 등을 강화했다.

1935년 조선총독부 시정(始政) 25주년, 일본의 대륙진출 요새화 작업이 만주사변으로 구체화됨에 따라 사상운동에 대한 탄압이 더한층 강화되었다(홍두표, 1997, 135쪽). 이 때 심전개발은 우가키 가즈시게(宇垣 一成) 총독의 제창으로 이뤄졌다(이연, 2013, 346쪽).

특히 2중 방송을 시작할 당시 모든 프로그램을 연구, 심의한다는 명목 아래 '방송심의회'를 조직했다. 당시 심의회의 위원으로 사촉된 사람들은 체신 감리과장 감독계장, 경무국의 보안과장과 도서과장, 사회과장 그리고 해군 무관, 사단무관, 경성일보 사장 등이었다(홍두표, 1997, 107쪽).

더욱이 일본인들은 선전을 용이하게 할 목적으로 언론의 검열 표준 (censorship standards)을 정하고 정부는 왕족을 비난하거나, 민주주의를 거부하거나, 법과 국가 안에 특정한 계급을 강조하거나, 테러에 동조하거나, 체제 위협의 가능성에 대해서 철저히 규제했다(Gregory J. Kasza, 1988; 졸저, 2011, 321쪽). 일본의 방송 운영에 방해가 되는 요소는 철저히 차단했다.[7]

총독부는 표준 검열제를 실시함으로써, 방송의 보편적 서비스를 할 수 있는 자신감을 표출했다. 조선을 해체시켜, 일본의 강압적 질서 안으로 조선을 완전히 끌고 온 것이다. 전술했듯 처음부터 경성방송은 현장의 합리성 (rationality)을 인정하지 않은 상태에서 총독부, 혹은 일본정부의 나팔수, 혹은 선전의 역할을 하도록 했다. 더욱이 만주사변 이후 방송의 통제는 더욱 강화되었다. 총독부는 1933년 이후 '방송감청제'를 활성화했다. 방송의 청취자가 늘자 체신국 방송감독과는 경성방송국내에 감청원을 상주시키면서 방송 차단기를 설치하는 등 방송감청제도를 활성화했다(홍두표, 1997, 108쪽).

1937년 12월 중일전쟁이 일어나고 서서히 제2차 세계대전의 기운이 가까워지자 방송프로그램도 종전과는 달리 전쟁 목적을 수행하기 위한 도구로 활용되게 되었다(이연, 2013, 349쪽). 1938년 '국민정신총동원령'을 공포하게 이른 것이다. 더욱이 1941년 1월에는 '국민정신총동원연맹'의 인사들까지

---

[7] 구소련령(러시아 하바로브스크)와 중국 중경에서 들려오는 괴방송의 전파를 막기 위하여 조선 총독부 경무국과 체신국이 긴밀하게 연락을 취하면서 국내 방송을 적극적으로 감시하기 시작하고 미등록 수신기와 고급 수신기의 청취자도 아울러 단속하기 시작했다(홍두표, 1997, 136쪽).

참석하는 '총력방송연구회'를 신설하여 매달 1회씩 개최했으며, 방송심의회도 이해 12월에 '총력방송심의회'로 개편됨으로 방송은 오직 전쟁방송목적의 기능만을 강요받게 되었다(홍두표, 1997, 108쪽).

총독부는 방송의 기능을 전쟁 수행의 특수목적을 두고, 선전매체로서 최고의 기능을 수행하도록 강요했다. 그들은 밀턴(John Milton)의 공론장에서 파편화된 정보가 모여지고, 걸러져서 진리를 규명한다는 원리를 절대로 수용하지 않았다. 동기가 말살된 강압적 분업의 형태가 이뤄졌다.

총독부는 전쟁의 특수목적을 위한 방송의 환경감시기능을 확보한 것이다. 당시 주요 경성중앙방송의 방송내용은 정책적 선전 내용이거나, 1935년 11월 외무성과 정보성의 도움으로 설립한 동맹통신(The United News Agency)의 것이거나, 도쿄방송국의 뉴스와 해설을 번역한 것이었다(졸저, 2011, 325쪽).

경성중앙방송은 뉴스를 집중적으로 내보낸 것이다. 뉴스의 새로운 장르가 본격적으로 소개되고, 정보 질서 안으로 사회가 편입되었다. 정보정치가 가능하게 된 것이다. 방송은 더 이상 문화·오락 매체로서 작동하도록 바라지 않았다. 총독부는 1941년 11월 26일 전쟁을 효율적으로 수행하기 위해 정보과를 신설하고, 선전과 홍보를 강화시켰다. 정보·보도·영화의 3계(係)를 중심으로 ①여론의 지도 계발(啓發), ②정보수집 보도 및 선전, ③보도 및 계발선전기관의 지도, ④내외사정의 조사와 소개 등을 담당하도록 했다(매일신보, 1941.11.27; 정진석·김영희·한진만·박용규·서재길, 2008, 34쪽).

방송 내용은 신문, 잡지 콘텐츠와 같이 취급했다(정진석, 2008, 35쪽). 방송이 언론기관으로서 간주한 것이다. 즉, 모든 출판물의 검열을 맡았던 도서과는 1943년 12월 1일의 총독부 기구개편으로 폐지되었다. 도서과의 검열 업무는 이때부터 보안과에서 맡도록 되었으나 전쟁 말기의 긴급한 상황에서 경무국보다는 주한 조선군 사령부가 맡았다.

경성방송의 운영 원리에서 보았듯 총독부는 그들의 필요를 충족시키는데 만족하고, 일 방향으로 정보를 좀 폭 넓게 전달할 따름이었다. 그들의 무선통신 관리는 철저히 봉쇄정책을 편 것이다.

총독부는 정보를 그만큼 통제하여, 자신의 유리한 쪽으로 만 소통하도록 명했다. 또한 그 소통은 법으로 명문화하여, 지키도록 했다. 법률 제 26호 〈무선전신법〉(1914년 21일 제정)에 의하면, 제16조, "허가 없이 무선통신, 무선전화를 시설하든지 또는 허가 없이 시설된 무선전신, 무선전화를 사용한 자...제25조 무선전신, 무선전화에 의한 공중통신 또는 군사상 필요한 통신을 방해하거나, 이를 방해할 만한 행위를 한 자.." 등을 규제하였다(홍두표, 1997(별책). 328쪽).

해방 후 도 무선통신의 정책은 별로 달라진 것이 없다. 이는 그 수준의 기술적 발전정도를 갖고 있었기 때문이다. 정부는 이런 기술적 속성을 최대한 이용했다. 1950년 4월 10일 법률 제125호 지방방송국 설치법 '제1조, 방송 사무를 분장하게 하기 위하여 공보실소속하에 지방방송국을 둔다.'라고 했다. 그리고 '제2조, 지방방송국의 명칭 위치와 관할 구역은 대통령령으로 정한다. 제4조 지방방송국의 직제 공무원의 종류, 정원과 보수에 관한 사항은 대통령령으로 정한다.'라고 했다(홍두표, 1997(별책), 330쪽).

3. 해방 후 국영매체로서의 KBS

1) 국영방송 시대

일제강점기 이후 방송은 미군정의 부속기관으로 편입되었다. 그것도 전 국민을 상대로 한 보편적 서비스가 가능한 언론기구였다. 미군정은 방송에는 제한적 환경감시 기능을 부여하고, 그 대신 사회제도의 연계로 그 체제에 질서를 주거나, 그 확고한 구조를 사회화 시키는데 관심을 가졌다. 해방 이후 방송의 기능은 일제 강점기와 별로 달라진 것이 없었다. 미군정기(期)

에도 방송을 '정권의 나팔수'로 두는 것이 통치에 용의했을 것이다.

해방 후 1945년 9월 15일 일본인 관리는 물러나고, 선거로 초대 조선방송협회는 이정섭(李晶燮)씨가 맡게 되고, 중앙방송국장에 이혜구(李惠求)씨가 선출되었다. 미국식 언론이 도입되고, 환경감시를 위한 방송 기자가 등장했다.

방송국 명칭도 1945년 10월 2일 경성중앙방송에서 서울중앙방송국으로 바뀌었다. 군정법 제64호에 의해 1946년 4월 1일 공보국을 공보부로 개편하고, 서울중앙방송국(Seoul Korea Key Station of The Korean Broadcasting System)으로 명명했다.

물론 여기서 체계(System)는 목표의식을 강력하게 정의할 뿐 아니라, 그 범위를 정했다. 그 범위 안에서 질서를 강조된다. 그 질서는 헌법의 질서 하에서 작동하도록 했다. 여기서 사회 체계(social system) 하에서 국영방송은 그 역할을 정확하게 규정하게 되었다. 그 때 국영방송은 사회의 각 체제를 연계시키고, 대중을 사회화 시키는 것으로 정체성이 결정된 것이다. 그 참여자의 자발성과 더불어 도덕적 정당성이 필요한 시점이었다. 실천이성의 도덕률이 요구되었다. 문화 동질성도 그 범위 안에서 추구한다. BBC, NHK 공영방송의 모델이 아니라, 국영방송 KBS는 그 이름에 따라 그 최적의 기능을 수행하면 되었다.

초기 국영방송은 '민족의식 앙양', '민주주의 해설('정당강연시간[8] 포함)', '경제해설' 등 보도 · 교양방송이 강화되었다(홍두표, 1997, 188쪽). 그 때 특수목적은 국민국가의 형성이 될 수 있었으며, 다른 체제를 연계시킬 목적을 가졌다. 즉, KBS는 신생국 건설, 재난방송 질서의 성격을 지녔다.

---

8 '정당강연 시간'은 각 정당을 소개하여, 공화주의 체제 안으로 안착시키는 노력이었다. 한국민주당, 국민당, 인민당, 공산당 등 4개 정당뿐이었으나 나중엔 사회단체까지 끼이게 되어 한동안은 10여개 정당 사회단체가 교대로 방송을 했다(홍두표, 1997, 200쪽). 그러나 좌파에게 방송시간 허용은 인색했다.

서울중앙방송국은 정부의 수중에서 홍보기능을 담당한 것이다. 이 질서는 국내 뿐 아니라 외국과 연계로 그 범위를 확장시켰다. 미군정은 1947년 9월 3일 미국 애틀랜타에서 열린 국제무선통신회의에서 HL이라는 호출부호를 받고, 그 다음 2일부터 한국인 임직원을 정식으로 발령하고, 방송국 기구를 편성과, 방송과, 업무과 3과로 개편했다(홍두표, 1997, 179쪽). 더욱이 미군정은 1946년 3월 29일 방송현업부서는 공보국 방송과에 남기도, 나머지 조선방송협회를 체신부로 옮겼다. 그러나 얼마가지 않아 미군정은 현업부서도 조선방송협회로 이관시켜줬다.

　미군정 치하에서 방송내용은 '발표 저널리즘'의 선전, 홍보기구에서 취재, 보도의 형태를 변화시켰다. 언론의 취재영역을 늘리기 위한 노력을 읽을 수 있는 대목이다. 좌우 정치가 활성화되면서, 각 정당에 출입하는 문제안(文濟安)과 조동훈(趙東勳) 등 기자가 활동하였다. '방송기자'가 등장하고, 직접취재가 시작된 것이다. 미군정 뿐 아니라, 정부조직과 각 정치·사회단체에 취재영역을 확충했다. 출입처 중심의 서구식 환경 감시 기능이 강화하게 되었다.

　미군정 공보부는 '중앙방송국 적화공작사건'(金應奐 등 12명 가담)이 일어난 1947년 9월 19일 이후 미군정의 색깔이 노출되었다. 방송국 '적화사건'의 와중에 이혜구는 문초까지 당하고, 1947년 9월에 방송국장을 사임하였다(서울신문, 1947.9.7). 그 후임으로 방송계 경력이 전혀 없던 당시 공보부 정치분석과장(과거 매일신보에 근무경력이 있었던)을 임명했다(김학민·정운현, 1993, 418쪽).

　미군정은 국영방송의 정파성을 철저히 차단했다. 그들은 '방송뉴스 편집요강'을 공포하고, '라디오 방송 규칙'을 발표했다. 후자의 경우 제1조에 '공중의 이익과 편익, 그리고 공중의 관심이 걸려 있는 성격의 보도와 공중의 필요를 위한 발표이어야 함과 동시에 진리와 공정과 정당한 봉사적 견지에서 허·불허를 결정한다.'라고 했다(홍두표, 1997, 197쪽). 군정은 자본주의 체계를 수용하도록 바랬다. 그들은 사익이나, 정론성을 억제하고, 공익개념을 도입하고, '종사자의 책임을 강조했다'(홍두표, 1997, 197쪽).

한편 전자의 '방송뉴스 편집요강'은 ①뉴스는 객관적인 사실로서 새로운 의미를 가져야 한다, ②뉴스는 신속 정확해야 하며 그 편집은 불편부당 공평무사해야 한다, ③아무리 새 의미를 갖는 뉴스일지라도 그것이 사회에 미치는 영향을 고려하여 경조부박(輕佻浮薄)하거나 사회 풍속 상 충실돈후(忠實敦厚)의 미풍을 해치는 것은 편집에 넣을 수 없다, ④뉴스는 사회성과 일반성을 가져야 한다, ⑤보도 자유에도 한계가 있음으로 법률로 금지되었거나 공공 이익을 해치는 것은 보도할 수 없는데 이 점은 조금도 완전한 자유를 저해하는 것이 아니다, ⑥보도 부문은 누가 무엇을 언제 어디서 왜 어떻게 등 요소를 갖추어야 한다...(홍두표, 1997, 197~8쪽).

미군정은 정파성의 언론을 확실히 경계한 것이다. 보도는 객관보도·사실보도 안에서 머물게 했다. 그 원리 하에서 환경감시와 사회의 연계 그리고 문화의 전승에 충실하게 했다. 여전히 미군정은 국가 폭력을 상시 사용할 수 있는 경찰국가(garrison state)이었다.

물론 초기 뉴스 내용은 취재보다는 각종 통신을 이용했다(김성호, 2014, 55쪽). AP, UP, VOA 등이 방송의 내용이었다. 그러나 현장 취재영역의 활성화되면서 출입처에서 베끼기 영역 뿐 아니라, 과거의 선전, 홍보 매체로서의 기능은 조금씩 퇴보했다.

언론 영역에서 미군정 공보부의 발표는 정론지를 사실에 바탕을 둔 정보 매체로 만들 수 있는 획기적 계기를 마련해준 것이다. 물론 사후 검열로 그들의 체계 안에서 가능했다. 좌·우가 대립 때는 반드시 미군정의 질서, 혹은 체제 안에서 언론의 자유를 허용한 것이다.

그 당시가 소개되었는데, 방송보도의 공정성과 정확성은 여타의 여러 신문들이 흉내를 내지 못할 만큼 독자적인 것이었다. 지나 칠 정보의 엄정 중립고수정책에 따른 한국 방송인의 애로도 있었으나, 일제치하의 사전검열에서 사후검열로 바뀐 제도의 변하는 정녕 획기적인 일이 아닐 수 없었다(홍두표, 1997, 179쪽). 물론 여기서 공정성은 좌파를 소탕하기 위한 공정성이었다.

미군정이 정권을 이양함에 따라 1948년 8월 15일 조선방송협회의 후신인 대한방송협회가 방송의 전 영역을 인계받게 되었다. 그 형식은 국유화로 된 것이다. 당시 제헌헌법은 1948년 7월 17일에 제정되었는데, 그 전문은 "유구한 역사와 전통에 빛나는 우리들 대한민국은 기미 삼일운동으로 대한민국을 건립하여 세계에 선포한 위대한 독립정신을 계승하여 이제 민주독립국가를 재건함에 있어서 정의인도와 동포애로써 민족의 단결을 공고히 하며 모든 사회적 폐습을 타파하고 민주주의제도를 수립하여 정치, 경제, 사회, 문화의 모든 영역에 있어서 각인의 기회를 균등히 하고 능력을 최고도록 발휘케 하며 각인의 책임과 의무를 완수케 하여 안으로는 국민생활의 균등한 향상을 기하고 밖으로는 항구적인 국제평화의 유지에 노력하여.."라고 규정했다(http://cafe.daum.net/minedokto/KshM/211?q=%C1%A6%C7%E5%C7%E5%B9%FD&re=1).

여기서 괄목한 대목은 한민족이 공유하는 공간은 '한반도와 부속도서'였으며, 또 다른 하나는 '민주주의제도'라는 표현이다. 이는 동일한 공간의 역사·민족주의를 강조함으로써 같은 경험을 공유하게 되고, 시간적 경험의 서로 다름으로 인해 개인의 주체성 확립을 요구했다. 후자의 경우 하버마스(Juergen Habermas)는 "공공권(公共圈, public sphere)은 국가의 관점에서 주장되는 공공성이 아니라 시민의 공통의 이익으로서 요구되는 시민적 공공성으로 의미전환을 재촉하는 논의도 함께 했다."라고 했다(한영학, 2003, 238쪽). 공론장에서 개개인은 서로 절대적으로 의존하는 '내적 국면'(intrafacing)을 갖는다.

신생국가의 제헌헌법 정신은 공간을 지배하는 국가와 시민적 공공성을 함께 한다. 이로 써 구성된 사회제도는 각 체계의 역할이 강조되었다. 개인은 자유를 가지며, 그에 따른 책임도 함께 지닌다. 전술했듯 신용하는 독립협회 연구에서 '국가를 개인의 집적이라고 전제하고 개인의 자유 권리를 가질 때, 국가의 자유를 건전하다.'라고 했다.

국영방송은 독립의 건국 정신에 충실했다. 당시 KBS는 국영방송으로서 환경을 감시하고, 사회제도를 연계시키며, 사회화를 염두에 두었다. 즉, 헌법 전문의 정신에 따르면 '우리들과 우리들의 자손의 안전과 자유와 행복을 영원히 확보할 것을 결의하고..'라고 했다.

위약한 신생국 대통령은 경찰의 힘, 국민과 직접 상대할 방송 매체를 수중에 넣은 것이다. 李 대통령은 당연히 현장의 합리성을 결한 채, 출입처 제도 중심으로 국영방송이 정부의 나팔수 역할을 강화시켰다. 기술만 발전시키면 국민에게 보편적 서비스를 제공할 수 있다는 가정이다. 그는 체제의 동기를 등한시하고, 카리스마 리더십을 부각시켰다. '우리끼리'가 강화될 전망이었고, 네트워크가 위약할 가능성을 내포하고 있었다.

정부의 의도에 따라 KBS는 국영방송이 되었으며, 그 종사자는 공무원 신분을 갖게 되었고, 이승만 정부는 그 운영원리를 발표했고, 그 때의 상황이 인사에서 반영되었다. 정부 출범 직후 중앙방송국장으로 방송업무와 아무 관련이 없던 화가 이관희('이준 열사의 후손')가 임명되었다(박용규, 2008, 196쪽). 방송의 방향은 쉽게 예측되는 대목이었다. 이때부터 독립국의 방송으로서 대외홍보와 국민계도 등 국가적 차원에서의 역할과 아울러 제반 방송문화의 발전에 힘쓰게 되었다(홍두표, 1997, 179쪽).

한편 일본은 연합국최고사령부의 지도 아래, 사단법인 일본방송협회의 공공 기업(public corporation)으로의 개편작업이 이루어졌다(카타오카 토시오, 1988/1994, 33쪽). 1948년 7월 맥아드 장군 서한에서 국가공무원의 파업 금지를 요청하고, 동시에 국철(國鐵)과 전매국(專賣局)을 공공 기업체로 보아 그 직원을 국가공무원에서 제외하는 지시를 하고 있었다. 이는 1945년 기업성과 공공성을 가진 NHK의 영향력이 있었을 것이다. 이 현실은 1950년 6월 1일 방송법과 전파법이 시행되면서 공공방송과 민간방송이라는 두 체제의 방송 기본틀이 확립되었다(카타오카 토시오, 1988/1994, 32쪽).

일본과는 달리 우리는 국영에 머무르게 했다. 즉, 지방방송국 설치법이 1950년 4월 10일 법률 제125호로 통과 되었다. 그 제1조에 "방송 사무를 분장하게 하기 위하여 공보실소속하에 지방방송국을 둔다. 제2조에 지방방송국의 명칭 위치와 관할 구역은 대통령령으로 정한다. 제3조 지방방송국에 국장을 둔다. 지방방송국국장은 공보실장의 명을 받아 국무를 관리하며 소속 공무원을 지휘감독 한다. 제4조 지방방송국의 직제 공무원의 종류 정원과 보수에 관한 사항은 대통령령으로 정한다."라고 했다(홍두표, 1997(별책), 330쪽).

국영방송은 정부수립 이후부터 홍보매체였음을 알 수 있었다. 즉, 방송국의 보도 프로그램은 공무원인 기자들이 고위 공직자를 상대로 제대로 취재하기 어려웠다(박용규, 2008, 204쪽). 정부가 국영방송을 좌우한 것이다. 그 후 북한군의 남침으로 1950년 6월 26일 방송국은 국방부 정훈국의 관장 하에 들어갔다.

국영방송은 여기저기 배회하다, 공보처로 이관되었고, 1953년 7월 27일 방송관리국을 공보처에 신설했다. 이곳에서 방송 사업기획, 조사 그리고 방송의 질적 향상을 위해 편성을 지도했다(홍두표, 1997, 257쪽). 이승만 정부는 신생국 건설, 전란 회복 등을 위해, 보편적 서비스의 도구였던 방송을 활성화하기를 바랐을 것이다.

물론 야당의 반발도 만만치 않았다. 1955년 2월 정부조직법으로 공보처가 공보실로 바뀌고, 방송은 1년 동안 문교부 소속으로 바뀌었으나, 이듬해 2월 1일 방송은 공보실로 다시 복귀했다.

6.25가 끝난 후 국영방송은 민영방송과 경쟁을 하게 되었다. 1954년 12월 15일 기독교방송(CBS, Christian Broadcasting System)이 개국했다. CBS는 특수방송의 유기체(organism)의 기능을 했다. 즉, 선교방송으로 시작한 이 방송은 항상 비판의 자세를 잃지 않고 부당한 권력과 사회의 부조리에 항거했다(최창섭, 2006, 914쪽). 기독교방송은 미국식 문화 방송문화에 획기적 발

전을 가져다주었다.

한편 공보실은 1958년 1월 25일 '방송의 일반적 기준에 관한 내규'를 발표했다(홍두표, 1997(별책), 333쪽). 방송의 기본 방침이 발표되어, 1947년 발표된 '방송뉴스 편집요강'과 더불어 방송운영에 대한 기본이 발표된 것이다.

이 '일반적 기준'은 ①모든 방송은 민주주의의 발전에 기여하고 민족문화 향상에 공헌하여 국민의 복리증진에 이바지하는 것이어야 한다, ②방송은 교양·오락 등 모든 순서를 통해서 자주적 판단을 기르고 독립정신을 기르는 것이어야 한다, ③방송은 국시에 위배되거나 적에게 이로운 것이어서는 안 된다, ④방송은 사회의 공기로서 공정성을 잃거나 부정확한 것이어서는 안 된다, ⑤방송은 어떠한 순서를 막론하고 가장 과학적이고 합리적이어야 한다. 송(迷)신을 조장하거나 긍정하는 내용이어서는 안 된다, ⑥방송은 공공질서를 문란하게 하거나 미풍양속을 해하는 것이어서는 안 된다. 민심을 불안하게하거나 공포에 빠지게 해도 안 된다, ⑦방송은 종교·인류·지방 등에 대하여 편견을 가지게 해서는 안 된다, ⑧방송은 어느 개인이나 특정한 단체를 선전하거나 광고해서는 안 된다. 또한 개개인의 인격을 존중하고 명예를 훼손시켜도 안 된다..., ⑬방송은 항상 많은 청취자의 뜻을 반영시켜야 한다(홍두표, 1997(별책), 333쪽).

'방송뉴스 편집요강', '라디오 방송 규칙', '방송의 일반적 기준에 관한 내규' 등은 방송이 나갈 방향을 제시했다. 그러나 정부 홍보수단의 큰 방향은 해방 전·후와 별로 달라진 것이 없었다. 5·16 이후 방송정책은 군정기와 이승만 정권과는 달랐다. 사회는 사회주의 경제에서 사용하는 '경제적 과정'(economic process)을 고려했다(Anthony Giddens, 1972, p.14). 경제생활이 강조된 것이다. 군사정부는 정치를 묶어두고, 경제에 자율성을 부여한 것이다.

1962년부터 정부 주도로 경제개발 5개년 계획이 강력하게 추진되면서, 공업화, 도시화가 촉진되었으며 전국 주요 도시를 잇는 도로, 철도의 개설 및 정비로 교통, 통신망이 크게 확충되었고, 미디어를 근대화 추진을 위한

214

중요한 홍보수단으로 인식하고, 특히 라디오 보급을 적극 지원했다(정진석, 2008, 89쪽).

TV 본격적 발전은 군부세력의 도움으로 가능하게 되었다. 즉, 한국에서 방송 특히 텔레비전의 개발(도입) 및 발전은 서구와 달리 민간이나 시장 스스로가 아닌 국가 주도로 이루어졌다(조항제, 2012, 17쪽).

우선 TV 설립을 위해 전제 〈전파관리법〉을 정비했다. 이 법은 국영방송 KBS의 위상을 알리는 근거가 되는데, 1961년 12월 30일, 〈전파법〉으로 1991년 12월 14일 개정되었고, 2000년 12월 29일 개정된 것이다. 이 법은 '제6조는 무선국의 허가를 얻고자 하는 자는 대통령이 정하는 바에 의하여 신청서를 체신부 장관에게 제출토록 했다. 동법 시행령 22조는 체신부장관이 위의 여러 가지 방송을 목적으로 하는 무선국의 허가를 할 시에는 공보부장관의 합의하도록 규정했다. 이 법의 제5조는 외국 법인 또는 단체가 방송을 소유할 수 없도록 했다.'라고 했다(조맹기, 2011, 341쪽).

방송의 정부의 통제가 용이하도록 한 것이다. 그 이유로 "전파는 극히 넓은 주파수 범위를 가지고 있지만 그래도 유한(有限)이기 때문에 사용 목적별로 면밀한 전파 할당 계획이 필요하다. 또 통제가 없는 전파의 남용은 혼신을 야기할 우려가 많다. 그렇기 때문에 전파의 이용에 간해서는 국제전기통신조약에 통제규약을 두고 있고, 또 그 국제조약에 입각해서 국내적으로는 전파법이 제정되어 있다."라고 한다(방송문화진흥회, 2003, 461쪽).

박정희 군사정부에서 그런 규정을 둔 것이 아니다. 해방 후 1950년 4월 10일 '법률 제125호 〈지방방송국 설치법〉 제1조 방송 사무를 분장하게 하기 위하여 공보실소속하에 지방방송국을 둔다. 제2조 지방방송국의 명칭 위치와 관할 구역은 대통령령으로 정한다... 제4조 지방방송국의 직제 공무원의 종류 정원과 보수에 관한 사항은 대통령령으로 정한다.'라고 했다(홍두표, 1997, 330쪽).

전파에 대한 일반적 규칙이 제정되고, 국영방송의 TV 발전과정은 법적 보호로서 가능하게 해줬다. 즉, 1962년 2월 각령 제 425호로 텔레비전 방송국에 대한 원리가 확정되었다. 또 '서울중앙방송국과 서울국제방송과 서울텔레비전 방송국의 국장은 행정부이사관으로 보한다.'라고 함으로써 여전히 라디오 · 텔레비전은 국영에 머물러있었다.

당시 TV 방송은 "대 국민 정신적 치유, 비전 제시, 계도라는 분명한 목적을 갖고 출발했다. 이에 비추어 볼 때 초기 KBS, 텔레비전이 규정한 시청자는 국가의 계몽의 대상이자 훈육의 대상으로서의 국민이었다(마동훈, 2011, 99쪽).

한편 1962년 12월 3일제정한 〈국영텔레비전 방송사업 운영에 관한 임시조치법〉 법률 제1195호는 "제1조(사업) ①국영텔레비전 방송국은 공공방송 이외에 일반의 요청에 제의하여 유료광고 방송을 할 수 있다...제3조(시청료 징수)...②정부는 전항의 규정에 의한 수상기 등록자로부터 시청료를 징수한다. 단 각령이 정하는 자에 대하여는 시청료를 징수하지 아니한다."라고 했다(홍두표, 1997(별책), 334쪽). 한편 "국영텔레비전 방송국 유료광고 방송 사무요강 1963년 6월 11일 문화공보부내칙 제6호, 개정 1964년 3월 11일 문화공보부 내규 제16호, 제 17조(공익상 계약방송의 불이행) 등에 따라 국장은 국가적 또는 사회적 이익을 위하여 중대한 사건을 방송하기 위하여 필요한 때에는 계약된 광고방송을 중지할 수 있다."라고 했다(홍두표, 1997(별책), 334쪽).

더욱이 정부가 TV 방송에게 광고영업을 할 수 있게 했다. 정치는 질서유지에 관심을 갖고, 경제는 자치에 가깝게 풀어줬다. 〈국영텔레비전 방송사업 운영에 관한 임시조치법〉이 통과됨으로써 광고영업을 하게 된 것이다. 국영방송 KBS는 TV 방송국이 특수이익에 봉사할 수 있게 했다. 박정희 군사정부가 국영방송 KBS가 재정이 열악한 상황을 고려해 특단의 조치를 취해 준 것이지만, 이는 후일 국영방송이 공영 방송화하는 길을 열어줬으나, 무차별적 시청률 경쟁에 휩싸이게 한 조치였다. 국영 TV 방송이 그 만큼 경제적 과정에 몰두하게 됨으로써, 경제적 자유도가 증가한 것이다.

구체적으로 보면 이 법은 "제1조(사업) ①국영텔레비전 방송국은 공공방송 이외에 일반의 요청에 의하여 유료 광고방송을 할 수 있다, ②전항의 규정에 의한 유료광고방송의 범위 및 광고료에 관하여 필요한 사항은 각령으로 정한다."라고 했다(홍두표, 1997(별책), 334쪽). 그리고 〈국영텔레비전 방송사업운영에 관한 임시조치법 시행령〉을 1962년 12월 15일 각령 제1082호를 통과시키고, 1970년 대통령령 제5138호까지 두 번의 개정을 거쳤다.

본 임시조치법의 시행령을 시청료와 더불어 광고 방송을 할 수 있게 했지만, 동 시행령은 광고에 대한 주의 사항을 언급했다. 경제 관계, 교환관계 등에서 질서, 도덕적 정당성을 확보하게 한 것이다. 즉, 광고방송의 범위는 "①법령에 위반하여 수입 또는 생산된 물품에 관한 것, ②미신을 조장하는 것, ③사실을 과장 또는 과대평가하는 것, ④타인 또는 타 상품을 배척 또는 중상하는 것, ⑤법령에 위반하여 설립된 단체에 관한 것, ⑥계쟁 중의 문제에 대한 일반적인 성명, ⑦기타 법령에 위반되거나 공공의 질서와 선량한 풍속에 배치되는 것."이라고 했다(홍두표, 1997(별책), 334쪽).

한편 1962년 6월 14일 방송의 자율규제기관의 '방송윤리위원회'가 발족되었고, 1963년 12월 16일 우리나라 최초의 방송법이 제정되었다. 5장 22개 조로 구성된 방송법은 "방송 편성의 자유를 보장하고, 방송국이 자율적으로 방송의 공공성을 유지하기 위해 방송윤리위원회와 심의 기관을 설치하도록 했다. 방송법의 제정으로 방송법 제정 이전에 허가되고, 설립된 방송에 대한 정부의 체계적인 관리가 가능해진 것이다."라고 했다(김영희, 2011, 9쪽).

2) 공영방송 시대

더욱이 후일 국영방송 KBS는 단독법령을 가질 수 있게 되었다 국영방송이 아닌, 공영방송체제가 된 것이다. 경제적 과정에서 머물지 않고, 그 관계를 사회적인 것으로 확장시킨 것이다. 제헌헌법 정신인 국민개로, 대중공생의 길을 갈 수 있는 길을 터 주었다. 그만큼 방송을 자율성을 가질 수 있는 기회를 가진 것이다. 공영방송 체제에서 전문화의 길을 걸을 수도 있었다.

1973년 3월 3일에는 방송공사가 발족하면서 국영이던 KBS가 공사로 새 출발하면서 정부수립 이후 공무원 신분이었던 방송요원을 전문화할 수 있는 계기가 마련되었다. 당시 폐간된 《대한일보》와 《동화통신》기자들을 KBS에 불러오고, 각 신문사의 유능한 기자들도 합류하여 방송저널리즘의 기틀을 다졌다(최창봉, 2003; 정진석, 2008, 48쪽).

기자에게는 혜택이 주어졌다. 1973년 6월 13일에는 KBS 기자들도 기자협회에 가입할 수 있게 되어 기자로서의 '시민증'을 획득하고 출입기자단에도 당당히 한몫을 차지할 수 있게 되었다(조항제, 1997, 71쪽).

법적·제도적으로 보장받는 공영방송이 출현한 것이다. 〈한국방송공사법〉이 1972년 12월 30일 법률 248호가 제정되고, 1990년 8월 1일 법률 제4264호까지 3번의 개정을 했다. 동 법은 "제1호(목적) 이 법은 한국방송공사(이하 '공사'라 한다)를 설립하여 국내의 방송을 효율적으로 실시하고 전국에 방송의 시청을 가능하게 함으로써 방송문화발전과 공공복지향상에 이바지하게 함을 목적으로 한다. 제2조(법인격) 공사는 법으로 한다...제4조(자본금) ①공사의 자본금은 3천억 원으로 하고 그 전액을 정부가 출자한다."라고 했다(홍두표, 1997, 350쪽).

출자는 정부가 하고, 그 내용은 공영방송을 시작한 것이다. KBS, 공영방송은 초기에는 국영도 법인도 아니어서, 어정쩡한 체제를 유지하고 있었다. 그럴지라도 그들은 공적 기능을 수행했다. 원래 이런 공사(corporation)는 소속된 가족이나, 국가에 대한 강한 의무와 책임을 가졌다. 그 조건으로 노동자는 도덕적 정당성을 확보하고, 공통적 연대를 작동시킨다. 가끔 공사는 일부 종교(the sacred)적 색채까지 띠는 조직이다. 법과 윤리가 강하게 작동하는 곳이다. 물론 그들은 약육강식의 기업과 상행위를 강력하게 배척한다.

드뤼깽에 의하면 공사는 어떤 역사가에 의하면, 국가와 관련을 맺고 있었는데 그들의 공적 성격은 로마제국으로 발전되었다(Emile Durkheim, 1933, p.8). 같은 맥락에서 우리의 3공화국의 사기업은 여전히 국가에 의존해서 발전되었다.

미국의 경우 조금 다른 발전 양상을 보이고 있다. 공공방송공사(CPB, Corporation for Public Broadcasting)는 "1967년 미국 공공방송법(Public Broadcasting Act)에 의해 '비상업적 방송'을 발전시키기 위해 발족한 방송 기구이다(방송문화진흥회, 2003, 31쪽).

우리의 경우 미국과 전혀 다른 체제를 갖게 되었고, 공영방송의 광고영업을 하게 되었다. 전통 제국과 같은 형태로 발전한 것이다. 그 때 "KBS의 공영화는 원론적 의미의 공영화는 결코 아니었다. 당시 공사화를 추진했던 정책당국은 KBS가 기업적 외형을 갖추고 이전의 국영과는 다른 '매체 가치'를 가질 수 있을 때만이 정부 홍보도 효율적으로 달성될 수 있다고 생각한 것이다."라고 했다(조항제, 1997, 70쪽).

즉, KBS 공사화의 궁극적 목적은 '정부의 통제력을 줄이지 않는 가운데 조직 내부의 효율화 · 전문화를 통해 시청자에 대한 '공영'방송의 영향력 강화를 꾀하는 데 있었다(조항제, 2003, 176~7쪽; 김수정, 2012, 66쪽). 정부는 여전히 만민공화를 허용하지 않았으나, 국민개로와 대중공생에 더욱 관심을 가졌다.

물론 KBS는 공사화로 일정한 부분 방송발전에 결정적 기여를 했다. 공영방송은 뉴스 프로그램이 확대되었고, 보도국 간부가 진행하는 앵커제도가 도입되었고, 또한 교양프로그램이 증가되면서, 편성의 다양성이 부분적으로 수용되었고, 공공성 측면을 강조했다(김영희, 2006, 951쪽).

그러나 전두환 정권이 등장하면서 공영방송은 더욱 깊게 정권 쪽으로 끌어들였다. 말로만 공영방송의 시대가 도래를 한 것이다. 언론매체는 '언론기본법'9에 묶어 두었다. 정부는 방송을 홍보매체로 간주했고, '땡전 뉴스'까지 등장했다. 종교방송을 제외하고는 모든 방송은 공영으로 통 · 폐합했다.

1980년 12월부터 미국의 텔레비전 표준 위원회(NTSC) 방식으로 칼러 TV 방송을 시도했다(김영희, 2006, 952쪽).

전두환 정권은 언론인 강제해직과 더불어 신문협회, 방송협회가 자율정화 형식을 빌려 '건전언론육성과 창달'을 결의했다(강대인, 1997, 27쪽). 그 결의문은 "①언론기관의 난립 등 전근대적 언론구조의 개선, ②상업방송 체제의 공영방송체제로의 전환, ③개인 및 특정 법인의 신문 방송 등의 독점 및 겸영 금지, ④각 지방 주재기자들의 철수, ⑤언론사를 회원으로 하는 단일 민영 통신사 신설, ⑥언론인의 자질 향상과 처우 개선 등을 내용으로..."라고 했다(강대인, 1997, 27~8쪽). 정부는 '방송위원회'를 출범하고, '한국방송광고공사'를 발족시켰다. 또한 대통령령 제10호와 161호로 '홍보조정실'을 신설했다. 공영방송은 국영방송과 별로 다를 바가 없었다. 사회체계 안에서 하나의 하부체계의 역할을 한 것이다.

강압적 정부의 언론통제 기구의 방향은 그 장점과 단점을 갖고 있었다. 경직화된 문화는 나중 생기게 된 SBS 등 많은 방송이 그 문화를 이식시켜 줬다. 그 단점도 포함한다. 칼라 TV는 부족의 신화를 극대화시킨다는 장점도 존재하나, 여러 가지 감각을 사용함으로써 시청자의 몰입도를 더욱 높이게 한다. 특히 맥루한에게 "어린이들은 모든 감각의 관여를 요구하는 텔레버전 영상에 대한 대응 방법을 인쇄물에까지 적용하려고 한다. 그들은 완전한 정신적 모방의 재능을 가지고 텔레비전 영상의 요청에 응하는 것이다."라고 했다(Marshall, McLuhan, 1964/1997, 442쪽).

어린이들은 인쇄물이 갖고 있는 단일 감각의 집중도를 습득하지 못한 채, 공중이 갖는 '각자가 스스로 다스리는 것'의 능력을 훈련하지 못한다. 수동

---

9 언론기본법은 구체적으로 ▶방송의 공영제, ▶방송에 대한 운용 · 편성의 기본 사항을 심의할 독립기관인 '방송위원회' 설치, ▶방송국 내에 '방송자문위원회' 설치 · 운영의 의무화, ▶현행 '방송윤리위원회'를 대신하는 '방송심의위원회'의 설립을 규정했다(강준만, 2007, 553쪽).

적 인간형 형성으로 독립정신을 망각하게 된다. 텔레비전은 공중을 참가시킨다. 우리는 텔레비전과 '함께 하지(with) 않을 수 없게 한다'(Marshall, Mc-Luhan, 1964/1997, 447쪽).

어린이는 '조그만 자동인형'으로 변해있다. 어린이는 어릴 때부터 대중이나, 군중으로 성장한다. 한국방송의 문화는 전반적으로 일제 강점기, 군부시대의 수동적 문화를 시대별로 다른 형태로 갖고 있었지만, 독립성을 키우는데 한계점을 노출했다. 더욱이 전두환 정권의 통폐합으로 TBC 문화가 국영방송에 침투되었다.

공영방송에 선정성의 시청률 지상주의가 싹트기 시작한 것이다. 물론 공영방송은 문화매체로서 아디이어를 확산시키고, 논리적 정당성을 확보하기 위해, 현장의 합리성을 강화시킬 수 있다. 또한 제5공화국은 TV 드라마가 ①국가발전과 민족정기를 고취하고, ②시청자의 의식을 개선하고, ③건전한 오락성을 지향할 것을 권장했다(오명환, 1993, 356쪽 참조; 정영희, 2012, 133쪽). 5공 정부는 자율성도 부여했다 그 문화가 실제 안고 있는 코드를 일별하면, 강압적 규제만으로 통제한 것은 아니었다(정영희, 2012, 118쪽). 즉, 폭력적 출발에 걸맞게 정치적으로는 억압적이었으나 문화적으로는 느슨하고 향락적인 이중적 잣대가 작동했다. 맥루한은 향락과 폭력의 감각을 사디즘을 동일시했다. 그는 "감각과 사디즘은 거의 쌍둥이다. 성적 활동이 기계적인 것으로 그리고 단지 신체의 부분들이 만나고 조작되는 것으로 보이는 사람들에게는 흔히 형이상학적으로 불릴 수 있는 결핍이 남아 있게 되지만, 그것은 의식되지 않으며 신체적 위험, 때로는 고문, 자살 또는 살인으로 만족을 추구한다."라고 했다(Marshall McLuhan, 1961/2015, 118쪽). 대리만족의 선전 현상이 노출되는 현장이었지만, 다른 한편으로 표면적으로 국민들은 정치만 벗어나면 자율화, 탈규제를 맛볼 수 있었다.

감각적 고통을 버리고, 절제 뒤 쾌락을 선택한 독립 정신을 강화시킬 수 있었다. 질 높은 프로그램은 시청률 저하라는 필연성을 안고 있었다. 공영방송은 그 반대의 정책을 폈다. 감각에 의존하는 삶은 고통을 따르게 할 뿐 아니라, 자극적 환경에 수동적 삶을 살게 된다. 물론 다른 한편으로 전두환 정부의 방송정책은 KBS 공영방송 조직에서도 변화를 일으켰다. KBS, MBC에 1980년 12월, 1월 칼라방송을 할 수 있게 함으로써, 방송의 수입은 늘어났고, 조직은 비대해지기 시작했고, 조직에 경영기법이 도입되었다.

전두환정부의 〈언론기본법〉으로 조직 안에는 상업적 성격이 강화되었다. 박정희 정부와 같은 보조를 맞추었다. TBC는 비록 통폐합을 통해 없어지고, 구성원들은 대부분 KBS에 이어져 뿌리 깊은 관료문화를 바꾸는 데 일조했고, 다른 아이디어들도 모든 방송에 고루 남겨져 한국 방송의 역사적 유산이 되었다(조항제, 2012, 52쪽). 방송은 공영성을 상실하면서, 집단이기주의적 성향을 나타낼 수 있는 계기를 마련했다.

4. 유사 헌법기구로서의 공영방송

전두환 정권이 거하고 1987년 민주화 이후 공영방송이 바뀌기 시작했다. 대중선거에 의해 국가는 '사회적 유기체'(social organism), 혹은 도덕적 기구로서의 뇌(brain)로 작동하기 시작했다. 정당성을 확보한 정부가 들어서면서 공영방송 이슈는 크게 등장한 것이다. 국영방송의 색깔이 희석되었고, 공영방송이 그 자리를 차지했다.

공영방송은 상업적 색깔이 강화되었고, 방송노조의 집단이기주의가 싹트기 시작했다. 물론 구조가 오래가면 '늙은 조직', 늙은 '노동자 민주주의', 효율성 없는 규모만 커지는 조직이 된다. 이는 비용만 많이 먹히고, 별 영양가 없는 조직을 예견할 할 수 있는 대목이다. 공영방송이 아니라, 그들만을 위한 리그를 만들어가고 있다. 공영방송의 민영화라는 소리가 나오는 대목이다.

한편 사회는 재벌, 노조, 언론 등이 앙상한 사회구조로 만민공화를 시도했다. 언론 정책이 확대 일로였다. MBC는 〈방송문화진흥회법〉을 1988년 12월 26일 법률 제4032호 제정되고, 1989년 12월 30일 법률 제4183호(정부조직법)로 개정을 했다. 동 법은 제1조(목적) "이 법은 방송문화진흥회를 설립하여 민주적이며 공정하고 건전한 방송문화의 진흥과 공공복지향상에 이바지하게 함을 목적으로 한다."라고 했다(홍두표, 1997(별책), 359쪽).

전두환 정권 이후 방송위원회가 설치됨에 따라 그 심의 규정을 정했다. 〈방송심의에 관한 규정〉은 1988년 10월 18일 방송위원회 규칙 제3조 이후 1995년 12월 22일 방송위원회 규칙 제109호까지 3번에 개정을 거쳤다.

그 내용은 헌법 정신과 더불어 1958년 '방송의 일반적 기준에 관한 내규'와 별로 다를 바가 없다. 그 구체적 조항을 보면 "제9조(국민의 알 권리 및 표현의 자유존중) 방송은 국민의 알 권리와 표현의 자유를 존중하여야 한다. 제10조(자유민주주의 신장) 방송은 자유민주주의를 신장하고 민주적 기본질서를 유지하는데 이바지하여야 한다. 제11조(준법정신의 고취) 방송은 준법정신을 고취하며 위법 행위를 고무 또는 방조하여서는 아니 된다. 제12조(인권의 존중) 방송은 인간의 생명과 존엄성을 존중하고 국민 기본권을 옹호하며 성별, 직업, 학력, 종교, 연령, 국적 등 모든 면에서 차별 없이 모든 사람의 권리와 명예를 존중하여야 한다...제13조(민족정체성의 함양) ①방송은 민족의 주체성을 함양하고 민족문화의 창조와 계승, 발전에 이바지하여야 한다. ②방송은 민족의 존엄성과 긍지를 손상하지 않도록 하여야 한다. 제14조(인류 보편적 가치의 함양) ①방송은 인류 보편적 가치와 인류문화의 다양성을 존중하며 종교, 인종, 민족, 국가 등에 관한 편견을 조장하여서는 아니 된다. 특히 타민족이나 타문화 등을 모독하거나 조롱하는 내용을 다루어서는 아니 된다. ②방송은 국제친선과 이해의 증진에 이바지하여야 하며 국민이 국제화 시대에 능동적으로 대처하는데 도움을 주도록 하여야 한다."라고 했다(홍두표, 1997(별책), 361쪽).

《방송법》도 1987년 11월 28일 법률 제3978호 이후 2010년 3월 22일까지 여러 번 개정을 했다. 그 과정을 살펴보면 2004년 12월 'KBS 재원 구조와 '공영화 방안'으로 공영화의 이름에 따른 범주화를 서두르고 예산을 확보하기로 했다. 공영방송의 정체성에 관한 고민을 한 것이다. 시청료로 일정 부분 재원을 충당할 수 있도록 하고, 광고도 할 수 있게 했다. 물론 공영방송 KBS는 영업 이익을 남기는 곳이 아니었다. 그러나 당시 공영방송은 NHK[10]를 생각할 수 있었다. 이 방송은 국가와 시민의 중간에 위치하여 시민의 적극적인 참여로서의 방송 서비스가 요구된 것이다(한영학, 2003, 242쪽).

공영방송은 다른 사기업과 차별성을 두기로 했다. 그 성격으로 인해 KBS 공영방송은 예산을 측정해 안정적 운영을 하도록 하고, 5~10년에 한 번씩 계획을 세워주면 되었다. 체계는 항상성(homeostasis)을 발휘할 수 있도록 제도적 장치를 마련하는 것이다.

실제 계획 없는 공영방송은 표류하기 시작했다. 무계획적 공영방송은 민영도, 공영도 아닌 자신의 이익만 챙긴 꼴이 되었다. 공영방송은 정권의 나팔수가 되기 십상이었고, 지탄의 대상이 된 것이다. 더욱이 문화방송(Munhwa Broadcasting Corporation)은 공영방송(공사, 정부와 시민사이에 존재)으로서, 사단법인은 "국가의 권력으로부터 균형을 취할 수 있어, 어떤 지배의 상태로부터 보호받을 수 있었다."라고 했다(Anthony Giddens, 1972, p.19). 그러나 전두환 정부 때의 MBC는 이름과 달리, 독립된 기관이 아니었다.

1987년 이후 아노미의 분업상태인 공영방송의 수난사 시작되었다. 1986년 1월 20일 시청료 거부 기독교 범국민운동본부가 설치되었고, 'KBS-

---

10 NHK의 방송 서비스가 질적 측면에 있어서 공공성을 얼마만큼 확보하느냐 하는 문제는, 결국 NHK가 국가로부터 얼마만큼 자유롭고 시민의 문화적 요구와 알 권리를 포함한 표현의 자유에 부응하느냐에 달려 있다고 하겠다(한영학, 2003, 242쪽). 설령 그렇더라도 NHK는 재해 대책 기본법 상(제2조)으로 보도기관 중에서 유일하게 '지정 공공기관'으로 정해져 있어, NHK의 재해방송은 보다 높은 공공성과 사명이 요구된다 하겠다(246쪽). 한편 남북으로 갈린 준전시상태를 유지하는 우리의 경우 재해대책에 민감할 수밖에 없다.

TV를 보지 않습니다.'라는 아픈 경험을 하게 되었다. 그 여파가 노태우 민정당 대표는 6·29 선언, 즉 '정부는 언론을 장악할 수도 없고, 장악하려고 시도하여도 안 된다.'라는 발표를 하게 되었다.

그 후 MBC가 1988년 12월 9일, KBS가 이듬해 5월 20일 노조를 갖게 되었다. 그 결과 1980년대 후반에는 노조운동으로 체현된 기자들의 자성과 방송을 감시하는 시민 사회적 역량 성장으로 비교적 '공영적' 이념에 충실한 뉴스가 생산되기 시작했다(조항제, 1997, 76쪽). 또한 "방송은 다양한 사회집단 및 세력의 '의견형성과 표현의 장(場)'인 동시에 사회적 갈등과 대립을 중개하는 열린 공간이기도 한다. 방송은 민주적인 여론형성을 돕기 위해 공정성과 공개성의 원칙에 따라 다양한 사회 집단의 입장과 의견을 고르게 대변해야 한다."라고 했다(정연주, 2007, 27쪽).

방송의 민주화가 일정 부분 성취된 것은 사실이다. 자발적 유기체, 즉 체계가 작동하기 시작한 것이다. 공영방송에 대한 다각적 논의가 이뤄졌다. 또한 공영방송의 기능을 충실히 수행하고, 감시를 위해 방송심의 규정을 확고히 했다. 만민공화에 필요한 정치적 자유의 확보에 주력하였다. 공정성의 개념이 부각된 것이다.

방송심의에 관한 규정 1988년 10월 18일 방송위원회 규칙 제3호로 심의 원칙과 공정성의 원칙을 확립했다(홍두표, 1997(별책), 361쪽). 즉, 심의의 기본 원칙으로 제4조(심의의 기본정신), 위원회가 이 규정에 따라 심의를 할 때에는 방송의 창의성, 자율성, 독립성을 존중하여한다. 그 제5조(공정성의 원칙) 방송은 공정하고 객관적이어야 한다. ②방송이 사회적인 쟁점이나 이해관계가 첨예하게 대립된 사안을 다룰 때는 관련된 집단이나 개인의 의견을 균형 있게 다루어야 한다. 제13조(민족주체성을 함양) ①방송은 민족의 주체성을 함양하고 민족문화의 창조와 계승, 발전에 이바지하여야 한다. 제14조(인류 보편적 가치의 함양) ①방송은 인류 보편적 가치와 인류 문화의 다양성을 존중하며 종교·인종·민족·국가 등에 관한 편견을 조장해서는 아니 된다. 방송순서기준 제21조(공정성) ①방송은 민주적 여론형성에 이바지하여야 하며 사회 각계각층의 의견을 균형 있게 다루어야 한다. ②방송은 진실을 왜곡하지 아니하고 사실을 객관적으로 공정하게 다루어야 한다.

그러나 국가가 통제기능을 상실할 때, 혹은 '강압된 분업'의 상태가 해체되면 정치적 자유를 위해 다른 세력이 등장하게 되었다. 노조와 언론이 득세하면서 사회는 정파성의 회오리를 경험하게 된 것이다. 당시 기득권 세력은 반민주였고, 반대세력은 민주인사였다. 둘로 딱 갈린 세태에서 모든 제 세력은 어느 쪽이든 줄을 서도록 강압했다. 체계의 원리와는 전혀 딴 형태를 작동했다. 말하자면 체제는 각 역할을 분화시키고, 서로 연계하는 것이 급선무였다.

안재홍은 '사람이 살음이니 살음은 생활(生活)이요 또 생명(生命)이라고 했다. 생활에서 가장 합리적, 효율성을 찾은 것이 다름 아닌 체계이다. 이때 공영방송은 고도의 절제로 소통(疏通)의 미학을 강화시켜줘야 한다. 그리스 아고라의 성소(聖所)로 출발하는 소통의 미학이 이뤄져야 했다. 그 원리로 지금까지 나팔수나, 선전·선동에 익숙한 방송은 사회 하부체제를 체제 안으로 활동할 수 있게 해줘야 했다. 그러나 공영방송은 체계의 원리를 망각했다. 뿐만 아니라, 민주공화주의 하 자연의 질서, 이성의 질서가 멀리 느껴졌다. 그렇다고 당시 공중은 공중으로서의 동기가 충만 한 것도 아니었다. 하부구조가 위약한 체제를 계속 했다.

체계는 사회 갖가지 하부체제를 엮을 직업 연합의 성격과 역할은 도덕적 연계를 함께 한다(Anthony Giddens, 1972, p.17). 뒤르깽은 도덕적 연계만이 세련된 분업을 가능하다고 봤다. 말하자면 뒤르깽은 노동조합의 존재에 의해 절대로 세련된 분업이 성취될 수 없다고 본 것이다(Anthony Giddens, 1972, p.17).

유기체, 즉 체계가 작동되었으나, 여전히 사회체계에서 도덕적 연계성을 얻지 못했다. 그 종사자는 그 사이 적당히 줄을 서면서, 노조의 집단이기주의를 작동시켰다. 여전히 공영방송은 어느 기구, 한 두 계급의 나팔수 역할을 하게 된 것이다. 방송인은 공화주의 헌법 정신에 위배되는 파당성 조장에 앞장섰다. 더욱이 시청료 거부운동으로 KBS2는 광고를 도입하면서 완전히 상업방송이 되어 버렸다(조항제, 1997, 52쪽). 각 제도의 노조와 기업주는 국가가 존재했던 자리를 차고앉아, 목소리를 키웠다.

절제를 통한 소통의 미학은 전혀 딴 판에 의해 움직였다. 지극히 집단이기주의가 작동하고, 그 논의가 확산되면 기득권을 지키기 위해 군중을 언젠가 선동하게 된다. 주인 없는 회사에 노조 주인이 생기고, 그 후원세력이 생긴 것이다. 정부, 야당, 노조, 시민단체 그리고 외곽단체 등이 서로 공영방송에 지분을 차지하려고 했다. 공영방송은 정치화의 늪으로 깊게 빠져들었다. 방송의 정체성은 '목표추구(정치)' 기능보다, '통합(법)'과 '숨은 기능(문화전승)'에 두는 것이 옳았다.

이것도 저것도 충실할 수 없었던 아노미 상태의 공영방송은 가장 가깝게 다가온 인사선정 문제의 정치성에 비판하기 시작했다. 방송은 만민공화의 상태를 유지하기 위해, 국민개로와 대중공성의 정신을 망각한 것이다.

대신 '왜곡'된 동기가 작동되기에 이른 것이다. 1987년 11월 28일 통과시킨 '방송법', '방송문화진흥회법', '한국방송공사법'에 각각 노조는 제동을 걸었다(졸서, 2011, 374쪽). 또한 MBC 노조는 1989년 1월 최창봉(崔彰鳳) 대표이사 내정과 관련, '새 사장 내정 과정의 반 민주성을 규탄한다.'라고 했고, KBS 노조는 1990년 4월 서기원(徐基源) '서울신문사 사장임명과 관련'[11], 취임 반대 농성을 벌였다.

한편 〈언론기본법〉에 벗어나, 정부는 공·민영 혼합체제로 탈바꿈했다.

---

11 1990년 2월 노태우 정권은 KBS 직원에 대한 법정수당 지급을 '예산 변칙 지출'로 몰아 노조에 협조적이던 사장 서영훈을 해임시키고 《서울신문》사장 서기원을 사장으로 임명했다. 노조는 서기원의 사장 취임을 저지하는 투쟁을 전개했다(강준만, 2007, 587쪽).

정부는 방송의 팽창정책이 시도된 것이고, 노조는 이를 반대했다. '노태우 정권과 방송노조'[12]는 일전을 치르게 되었다.

노조는 자신들의 정파성은 철저히 베일에 숨기고, 타인에게 삿대질을 한다. 허위의식에 경도된 집단이기주의 형태이다. 대중공생과는 거리가 멀고, 이성이 아닌, 감성에 호소한다. 여전히 그 내용도 이념으로 경도되어 있었고, 현장의 합리성을 구비하지 못했다. 더욱이 자기비판이 없으니, 여기서 공중(the public)은 자신을 공개할 수가 없게 되었다. 공론장에서 이성에 의한 지배인 만민공화는 물 건너 간 것이다.

또한 현장의 합리성이 규정될 수 있어야 사고와 사건의 인과관계를 규명할 수 있다. 자연의 질서, 이성의 질서 하에서 실천이성의 도덕률은 도덕적 개인주의에서만 가능하게 된다. 그렇다면 개인은 자신의 이익을 위해 목표를 추구하지만, '집합양심(conscience collective)'이 필요하게 된다. 사적 자아(the private self)가 공적으로 작동하지 못할 때 공중의 염원은 물거품으로 된다. 사적 자아는 '언노련'[13]의 힘을 이용하였고, 민주노총과 보조를 맞췄다. 정치권은 야당이든, 여당이든 공영방송의 든든한 후원자가 되었다.

정부는 '낙하산'이고, 노조는 투쟁을 일삼았다. '낙하산'는 김대중, 노무현 때도 별로 달라진 것이 없었다. 김대중 정부의 '언론세무조사'로 공영방송은 정부의 나팔수로서, 보수신문을 폄하했다. 한편 노무현 정부의 《한겨레》 논설

---

12 노태우 정부와 방송노조의 관계는 "1990년 6월 14일 새로운 방송제도 개편안을 발표하고 7월 11일과 14일 방송 관련 3개 법안을 국회문공위와 본회의에서 날치기 통과시켰다. 법안의 핵심 내용은 민방 신설과 방송위원회, 방송광고공사, 교육방송에 대한 정부통제 강화 등이었다...7월 12일 MBC 노조의 제작 거부를 시발로 하여 KBS, 기독교 방송, 평화방송 등 4개 방송사 노조는 연대 제작 거부라는 결의를 표명하기에 이르렀다."라고 했다(강준만, 2007, 589쪽).

13 언노련(전국언론노동조합연맹)은 1988년 11월 26일 결성되었다. 그 강령은 ①언론의 역사적, 사회적 책임을 깊이 인식하여 보도 자유의 확보와 민주언론실천에 전력한다. ②굳건한 단결력을 바탕으로 언론노동자의 정치적 사회적, 경제적 지위 향상과 권익 보호 신장을 위해 투쟁한다, ③민주적인 노동운동을 강력 지원한다. ④편집, 편성권에 대한 정치권력이나 자본 등 어떠한 세력의 간섭도 거부한다(안재희, 394~5쪽; 조맹기, 2011, 368쪽).

주간 정연주가 KBS 사장이 되자, 정부여당·공영방송 KBS는 야당과 보수신문을 폄하하기 시작했다(강형철, 2005, 55쪽). 더욱이 2004년 3월 12일 노무현 대통령의 국회탄핵으로 편파방송은 15일 간 계속되었다(서정보, 2006.4.25).

물론 정파성의 투쟁을 하더라도 TV에 대한 국민의 신뢰는 대단했다. 독과점 매체로서 채널의 기득권은 괄목했다. 설령 그렇다고 하더라도 공영방송은 제도로서 공영방송의 역할이 있을 것이다. 그 역할과는 달리, 공영방송의 양쪽의 정치화로 왜곡 현상이 심화되었다.

정치에 깊숙이 파고든 공영방송은 문화적 가치나, 직업적 취재규범을 확립할 의무가 있었다. 그 결과 공영방송은 '가장 질(質) 좋은 프로그램으로 가장 많은 수용자에게 제공한다.'라는 목표를 실현하기는 불가능했다. 그들의 뒷거래는 서로 집단이기주의가 작동하도록 했다.

내적·외적 체제가 서로 관련성을 맺고 정상적으로 작동하는 것이 불가능한 상태였다. 자발성이 충만하고, 전문적 규범으로 무장하고, 도덕적 정당성을 확보한 '유기적 연대'(organic solidarity)가 아닌 것이다. 자발적 분업이 아니라, 강압된 분업의 문화가 방송 주변을 싸고 있었다.

질서 형성이 불가능하게 되고, 하부로부터 오는 자발적 믿음, 즉 정당성을 확보할 수 없게 된다. 사장은 취임하자말자, 레임덕이었고, 수준 낮은 조직 관행이 계속적으로 공영방송을 운영하게 된다. 현장성이 위약한 이념적 격전장이 되었다. 강압적 분업의 관행은 협력업체와의 관계에서도 일어난다. 외주제작을 늘리라는 법 조항을 원용하여 공영방송은 외주제작에 갑(甲)질하고, 저작권을 가로챈다. 또한 공영방송은 원심력의 기능으로 사회분화를 시켜주고, 구심력의 기능으로 통합시켜주는 기능을 망각할 수 있었고, 시청률 경쟁으로 특수 이익의 광고수주에 의존하게 되어있다. 한국방송(Korea Broadcasting System)은 '유기적 연대'로 건전한 체계의 분화와 통합 그리고 다른 체제를 엮어주는 기능을 망각한 것이다.

앞서서 국가의 우산 안에서 각 하부체제를 견제하고 균형을 취해줘야 할 공영방송이 '유기적 연대'를 맞을 준비가 되어있지 않았다. 그렇더라도 1990년 중반 이후 인터넷의 발달로 과거와는 엄격한 공정성을 요구했다. 설령 현실적 문제가 있었지만 공정성의 내용이 방송법에 명기되었다. 개정된 《방송법》(2015년 3월 13일)은 제1조(목적)에서 "방송의 자유와 독립을 보장하고 방송의 공적 책임을 높임으로써 시청자의 권익보호와 민주적 여론형성 및 국민문화의 향상을 도모하고 방송의 발전과 공공복리의 증진에 이바지함을 목적으로 한다."라고 했다(http://www.law.go.kr/lsInfoP.do?lsiSeq=169150&efYd=20150315#AJAX).

동 법의 제5조(방송의 공적 책임)에서 "①방송은 인간의 존엄과 가치 및 민주적 기본질서를 존중하여야 한다. ②방송은 국민의 화합과 조화로운 국가의 발전 및 민주적 여론형성에 이바지하여야 하며 지역 간 · 세대 간 · 계층 간 · 성별 간의 갈등을 조장하여서는 아니 된다.

또한 동 법의 제6조〔방송의 공정성과 공익성〕, ①방송에 의한 보도는 공정하고 객관적이어야 한다. ②방송은 성령, 연령, 직업, 종교, 신념, 계층, 지역, 인종 등을 이유로 방송편성에 차별을 두어서는 아니 된다. 다만, 종교의 선교에 관한 전문편성을 행하는 방송사업자가 그 방송 분야의 범위 안에서 방송을 하는 경우에는 그러하지 아니한다. ⑤방송은 상대적으로 소수이거나 이익추구의 실현에 불리한 집단이나 계층의 이익을 충실하게 반영하도록 노력하여야한다. ⑥방송은 지역사회의 균형 있는 발전과 민족문화의 창달에 이바지하여야 한다. ⑦방송은 사회교육기능을 신장하고, 유익한 생활정보를 확산 · 보급하며, 국민의 문화생활의 질적 향상에 이바지하여야 한다...⑨방송은 정부 또는 특정 집단의 정책 등을 공표함에 있어 의견이 다른 집단에게 균등한 기회가 제공되도록 노력하여야 하고, 또한 각 정치적 이해 당사자에 관한 방송프로그램을 편성함에 있어서도 균형성이 유지되도록 하여야 한다."라고 했다.

개정된 방송법은 방송의 범위를 통신까지 포함시켰다. 즉 2010년 〈방송법〉에는 그 개념도 "'방송'이라 함은 방송프로그램을 기획 · 편성 또는 제작하여 이를 공중(개별계약에 의한 수신자를 포함하여. 이하 '시청자'라 한다)에게 전기통신설비에 의하여 송신하는 것으로.."라고 했다. 방송에 통신개념을 삽입했다.

그 구체적 내용을 보면 공화주의 헌법을 비교적 폭넓게 반영하였다. 물론 공화주의에는 지향하는 목표가 있다. 공화주의 정부에서는 "항상 개인의 자유뿐 아니라, 국민의 복지, 공공성" 등이 관심의 초점이다. 우리의 공화주의 헌법의 국민개로, 대중공생, 만민공화가 함께 할 때 가능하다. 과도한 정치 지향적 만민공화는 국민개로, 대중공생의 토대를 무너지게 했다. 팽창된 언론의 공정성 개념은 공허하기 짝이 없었다.

원론에 충실하지 못할 때 공화주의는 위약한 제도가 될 수 있었다. 물론 공화주의 헌법은 설치 이유가 있다. 공공선을 달성하기 위해 공화주의에서 바람직한 정부 형태로 '혼합정체'를 주장하는 이유도 이것을 공공분야에서 개인이나 정파의 이해를 넘어서는 공공선을 실현하기 위해서 필요한 제도적 장치를 보기 때문이다(임채원, 2008, 69쪽).

공화정 하에서 '공공선'을 이루는 조건으로 모든 사람의 참여를 독려한다. 이 때 '사회적 사실'(social facts)로 개인은 서로 공유할 수 있다. 이 사실은 개인의 밖에 있으면서, 개인을 통제한다. 사회적 사실로 개인은 강제성, 전달성, 보편성을 나눌 수 있다. 다른 한편으로 정파성을 배제하기 위해 공정성 · 공익성을 사용한다. 개인의 행위에 도덕성만 갖춘다면 불가능할 것도 없다. 그러나 필자가 문제를 삼은 것은 공정성 · 공익성이 지나치게 강조한 측면이다. 공익성 · 공정성을 강조하는 것은 〈한국방송공사법〉에도 나타난다(신평, 2011, 577쪽).

동 법 조항 제44조(공사의 공적 책임) ① 공사는 방송의 목적과 공적 책임, 방송의 공정성과 공익성을 실현하여야 한다. ②공사는 국민이 지역과 주변 여건에 관계없이 양질의 방송서비스를 제공받을 수 있도록 노력하여야 한다. ③공사는 시청자의 공익에 기여할 수 있는 새로운 방송프로그램·방송서비스 및 방송기술을 연구하고 개발하여야 한다. ④공사는 국내외를 대상으로 민족문화를 창달하고, 민족의 동질성을 확보할 수 있는 방송프로그램을 개발하여 방송하여야 한다.

〈한국방송공사법〉은 또 공익성, 공정성이 강조된 것이다. 이는 1947년 9월 19일 미군정이 '방송뉴스 편집요강'에서 정파성 언론을 하지 못하도록 하는 규칙에서 많이 언급한 내용이다. 그런다고 공익성, 공정성이 성취되는 것은 아니다. 〈한국방송공사법〉(2008.2.29 개정) 제43조(설치 등) ① 공정하고 건전한 방송문화를 정착시키고 국내외 방송을 효율적으로 실시하기 위하여 국가기간방송으로서 한국방송공사(이하 이 장에서 "공사"라 한다)를 설립한다. ②공사는 법인으로 한다. ③공사의 주된 사무소의 소재지는 정관으로 정한다. ④공사는 업무수행을 위하여 필요한 때에는 이사회의 의결을 거쳐 지역방송국을 둘 수 있다. ⑤공사의 자본금은 3천억 원으로 하고 그 전액을 정부가 출자한다. ⑥제5항의 자본금 납입의 시기와 방법은 기획재정부장관이 정하는 바에 따른다.

말은 공사지만, 출자는 전부 정부이고, 자본금에 대한 조항은 기획재정부장관이 지도록 했다. 재정 면에서 초기 국영방송법과 별로 다를 바가 없다. 1972년 공사가 발족할 때나, 전두환 정권 때도 같은 형태를 지니고 있다. 내용과 형식면에서 별로 달라진 것이 없는데 지금에 와서 공익성·공정성을 과다하게 주장한다.

공영방송 KBS는 공익법인이 아니라, 국영기업이다. 그런데 법조항으로 보면 공정성이 모든 것을 해결해주는 것처럼 기술하고 있다. 개인의 정체성과 그리고 그 판단의 미학(美學)은 뒷전으로 밀린다. 이렇게 중요한 'cogito'의 판단은 어느 곳에서도 강조하지 않는다. 정체성에는 개인의 성찰, 개인적 자치 그리고 정치적 자유 등이 함께 논의된다(Anthony Elliott, 2015, p.1).

인식론은 제외시킨 채 '정치적 자유'의 공정성을 집요하게 문제를 삼았다.

'사회적 사실'로도 공유할 수 있는 부분이다. 물론 방송법에서만 공정성을 주장하는 것은 아니다. 'KBS 방송제작 가이드라인'에 또 다시 강조한다. 즉 'KBS 방송의 규범'에서 "①방송의 자유와 제작자의 책임, ②정확·공정·진실'을 규정했다 여기서 '공정'은 프로그램은 공정해야 한다. 즉, 시청자가 특정한 사안을 편견 없이 올바로 이해하도록 어느 한 편으로 치우침이 없이 전체를 아우를 수 있는 균형된 시각과 관점을 제시해야 한다...공정성은 외견상의 단순한 중립성에 의해 얻어지는 것이 아니라 공정함과 진실을 추구하는 엄격한 윤리적 자세에 의해 확보될 수 있다. 권력에 대한 맹종이나 맹목적인 비판, 작고 힘없는 존재에 대한 맹목적인 배려나 무관심은 다 같이 유의해야 할 태도이다."라고 했다(정연주, 1998, 13~7쪽).

공정성의 문제가 또 제기되었다. 한겨레신문 김효실 기자는 2015년 3월 10일 〈'공정성' 준칙 구체화한 KBS, 편향 시비 줄까?〉라고 했다. 동 기사는 "조대현 한국방송 사장은 지난 2일, 창립 42주년 기념식에서..'한국방송 미래혁신 방안'을 발표했다. 이는 한국방송이 지난해 김시곤 당시 보도국장의 '외압' 폭로로 보도 공정성 논란이 일면서 길환영 당시 사장이 해임되는 파문을 겪으면서 작성된 것이다."라고 했다.

동 기사는 실제 가이드라인을 보면, "'공정성은 비례적이거나 산술적인 균형 또는 외견상의 중립성에 의해 확보될 수 있는 것이 아니라 (판단의) 중립성에 의해 확보될 수 있는 것이다. 또한 이는 정의를 추구하는 윤리적 자세로 접근할 때 확보할 수 있다'고 명시하는 등 진실의 공익 추구가 언론의 역할이자 '공영방송'의 핵심 가치임을 명시하기도 했다."라고 했다(김효실, 2015.3.10).

공영방송은 한국방송광고공사를 통해 광고영업을 하고 있으나, 공영방송의 광고는 특수한 이익을 대변한다. 물론 한국방송광고공사가 일정 부분 사익 추구를 차단하지만, 우리 사회는 양극화가 갈수록 심화되어, 사회의 환경의 감시가 제대로 하지 못함이 나타난다. 대신 공영방송은 시청률 경쟁에 노예가 되어 있다.

'고통을 버리고, 심적 쾌락을 찾는' 공화주의 정신과는 거리를 두게 된다. 이성적 계몽의 역할을 하는 것이 아니라, 감각적 시청률의 노예가 된 상태이다. 수용자는 대리 만족을 즐기는 '기계 신부'가 된다. 여기에서 공영성을 해치는 간과할 수 없는 일이 일어나고 있다. 공영방송의 정체성을 정면으로 도전하는 일을 하고 있는 것이다. 자본주의 사회의 개인과 그 조직 윤리가 아닌, 집단윤리가 이기주의 원리로 작동하게 된다.

1988년 11월 26일 결성된 전국언론노동조합연맹(언노련)이 존재이다. 〈전국언론노동조합의 규약/규정〉(2004년 2월 11일. 제8차 중앙위원회 제정하고, 2번의 개정을 거쳐 2013년 4월 16일 제20차 정기대의원 회의에서 개정한 내용)에 따르면 "제1조(명칭) 위원회의 명칭은 전국언론노동조합(이하 조합) 정치위원회라 하며 약칭은 정치위원회라 한다. 제2조 목적과 사업에서 정치위원회는 조합의 강령과 규약, 정치방침에 따라 조합의 정치 활동 역량을 강화하고 민주노총과 제 민주단체 및 진보정치세력과 연대하여 노동자 민중의 정치세력화를 위하여 다음 각 분회의 사업을 추진한다."라고 했다(http://media.nodong.org/com/com-4_2013.html). 그 구체적 활동사항은 ①노동자의 정치세력화 및 진보정당 활동 관련 교육선전, ②노동자 정치활동 역량의 조직화, ③정치방침 수립 및 정책개발, ④각종 정치 행사 주관 및 참여 조직화..(http://media.nodong.org/com/com-4_2013.html), 그 활동 강령은 '진보정당 활동의 교육선전'이라고 했다. 대부분의 공영방송은 언노련에 주축을 이루고 있지만, 언노련은 당파성의 색깔을 갖고 있다. 우리 헌법은 당파성을 배격하도록 한다. 우리의 공화주의 헌법은 입법·사법·행정을 정부의 제도로 간주하고, 언론은 그 당파성을 갖지 못하도록 견제와 균형을 취하는 것이다. 말하자면 당파성을 갖지 못하도록 견제하는 유사 헌법 기구(quasi constitutional institutions)에서 당파성을 갖게 된 것이다. 이는 헌법정신의 언론 기능과 완전히 배치된다.

공영방송은 더더욱 공영이 될 수 없는 단체에 가입하고 있는 것이다. 당파성의 공영방송이 운영되고 있었다. 특히 우리의 헌법 전문은 '항구적인 세계평화와 인류공영에 이바지함으로써..'라고 규정했다. 이는 개인은 이성을 가진 존재로서, 자연법 질서 · 사상을 존중한다는 뜻이 된다. 이는 수동적 군중의 떼거리 문화화는 거리가 있다. 이성은 언론의 바른 이성, 그에 따른 공론장만 허용한다면, 서로 왜곡된 진실의 정당성을 확보할 수 있게 된다.

왜곡된 공론장의 당파성을 갖게 되면 공론장이 아니라, 프롤레타리아의 독재의 특수이익에 봉사하게 되니, 노영(勞營)방송이 크게 부각된다. 사장은 낙하산, 하부 조직은 노영에 의해 움직였다. 방송 인사의 공정성은 무난한 사람을 원한다는 목표가 있었고, 그 결과는 노영방송을 부추기는 꼴이 되었다. KBS, MBC, EBS, YTN, YTV 등은 꼭 같은 패턴을 갖고 있었다. 더욱이 공영방송 중 노조의 입김이 강한 MBC는 그 정도를 심화시켰다.

이런 파당성의 문화는 당연히 바른 이성이 실천되는 것을 방해하게 된다. 공영방송은 '각자가 스스로 다스리는 것'을 포기하게 되고, 공중이 지배하는 사회가 아닌, 군중(mob)이 지배하는 사회로 인도하게 된다. 경성방송이나, 전두환 정권의 방송이 군중을 유지하는 데는 별로 다를 바가 없었다. 공영방송은 공론장의 장치를 사전에 차단하게 된 것이다.

언노련은 강한 정파성을 노골화시킨다. 낙하산 인사는 정파성을 가지지 말아야하겠고, 자신들은 정파성을 극대화시켰다. 그것도 시청률 노예가 된 상태에서 일어난 것이어서 집단이기주의가 작동하기 시작했다.

더욱이 노영방송은 그 정파성을 강화시켰다. 그 강령의 단체교섭 및 쟁의에서 보면 제39조(단체교섭 권한)은 '조합 내 모든 단체교섭의 대표자는 위원장이 된다.'라고 했다. 이 조항에 따르면 각사는 사회제도의 기능을 상실하게 만든다.

또한 그 위원장은 중앙집행위원회의 의결을 거쳐 본부 · 지부 · 분회장 또는 특정인을 지명하여 교섭권을 위임할 수 있다. 또한, 조합은 대의원회의 의결을 거쳐 조합이 가입한 상급단체 등에 교섭권을 위임할 수 있다. 한편 제42조(노동쟁의 지정신청 및 인준)에서 "조합 및 각 본부·지부·분회의 조정신청은 다음에 의하여 신고한다. ①조합의 조정신청은 위원장이 결정한다, ② 위임받은 본부·지부·분회의 조정신청은 해당 본부·지부·분회의 의결을 거쳐 신청 한다"(2000년 11.24. 제정, 8차 2013년 4월 16일 개정, http://media.nodong.org/com/com-4_2013.html).

공영방송은 언노련의 힘에 의해서 조직화되고, 집단 행동화한다. 그들이 이야기하는 공정성과 공영방송의 법에서 이야기하는 공정성이 다른 잣대이다. 그렇다면 겉과 속이 달라, 공정성을 강조하는 것 자체가 이데올로기에 불과했다.

공영방송은 정파성에 휘둘리는 체제를 갖고 있다. 체제(Korea Broadcasting System)의 이름을 달고 엉뚱한 일을 한 것이다. 더욱이 민주화 이후에는 정치권력과 시장권력의 조합에 의해 방송의 독립성과 자율성이 발전하고 정착할 수 있는 기회와 노력아 가로막혀왔다. 언론 자유를 위한 각종 제도적 장치들 역시 무력화되고 말았다(박홍원, 2011; 정수영, 2012, 381쪽).

2012년 방송의 파업에서 그 결과가 나타났다. 군중(the mob)은 공중(the public)의 속성을 망각할 수 있었다. 19대 총선이 4월 11일 진행되기 전에 파업의 열기가 뜨거웠다. 그 상황을 살펴보면, "MBC 노조는 2012년 7월 16일 서울 여의도 본사 10층에서 서울지부 대의원회의를 열고 조합원 총회 날짜를 결정한다…1월 30일 시작된 MBC 노조 파업은 16일로 169일째(170일로 끝냄)를 맞았다. 종전 최장 파업 기록은 노태우 정부 시절이던 지난 1992년 MBC 노조가 최창봉 사장 퇴진을 요구하며 벌인 52일 파업이다. MBC는 물론 전 언론사를 통틀어 최장으로, 이미 종전 기록에 비해 3배 이상 긴 기간 파업이 이어져 왔다."라고 했다(김현록, 2012.07.16).

2012년은 대선·총선이 있는 해에 언노련이 주도한 파업이 계속 된 것이다. 총독부, 각 공화국 정부가 아니라, 노동단체의 집단이기주 나팔수가 된 것이다. 선거 때 방송사 파업은 빈번히 일어났다. 그리고 총선이 끝나고도 '낙하산 사장 퇴진'은 계속되었다. 당시 한 기자는 "'사장 퇴진'을 요구하며 파업을 진행하고 있는 KBS와 MBC노조가 4.11총선 결과와 관계없이 파업을 이어갈 것이라는 입장을 밝혔다."라고 했다(조재현, 2012.4.13). 당시 KBS, MBC, YTN, 연합뉴스는 동조파업을 하면서 일어난 것이다.

또한 18대 대선에도 방송이 직접 개입한 사실이 판명되었다. 2012년 12월 19일 대선 국정원 여직원 불법감금이 있었고, 그 문제가 대선후보 TV 토론 마지막 날에 일어났다. TV 토론은 당락을 결정하는 중요한 사건이었는데, 당시 TV는 대선 선거의 향방을 끌고나갔다. TV 토론회에서 "박근혜 후보는 문재인 후보에게 '인권변호사인데 28세 여성을 40여 시간 감금하고, 인권을 침해했다. 사과할 의향은 없느냐'고 물었다. 문 후보는 '경찰에서 현재 수사 중인 사건인데 '감금, 인권침해' 등 발언을 하는 건 부적절하다'고 맞섰다."라고 했다(http://www.ilyosisa.co.kr/news/articleView.html?idxno=35582).

직·간접적으로 선거에 공영방송이 깊숙이 파고들어가 정파성의 영향력을 행사했다. 그 사건은 2년 반이 지난 지금도 법리 공방을 계속한다. 공영방송의 선거개입은 '유사 헌법 기구', 즉 4부의 목표추구(goal seeking)가 아닐 것이다. 공영방송의 목표가 설정되어 있지 않으니, 좌충우돌하게 된다. 그 사이 무소불위의 권력을 휘두르게 되고, 국회의원과 대통령 당락에까지 영향을 미친 것이다.

유사 헌법 기구(4부)로서 공영방송의 행위 형태는 공정성과는 거리가 먼 행동들이었다. 개인의 정체성, 개인적 자치를 도외시한 채, 정치적 자유를 우선한다. 그 실체가 전술 했듯 2012년 1월 25일, 'MBC 기자들이 낙하산 사장 퇴진'[14], 불공정 보도 시정, 공정방송 쟁취 등을 기치로 내걸고 뉴스 제

---

[14] 김재철 사장 퇴진은 '낙하산' 사장임명에 관한 것이다. 경향신문 2015년 5월 1일 사설은 "서울

작을 거부했고, KBS, YTN, 연합뉴스 등의 파업으로 확산되었다(정수영, 2012, 382쪽). 공정성의 빌미로 동조 파업이 일어난 것이다. 언노련의 쟁이 규정과 같은 차원에서 이뤄지고 있었다.

그 구체적 논의가 계속되었는데, KBS 노조는 당초 목표였던 사장 퇴진에는 실패했지만 징계 최소화, 대선 공정방송위원회의 구성, 탐사보도팀 부활, 폐지됐던 일일 시사프로그램 부활, 대통령 주례 라디오 연설 폐지 등에 노사가 합의하고, 파업 94일 만인 6월 8일 업무에 복귀했다(정수영, 2012, 382쪽).

각사의 노조, 언노련, 민주노총 등은 사사건건 경영현실에 간섭하기 시작했다. 인선 과정을 봐도 정부는 정부대로 야당은 야당대로 공영방송의 어느 곳도 자신의 기득권을 포기할 생각이 없다.

그 사이에 KBS는 공정성을 계속 소리를 높인다. 공정성이 가능한지. 이준웅 교수는 "1990년대 한국방송이 만든 '방송제작 가이드라인'에도 공정 관련 부분이 있지만 추상적이다(김효실, 2015.3.10). 원래 개인에게는 경험의 세계가 다르기 때문에 공정성이란 쉽지 않다. 이를 보강하기 위해 공론장이 존재한다.

공영방송 종사자는 그렇게 어려운 공정성을 너무나 쉽게 사용하고, 이데올로기화한다. 그들은 개인의 직업윤리나, 조직의 책무 등을 무시한 채 높은 차원의 허위의식을 잣대를 사용한다. 어려운 공정성의 잣대 때문에 미국의 FCC는 1934년 '공정성의 원칙'을 이야기했지만, 1987년 FCC는 그 원칙을 아예 삭제시켰다. 그런데 우리의 공영방송은 정파성이 강한 우리환경에

고등법원 제2민사부(부장 김대웅)는 그제 MBC 노조의 정영하 전 위원장, 이용마 전 홍보국장, 강지웅 전 사무처장, 최승호 PD, 박성제 기자 등 해직자와 노조원 44명이 회사를 상대로 낸 징계무효 확인 소송에서 사측의 항소를 기각했다. 재판부가 MBC 파업의 주된 목적이 특정 경영자를 배척하려는 것이 아니라 '방송의 공정성보장'이 목적이었으며, 이러한 파업은 정당하다고 인정한 결과다. 재판부는 '정당한 쟁의 행위에 해당하는 파업을 주도하거나 참여했다는 것은 징계사유가 되지 않는다.'고도 밝혔다."라고 했다. 19대 총선 직전에 170일 파업이 일어났다.

서도 공정성 개념을 무리하게 사용하고 있다. 허의의식이 다른 것이 아니다.

현장의 합리성을 겸한 체계의 원리를 정착시킬 필요성이 존재한다. 그때 사건과 사고의 인과관계를 규명이 가능하다. 체제 이론이 작동할 수 있도록 취재, 출입처 관행, 내부의 게이트 키핑 그리고 경영 등 과정에서 혁명이 일어나야 한다.

현실적으로 이것이 가능한 소리인지 의심스럽다. 국민개로, 대중공생의 토대가 없이 만민공화만을 이야기하면 그 또한 오류를 범할 수 있다. 어려운 과제라면 우리는 인과관계의 근거한 객관보도에 충실하면 된다. 공영방송은 어느 방송보다 사실보도의 정확성, 극화시키는 일을 제한적으로 할 수 있다. 물론 여기에서 공정성이 따라 오면 금상첨화일 수 있다.

더욱이 그 역사적으로 볼 때 미군정기에 강요된 공정, 공평무사, 공공이익 등을 지금 가지고 와서, 민주화 인사들이 사용하는 것은 문제가 된다. 그건 1900년대 초 전신이 활성화된 당시 AP 통신사가 만든 기사 서술 양식이다. 인터넷으로 쌍방향이 가능한 시대에 맞지 않는 글쓰기를 시도한다. 그렇다면 공영방송과 그 법조항은 공정성에 집착할 필요가 없다.

5. 공정성을 넘어 헌법정신에 맞는 방송법

율곡(栗谷)은 〈시폐칠조책(時弊七條策)〉에서 공정성, 중도를 이야기했다. 그는 "상황논리적인 '권(權, 저울질)'과 당위적인 '의(義)'의 이중성을 정치 철학의 요체로서 역설하고 있다. 권은 상황논리이기에 실학적 관점에서 변화에 대응하는 가변적인 기(氣)의 처리이며, 의는 당위논리기에 현실적으로 일을 처리할 때 요청되는 이(理)의 기준이 된다."라고 했다(김형효, 2000, 418쪽). '義'는 주로 공동체 유지에서 말하는 것이고, '권'은 경험세계에서 올바른 잣대를 이야기했다.

또한 율곡이 이야기하는 '경(經, 經典)'이 유용성이 있는 것일까? 그는 "진(陳) 씨가 말하였다. 임금이 경(經)에 밝지 못하고 도를 알지 못하면 마음을 바로 하고 몸을 닦을 수 없다. 그리고 한 생각이라도 불순함이 있거나 한 가지 움직임이라도 중도를 잃은 것이 있으면, 모두 음양의 조화를 범할 수 있는 것이다."라고 했다(이이, 1575/2008, 407쪽).

중도는 정치의 요체라고 하면서 율곡은 그 구체적 방법을 서술했다. 그는 중(中)을 '고요히 움직이지 않는 마음의 본체'로 봤다(이이, 1575/2008, 29쪽). 율곡은 중도를 세우고 '표준을 세우는 것'(正名)을 중시 여겼다. 중도는 '자신을 수양한다.'하는 곳에서 오는 것이다. 율곡에게 '수기(修己)'가 그만큼 중요한 덕목이다. 것이다.

절제로 잘 훈련된 개인의 행위는 타인과 공감할 '미학(美學, art)'을 형성시키고, 타인과 자신의 아이디어를 쉽게 나눌 수 있다. 4차 산업혁명의 '초 네트워크'는 나눔을 더욱 확산시킬 필요가 있다. 이 정신은 칸트와 같은 낭만주의자는 인간, 자연, 예술(미학)의 위대함을 자신의 『판단력 비판』에서 언급했다. 이때 미학은 주관성에서 출발하지만, 언제나 타인과 공감을 도출할 수 있다.

지금까지 한국방송은 어떤 기구의 나팔수 역할에 익숙한 나머지, 객관성, 공정성, 공익성 등 덕목을 정치로 풀어감으로써 공화주의에서 갖는 언론자유를 빈번히 제약시키곤 했다. 언론인 판단의 미학을 망치고 있다. 물론 율곡의 중도의 사고가 체계로 움직이는 현대사회에서는 변형이 요구된다. 행위의 패턴이 고정관념화 및 관행화할 때, 체계가 작동된다. 여기서 구체적 직업윤리가 정교하고, 일관성이 없으면 원리(a discipline)를 조직화할 수 없게 된다(Emile, Durkheim, 1933, p.2). 그 윤리 하에 전문적 행위의 규칙, 제도화, 법제화의 규칙을 갖게 된다.

포퓰리즘이나, 군중에 휘둘리면서 공중으로서의 주관성, '각자가 스스로 다스리는 것'을 상실하게 된다. 듀이는 "개인이 군중, 전당대회, 주주, 혹은 여론조사 등 상태에서 자신의 정체성을 상실한다."라고 했다(John Dewey, 1927, p.18). 듀이는 1929년 10월 29일 주가가 25% 폭락하는 '검은 화요일'을 예견하고 『공중과 그 문제』의 글을 썼다. 이 책은 1차 내전 후 삶의 의미를 상실한 미국 군중을 향해 초심, 즉 '낮에는 일하고 밤에는 성서를 읽는 퓨리턴의 삶'으로 돌아갈 것을 권장하고 작성한 글이다.

한편 역사적 방송의 굴곡사가 존재하지만, 내적 커뮤니케이션의 자유 없이 공정성의 정치적 자유만을 논하는 것이 부질없을 수 있다. 그리스 아고라는 삶과 죽음의 장소였다. 아고라의 언론 자유는 목숨을 빼앗아 갈 수 있는 현장이었다. 난제를 풀 방법으로 자연의 실서, 이성의 원리 등 '자연과학의 관찰 원리'[15]를 원용해 인과관계를 도출할 수 있다.

공영방송은 헌법정신과 방송법의 원론에 충실할 필요가 있다. 헌법 제21조는 '모든 국민은 언론 · 출판의 자유와 집회 · 결사의 자유를 가진다.'라고 규정했다. 그에 따라 방송의 자유는 "개인과 공공의 자유로운 의사형성에 기여한다. 그런데 방송이 자유로운 의사의 형성에 기여하기 위해서는 방송 스스로 자유롭고, 포괄적이며, 진실에 기초한 정보를 제공하는 경우에만 가능하다."라고 했다(고민수, 2015, 4쪽).

그렇다면 공영방송을 하나의 서비스 내지 서비스 공급주체가 될 수 없는데 MBC는 완전 광고에 의존하고, KBS도 광고가 33.5%가 된다(서찬동, 2015.4.15). "최성준 방통위원장은 미방위 전체회의에 출석해 'KBS 공익성을 강화하고 품격 있는 방송을 실현하기 위해 재원구조가 안정돼야 한다.'며 수신료 인상 필요성을 강조했다."라고 했다(서찬동, 2015.4.15).

---

15 신체의 각 부분이 자연 상태에 있어서 단순히 우연한 관계를 가지고 있다는 것을 어떻게 부정하겠는가? 예를 들면, 치아는 그 필요에 의해 생겼고 앞니는 날카로 와서 끊는 데 알맞고, 또 어금니는 평평하여 음식물을 씹는데 알맞게 되어 있다. 그러나 이것은 어떤 목적을 위해 만들어진 것이 아니라 다만 '우연의 결과'(자연도태)일 따름이다(Charles Darwin, 1960/1984, 11쪽).

말할 것도 없이 서비스의 공급주체는 상업언론의 생존전략이다. 공영방송은 특수이익의 광고를 허용하게 된다. 즉, 공영방송은 원초적으로 도덕적 정당성과 법의 태두리를 벗어날 수 있는 가능성을 잉태하고 있다. 그렇다면 상업 언론의 형태를 보자. 한 예를 들면 (클린턴과 스캔들 후 경험 토로) '난 사이버 폭력 첫 희생자... 망신주기, 하나의 산업 됐다')라는 기사가 있다. 동 기사는 "강연 내내 르윈스키는 디지털 기술의 발달에 따른 '사이버 마녀사냥'을 강한 어조로 비판했다. 그는 '망신주기(to shame)는 하나의 산업이 됐고, 조롱은 상품으로 거래됐다'면서 '클릭 수는 곧 돈으로 이어지면서 한 사람의 인생을 망가뜨리는 건 아무렇지 않은 일이 됐다'고 말했다."라고 했다(김영민, 2015.3.21).

물론 사적 영역은 공영방송이 공론장으로 가져와 토론을 할 수 있다. 관찰, 실험, 비교 등 과학적 방법은 공론장의 전제 조건으로 현장의 합리성(rationality)에서 시작한다. 현실적으로 출입처에 주로 의존하는 취재 방법은 공론장의 이데올로기 격전장이 되거나, 권력 기구의 나팔수가 될 수 있다.

한계점도 존재한다. 아무리 좋은 이념형의 공론장이 되더라도, 토론을 하는 주체에게 시간은 개인의 경험세계를 만들게 됨으로써 일반적·필연성을 만들어낼 수 없게 된다. 그러나 공간, 즉 '한반도와 부속도서'는 같은 공통의 경험세계를 만들어낸다. 공론장은 다른 개인의 경험세계를 갖고, 공유할 경험세계를 만들어 준다.

공론장에서 '적극적 자유'를 누린다면 오시리스의 뿌려진 살점을 모을 수 있다. 언론사의 개개인은 '시민의 덕', 즉 탁월성, 고상함, 올바름이 필요한 시점이다. 그의 인지틀은 실천 이상의 도덕률을 강화시켜줄 수 있다. 또한 공론장은 국민과 직접 소통하고 공감하여 서로 이해와 신뢰를 높이는 것을 말한다. 서로 신뢰하는 상호관계는 주거니 받거니(give and take)하는 영역과 거리를 둔다.

사회는 개인을 무시할 수 없는 한 단위로 봤다. 그 단위는 사회발전을 진화시킬 도덕적 아이디어로 형성된 것이다(Anthony Giddens, 1972, p.2). 도덕적 정당성을 확보할 때 공영방송의 기능을 할 수 있게 된다. 즉, 공영방송은 공적 영역, 혹은 실천이성의 도덕률로 공유의 범위를 넓힐 때 정당성을 확보할 수 있다.

한편 고민수는 "민주주의적인 질서유지와 관련된 문화적·정신적인 사항에 관한 내용이 국가 공동체 구성원인 불특정 다수인이 일반적으로 접근가능한 방송정보원을 통해 제공되기 위한 하나의 제도 내지 국가적 과제로서.."라고 공영방송의 기능을 제시했다(고민수, 2015, 11쪽).

같은 맥락에서 공영방송 KBS는 사회 통합 기능을 제외시킬 수 없다. 즉, KBS는 "모든 프로그램을 통해 사회적 신분이나 계층, 성별, 나이, 종교, 출신지역, 정치적 입장, 국적, 인종 등에 따른 다양한 의견과 이익을 차별 없이 균형 있게 반영함으로써 사회적 갈등을 해소하고 사회를 통합시키는 기능을 수행해야 한다."라고 했다(정연주, 2007, 22쪽).

공영방송의 목표는 제헌헌법 제정에 참여한 안재홍(安在鴻)에게서 그 명료성을 표출했다. 그의 논의에 "국민개로는 균등경제체로서 사회 민주주의적 요소를 가지고, 대중공생은 자율적 평등주의 정신을 가지고, 만민공화는 공화주의 정신을 표현했다."라고 했다(조맹기, 2012, 222쪽). 국민개로로 자본주의 정신을 발휘하지만, 만민공화는 정치적 해결 요체를 찾는다. 전자, 즉 물질적 토대가 없는 후자는 공허하기 짝이 없다.

공중으로서 개인은 물적 토대를 갖고, 공동체의 일원으로서 공생하며 그리고 그들은 정치적 자유, 즉 만민공화에 참여한다. 공중은 정치 공동체에 참여하게 된다(John Dewey, 1927, pp.35~8). 더욱이 제헌헌법 정신은 '열린 민족주의'를 채택함으로써 한반도의 공간 안에서 환경감시를 통해 서로 같은 환경을 나누게 된다. 뿐만 아니라 세계 시민주의로 세계인과 함께 시간의 경험을 공유하고, 자연법사상을 중시하게 된다.

국가와 개인의 중간에 선 KBS는 체계는 목표 추구(goal seeking) 기능으로 사회통합을 이야기한다. 공영방송은 '유기적 연대'에 앞장서야 한다. 그 안에서 '사회적 현실과 자연적 현실은 분리시키지 않는다'(Anthony Giddens, 1972, p.31). 물론 개인은 동기가 있고, 경험의 역사가 있고, 가치가 있다. 실천이성의 도덕률만 존재한다면 양자가 공존하는 것이 불가능한 것도 아니다.

사회의 통합, '사회의 연대'가 가능하기 위해서《KBS 방송의 규범》은 정확·공정·진실을 덕목으로 제시했다. 동 가이드라인으로 "프로그램은 공정해야 한다. 즉, 시청자가 특정한 사안을 편견 없이 올바로 이해하도록 어느 한 편으로 치우침이 없이 전체를 아우를 수 있는 균형된 시각과 관점을 제시해야 한다…모든 단계에서 사회 각계각층의 다양한 견해가 공정하게 다뤄지도록 유의해야 한다. 프로그램의 공정성을 유지하기 위해서는 기본적으로 모든 사안에 대해 편견을 갖지 않고, 소수에 대한 배려를 잊지 않으며, 언제나 진실에 다가가려는 제작자의 열린 자세가 요구된다."라고 했다(정연주, 2007, 15~6쪽).

이 가이드라인의 공정성은 정치적 자유에 치중하는 것으로, "외견상의 단순한 중립성에 의해 얻어지는 것이 아니라 공정함과 진실을 추구하는 엄격한 윤리적 자세에 의해 확보될 수 있다. 권력에 대한 맹종이나 맹목적인 비판, 작고 힘없는 존재에 대한 맹목적인 배려나 무관심은 다 같이 유의해야 할 태도이다."라고 했다(정연주, 2007, 16쪽).

사회 전체를 두고 같은 차원에서 공정성을 이야기할 수 없다. 물론 방송은 "정치, 경제, 사회, 문화, 오락 등 모든 분야를 망라하여 막강한 영향력과 위력을 발휘한다. 그 영향력으로 정치적 자유의 공정성을 요구한다. 일본의 경우 공정성을 확보하기 위해 모든 자료를 공개한다. 그만큼 공영방송의 운영이 민감하다. 더욱이 공영방송은 국민의 정서함양, 정보의 전달과 여론형성, 오락의 기능을 담당할 뿐 아니라, 산업과 경제의 발전을 견인하는 역할을 맡고 있다."라고 했다(정진석, 2008, 9쪽). 그렇다고 공영방송이 모든 것을 다 하려고 하면 어떤 것도 성취할 수 없다. 그 대신 어떤 체계

(system)든 그 체계를 작동하게 하자면, 이성에 근거한 삶과, 질서가 있고, 목표 추구 기능을 염두에 둬야 한다. 그 체제에 따른 '사회적 규칙은 권력의 남용을 막을 수 있다.'(Emile Durkheim, 1933, p.3).

전두환 체제에서 칼라 방송으로 공영방송은 기능의 확장시켰다. 그 사이 공영방송은 특수이익을 대변했고, 모든 경제원리가 흔들리게 됨으로써 경제적 세계를 넘어 효과의 확산을 기대할 수가 없었다. 공영방송을 통한 사회통합은 뒷전으로 밀었다. 사회의 갈등은 심해지고, 공영방송은 확대된 체제의 역할을 운영하기 어려운 상태에 놓이게 되었다.

공영방송은 '우리끼리' 정신이 아니라, 흩어진 정보를 모아 진리를 회생시키려고 했다. 각 하부체계를 세계 시민주의 하 초 네트워크로 연결시킨다. 뿌려진 살점을 모아 오시리스신(神)을 살릴 심상이다. 그렇더라도 이성에 근거한 자연법사상의 진리가 그렇게 쉽게 규명될 일이 아닐 것이다. '우리끼리' 문화의 적폐는 쌓였고, 기득권자는 기득권을 놓아줄 생각을 하지 않는다. 그렇더라도 법을 잘 정비하고, 새롭게 출발을 해야 했다. 진리를 추구하는 과정에서 법이 가장 빠른 방법일 수 있었다. 물론 설령 법의 지배가 가능하다고 하더라도 '인간의 정념(情念, human passions)은 그들이 존경하는 도덕적 권력 앞에서만 멈추게 된다'(Emile Durkheim, 1933, p.3).

현실은 정념이 심하게 작동되어 시대가 변동될 때마다 어김없이 방송법을 개정했다. 물론 그 이런 내용은 민주공화주의 헌법정신에 용해되어 있다. 그러나 공익성·공정성을 지나치게 강조함으로써 민주공화주의 기본틀과 그 운영방식으로부터 멀어져 간다. 언론자유와도 상반된 논리를 펴게 된다.

같은 맥락에서 방송이 특수한 존재가 아니라면 이렇게 복잡할 수 없다. 법은 보고서가 아니다. 언론의 자유는 간단하면서 상식선에서 규정할 수 있고, 그 책임도 그 안에서 논할 필요가 있다. 공영방송은 인식의 틀, 실천이성의 도덕률, 판단의 미학을 살린다면 공정성을 그렇게 강조할 필요가 없다. 이성이 작동하도록 공론장을 잘 운영한다면 문제될 것이 없다.

방송은 너무나 많은 유사 제도, 규제기관과 더불어 행위를 한다. 책임지는 사람이 없고, 법과 내규는 제대로 작동하지 않는다. 즉, 방송통심의위원회, 언론중재위원회, 각사의 심의위원회 그리고 각 회사의 취재 가이드라인 등이 있어, 이 모든 것이 옥상 옥에 불과하고, 행정 코스트만 높일 뿐이다. 말하기 좋아하는 학자들의 장난에 불과하다. 또한 공정성 개념도 언론인, 취재 현장의 콘텍스트(contexts)가 달라, 일반적 잣대로 평가할 수 없는 영역이 얼마든지 있다. 같은 원리도 기독교에는 좋은 직업윤리가 되고, 이슬람인들에게 그 직업윤리는 이단의 논리가 될 수 있다.

더욱이 이렇게 복잡한 법을 언론인에게 학습시키는 것은 불가능하다. 이는 오히려 언론자유를 제약한다. 개인은 '적극적 자유'를 확대하고, 많은 공적 일에 참여시킨다. 그들은 언론에 직·간접적으로 참여하여, 떨어져간 살점을 찾아내어 진실을 복원한다. 언론인은 사실을 관찰하고, 정확한 정보를 수집할 필요가 있다. 그 정보는 왜곡될 수 있고, 편견이 들어갈 수 있고, 대표성을 다르게 표출시킬 수 있다. 다른 말로 그들의 진실과 진리를 규명하는 일은 수 없이 많은 판단력을 요구한다.

이때는 공영방송은 정치적 자유를 뒤로 하고, 실제 현장의 상황을 미시적 접근을 할 때 취재한 사실은 의미를 지닐 수 있다. 현장의 합리성이 필요한 시점이다. 언론은 역사와 달리, 어떤 경향성, 일반성을 지닐 필요가 없다. 공영방송은 현실을 있는 그대로 공간의 경험과 시간의 경험을 묘사하고, 그 논리에 따라 현실을 규정지우면 된다. 그 현실을 벗어나면 정치적 자유의 공정성을 요구하게 된다.

일반적으로 환경 안에서 사건의 내용과 관계가 형성되어 있고, 그 커뮤니케이션 관계 속에서 질서가 형성되어 있다. 사실들의 집합은 체계를 작동시킨다. 서로 독립적 하부체제를 갖지만, 서로 관련성을 맺고 있다. 그 체제를 작동시키기 위해 공영방송은 통제할 수 없는 환경을 통제 쪽으로 끌어들인다. 어떤 콘텍스트 하에 사물과 사건을 범주화시키고, 피드백과 반해체(anti entropy)를 작동시킨다.

거시적 담론은 어느 상황에서 맞지 않을 수 있다. 설령 미시적 담론이라고 하더라도 전문화(專門化)의 정도가 심화되어 있다. 사회 각 분야의 IT 기술로 거미줄처럼 연계시키는 미디어가 존재한다. 더욱이 인터넷 시대는 '탈진실(post truth)' 시대가 도래를 한다. 즉, 진실이 뭐든 상관없이(the truth itself becomes irrelevant) 사람이 믿고 싶어 하는 방향으로 몰고 가는(조작하는) 전체 방향을 몰고 간다.

'탈 진실'의 시대의 공영방송은 더욱 커뮤니케이션 절제의 미학이 필요하다. 아니면 공영방송도 인터넷 '탈 진실'의 문화에 매몰된다. 오시리스 신화에서 이시스의 역할이 더욱 요구되는 시점이다. '탈 진실'의 상황에 비해 언론법은 너무 피상적이다. 그것으로 규제하려고 하면 불가능한 일을 하겠다는 뜻이 되고, 결국 그 발상은 또 다른 독재국가에서나 할 수 있는 일이다. 공익성·공정성 개념도 구체적 콘텍스트 하에 미학적, 혹은 추론(reasoning)의 원리로 얼마든지 설명이 가능하다.

더욱이 환경은 기자 개인이 통제할 수 없는 변인이다. 그것을 환경의 감시를 통해서, 통제 안으로 가지고 온다. 환경감시는 사회의 유기체에 질서를 주고, 그리고 그 환경감시 기능으로 사회를 통제 안으로 끌어오고, 각 문화를 연계시켜줄 뿐 아니라 그 문화를 후손들에게 문화 전승시켜준다.

공영방송 등 지상파 방송이 이를 할 수 있다. 공영방송의 재난방송 기능은 이런 것을 연상할 수 있으나, 지금의 공영방송은 이것도 저것도 아니다. 물론 공영방송은 과거 독점적 채널로 한몫을 한 시대는 거했다. 그들의 연예오락 프로그램은 독립 프로덕션회사가 맡고 있다. 자회자의 저작권은 공영방송이 갖고 있으나, 그것도 영양가가 없는 소리이다. 시대가 변하면 저작자가 저작권을 갖게 마련이다. 그 때 공영방송이 기득권이 산산이 부서지고, 파당성이 발전 장애로 부각된다.

또한 공영방송에는 뉴스채널에 전념할 수 있다. 그러나 이명박 정부 방송통신위원회가 2010년 12월 31일 종합편성채널과 보도전문채널을 각각 《조선일보》, 《동아일보》, 《중앙일보》, 《매일경제》, 《연합뉴스》 등을 허용했다. 공영방송에게 종편의 도전은 심상치 않다.

종편의 뉴스 프로그램에 두각을 나타내고 있다. 한 기사에 따르면 "시청률 조사 전문기관 닐슨코리아에 따르면 《TV 조선》은 뉴스·시사 프로그램 시청률에서 최근 21개월 연속 종편 1위(수도권 유료 시청 가구 기준)를 이어가면서 '보도 최정상 채널'의 입지를 굳혔다."라고 했다(김재곤, 2015.4.6).

뉴스의 본질에 들어가서도 시대가 변화하고 있다. 1987년 이후 모든 사람들이 관심을 가졌던, 정치 일변도의 기사의 시대는 거한 것이다. 여당, 노동단체, 시민단체 등 다 끌고 와도 〈'정치? 다 그짓말이여~'〉(김윤덕, 2015.4)라고 한다. 공영방송은 공정성, 뒤에는 집단이기주의였다. 집단이기주의 문화에서 오시리스 신화의 진리는 결코 규명될 수 없는 처지에 놓이게 된다.

조직이 비대하면, 열린 체제가 불가능하게 된다. '국민개로'의 헌법정신은 공염불이 된다. 공영방송의 관료집단은 개방적 체제를 뒤로하고 폐쇄된 체제를 유지하게 된다. '광고총량제'는 더더욱 특수이익에 봉사하게 된다. 이는 시청자를 수동형으로 만듦으로써 공정성·공익성을 포기하는 의미를 지녔다.

그런 조직이 많이 생기면, 국가는 양극화가 심해지고, 자신들만 좋은 조직을 만든다. 밥 그릇 지키기에 바쁜 나머지, 전 사업의 간부화에만 몰두했다. 국내개노에 따른 젊은 피는 점점 줄어들고 있다.

안과 밖의 이런 정치에 국민들은 환멸을 느끼게 된다. 실천이성의 도덕률은 공염불이 된다. 이성이 작동되지 않으니, 해외 정보와는 갈등을 일으킨다. 뒤르깽은 분업이 도덕적 연계로서만 가능하다고 했다. 즉, '유기적 연대'는 동기를 극대화시키고, 도덕적 연계가 가능할 때에만 가능하다. 이는 일정부분 인류의 보편성을 지닌다.

개인 행위의 룰은 습관적 행위 뿐 아니라, 의무적 수단의 행위를 일삼는다(Emile Durkheim, 1933, p.4). 개인은 사회적 사실(social facts)의 강제성, 보편성, 전달성을 갖게 된다. 그 상황에서 정파성의 언론은 거하고 있다. 경제기사(the orders of things, the orders of facts)가 언론사의 사활을 거는 시대가 도래 한 것이다. 그렇더라도 체계이론에서 '사실의 질서'의 낮은 단계의 이야기를 하나, 유기적 통합단체는 그 높은 수준의 체제에 존재한다. 지금까지 정치위주의 종합일간지, 공영방송 시대는 점점 낮은 단계의 기능마저 상실하게 되었다.

현재 언론사는 '경제 콘텐츠' 전성기를 맞고 있다. 한 기자는 "지난 3~4년 전부터 불어 닥친 '경제콘텐츠 강화' 열풍이 여전히 거세다. 기존 경제지 뿐 아니라 주요 종합일간지에 이어 시사주간지, 여성 월간지마저 경제콘텐츠 강화에 나서고 있다."라고 했다(김창남, 2015.4.1).

경제 기사는 현장의 합리성(rationality)에 근거를 하고, 기사를 발굴하고, 각 사고와 사건에 의미를 부여한다. 이는 저널리즘의 계속해온 고유영역이었다. 신문사를 가진 종편은 뉴스의 노하우를 계속 강화할 것이다. 그들은 기사와 더불어 비디오로 승부를 걸려고 할 것이다.

체계는 원래 목표추구(goal seeking)가 우선이고, 이를 가능케 하는 전문가를 육성해야 한다. 개인과 그 조직의 윤리가 확립될 필요가 있다. 원심력의 전문적 영역이며, 구심력의 전문적 소양이다. 공영방송이 실천이성의 도덕률, 개인의 목표 추구와 그 도덕률이 함께 할 책무를 가진다. 더욱이 이들 방송은 국가 전체를 통합할 수 있도록 각 계층의 질 좋은 프로그램을 개발할 필요성이 요구된다. 과거의 'PR 국가'의 활동을 용이하게 해주는 출입처 제도, 팩 저널리즘, 뉴스 가치의 획일화에서 벗어나야 한다(추광영 외, 1999, 182쪽).

효율성 없는 기사든, 언론사든 생존이 불가능하게 된다. 이데올로기화한 공정성이 어떤 영양가를 가질지, 공영방송의 앞날이 궁금해진다. 이름과 현실이 전혀 달리 작동하나, 열린 체제는 사적 자아를 공적 자아로 수렴한다. 1990년대 초에 회자되었던 공적 저널리즘, 시민 저널리즘, 커뮤니티 저널리즘은 열린 체제를 극대화한 것이다. 공익성·공공성은 목표 추구 뿐 아니라, 환경을 최대한 끌어들일 때 의미를 지닌다. 공론장이 개인의 이성적 판단을 하도록 도와준다.

정치 일변도의 화석화된 공정성은 공화주의 헌법에서 인식의 틀, 실천이성의 도덕률, 판단의 미학 등으로 얼마든지 해석할 수 있다. 아도르노는 '예술이 진리의 표현 상상이다.'라고 했다. 그 도구가 바로 품격 있는 공론장이다. 방송법은 공화주의 헌법 정신에 충실해야 한다. 또한 언론은 환경감시, 사회체제의 연계, 사회화를 통해 입법·사법·행정의 정파성을 견제와 균형을 취할 수 있다.

오시리스 신화는 그의 살점을 뿌리고, 거두고, 새로 세우는 의미를 줬다. '탈 진실' 사회에서 공영방송은 정보 진실로 사회의 역동성을 제공하고, 사회 체제를 굳건하게 할 수 있다. 그 결과 생동감을 주는 새로운 신(神)이 탄생한다. 그러나 그 기능을 맡을 수 없을 때 공영방송은 서로 갈라진 갈등의 현장에서 갈등을 부추기고, 하나의 숟가락을 첨가시키는 결과를 초래할 수 있다. 그렇다면 공영방송의 개혁은 정치적 자유를 줄이고, 자신의 정파성, 어떤 기구의 나팔수 역할에서 벗어나는 일부터 시작해야 한다. 공영방송은 자기 절제를 통해 만민공화, 즉 민주공화주의 정신에 충실할 필요가 있다. 아니면, 왜 공영방송인가? 또 하나의 상업 방송들은 시청료를 철회하고, 민영화하는 것이 옳다.

제9장

사회심리학적 접근으로 가능한 사실주의 역사방법

1. 객관보도의 문제

2008년 이명박 정부는 MBC 〈PD-수첩〉 보도로 큰 홍역을 치렀다. 정부 뿐 아니라 언론도 같은 정도로 큰 타격을 입었다. 신문과 방송은 신뢰의 위기에 접한 것이다. 저널리즘이 위기에 처했다면, 당연히 그 위기는 기자의 글쓰기에 문제가 생겼다고 봐야한다.

왜곡된 글쓰기로 좌파든, 우파든 서로 커뮤니케이션의 단절을 경험하게 된다. 2008년 12월 31일 개정된 방송법은 제6조 '방송의 공정성과 공익성' 을 규정하고 그 ①항에서 "방송에 의한 보도는 공정하고 객관적이어야 한다."라고 명시했다.

공영방송은 공정성과 객관성의 덕목에 관한 관심을 게을리 한 것이다. 언론은 정부의 부패를 고발하고, 사회적 병폐를 고치고, 올바른 정책을 입안 하도록 감시견의 역할을 한다. 그런데 실제로 언론은 사실의 적절성, 균형, 불편부당, 비당파성, 객관보도 등에 민감하지 않다. 설령 커뮤니케이션의 민감성을 가지고 있더라도, 과거의 틀이 형식적이거나 인터넷 미디어의 등장으로 더 이상 예전의 룰이 작동치 않은 것이다.

그 한 예로 2004년 3월 노무현 전 대통령 탄핵사태가 일어났다. 헌법 절차에 따라 국회에서 결정한 후, 헌법재판소에 넘겼다. 당시 방송은 '노무현 구하기'에 몰두했다. 한국언론학회가 구성한 연구팀은 탄핵가결 후 방송프로그램 분석 결과, "아무리 느슨한 기준을 적용해도 공정했다고 말하기 어렵다"라고 결론지었다.

언론은 사실성, 중립성, 균형성, 객관성, 공정성 등 '객관주의' 저널리즘을 등한시 한 것이다. 또한 방송은 공정성과 공익성에 문제를 잉태한 것이다. 남재일(2005) 연구원은 언론기업의 상업적 요구, 공공적 역할 수행자, 전문직업인 집단 등에서 객관주의 관행을 수행하지 못할 '아비투스'가 생겼다고 봤다.

또한 〈PD-수첩〉에 관여한 한 담당자는 자신을 변론했다. 2008년 한 인터뷰에 나온 최진용 MBC 시사교양국장은 "PD(PD-수첩)들이 'PD 저널리즘'이 필요하다고 한 것은, 그만큼 기자들이 제 역할을 못하고 있다."라는 생각 때문이라고 주장했다(원용진, 홍성일, 방희경, 2008, 250쪽).

정치권력의 눈치를 너무 많이 받고 우리 기자 저널리즘의 한계라고 볼 수 있는 출입처 위주의 취재 관행, 그래서 출입처를 통해 취재를 하면서 출입처 취재원들과의 끈끈한 인간적인 관계 더 나아가면 부패나 그런 것들이 있었습니다.

---

1 국회의 탄핵안 가결 직후인 2004년 3월 12일과 13일 이틀 동안 방송된 지상파 방송 3사(KBS 1, 2, MBC, SBS)의 뉴스 특보 및 속보, 그리고 같은 달 14일부터 1주일간의 정규 뉴스 및 시사 토론 프로그램 등 6개 장르를 분석 대상으로 삼았다(원용진, 홍성일, 방희경, 2008, 25쪽). 이민웅(한양대), 윤영철(연세대), 윤태진(연세대), 최영재(한림대), 김경모(연세대), 이준웅(서울대) 등이 공동연구에 참여했다.

최 국장에 의하면 현장의 합리성을 전할 뿐 아니라, 출입처에 과다하게 의존함으로써 정권의 나팔수가 된, 취재 시스템에 문제가 있다는 이야기이다. 그렇다면 "왜 문제인가"라는 의문을 제기할 수 있다. 같은 맥락에서 "PD 저널리즘은 문제가 없는가?" 라는 문제를 제기할 수 있다. 아울러 현재 관행화되어 있는 객관보도, '사실주의'가 무엇인가, 그 해결책은 어떤 것인가? 라는 질문을 하게 된다.

본고는 'PD 기자제'의 정책적 문제를 방법론 차원에서 다루고자 한다. 결론적으로 말하면 본고는 사회관계가 복잡하고, 인터넷의 상호작용성이 강화되는 시점에서 사실주의는 '사회심리적' 요소 채용에 더욱 관심을 가질 필요가 있다는 점을 부각시킨다. 그 결론에 도달하기 위해 연구문제로 ①사실주의와 객관성의 역사는 어떻게 발전되었는가, ②사실주의 하에서 특수성과 보편성을 어떻게 다룰 것인가, ③보편성을 향한 다른 사회심리적 접근법은 불가능한가?

본 연구는 랑케(Leopold von Ranke, 1973), 뒤르깽(Emile Durkheim, 1938), 게르겐(Kenneth J. Gergen, 2006) 등 사실주의와 사회심리학적 역사방법론을 원용한다. 또한 현재를 다루기 위해 남재일(2005 가을), 원용진·홍성일·방희경(2008), 박재영·이완수(2008 겨울) 등의 논의를 집중적으로 거론한다.

본 연구는 언론에서 다루는 객관성, 사실주의를 ①사실성의 역사, ②역사에서 특수성, ③역사의 보편성 순으로 서술하고, 현대 우리사회가 안고 있는 당파성의 성격을 사실주의 측면에서 어떤 대안을 살펴보고자 한다.

2. 객관성의 또 하나의 접근

사회심리적 방법론은 '내향적 가치 판단(implicit value system)'에 관심을 갖는다(Alexander R. Luria, 1971, p.343). 개인의 인성체계로서 전문직 언론인의 가치판단이 중요성을 더해간다. 더욱이 컴퓨터 취재가 늘어난 '탈진실'의 현실에서 이런 방법이 더욱 설득력이 있게 보인다.

현재 취재는 과거와 같이, 이성과 합리성에 기반을 하지만, 인간관계가 확장된 현대사회에서 개인의 교육, 사회경제적 배경, 종교, 인종, 성, 개인의 가치 등 전문직이 갖고 있는 성향(disposition), 성찰(reflection)이 더욱 중요하게 부각된다. 개인은 사람과 사건을 전체의 체계로 인지하고, 그들과 행위를 함께 하고, 분석적 사고로 일관성을 유지한다.

그 전문직종의 사람들은 조직 내에서 '동료검증(peer review)'를 통해, 사실주의, 혹은 객관주의를 강화시켜 일관성을 유지한다. 저널리스트와 역사연구자는 같은 맥락에서 작업을 시도한다. 구체적 차이점은 저널리스트는 현재의 단순한 사건을 보도하나, 역사연구자는 과거, 현재, 미래를 복합적으로 관찰한다. 즉, 역사연구자는 사건의 어떤 경향을 파악함으로써 복합적 사건을 추적한다. 그러나 양자는 시간의 짧고 길고의 문제이지, 인성체계, 사회체계, 문화체계의 일관성을 유지한다는 측면에서 방법론에 차별이 있을 수 없다. 본 연구에서는 양자를 구분 없이 사용한다.

최근 우리사회는 인터넷의 쌍방향이 도입하면서 기술방법의 검증 체계에 문제가 생겼다. 언론인의 사회적 압력이 더욱 강화되고, 인터액티브 측면이 보강되었다. 사회적 압력으로 인하여 사실주의 역사 서술방법에 문제가 생긴 것이다. 전문직의 '탈 진실' 등 '내향적 가치 판단'에 문제가 생기게 되니, 결국 역사의 일관성에 문제가 생겼다. 그렇다면 공영방송 등은 사실주의 역사 방법론에 변화를 줘야한다.

미국 언론에서 크게 강조하는 점은 한 취재원에만 의존해서 기사를 쓰지 말라는 취재원칙이다(이재경 · 김학희, 1998, 91쪽). 한 쪽으로 편향되지 않는 '균형(balance)' 보도를 위한 것이다. 어떤 일에 대한 사람들의 시각은 모두 달라, 하나의 정책에 대해서도 반드시 찬성과 반대 입장이 있게 마련이다. 취재원 한 사람의 말에 의존해서 기사를 쓰면 편파적인 보도가 되기 쉽고, 취재원에게 이용당할 위험성이 내포하게 된다. 또한 오보의 가능성이 커지고 사실을 왜곡해서 전달할 위험성도 높아진다.

최근 사실, 객관보도의 문제는 인터넷 상황에서 균형과 형평성의 문제가 강하게 대두되었기 때문이다. 사회관계가 복잡할수록 모든 압력을 벗어날 수 있는 방법은 균형의 취재과정을 필요로 한다. 균형은 강압과 개인의 반대나, 집단에 대항해서 일관성을 유지하는데 관심을 갖는다. 언론인은 "모든 사람의 압력에 의해서 지지를 받는 균형이다."라는 논리를 갖는다(Emile Durkheim, 1938/1966, xxxv쪽).

균형성을 가지지 못할 때, 언론의 출입처 취재 체계에 큰 구멍이 생긴다. 더욱이 기사의 내용은 전적으로 취재원에게 달려있기 때문에 기자에게 있어서 취재원으로부터의 독립이 우선과제로 등장한다. 그렇다고 취재원을 밝히지 않거나 취재원이 없는 기사는 객관성을 의심받고 따라서 신뢰도도 크게 떨어진다(이재경·김학희, 1998, 89쪽).

결과적으로 언론보도에 문제가 생겼다면 우선 취재원 처리에 문제가 생긴 것이다. 전통적으로 정부 각 부처엔 공보실과 기자실이 나란히 설치돼 있고 매일처럼 관급기사가 홍수처럼 쏟아져 나왔다. 특히 3공 이후 홍보대책의 일환으로 신문기자 출신을 공보관으로 임명하여 정부가 내보내고 싶지 않은 기사를 막고, 홍보하고 싶은 기사를 내보내는 일을 해 왔다(송효빈, 1993, 108쪽).

허술한 취재원 관리는 공공성, 공익성, 균형성 뿐 아니라 객관성에도 문제를 발생시켰다. 그 결과 언론의 정치적 영향력으로 인하여 한국의 객관주의 관행은 '탈정치성'에 우선적인 목적을 갖고 왔다(남재일, 2004, 12쪽). 기자는 취재원의 대답을 즉각 분석하고 미진한 점을 계속 추궁해 들어가야 했지만 '왜', '왜', '왜'의 의문을 풀어 나지 못한 불찰을 범하고 만 것이다.

사실상 뉴스는 상품이 되었다. 쉽게 얻고, 재포장하고, 재목적화되었다(G. Stuart Adam and Roy Peter Clark, 2006, p.174). 시간의 서클에서, 저널리스트는 독점적으로 새로운 사실을 발견하고 검증하도록 노력하는 것보다, 존재하는 뉴스를 해석하고 어떤 것을 첨가하도록 바란다. 이야기가 정형화될 때 기자들의 행위 형태는 '탈진실'이 진리인 것처럼 관행화한다.

현실의 왜곡을 피하기 위해 뉴스 취재과정에서 정확성이 요구된다. 같은 맥락에서 랑케는 "사물에 심취할 때, 인간은 그 자체에 알만한 가치의 어떤 것을 드러내는 것에 불과하다"라고 보았다(Leopold von Ranke, 1973, p.58). 그는 연구자의 어떤 주관성도 허용하지 않았다.

인터뷰는 2중 점검(double checking)의 과정이 필요하게 된다. 또한 기자의 보도가 인물의 변화와 사건의 특이성에 치중하는 것은 기자의 주관 때문일 경우가 많다(송효빈, 1993, 67쪽). 기자의 지나친 주관적 밀도를 막기 위해서 데스크의 견제와 기자 자신의 형평성의 감각이 필요하다. 말하자면 보도의 경우 취재기자와 편집, 데스크들을 거치면서 상호 확인과 견제를 한다. 전문직 개인의 '내향적 가치 판단'과 조직의 원리가 균형을 취한다. 데스크는 기자의 글에 일종의 거름 장치를 담당한다. 〈PD-수첩〉 등 PD들이 제작하는 프로그램은 전문가의 '내향적 가치 판단'의 잣대를 결할 수 있어, 여부 확인이나 균형성확보가 어려운 측면이 있었다.

균형감각을 상실한 기사 일수록 한 쪽으로 쏠림 현상이 가속화된다. 더욱이 기술의 영향력은 왜곡된 사실을 더욱 극화, 확장시킨다. 현실의 왜곡정도는 기술의 정도와 맥을 같이하게 된다. 진실의 추구는 과학적 명증성의 확보가 관건이다. 저널리즘은 오락, 선전, 픽션, 예술 같은 것으로부터 분리된다(Bill Kovach and Tom Rosenstiel, 2001; G Stuart Adam and Roy Peter Clark, 2006, p.171). 오락은 대부분 국면 전환에 초점을 맞추지만, 저널리즘은 사실의 정확성에 관심을 갖는다.

오락과 같은 차원에서 선전은 사건을 선택하거나 실제 목적에 봉사할 수 있는 것을 발명한 것이다. 선전은 설득을 위해 사실을 조작하고, 극화시킨다. 사실이 진리라는 것을 더욱 확신하기 위해 그것의 시나리오가 발명되었다(G Stuart Adam and Roy Peter Clark, 2006, p.171). 시나리오는 인간의 무의식을 발동시키기에 충분하다.

사실주의와 객관성은 고도의 절제의 미학을 통해 저널리스트가 정보를 검증하는 일관적 방법을 발전시킬 것을 요구했다. 여기서 객관성은 형식적 사실주의로 묘사된다(S. D. Reese. 1997, pp.420~40; 박재영 · 이완수, 2008 가을, 129쪽).

좀 더 풀이하면 객관주의 내지 사실주의는 랑케(Leopold von Ranke) 사학의 핵심에 해당된다(길현모, 1975, 44쪽). 그는 '사실에 대한 순수한 사랑'을 역사가들의 기본적인 자질이라고 거듭 강조하였으며, '사실이 진정 어떠하였는지'를 보여주기를 원할 뿐으로 간주한 것이다. 또한 그는 '사실로 하여금 스스로 이야기하게' 하기 위하여 '자아를 지워버리고' 싶다고 말한 바 있다. 랑케가 믿는 역사서술은 감정이나 가치판단에 있어서의 일체의 주관성이 배제된 '색채 없는' 것이어야만 했으며 이것은 그의 신념인 동시에 확고한 실천계율이었다(길현모, 1975, 44쪽).

랑케의 '색채 없는' 사실주의는 이중, 삼중 점검 시스템을 통해서 과학적 정당성, 객관성을 확보할 수 있다. 그렇더라도 개인적 콘텍스트의 문화적 왜곡은 기사의 정확성을 해칠 수 있다. 선전과 보도는 같이 출발하지만 전자는 왜곡과 설득을 일삼는다면, 후자는 진리를 규명하고, 사실주의 역사관을 완성시킨다.

출입처 중심의 나팔수 선전은 취재에 문제를 발생시킬 뿐 아니라 자신들의 태도에서 공정성, 공익성에 문제를 불러온다. 이 같은 논란의 핵심은 방송저널리즘의 공정성이었다(원용진 · 홍성일 · 방희경, 2008, 19쪽). 즉, 우리 방송에서 '공정하지 못하다', '편파적이다', '어느 한편만을 들었다', '일방적이다' 등의 문제가 회자되었다. 물론 방송보도는 탈진실 시대에 보편성과 특이성, 특수성이 함께 논의되어야할 필요가 있고, 자율성을 지닌 저널리스트들의 실천과도 관련이 된다.

얼마 전 문제가 된 〈PD-수첩〉의 경우 근원적인 문제는 사회 현상을 추적하고, 진리를 추구하는 것보다, 결론을 미리 정해 놓고 나머지는 이에 맞춰 짜깁기하는 수준이었다. 오락, 선전, 픽션, 예술 등에서 쓰는 방법으로 여론 조작과 대중 선동에서 고려하는 대상이다. 더욱이 이명박 정부 들어와서도 '미국 소 = 미친 소'라는 이미지 각인을 위해 조작을 '서슴지' 않았다.

물론 〈PD-수첩〉에서 문제점이 노정되었다. '내향적 가치 판단'으로 기자 자신의 감정까지 포함한 상태에서 기사를 작성해야 하기 때문에 객관적인 보도란 어려운 난점이 따른다. 그러나 기자의 균형감각을 잃지 않는 객관보도를 위해서 무엇보다 사물을 정확히 보는 종합판단이 필요하다. 사물의 정확한 인지 없이는 사건을 정확히 그려내기가 힘들기 때문이다(송효빈, 1993, 67쪽).

더욱이 공영방송 PD의 경우 그 문제점이 더욱 첨예하게 노출된다. 최진용 MBC 시사교양국장의 인터뷰에서 그 단초를 찾을 수 있을 것이다. 즉, 그는 "사실에 입각해서 사실만 전달을 하는 것은 무리고, 그것보다 한 단계 더 나가서, 그래서 바람직한 해법은 무엇이냐 하는 것까지 고민을 하다 보니까 아무래도 의견이 많이 가미가 되겠죠. 그것 때문에 기자들이 작업하는 형태하고 우리들이 작업하는 형태의 가장 큰 차이가 되는 것입니다."라고 했다(원용진 · 홍성일 · 방희경, 2008, 256쪽).

기사 배열에도 탈진실 뿐 아니라, 객관성의 문제를 발생시켰다. 국내 신문기사는 유형에 관계없이, 신문사를 막론하고 역(逆) 피라미드 구조에 매몰되어 있다(박재영 · 이완수, 2008, 114쪽). 역피라미드 구조는 정보를 파편적이고 피상적이며 일방적으로 전달하여 맥락 없는 보도를 부추긴다. 글쓰기 방식이 언론의 객관성, 공정성, 맥락의 보도에 취약점을 노정시킨다.

과도한 선전, 정론성은 우리 언론의 소통을 단절시키는 장본인이 되었다. 더욱이 이념과 지역이 다를 때, 서로 간의 대화는 단절을 하게 된다. 그 불신의 파고는 낮아질 것 같지 않고 있는데, 그 갈등의 최첨단에 언론이 존재하여 왔다. 뉴스의 취재, 뉴스의 평가, 편집 등 제작과정 전체에 신문기자의 주관이 끼어들지 않은 곳이 하나도 없다(송효빈, 1993, 65쪽). 이런 문제를 극복하고 명증성에 관심을 가질 필요가 있다.

언론인은 사건 뒤에 숨은 진리를 조망한다. 다른 것과의 관계를 규명하고, 그 연결고리를 찾아낸다. 인간 행위에 합당한 현실의 그림을 그린다(G. Stuart Adam and Roy Peter Clark, 2006, p.112). 시간이 긴 '탐사보도'가 현실의 진리 규명에 도움을 준다.

객관성 확보가 명증성, 진정성을 확보하는데 도움을 준다. 어떤 사건을 정확히 보도하기 위해서는 하나의 사실을 여러 각도에서 조명, 취재한다. 하나의 사건에 대해 당장 전모를 밝히기는 어렵지만 (절제의 미학을 통해) 여러 각도에서 사실을 추구하다 보면 정확한 전체의 윤곽이 드러날 수 있다(송효빈, 1993, 67쪽).

불편부당의 입장에서 객관성의 아이디어는 담론의 커뮤니티, 동일성의 규격, 동일한 목표 등을 추구할 수 있게 한다. 그러나 긴 역사적 맥락에서 볼 때 특정된, 혹은 특수성은 단일한 것이고 거기에는 우연적인 요소가 끼어들어 있다. 일반 자연과학이나, 철학자들에게 이러한 특수성이 보편적 학문으로서의 역사가를 괴롭히는 요소가 되지만, 이것 또한 역사의 고유성이 된다.

서구 1830년대 이전에 존재했던 당파성 신문의 시기와 견줄 때 객관보도는 해결 실마리를 찾을 수 있을 것 같다. 당시 '페니 프레스'는 사실성(facticity)를 바탕으로 객관주의, 사실주의를 표방했다. 이를 근거로 하여 우리의 언론을 조망할 수 있을 것 같다. 본 연구는 1830년대와 비교하면서, 객관주의, 사실주의 역사방법론을 제시코자 한다.

물론 본 연구는 객관보도가 언론 자체만의 문제로 풀이하는 것은 아니다. 역사는 분명 사회적으로 구조화된 과정이다(Joseph M. Bryant& John A. Hall, 2005, p.xxix). 사회적 상호작용은 역사를 변형시키고, 그 변형은 일정 부분 인간의 이성으로 작동하게 한다. 하나의 사건은 다른 사건과 관련을 맺으며 서로의 발전에 도움을 주고, 서로의 통합은 큰 역사의 물줄기를 형성한다.

사회심리학의 행위이론은 19세기 말, 20세기 주요 인간관계를 다루는 사회이론에서 논의 되었다. 일종의 행위이론이 이들을 뒷받침하였다. 행위이론가들은 자신의 주관성을 어떻게 객관화시키는지에 관심을 갖는다. 사실에 대한 역사, 객관화된 역사 등이 관심의 초점이 된다. '사실주의(principles of matter of factness)'가 관심의 전면에 등장한 것이다. 사실이 사물의 객관성을 확보하고, 진리를 규명하게 된다.

행위이론은 개인의 자율성을 확장시키고, 사회적 의식을 둔하게 할 수 있다. 뒤르껭은 '집합의식'과 '사회적 사실'로 개인의 행위모형을 개발했다. 그는 개인과 집단의 의식이 함께하는 접점을 규명한 것이다. 특수한 성격을 가진 사회적 사실의 범주는 행위, 사고, 느낌 등 형식들(ways of acting, thinking and feeling)을 포함한다. 그것은 개인의 밖에 있으면서, 사회적 사실들은 개인을 통제하는 이성이어서, 강압적 성격을 지닌다(Emile Durkheim, 1938/1966, 3쪽).

물론 언론인과 역사가는 개인인 동시에 역사와 사회의 산물이다. 사회적 사실이 의미를 지니는 것도 사건의 사회성 때문이다. 또한 사회적 사실은 어떤 계속성을 지니려면 정밀성이 필요하다. 현장의 합리성을 통해, 혹은 체계적 분석을 통해 과학은 일반적 법칙을 알아낸다. 인간관계를 규명하는 사회심리학도 이러한 범주에서 예외적 존재는 아니다.

그 때 인성체계, 사회체계, 문화체계가 일관성을 유지한다. 그 기초로서 객관성과 일관성은 모든 과학에서 생명으로 한다. 같은 맥락에서 관찰 가능한 사회적 사실은 일반화가 언제든 가능한 영역이다. 이런 사회적 사실은 사회적 규율로서 개인을 넘어, 보편적으로 존재하고, 개인을 강제한다.

우리의 윤리는 룰(rules), 사회적 규범으로 관찰할 수 있는 명료성을 지니고 있다. 더욱이 역사적 사건의 해석은 언제나 도덕적 판단, 만일 보다 중립적인 어감의 용어를 선호한다면 연구자는 가치판단을 내포한다(E. H. Carr,

1961/1979. 103쪽), '내향적 가치 판단'이 중요한 덕목으로 나열된다. 이 때 중립의 규칙은 체계적 형태로 재생산이 된다. 그것에 반대하면, 사회적 벌이 주어진다. 기자의 취재과정도 사회적 사실과 다를 바가 없다. 즉, 한국 신문에서 경찰기자의 수습과정은 직업적 관행을 습득하는 기초적인 사회화 과정으로 취재관행이나 기사 스타일 면에서 신문사마다 큰 차이가 없이 비슷한 양상을 보인다(남재일, 2005 가을, 171쪽). 경찰 기자를 거치면 한 개인은 객관주의 관행의 원리와 전문 직업인적 규범을 공유하게 된다.

3. 사실성의 역사

역사에 관한 연구는 적어도 다음과 같은 세 요소를 갖고 출발한다. 즉, ① 증거(evidence), ②해석(interpretation), ③설명(narration)으로 구성된다(James Startt, 1932/1995. 15쪽). 증거가 없으면 역사는 없다. 공통적으로 기록이라고 부르는 이러한 증거들은 현실의 기록(a record of reality)으로 우선 묘사된다. ②과거 재구성(reconstruction of the past)으로서의 역사에 대한 언급은 실제로 해석적 행위로서의 재구성이다. 역사의 특수한 상황(contexts)에 의하여 자료들이 분실되거나 손실되는 측면이 허다하다. 사실(facts)에 대한 해석이 중요하게 대두된다. 그 해석에 따라 설명의 이야기로 엮어간다.

역사와 사회과학(최근에는 행동과학이라 함) 사이에 유사한 양립 관계가 있을 수 있을까? 이 두 분야는 서로 많은 공통 관심사가 있다. 역사학자와 사회과학자 모두 과거를 연구하고, 보다 정확히 말하자면 과거에 있었던 것들을 연구한다. 이 둘은 똑같이 분석, 설명, 그리고 일반화라는 과정을 거쳐서 이론화 작업을 시도한다(James Startt, 1932/1995. 22쪽).

더욱이 역사는 과거에 일어났던 사건에 관해 연구하는 학문인데, 해석을 통해 과거를 재구성한다. 이 연구에서 사실의 규명은 첫 번째 작업이고, 여기에서 객관주의, 사실주의가 발동한다. 우선 사실성(facticity)은 정확성(ac-curacy) 분리(detachment), 객관성(objectivity), 비당파성(nonpartisanship), 균형성(balance)을 요구하며, 역피라미드형(the inverted pyramid) 등으로 사실주의, 객관주의 역사관을 정립한다.

사실성은 랑케(Leopold von Ranke)의 『라틴 및 게르만 제민족의 역사』에서 그 편린을 찾을 수 있다. 그는 사료로서 1차 자료의 중요성을 갈파했다. 그 서문 속에서 "본 저작의 자료는 회고록, 일기, 서한, 외교관의 보고서, 목격자 자신의 서술이며 그 밖의 문서들은 이상의 문서들을 직접 반영한 것이거나 혹은 일차적인 지식에 해당되기 때문에 이상의 것들에 맞먹는다고 생각된 것들에 국한되고 있다."라고 했다(길현모, 1975, 46쪽).

벨지움 혁명이 일어난 1830년 이후 고문서 보관소(archives)가 개방되기 시작했다(길현모, 1975, 46쪽). 벨지움 혁명으로 새로운 독립정부가 수립되자 부르셀의 고문서보관서가 공개되었고, 이를 따라 헤이그와 비엔나의 고문서보관서도 공개되었다. 그리고 혁명의 물결은 프롤렌스, 밀라노, 나폴리, 몬테나, 베니스 등의 도시에서 비공개되었던 고문서를 공개토록 하였다. 더욱이 미묘한 국제관계 속에서 새로운 정부는 "자신의 문서를 먼저 공개하는 편이 유리하다고 생각했다."라고 했다(길현모, 1975, 47쪽). 일차 자료에 의한 역사의 기록이 성행된 것이다. 사실성이 역사기록에서 중요하게 부각되었다.

역사학과 동시대 언론에서도 사실주의, 객관주의가 성행하기 시작했다. 한편 서구에서 '객관주의'[2]가 언론실천의 관행으로 자리 잡은 것은 19세기 중반부터라는 견해가 일반적이다. 즉, 사실성의 역사를 1832년부터 1866년

---

[2] 객관주의는 기업적 요구 위에서 시민사회에서 언론의 사회적 역할이란 변수가 결합됐고, 기업적 요구와 시민사회의 요구에 동시에 충실해야 하는 이중적 성격이 기자의 전문직업인주의를 매개로 봉합됐다는 것이다(남재일, 2005 가을, 169쪽). 여기서 객관주의는 사실주의와 같은 의미인데(172쪽), 이전까지 특정당파를 위한 정론지였던 신문이 기업화 하면서 가장 많은 독자를 확보할 수 있는 사실보도를 추구하고, 객관주의를 그들의 이념으로 했다. 객관주의는 그 근원을 사실에 두었다.

사이로 잡았다(David T. Z. Mindich, 1998, p.85). 당시 의약, 문학, 사회과학, 그리고 저널리즘은 과학을 선호하면서 사회는 종교적 파라다임을 거부하기 시작했다.

셰퍼드(Dr. H.D. Shepard)는 1833년 1월 1일 페니프레스《뉴욕 모닝 포스트(The New York Morning Post)》를 발행하였고, 곧이어 데이(Benjamin Day) 는 《뉴욕선(the New York Sun)》을 창간했다. 사실성은 페니 프레스의 발전과 직접 관련이 되었음을 쉽게 할 수 있는 대목이다.

사회학자이며 철학자인 스펜서(Herbert Spencer)는 "객관적 사실(objective facts)로 우리에게 강한인상을 줬다."라고 했다(David Shi, 1850~1920, p.69; David T. Z. Mindich, 1998, p.95). 사실은 그 후 과학적 사고와 같이 힘을 얻어 갔다. 새로운 과학적 사고의 방법은 1832, 1849, 1866년 등 3차례 뉴욕시의 콜레라 전염병으로 의술의 대응을 통해 진화했다. 초기 두 번 동안 의사는 미신, 종교적 믿음, 그리고 무작의 경험에 의존했으나, 마지막 1866년의 경우 의사는 질병을 퇴치하기 위한 (현장에서의) 데이터 수집과 과학적 방법에 의존했다(David T. Z. Mindich, 1998, p.95). 경험주의가 의학 뿐 아니라 저널리즘에도 적용되기 시작했다.

경험주의에는 사실의 정확성과 그 분석의 중요성이 선행한다. 퓨리처(Joseph Pulitzer)는 1900년《뉴욕 월드(the New York World)》〈스텐더드 오일은 은행을 어떻게 조종하였는가?〉에서 '정확성', '정확성', '정확성'으로 기사의 효력을 높이도록 권고했다.

사실의 정확성과 더불어 저널리즘의 법제화가 시작되었다. 여기서 '균형'이 첨가되었다. 기자는 절제의 미학을 통해 균형감각을 가진다. 1890년대 저널리즘은 남북전쟁 전 덜 정론지, 덜 왜곡, 더욱 독립, 더욱 객관화를 원했다(David T. Z. Mindich, 1998, p.114). 당시 주요 도시의 주요 신문은 정치적 독립을 확인했다. 객관성의 덕목은 전문가의 직업윤리가 강조되었고, 전문가 집단은 1876년 미주리 신문 협회(Missouri Press Association)를 구성하고,

윤리 강령을 완성시켰다.

한편 또 하나의 사실성과 객관성에 도움을 준 원리는 의견으로부터 분리된 모든 당파성으로부터의 '초연함(detachment)'이다. 1830년대 미국의 '페니 프레스'는 어떤 당으로부터의 독립하기를 원했다. 벤자민 데이는《뉴욕선》에서 부자들의 지갑 대신, "모든 사람에게 빛을(It Shines for All)"이란 표현을 사용했다. 잭슨시대(Jacksonian era)는 '보통사람'의 '민주정신'과 일맥상통한 흐름을 대변한 것이다. 당시 페니 프레스는 정치기사를 피하는 대신, 본능에 충실한 흥밋거리의 범죄 기사에 치중했다. 사설은 노름, 결투, 폭음 태만 등 인간의 악습을 타이르고 경계하며 도시 생활의 주변 문제를 다루었다. 이들 신문은 인간의 관심사(human interest)를 주로 다루어 당파성의 내용을 대신하였다.

어떤 당으로부터도 '독립신문(independent press)'은 다름 아닌 페니 프레스였다. 초기 미국 '독립신문'은 정치적 정당으로부터 자신들을 분리시켰다(David T. Z. Mindich, 1998, p.16). 한편 우리의 경우 1957년 신문윤리강령을 초안한 천관우는《조선일보》기고에서 "의식적 왜곡에서 오는 심리적 폭력, 목적적 전달, 이데올로기 강요, 대중 조작을 위한 정치 선전 등을 경계하고, 뉴스의 형식이 실물을 어떻게 정확하게 재생할 수 있는가"에 관심을 가질 것을 주문하였다(천관우, 1957.4.13). 또한 1961년 7월 발표된 신문윤리강령 실천요강의 '보도와 평론의 태도'에서 "보도는 평론과 엄격히 분리되어야 하며 집필자의 이름을 밝힘이 없이 개인의 의견을 보도에 삽입할 수 없다."라고 규정함으로써 사실성의 보도에 관심을 가졌다.

한편 당시 발전된 전신은 사실성의 전달에 도움을 주었다. 1844년 5월 1일 볼티모어로부터 워싱턴까지 휘그당(Whig party)의 기사가 성공적으로 전달되었다. 프로이센은 나폴레옹 3세의 군대를 격파시킨 이틀 후인 1870년 9월 4일 저녁, 파리에서 공화정을 선포하였다.《뉴욕 트리뷴(New York Tribune)》은 6일 아침 당시의 군사적, 정치적 상황, 그리고 황제의 정확한 근황을 대서양 케이블에 의해 유럽 각국으로 전하였다. 지금까지 의견에 가까운 뉴스가 주종을 이루었으나, 전신에 적합한 뉴스는 사실이었다. 의견은 점차 사설에 제한시켜 게재되었다.

전신 기술은 세 가지 사회현상을 경험케 했다(James W. Carey, 1995, p.157). 첫째, 전신은 시장의 상황적 요소를 제외시켰다. 과거에는 개별시장 원리가 독립적으로 작동됨으로써, 수요와 공급이 시장상황에 의해 결정되었다. 둘째, 재화가 상품의 대표성으로부터 분리되었다. 상품의 대표성이 창고의 인수증으로 대치되었다. 셋째, 상품의 거래가 등급체제에 의해 이루어졌다. 많은 양의 물품은 비인격적 규격화를 요구했다. 정보는 독립적으로 전달되고, 생산품보다 빨리 유통되었다.

전신은 새로운 사실의 질서를 형성시킨 것이다. 잘 구조화된 이야기는 가장 중요한 사실로 시작하여, 가장 덜 중요한 것으로 끝을 맺었다. '역피라미드형(the inverted pyramid type)' 기사가 전신에 적합한 내용이었다. 당시는 기술적 어려움, 그리고 비싼 가격으로 역피라미드 형태가 좋은 대안이 되었다.

역피라미드형은 1896년 4월 7일 창간한 《독닙신문》과 무관할 수 없다. 창간호에 '쿠바의 독립운동상황'에 대해 언급했고, 1897년 3월 1일부터 로이터와 계약을 맺고 〈전보〉란을 개설했다. 또한 《코리안 레퍼지토리(The Korean Repository)》는 1896년 8월 호에 왕립전신서비스는 거리와 관계없이 국내 요금으로 언문 한 자당 2센트, 중국어 5센트, 영어 10센트를 받았다고 기록하였다(조맹기, 2006, 31쪽). 사실성의 질서는 역피라미드 형으로 그 실체가 완성이 된 것이다.

사실보도, 객관보도에 관한 규정은 계속되었다. 객관보도, 사실보도에 대한 논쟁은 1957년 윤리강령 이후 논의 되어왔다. 〈신문윤리강령〉의 '보도와 편론의 태도'에서 사실주의적 성향을 인지할 수 있다.

보도는 사실의 신속 충실한 전달을 생명으로 하며 따라서 출처 및 내용에 있어 보도의 가치가 확증될 수 있는 것에 한하여야 한다. 평론은 독립불기의 소신을 공정대담하게 표현하여야 하며 특히 진실에서 고의로 이탈하려는 편파를 경계하여야 한다. 보도 및 평론은 그 능력이 미치는 한 철저와 정확을 기하여 공중에 대한 성실을 저버리지 말아야 하며 중대한 오보가 있을 때는 이를 정정하여야 한다(서정우·차배근·최창섭, 1993, 403쪽).

당시 역피라미드형 기사가 관건이 되었다. 윤리강령이 발표된 당시(1956~1957년) 국내에서 역피라미드형 기사 작성에 관심이 집중되었는데(조세형, 1963, 4(1)), 당시 20~30대 젊은 기자에게는 전도 피라미드형의 방법이 매력적이었다. 한편 1961년 제정된 '〈신문윤리강령 실천요강〉'은 더욱 사실보도가 강화된다. 그 '보도와 평론'의 태도에서 〈신문윤리강령〉은 더욱 뚜렷하게 부각되었다.

①보도는 평론과 엄격히 분리되어야 하며 집필자의 이름을 밝힘이 없이 개인의 의견을 붙여 삽입할 수 없다. ②미확인의 사실을 부득이 보도할 때에는 그 미확인임을 명시하여야 하며 또 그것을 확대하게 보도해서는 안 된다. 또 비공식이나 사적인 담론은 그것이 공공의 이익에 절대적으로 필요하지 않는 한 보도해서는 안 된다. ③사실은 부분만이 아니라 그 전모와 의미를 포괄적으로 보도해야 한다. 특히 사실의 요약과 표제에 있어서도 사실이 왜곡되어서는 안 된다. ④재판의 판결에 영향을 주는 취재평론을 해서는 안 된다. ⑤사실과 다르거나 부정확한 보도를 했을 때에는 스스로 즉각으로 이를 완전히 정정해야 한다(서정우·차배근·최창섭, 1993, 405쪽).

윤리강령의 '보도와 평론의 태도'에서 나타나는 사회적 책임, 보도와 평론의 분리, 신문의 당파성(partisanship)의 금지 등(서정우·차배근·최창섭, 1993, 403~6쪽)은 전문직을 바탕으로 언론의 정신과 직결된다. 언론의 전문직화를 강화할 공정성의 개념이 강조된다. 공정성은 롤스(John Rawls)의 자유 개념에 의해 발전된 것인데, 그는 '공정성의 정의(justice as fairness)'에서 그 정의는 "자유와 평등성의 화해 효과를 목표로 두고 있다"(Cohen, 2002, p.1035)라고 밝혔다. 즉, 롤스의 공정성 원리는 동일한 정도의 자유를 다른 사람에게 허용했을 때, 개인은 더 큰 자유를 획득할 수 있다는 논리이다. 이 논리에 따르면 상호의존적 자유를 논함으로써 서로가 더 큰 자유를 누릴 수 있다는 가정이다.

4. 사실성의 요소 중 역사의 특수성

랑케는 인간에 관한 지식을 획득함에 있어서 두 가지 방법을 사용했다(Georg G. Iggers and James M. Powell, p.30; 길현모, 1975, 60쪽). 하나는 개별의 지각을 통한 길이고 다른 하나는 추상을 통한 길이다. 전자는 역사의 방법이고 후자는 철학의 방법이다. 철학은 존재의 양상(Bedingung der Existenz)의 보편적인 관심에 중점을 두나 후자는 개별적 관심에 중점을 둔다.

철학자에게 모든 개별적 사물은 오직 전체의 일부분일 뿐이나, 역사가에게 개별은 그 자체로서 관심대상이 된다. 역사는 특수성이 그 영역이다. 역사연구의 목적은 연구 대상의 유의성과 특이성을 수반한다(James Startt, 1995/1995, 29쪽). 즉, 연구 대상의 유의성은 과거 사실에서 선택된 어떤 대상이 지속적으로 중요한 의미를 지니고 있는 것이라는 역사가의 확신에 있게 마련이다. 한편 특이성이란 특별한 문제, 사람, 장소, 시대 등에 관계된 전후 배경(context)을 조사하는 아이디어에 근거한다. 게르겐은 사회심리학의 역사적 탐구에 관심을 가졌다(Kenneth J. Gergen, 2006, p.340). 사회심리학은 주로 사실과 관련이 있는데, 그것은 시간에 따라 반복될 수 없고, 변동하는 사실의 존재를 인정한다. 또한 그들의 지식은 일반적으로 역사적 경계에서 선험성이 아니기 때문에 일반적 과학적 영역으로 축적이 될 수 없다. 역사는 개별의 '원심력'의 힘이 또 다른 축이 될 수 있었다. 역사가는 과거에서 특정한 것들에 대해 연구함으로써, 사회과학자들보다는 훨씬 더 본래의 자료와 연구자의 설명을 중요하게 여긴 것이다.

사회 과학자들과는 달리, 역사가는 1차 자료를 통해 분석을 하게 된다. 이는 직관적 통찰력을 연구 과정에서 중요한 요소로 받아들이게 된다(James Startt, 1995/1995, 24쪽). 역사가는 이를 수행하기 위해 역사에 관한 특수성의 자료를 사용한다. 그 내용은 현장이 합리성이 될 문화적 힘, 사회적 배경, 그리고 과거의 인간 같은 것들에 관계되는 요소를 찾아낸다. 역사가는 분명 이런 측면에서 과학자의 논리적 정당성의 자료와는 완연히 다르다.

역사가들의 기본자질로서 개체에 대한 순수한 사랑과 기쁨을 강조한 랑케가 개체의 세계를 그려냄에 있어서의 고도의 예술성을 아울러 강조했다는 것은 오히려 당연하다(길현모, 1975, 64쪽). 즉, 역사는 수집하고 발견하고 통찰한다는 면에서 하나의 과학이나, 그것은 발견하고 인식된 것을 재구성하여 설명하는 것이기 때문에 하나의 예술이다.

또한 역사의 유의성은 역사 연구가 지속적 요소를 갖고 있음을 의미한다. 언론사는 역사와 크게 다를 바가 없다. 역사의 사실성과 객관성으로 인해 구체적 사실은 결국 사회의 큰 흐름의 맥락과 연계된다. 주관성의 배재도 다름 아닌, 전체의 맥락과 일관성을 찾아내는 작업과 무관할 수 없다.

터크만(Gaye Tuchman)은 기자들이 기사를 작성할 때 관행적으로 사용하는 세가지 요소를 제시했다(Gaye Tuchman, 1972; 박재영·이완수, 2008, 129쪽), 즉, 상반된 가능성의 제시, 지지하는 증거의 제시, 인용부호의 적절한 사용 등이다. 이 세 요소는 객관주의를 구현한다는 차원에서 사용된다. 기자는 지지하는 증거의 제시, 실태, 원인, 대안을 제시한다. 그렇게 하기 위해 사례, 통계 수치, 관계자 인터뷰, 전문가 인터뷰, 취재원과 직접인용구를 사용한다.

기자는 주관성, 예술성, 특수성을 나열하지만 자칫 객관성, '내향적 가치판단'의 틀을 확보하지 못할 경우 문제성을 노출시킨다. 한 예를 들면

〈PD-수첩〉의 경우 전문적인 취재 훈련을 받지 못한 작가들이 취재, 대본, 프로그램 구성 등에 깊숙이 개입하면서 문제를 노정시켰다(양성희, 《중앙일보》, 2009.6.20). 그리고 취재 내용을 사전에 크로스 체크하는 게이트키핑 시스템도 느슨했다. 작가, PD, CP(책임 PD)로 이뤄진 자율적인 작은 팀 안에서 제작이 마무리돼, 사전, 사후 점검 체제가 미비하였다(양성희, 《중앙일보》, 2009.6.20).

2008년 MBC 〈PD-수첩〉이 광우병의 위험성을 보도했을 때 나온 문제는 객관적 사실보다 관점과 의견을 중시하고, 특정 입장에 부합하는 내용을 집중적으로 부각하여 몰아가는 식이라는 것이다(양성희, 《중앙일보》, 2009.6.20). 그 프로그램은 과장되거나, 특수성을 과도하게 삽입된 것이다. 그런 유형의 대다수 프로그램은 "사실을 규명하는데 익숙하지 않은 PD와 방송작가들이 제작하고 있다"(김인규, 《중앙일보》, 2009.6.20).

일반적으로 뉴스는 '바깥 그곳(out there)'으로 존재하도록 한다. 취재 기자는 보도자와는 독립적으로 존재하는 것을 알기 위해 노력한다. 기자는 객관보도를 위해 매일의 기사의 정확성을 위한 노력을 기울이려 하며, 정확하고, 형평성을 가져야 한다. 이는 세계체계 안에 편입될 수 있게 하고, '초연계 사회'를 가능하게 된다. '열린' 사회의 표본이 될 전망이다.

그렇더라도 그날의 시각은 역사가의 긴 호흡보다 상황의 콘텍스트(context)에 관심을 갖는다. 즉, 누가 발표를 하고, 어디에서 커뮤니케이션이 일어나고, 참가한 사람들의 일반적 태도는 무엇인지와 같은 것과 무관할 수 없다(Berko, Wolvin and Wolvin, 2007, p.13). 한 방에서 일어난다면 현장의 합리성을 포함한 커뮤니케이션은 방의 크기, 벽의 색깔, 가구가 위치하는 장소, 커뮤니케이션하는 방식 등에 영향을 받는다.

또한 화자와 청자의 변덕스런 커뮤니케이션을 성찰할 수 있는 감정적 강조가 반영된다. 민족주의가 싹트는 현장이다.

감정적 상태는 특수성의 영역이며, 그렇지 않을 때도 특수한 영역 뿐 아니라, 일반적 영역이 존재한다. 같은 맥락에서, 커뮤니케이션이 일어나는 물리적, 사회·심리적, 시간적 환경은 특수성과 보편성이 존재한다. 현실에서와 같이 역사 풀이에도 예외적일 수 없다.

한편 환경 뿐 아니라 메시지에서도 화자와 청자에 독립된 내용이 존재하고, 개인 사이에 상호작용하는 관계의 차원이 존재한다. 독립적 메시지는 역사의 일반성으로 풀이할 수 있지만, 관계의 메시지는 특수성의 존재를 도외시할 수 없다. 역사는 특수성과 일반성이 공존하는 것이다.

일반성, 보편성은 철학의 영역에서 다룬다. 철학과 논지는 주로 아이디어와 관련이 있다(Robert Ezra Park, 1955, p.227). 이성과 논리적 사고는 보편성을 따지게 마련이다. 철학에 비해 역사는 주로 사건과 관련을 맺음으로써 보편성과는 거리가 있다. 그렇다고 역사 연구로서 뉴스는 자연과학의 지식과는 같이 체계적 지식은 물론 아니다. 물리학 등 과학은 주로 현장의 합리성을 포함하고 있어 사물과 관련이 있어, 누구에게나 보편성의 원리를 인정할 수 있다. 자연과학을 원용한 사회과학은 사회문제를 조사하고 구성하여 배열한다(Robert Ezra Park, 1955, p.228). 여기서 조사는 조사라기보다 '사실확인'(fact-finding)의 형태에 관심을 갖게 된다. 사실을 발견함에 따라 사회과학은 어떤 사회기구에 해석을 시도하게 된다.

사건에 관심을 가진 역사학은 피할 수 없이 시간의 고정과 공간에 위치함으로써 독특(unique)할 수밖에 없다. 역사학은 자연과학과 달리 사물과 같이 규정할 수 없고, 공간과 시간에 따라 변화하게 된다. 또한 미디어 속에서 우리는 우리 자신을 공간과 시간 속에 고정시키는 방법을 찾는다(Roger Silverstone, 1999/2009, 19쪽). 그들이 정한 공간과 시간 안에서 우리는 다양한 우연적 상호작용, 그리고 서로의 관계 속에 우리 자신을 고정시키고 연결하고 분리시키고, 공유하거나 부인한다.

콘텍스트의 마술에 벗어나는 길은 코드에 규격화된 요소를 가미시키는 것이다. 뉴스 보도에서는 어떤 명증성 확보가 쉽지 않아 보인다(Bill Kovach and Tom Rosenstiel, 2001, p.171). 또한 각 저널리스트는 테스팅하고 정보를 제공하는 개인적 '내향적 가치 판단'의 방법론에 의존한다. 그 자신의 개인적 명증성의 원리에 의존하고, 사건의 많은 증언을 추구하는 실천, 취재원에서 대한 가능한 많은 노출, 이러한 방법은 개인적 특수성에 의존하게 된다.

사실과 느낌은 별개의 실체라기보다는 사실정보와 느낌정보, 지식정보와 감성정보, 객관적 정보와 주관적 정보 등과 같이 속성이나 정밀성의 정도를 달리하는 정보라고 할 것이다(윤석민, 2007, 192쪽). 사실과 느낌, 지식과 감성, 그리고 객관과 주관의 구분은 애매하다. 이를테면 느낌에는 정확한 느낌과 어름풋한 느낌, 건조한 느낌과 풍부한 느낌이 있을 수 있다. 또한 나에게는 사실인 것이 타인에게는 느낌일 수 있게 때문에 이 양자는 정도의 차이이지 질적으로 근원적인 차이를 지니는 속성으로 간주될 수 없다.

또한 미디어에서 다루는 뉴스는 순간적인 사건일 수 있다. 뉴스는 비일상성, 즉, 기대하지 않는 것과 관련이 있다. 뉴스는 일상적인 의례와 그 날의 루틴과는 거리가 있다. 그 결과 뉴스가치는 탈진실, 혹은 상대적일 수 있다. 어떤 것은 처음에 관심이 영역으로 되었으나, 그것은 다음에는 전혀 관심거리가 되지 않는다.

한편 사건이 일어나는 것도 돌발적이지만, 뉴스는 그것에 관심이 있는 사람에게 도달할 때만 비로소 뉴스가 된다. 뉴스는 중요성이 인식되고, 그것이 인쇄되고, 뉴스가 될 때에만 역사가 된다. 그리고 뉴스가 인쇄되어, 여러 사람이 볼 때 공적 관심의 영역으로 변화하게 된다. 뉴스는 증발성이 있는 상품이다. 뉴스는 뉴스가 뉴스의 관심을 갖는 사람들에게 도달할 때에만 의미를 갖는, 증발하기 쉬운 내용이다.

또한 뉴스가 공적 관심 영역이라고 할지라도 물론 이것은 보편성을 띠기에는 무리가 따른다. 뉴스 제작과정에서 한 취재원의 언행이 중심이 되는 기사는 상대편이나 제3자의 관점이 배제되기 때문에 구조적으로 파편적이고 자극적일 수밖에 없으며, 특히 정치기사의 경우에는 독자의 정파적 현실인식을 조장한다(박재영·이완수, 2008 겨울, 138쪽).

한편 국내 신문은 그 복잡한 곁가지들을 모두 쳐내고 사안을 단순화시켜 제시한다(박재영·이완수, 2008 겨울, 138쪽). 어떤 부분이 확대되어 빙산의 일각처럼 수면 위에 불쑥 솟은, 눈에 잘 띄는 사실을 기사로 포장하다보니 사실 전달에 효과적일지 몰라도 사건 자체를 왜곡할 수 있다. 더욱이 맥락성을 고려하지 않는 역피라미드 형 기사는 이러한 방식을 사용함으로써 왜곡을 더욱 부추길 수 있다.

5. 사실성의 요소 중 역사의 일반성

현대사회는 행위자로서의 개인이 부각됨으로써, 또한 인터넷 같은 개인 미디어가 등장함으로써, 개인의 '내향적 가치 판단'의 심리적 경험이 중요시 된다. 역사는 랑케가 결코 꿈을 꿀 수 없던 방향으로 개인화하고, 특수화하게 되었다(Frank E. Manuel, 2006, p.310). 개인의 경제적, 사회적 존재들, 그리고 그 집합은 삶의 결정적 기간의 주요 현실에 의해서 고정된 심리적 모형에 따라 성찰된다. 또한 행위자가 처한 사회적 콘텍스트가 문제들의 실마리를 제공한다. 지식인과 그들의 표현의 의식 차원에서만 규명될 성질의 것도 아니다. 이것은 새로운 심리적 도구의 사용을 필요하게 된다(Frank E. Manuel, 2006, p.315).

물론 뉴스가 항상 특수성을 내포하는 것은 아니고, 기자 개인의 심리적 요소가 전적으로 기사 작성에서 작동하는 것은 아니다. 기자가 사건을 직접 목격하고 취재, 보도하는 일은 극히 드물다(송효빈, 1993, 88쪽). 그들은 대부분 간접취재에 의존함으로써, 사건의 목격자와 관련자를 찾아 사건의 진상을 캐내야 한다. 즉, 정부 각 부처의 대변인과 기타 관련 및 수사관 등의 주요 뉴스원을 찾아내고, 그리고 인터뷰로 사건의 내막을 더욱 심도 깊게 보도한다.

뉴스는 저널리스트가 보도하기를 강요받은 어떤 것이다. 저널리스트가 창의력을 갖고 책임지게 하는 것도 아니다. 뉴스는 '바깥 그 곳'의 실재를 규명한다. 사건은 보도자의 독립된 '바깥 그 곳'의 산물이다(James S. Ettema and Theodore L. Glasser, 2006, p.130). 저널리스는 보도해진 가치의 질을 위한 책임을 전가 받는다.

기자는 현실에서 진실을 찾아낸다. 그는 사건을 처음 본 것처럼 전하고, 현장감의 뉴스(eyewitness news)로 시청자에게 사실주의적 현실을 가감 없이 보여준다. 물론 르뽀따지는 객관성과는 거리가 있는 주관성의 표현일 수 있다. 이런 형식은 객관적으로 확실한 카테고리를 결하게 한다. 그 문화는 타블로이드처럼 저속할 수 있으나, 때로는 창의적 예술로 실제보다 높게 진리를 묘사할 수 있다(James W. Carey, 1995, p.124).

언론인은 항상 '사적 눈'으로만 만족하지 않으며, 그들의 보도는 공적 영역으로 표출된다. 설령 사적 영역에 고정된다고 하더라도 모든 사람에게 공감을 가질 구심론적 공적 영역을 추구한다. 그리고 보도의 주체는 내향적이나, 환상이 아니라, 현실시간의 시계를 명증성으로 수용자에게 보여야 한다.

사회적 사실의 행위나 사고는 개인의 의지와는 독립적으로 존재함으로써, 개인에게 외적으로 존재할 뿐 아니라, 강압적 힘으로 존재한다(Emile Durkheim, 1938/1966, 2쪽). 이 사회적 사실의 내적 속성이 사회 내에서 존재하는 것이다. 특수한 성적을 가진 사회적 사실의 범주는 행위, 사고, 느낌의 정형화된 방법을 포함한다. 그것은 개인의 밖에 있으면서, 사회적 사실들은 개인을 통재하는 이성이어서, 강압적, 윤리적 성격을 가진다.

물론 뉴스는 피부에 와 닿는 감각의 주관적 요소로 포장될 수 있다. 자연과학, 사회과학은 그 감각세계를 빈번히 도외시할 수 있는 영역이다. 이들 과학은 어떤 인과관계를 뽑아냄으로써 자연과의 규칙에서 주관성을 수용할 수 없게 된다. 그러나 공영방송의 경우 누구나 공감할 수 있는 보편성, 강제성, 전달성을 지닌 '사회적 사실'은 사실주의나 객관주의를 더욱 활성화시켜

줄 수 있게 된다. 여기서 객관성은 상수의 존재와 준거의 동일한 점에 의존하게 된다(Emile Durkheim, 1938/1966, 44쪽).

사회적 사실은 모든 사실주의, 객관주의를 보존해주는 만능이 아니다. 이들 사실들은 비역사적 사실로서 추려내야 한다는 이중의 임무를 띠고 있다. 역사는 반박할 수 없는 객관적 사실을 최대한 편찬하는 것이어야 한다(E. H. Carr, 1961/1979, p.17). 사회적 사실이 객관성을 얻을 수 있는 것은 개인의 의식 안에 집단의 것이 있고, 그것은 특수한 계몽으로 생긴 것이다.

그 과정에서 물론 개인은 그들의 역량을 자유롭게 발전시키고, 개인의 힘은 사회적으로 조직하도록 한다(Emile Durkheim, 1938/1966, 122쪽). 개인은 사회적 사실의 성격에 의하여 제약을 받는다. 그러나 역사는 사회적 사실만으로 풀이할 수 없는 속성을 지닌다. 역사는 잃어버린 부분이 허다한 그림 맞추기라고 해왔다. 역사적 사람과의 관계성의 콘텍스트는 복원할 수 없는 지나버린 과거사에 불과하다. 이런 현실에 비춰 역사는 사실을 토대로 한 것이지만 관계성의 사실은 엄밀히 말한다면 결코 사실 자체는 아니고, 오히려 안정된 판단의 체계에 불과하다.

더욱이 뉴스는 자연과학처럼 체계적 지식이 아니다. 이것은 역사와 같이 사건의 맥락과 관련이 된다(Robert Ezra Park, 1955, p.229). 그렇더라도 역사 연구에서 가장 중요한 것은 사실의 발견이다. 그 결과 사료 비판은 언제나 역사연구의 필수불가결한 전제조건이다. 모든 진술에는 사실과 의견(해석)이 혼재돼 있기 때문에 해석 없이 사실만을 다룬 진술은 존재하지 않는다. 진술에 담긴 해석의 정도가 다를 뿐이다. 그 결과 사실의 발견에서 비판적 성찰능력은 선택사항이 아니라 필수조건이 된다(조지형, 《동아일보》, 2009. 7. 31).

역사적 사건은 시간에 고정되고, 공간에 위치한다. 사건에 관련된 물질은 공간에서 움직이지 않을 뿐 아니라, 시간에서 변화하지 않는다. 내적 조직에 관점에서 그들은 다소간 안정된 균형의 상황에 존재한다. 역사는 다른 것 가운데 하나는 고립된 사건을 다룬다. 원인의 형태나, 목적론적 과정의 형태나 원인의 형태에서 관련성을 찾지 않는다. 역사는 사건을 자체를 묘사할 뿐 아니라, 역사적 연속성에서 적절한 장소에 그들을 두는 것을 추구한다.

그렇게 함으로써, 사건이 표출하는 것을 발견할 경향과 힘을 발전시킨다. 역사는 사건의 관련성과 관계가 있다. 우연한 것 사이의 관계, 전과 그 후의 사건과의 관계 등을 역사는 고려한다. 역사가로부터 구별되는 보도자는 실재, 현재의 조망을 하는 과거, 미래와 관련된 각 단순한 사건을 기록한다. 과거 사건과 관련시키는 것은 언론사 연구자의 작업으로 남는다.

더욱이 사실(fact)과 진리(truth)는 좋은 저널리스트들의 문제이고, 좋은 저널리즘을 위한 기초이다(G. Stuart Adam and Roy Peter Clark, 2006, p.112). 진리를 찾기 위해 언론인은 사실에 입각한 객관성, 중립성, 공정성을 강화시킨다.

저널리즘에서 사실은 항상 문제이고, 진리는 항상 목표가 된다(G. Stuart Adam and Roy Peter Clark, 2006, p.113). 그 진리는 절제만 잘 유지한다면 이성을 가진 사람은 누구나 객관적 입장에서 추구할 수 있다. 개인의 '내향적 가치 판단', 또한 인간에게 공유하는 측면이 존재하기 때문이다. 더욱이 사회적 제약은 개인의 인성과 반드시 양립할 수 없는 것은 아니다. 모든 규율, 제약, 윤리는 일반적 제약이다.

사회적 사실은 사회의 구조와 관련이 되고, 사회생활의 자유적 흐름과 계속성을 유지한다. 개인이 일치하는 것과는 차이가 분명이 존재한다. 개인은 동기가 있고, 감정이 있고 독립정신이 있다. 외적 제약을 받아가면서 개인의 자유를 실천할 수 있다. 일반적 집합적 생존은 모든 구성원에게 당면한 과제이다.

객관적, 비판적 성찰과 함께 역사가들은 보편적 관심에 눈을 뜨고 있어야만 한다(길현모, 1975, 69쪽). 보편성은 제 사건에 관한 전체적 이해와 객관적으로 존재하는 상호 관련성에 대한 인식으로 높아간다(G.G. Iggers and James M. Powell, 1990, p.30; 길현모, 1975, 70쪽).

개별성은 사물에 대한 관찰과 이해와 그 통합을 통해서 자동적으로 달성될 수 있는 것이었고, 역사학의 영역 내에서 추구하는 보편성은 결코 형이상학적인 의미의 보편이 아니라는 점을 뚜렷이 보여준다. 개별의 연구가 항상 보다 큰 관련성과 연결되어 종국에 가서는 세계라고 불리는 커다란 전체, 즉 체계와 관련된다. 보다 큰 범위의 연구는 따라서 보다 큰 가치를 지닌다(길현모, 1975, 71쪽).

랑케에게 보편성은 만능이 아니다. 그는 철저한 개체사상에 핵심을 두고 있다. 역사파악에 있어서는 모든 역사적 사물은 그 자체로서 완전하고 이러한 의미에서 비교가 불가능하고 따라서 선택의 기준이 설 수 없기 때문에 역사의 구성 자체가 불가능하게 될 수밖에 없는 것이다(길현모, 1975, 71쪽).

랑케가 불가피하게 의존할 수밖에 없었던 것은 직관을 통한 이해방법이었던 것이다. 랑케에게 있어서는 보편의 세계에의 접근은 오직 직관적인 관조(Anschauung)와 직관적인 통찰(Ahnung, Divination)에 의해서만 가능한 것이었다(길현모, 1975, 66쪽).

설령 신의 섭리가 아니더라도 인간은 이웃과 어떤 정도의 편의를 갖고, 어떤 일관성을 유지하고 육체적, 심리적, 경제적 필요를 도모한다. 이러한 균형의 성격을 형성시키는 '내향적 가치 판단'의 법칙으로 일관성을 유지한다. 이 법칙은 인간의 본성과 인간의 행위를 다스리는 일관성을 형성시킨다(Emile Durkheim, 1938/1966, xxxv쪽). 이는 모든 사람의 압력에 의해서 보조를 받는 균형성이다. 이 절제를 통한 균형은 개인이나, 집단을 침해하거나, 적의를 갖는 것에 대항해서 모든 사람의 일관성의 압력으로 형평성을 유지한다.

공화정 하 인간이 합리성만 갖는다면 명증성, 해석, 설명은 더욱 정확하고, 종합적이며, 더욱 균형적으로 확보될 수 있다. 언론은 탐사보도를 통해 왜곡된 진리를 구명한다. 기자는 매일의 저널리즘 객관주의 관행으로부터 탈출하여 더 많은 시간을 사용할 수 있다. 탐사보도는 시간성에 얽매여 있는 자신을 돌아보고, 성찰적 기회를 갖는다. 또한 탐사보도로 기자는 가치 판단의 변론 뿐 아니라, 사실의 질을 생각할 수 있어 책임감 있게 자신의 뜻을 피력할 수 있다.

'내향적 가치 판단'을 통해 사실을 정확하게 규명만 한다면 역사의 의미에 대해서는 신의 섭리가 보살펴 줄 것이라고 랑케는 경건한 언급을 했다. 저널리스트의 진리는 실천적 지식이지, 추상적이 아니다(G. Stuart Adam and Roy Peter Clark, 2006, p.115) 진리의 하드 팩트(hard facts)와 명증성만 확보할 수 있다면 사실성, 객관성에 문제가 될 수 없다. 물론 사실과 진리를 확보하기 위해 콘텍스트를 연구하고, 사실과 진리를 위한 책임을 가질 필요가 있다.

뉴스 제작자의 전문성(professionalism)과 그로부터 비롯되는 '내향적 가치 판단'의 결정들은 조직의 필요에 따라 고정된다. 컴퓨터와 더불어 취재를 하는 기자에게는 이런 판단이 더욱 요구되며, 전문가의 동기가 우선 된 상황에서 조직 내, 외적 동료검증은 더욱 정교하게 자신의 관점을 보충시킬 수 있다. 그들은 인터넷의 블로그 같은 다양한 미디어를 통해 외부와의 점검 시스템을 작동시킬 수 있다.

6. 사회심리학적 접근으로 가능한 사실주의 방법

다양한 인식의 유형들을 인식의 폭과 정밀성 두 차원으로 나눌 수 있다(윤석민, 2007, 203쪽). 인식의 폭은 세계의 다양한 측면들을 얼마나 폭넓게 인식하고 있는가라는 차원으로 인식의 객관성(objectivity) 또는 타당성(validity)의 차원이고, 인식의 정밀성은 현장의 합리성을 포함하여 인식의 대상을 얼마나 세부적으로 깊이 있게 바라보고 있는가의 차원으로 신뢰성(reliability) 또는 엄밀성(exactness)의 차원이라고 할 것이다. '내향적 가치 판단'은 다양성을 확보해야하고, 정확한 인식에 근거를 둬야한다. 전문직으로서의 기자는 일반적, 비역사적 성격, 그리고 뇌의 자연적 기능, 정신의 범주 등을 작동시킬 수 있다. 저널리스트는 진실의 사실을 큰 구조, 그리고 진실로 체제 안에서 통합시켜 논한다.

사실의 기술을 위해 역사가는 두려워함이 없어야만 하고, 진실 되어야만 하고, 사심이 없어야만 하고, 입장이나 기질 때문에 개인적으로 싫어하는 대상들에 대해서도 관용을 가져야 하고, 인내심이 강하여야만 하고 정확하고 공정하여야만 한다. '내향적 가치 판단'으로 사건을 객관적, 사실적으로 볼 수 있을 것 같다. 사회적 사실은 이 과정에서 도움을 준다.

불편부당과 중립적 태도는 전문기자에게 필요한 덕목이다. 사건의 보도와 해설은 첨가시키지 않고, 속이지 않고, 진실 되게 알리는 것이 중요하다. 취재원의 오보나 기만에 대항하는 가장 좋은 방법은 기사의 투명성이다. 그렇게 본다면 〈PD-수첩〉은 오히려 게이트키핑이 강하게 작동하는 보도국의 저널리즘 수행에 대한 비판이 될 것이다(원용진·홍성일·방희경, 2008, 77쪽). 그들은 또한 "주도 저널리즘이 신화를 만들고 주변부라고 칭했던 PD 저널리즘에서 저널리즘 경쟁을 통해서 신화를 허무는 작업을 행했다."라고 PD 저널리즘을 옹호했다. 그렇더라도 기사의 풀이는 "방법, 동기, 정보에 대한 어떤 것도 투명성이 담보되어야 한다"(G. Stuart Adam and Roy Peter Clark, 2006, p.177).

한편 균형성과 형평성은 역사적 사건의 중요성을 검정하고 발전하는데 도움을 준다. 언론인들은 자신을 위해 저널리즘의 목표에 호소할 수 없다. 자신의 목적과 주관성에 매몰되는 한 균형성은 탈진실, 혹은 왜곡될 수밖에 없다. 이는 사실주의 대신 당파성을 추구하는 것이다. 그렇다면 언론인은 각 요소에 자유와 평등 정신으로 공적 영역을 확보하기 위해 형평성이 요구된다.

또한 기사의 사실성과 객관성에 문제를 발생시키는 것 중 하나는 역피라미드형 글쓰기 방식이다. 이 형식의 내재적 한계는 기사의 정형화, 형식적 사실주의, 사건 중심적 보도, 파편적 보도, 규정식보도, 언론의 고립 등으로 요약될 수 있다(박재영·이완수, 2008 가을, 145쪽). 역피라미드형의 정형화한 형식은 인터넷 시대에 많이 요구되는 사실의 맥락을 도외시할 수 있다. 단지 사물의 외관 즉 언제, 어디서, 어떻게, 라는 문제에만 집착하여만 한다면 다만 외부적인 것만을 파악하게 된다. 그렇다면 역시 기사의 핵심은 '왜'와 '어떻게'에 있다. 같은 맥락에서 역사는 그 밖의 언론보도, 그리고 과학자들과 마찬가지로 '왜냐' 하는 의문을 부단히 추궁한다.

그러나 역피라미드형은 그 사실의 맥락을 도외시할 수 있다. 그 결과 사안의 껍질만 보여줄 뿐 내부를 해부할 수 없다. 역피라미드형의 피상성을 넘어 역사기술은 사건의 맥락에서 사회적 사실을 규명할 필요가 있다. 사회적 사실은 외적 제약으로 개인에게 작동할 수 있는 행위의 모든 방법이다. 이것은 어떤 행위의 방법으로 주어진 사회를 통하여 일반성을 획득할 수 있고 동시에 개인의 현실에 독립한 그 자신의 권리로 존재한다. 즉, 사회적 사실은 '내향적 가치 판단'을 통해 나의 인성과 사회적 제약이 양립할 수 있게 한다.

개인은 원심력(centrifugal)에 의존하여 사회적 실체를 인정받고, 사회는 구심력(centripetal)을 통해 개인에게 압력을 가한다. 구심력은 계속해서 사회적 제약과 압력으로 작동한다.

모든 제약은 일반적일 때 그 의미가 부각될 수 있다. 더욱이 사회적 사실은 사회의 구조와 관련이 되고, 개인의 삶과 구조, 유기체의 기능, 사회적 목표 등 사회생활의 자유로운 흐름과 계속성을 유지시킨다.

또한 사건의 아이디어는 질서화가 가능하고, 어떤 정해진 범주에 따라 데이터는 사건 자체에 외향적으로 고정된 범주로 고착화한다. 이 데이터는 문화적, 사회적 카테고리로 사회구조를 형성한다. 물론 개인의 정신과는 차이가 분명이 존재한다. 개인은 동기를 갖고 있고, 감정을 작동시킨다. 그러나 외적 제약을 받아가면서 개인의 동기를 실천할 수 있다. 사회는 엄연히 존재하는 일반적, 집합적 생존의 필연성으로 존재한다. 우리의 윤리는 사회적 룰로써, 관찰 가능하게 한다. 그 규칙은 체계적 형태로 재생산이 되며, 그 것에 반대하면, 사회적 벌이 주어진다. 개인 미디어가 발전하면 할수록 개인의 자유의 영역을 늘어나고, 그에 따른 책임도 무거워지게 마련이다.

역사학 탐구의 기점이며 핵심이 되는 것은 개별적 사물에 대한 객관적인 파악이었다(길현모, 1975, 72쪽). 사건을 다루는 기사도 사건의 특수성 자체의 의미를 지닐 뿐 아니라, 그 사건에서 일반적 경향을 알아낸다. 같은 맥락에서 역사학은 개별의 파악에 끝나서는 안되며 다시 보편의 인식을 향해서 일보 전진해야 한다.

역사서술의 객관주의, 형식적 사실주의, 이질적인 것에 대해서도 공정한 이해를 추구한 불편부당성이 부각된다. 투크만은 기자들이 기사를 작성할 때 관행적으로 사용하는 세가지 명증성 확보 요소로 상반된 가능성의 제시, 지지하는 증거의 제시, 인용부호의 적절한 사용 등을 열거했다. 또한 전문성을 가진 언론인의 탐사보도는 체계, 혹은 구조적 경직성을 막아준다.

뉴스에 대한 신뢰를 유지시키기 위해 '사실성의 망(web of facticity)'을 만들어내는 보도 방식에 특히 주목하고 있으며, 이어서 언론이 그러한 사실성의 망을 통해 열린 체계의 현상유지를 어떻게 정당화시키는가에 대해서도 설명하고 있다. 기자들은 대중의 흥미에 맞을 만한 기사거리를 체계적으로 추구하고자 했으며, 대중적인 뉴스의 개념이 정의되기 시작했다. 기자들은 대중의 흥미에 맞을 만한 기사거리를 체계적으로 얻고자 했으며, 이렇게 해서 대중적인 뉴스의 개념이 정의되기 시작했던 것이다(Gaye Tuchman, 1978/1995, 41쪽).

이 때 불편부당성은 주관적인 정치관의 개입을 방어해준 견고한 방패에 해당되는 것이었다(길현모, 1975, 83쪽). 또한 랑케는 "순수한 가치판단은 어떤 사람을 그 사람의 입장과 그 사람의 본래의 목적 하에서 비판할 때에만 가능하다."라고 지적하였다.

저널리즘은 오락, 선전, 픽션, 예술 같은 것으로부터 분리되며, 콘텍스트 하에서 2, 3중 검증 시스템을 작동시킨다. 더욱이 객관보도는 전문가적 지식과 능력이 요구된다. 인성체계, 전통의 문화체계, 사회적 관행의 사회체계를 합치시킨다.

전문가 개인의 역할, 권리, 의무와 그들을 주요한 전문가 지식으로 위치시켰던 관행 등이 결합하여 오늘날의 저널리즘 객관주의를 가능하게 하였다. 전문가는 절제의 미학을 통한 체계적, 엄격한 경향에서 사실을 접할 수 있다. 정치적으로 민감한 사안일수록 전문가들의 집단이성이 더욱 발휘될 수 있는 견제 및 점검 시스템이 필요하다. '사실'은 모든 사람이 서로 이해하고 소통할 수 있는 근거이자 출발점이기 때문이다(조지형, 《동아일보》, 2009.7.31).

사실은 모든 역사 기술의 시작이다. 여기서 정확성은 현장의 합리성을 포함한 명증성을 확보할 수 있는 수단이다. 사실의 관찰만이 진리인가 아닌가를 알게 한다. 관찰로서 명증성을 확보하면, 이 사실은 '진리'를 규명할 수 있게 하고, 진실의 접근은 보편성을 확보할 수 있다.

또한 역사가들이 진실로 관심을 가지는 것은 특수한 것이 아니라 특수한 것 속에 있는 일반적인 것이다(E. H. Carr, 1961/1979, p.62). 개인의 논리적 관계, 판단, 추론 등을 잘 사용한다면 사회, 역사적 콘텍스트가 반드시 필요하지는 않게 된다. 또한 역사는 종교와 도덕의 문제를 내포한다면 더욱 보편적인 것에 접근할 수 있다. 이는 열린 민족주의를 싹틀 수 있게 한다.

물론 객관성은 전문가 집단의 '동료검증'으로 사실성의 규명을 더욱 정밀하게 할 수 있다. 개인의 인성체계로서의 '내향적 가치 판단'이 강화되고, 사회심리적 요소가 역사적 방법에 강하게 작동하며 '동료검증'을 더욱 강화시켜야 한다. 이것이 사회심리학적 접근으로 가능한 사실주의 방법론이다.

랑케가 역사학의 인식대상으로서 설정한 보편이라는 것은 사건들이 보다 큰 관련성 속에서 파악될 수 있는 전체성과 통합성, 혹은 지배적인 흐름이나 경향과 같은 것들이다(Leopold von Ranke, 1973, p.58). 개별적인 것으로부터 보편을 향해 나가야만 한다. 일반적인 개념을 전제로 하여 특수한 것의 독자적인 개성을 유린하는 역사학이 되어서는 안 된다. 또한 언론기업의 상업적 요구가 개인의 '내향적 가치 판단'을 붕괴시킨다면, 사회심리학적 역사 방법론은 빛을 잃게 된다. 더불어 민족주의도 말살시키는 현장이 된다.

전문직으로서의 언론인과 그 언론사 연구자는 이성에 근거하여 사실주의, 객관주의가 사회의 큰 맥락, 윤리와 분리될 수 없는 결론을 얻어야 한다. 공화정 하 기자는 역사의 보편성을 찾을 수 있다면, 그 역사는 신비(神秘)의 세계를 경험할 수 있다. 랑케는 사건을 사실적, 객관적으로 볼 수 있을 때, 신의 세계로 펼쳐진 이상향의 세계를 경험할 수 있는 것으로 봤다.

참고문헌

1장

김진웅 · 손영호 · 정성화 공저(2002), 『서양사의 이해』, 학지사.

서정민(1990), 『교회와 민족을 사랑한 사람들』, 서울: 기독교문화사.

에피쿠로스(1998), 오욱석 옮김, 『쾌락』, 문학과 지성사.

유영익(2002), 『젊은 날의 이승만』, 연세대출판부.

이승만 비망록(1993), 『독립정신』, 서울: 정동출판사.

이승만(1993), 「백성의 마음의 먼저 자유할 일」, 『독립정신』, 서울: 정동출판사.

이승만(1998), 『雩南李承晩文書 東文篇』, 중앙일보사.

이승만(1901.3.29), 〈동포들은 참을 '忍'자를 공부하라〉, 《제국신문》, 방상훈(1995), 『뭉치면 살고…1898~1944 언론인 이승만의 글 모음』, 조선일보사.

이승만(1901.6.12), 〈개화한다고 예를 잊어서는 안된다〉, 《제국신문》, 방상훈(1995), 『뭉치면 살고…1898~1944 언론인 이승만의 글 모음』, 조선일보사.

이승만(1902.10.21), 〈사랑함이 만국만민의 연합하는 힘①〉, 《제국신문》, 방상훈(1995), 『뭉치면 살고…1898~1944 언론인 이승만의 글 모음』, 조선일보사.

이승만(1902.10.22), 〈사랑함이 만국만민의 연합하는 힘②〉, 《제국신문》, 방상훈(1995), 『뭉치면 살고…1898~1944 언론인 이승만의 글 모음』, 조선일보사.

이승만(1903.1.15), 〈국민의 권리손해〉, 《제국신문》, 방상훈(1995), 『뭉치면 살고…1898~1944 언론인 이승만의 글 모음』, 조선일보사.

이승만(1903.1.16), 〈정부와 백성의 서로 관계됨〉, 《제국신문》, 방상훈(1995), 『뭉치면 살고…1898~1944 언론인 이승만의 글 모음』, 조선일보사.

이승만(1903.1.19), 〈국권을 보호할 방책〉, 《제국신문》, 방상훈(1995), 『뭉치면 살고…1898~1944 언론인 이승만의 글 모음』, 조선일보사.

이승만(1903.2.5), 〈국가 흥망의 근인(根因)〉, 《제국신문》, 방상훈(1995), 『뭉치면 살고…1898~1944 언론인 이승만의 글 모음』, 조선일보사.

이승만(1903.2.14), 〈청국에 있는 미국인 알렌 씨의 동양형편의논 한글 번역②〉, 《제국신문》, 방상훈(1995), 『뭉치면 살고…1898~1944 언론인 이승만의 글 모음』, 조선일보사.

이승만(1903.2.24), 〈국민의 큰 관계〉,《제국신문》, 방상훈(1995),『뭉치면 살고…1898~1944 언론인 이승만의 글 모음』, 조선일보사.

이승만(1903.3.11), 〈나라의 강약이 법률 선악에 있음〉,《제국신문》, 방상훈(1995),『뭉치면 살고…1898~1944 언론인 이승만의 글 모음』, 조선일보사.

이승만(1909.3.28), 〈모두 자취(自取)하는 일(1)〉,《제국신문》, 방상훈(1995),『뭉치면 살고…1898~1944 언론인 이승만의 글 모음』, 조선일보사.

이승만(1909.3.30), 〈모두 자취(自取)하는 일(2)〉,《제국신문》, 방상훈(1995),『뭉치면 살고…1898~1944 언론인 이승만의 글 모음』, 조선일보사.

이정식(2002),『초대 대통령 이승만의 청년시절』, 동아일보사.

유영익(1998),『이승만 저작 解題』, 이승만(1998),『雩南李承晩文書 東文篇』, 중앙일보사.

유영익(2013),『건국대통령 이승만』, 일조각.

정진석(1995),「언론인 이승만의 말과 글」, 방상훈(1995),『뭉치면 살고…1898~1944 언론인 이승만의 글 모음』, 조선일보사.

최재희(1967),『서양윤리사상사』, 서울대 출판부.

Abott, Lyman(1900), "Christ's Laws of Life: Hopeful", The Outlook, February 3.

Jones, George H.(1897), "the Closing Exercises of Paichai", Korean Repository, July, p.272.

Bartelson, J.(2009), Visions of World Community, Cambridge: Cambridge University Press.

Calhoun, Craig(2011), The Class Consciousness of Frequent Travelers—

Delanty, Gerard, Toward a Critique of Actually Existing Cosmopolitanism vol.3, London: Routledge.

Delanty, Gerard and Inglis, David(2011), Introduction—An Overview of the Field of Cosmopolitan Studies, Cosmopolitanism vol 1, Gerard Delanty and David Inglis(eds), London: Routledge.

Edelstein, Ludwig(1980), The Meaning of Stoicism, Cambridge; Harvard University Press.

Habermas, Juergen(2011), Kant's Idea of Perpetual Peace, With the Benefit of Two.

Hundred Years' Hindsight, Cosmopolitanism vol.1, Gerard Delanty and David Inglis(eds), London: Routledge.

Heater, Derek(2011), Origins of Cosmopolitan Ideas, Cosmopolitanism, vol 1, Gerard Delanty and David Inglis(eds), London: Routlcdgc.

Kant, Immanuel(1970), Metaphysics of Morals in Political Wrings, Cambridge.

Kant, Immanuel(1796), Zum ewigen Frieden Ein philosophischer Entwurf, Koenigsberg: Friedrich Nicolovius, 이한구 옮김(2008), 『영구 평화론』, 서광사.

Plutarch(1957), F.C. Babbitt(trans), On the Fortune or Virtue of Alexander, in Moralia vol.iv, 329(6), London: Heinemann.

Russell, Bertrand(1972), A History of Western Philosophy, New York: A Touchstone Book.

http://blog.daum.net/pcbc-tv/838

http://terms.naver.com

http://blog.daum.net/excaliver/16471435

2장

고정휴(1986), "개화기 이승만의 사상형성과 활동(1875~1904)", 《역사학보》109.

김봉규(2010), "안중근과 미래신화─동양평화사상의 현대적 해석", 『가톨릭 포럼』, 가톨릭언론인 협의회.

박영률(2003), 『대한민국헌법』, 박영률출판사.

방상훈(1995), 『뭉치면 살고…언론인 이승만의 글모음(1898~1944)』, 조선일보사.

방상훈(2001), 『한국신문통람』, 조선일보사.

배영대(2013.5.13), 〈한국만 콕 찍어 독립 보장..70년 전 루스벨트, 처칠, 장제스 그들은 왜─카이로선언, 미국 움직인 이승만 작품〉, 《중앙일보》.

신용하((1975), 『독립협회연구』, 일조각.

신용하(1986), "19세기 한국의 근대국가형성 문제와 입헌공화국 수립 운동", 한국사회 사연구회 논문집 제1집, 문학과 지성사.

양동안(2011.9), "이승만과 반공", 연세대학교 이승만 연구원 제1차 학술회의 발표논 문집, 『이승만연구의 흐름과 쟁점』.

올리버 수집 · 이정식 소장문서(1912), "Autobio Rhee", p.5.

유영익(1998), 이승만 저작=해제, 이승만, 『우남이승만 문집–동문편』, 중앙일보사.

유영익(2002), 『젊은 날의 이승만』, 연세대출판부.

유영익(2013), 『건국대통령 이승만–생애 사상 업적의 새로운 조명』, 연세대이승만 연구원.

윤치호(1898.2.27), 『윤치호 영문일기』, 국사편찬위원회.

이기백(2011), 『한국사신론』, 일조각.

이병국(1987), 『대통령과 언론』, 나남출판사.

李承晩(1979.9), 『靑年 李承晩 自敍傳』, 李庭植 譯註, 《신동아》.

李承晩(1898.3.19), 〈절영도땅 일본에 대여 문제〉, 《협성회회보》.

李承晩(1898.4.12), 〈신문의 세가지 목적〉, 《매일신문》.

李承晩(1901.4.25), 〈시대따라 법률도 바뀌어야(1)〉, 《제국신문》.

李承晩(1901.4.26), 〈시대따라 법률도 바뀌어야(2)〉, 《제국신문》.

李承晩(1901.6.1), 〈개명의 척도는 신문 발전 여하에〉, 《제국신문》.

李承晩(1901.6.12), 《개화한다고 예를 잊어서는 안 된다〉, 《제국신문》.

李承晩(1901.6.13), 〈목숨보다 더한 나라 사랑하는 마음(1)〉, 《제국신문》.

李承晩(1902.8.22), 〈國是를 세워 아국권(我國權)을 보호하는 법〉, 《제국신문》.

李承晩(1902.9.12), 〈황성신문 停止(1)〉, 《제국신문》.

李承晩(1902.9.13), 〈황성신문 停止(2)〉, 《제국신문》

李承晩(1902.10.21), 〈사랑함이 만국만민을 연합하는 힘(1)〉, 《제국신문》.

李承晩(1902.10.22), 〈사랑함이 만국만민을 연합하는 힘(2)〉, 《제국신문》.

李承晩(1903.4.17), 〈기자의 작별하는 글〉, 《제국신문》.

李承晩(1904.12.29), 〈나라의 폐단을 고칠일(1)〉, 《제국신문》.

李承晩(1914.2), 태평양잡지에 실린 "미국 공화사상", 《태평양잡지》 1권 6호.

李承晩(1924.4.23), 〈자유와 단결〉, 《동아일보》.

李承晚(1998),『이화장 소장 雩南 이승만문집 東文篇』-《독립정신》①권, 중앙일보사.

李禹世(1992), "雩南 李承晚",『한국언론인물사화』(上), 대한언론인회.

이정식(1995), "譯註 청년 이승만 자서전",『뭉치면 살고』-1898~1944 언론인 이승만의 글모음, 조선일보사.

이한우(1995),『거대한 생애 이승만 90년(상)』, 조선일보사 출판국.

이한우(2010),『대한민국을 세운 독립운동가=이승만』, 역사공간.

정일화(2010),『대한민국 독립의 문: 카이로선언』, 선한약속.

정진석(1995),『인물한국언론사』, 나남출판사.

정진석(1995), "이승만의 말과 글",『뭉치면 살고』-1898~1944 언론인 이승만의 글모음, 조선일보사.

정진석(2004),『두 언론 대통령-이승만과 박은식』, 기파랑.

최기영(1991),『대한제국시기 신문연구』, 일조각.

〈협성회 회중잡보〉(1898.5.21),《매일신문》.

〈협성회 회중잡보〉(1898.5.27),《매일신문》.

〈국태민안〉(1898.11.28),《독립신문》.

〈민권론〉(1898.12.15),《독립신문》.

〈성은을 보답한 일〉(1903.3.9),《데국신문》.

Delanty, Gerard and David Inglis(2011), Introduction-An Overview of the Field of Cosmopolitan studies, Cosmopolitanism, Gerard Delanty and David Inglis eds, New York: Routledge.

Heater, Derek(2011), Origins of Cosmopolitan Ideas, Gerard Delanty and David Inglis eds, New York: Routledge.

Lee, Chong-Sik(2001), Syngman Rhee-The Prison years of a Young Radical, Yonsei University Press.

Mckenzie, F.A.(1920), Korea's Fight for Freedom, New York: Fleming H. Revell Co, p.71.

Kant, I.(1891), 'Perpetual Peace', in Kant: Political Writing, Cambridge: Cambridge University Press.

Oliver, Robert T(1960), Syngman Rhee: Th Man Behind the Myth, New York: Dodd Mead and Co.

Pettit, Philip(1997), Republicanism: A Theory of Freedom and Government, Oxford University Press, 곽준혁 옮김(2012), 『신공화주의』, 나남출판사.

두산백과 · 만민공동회, http://terms.naver.com.

3장

강준만(2007), 『한국대중매체사』, 인물과 사상사.

김봉규(2010.6.2), "안중근과 미래신화", 『안중근과 동양평화론』, 가톨릭언론협의회.

김인식(2002), "안재홍의 만민공화의 국가상", 정윤재 · 박찬승 · 김인식 · 조맹기 · 박한용 공저, 『민족에서 세계로』, 봉명.

남시욱(2006), "동아일보의 창간", 서정우, 『한국언론 100년사①』, 한국언론인연합회.

박찬승(2002), "1930년대 안재홍의 민세주의론", 정윤재 · 박찬승 · 김인식 · 조맹기 · 박한용, 『민족에서 세계로』, 봉명.

방우영(1990), 『조선일보 70년사』(1권), 조선일보사.

방상훈(2004), 『조선일보사 사람들―일제시대편』, 랜덤하우스 중앙.

신우철(2009.3.13), "대한민국헌법(1948)의 '민주주의제 제도 수립―그 역사적 연속성의 복원을 위하여―", 『제헌과 건국 그리고 미래한국의 헌법구상』, 한국미래학회 40주년 기념 학술회의.

신용하(1981.9), "일제하의 민족주의적 역사의식", 《세계의 문학》21.

안재홍(1924.7.10), 〈최초의 일념에 순(殉)할 각오로써 만천하족자에게 결별(訣別)함〉, 《시대일보》.

안재홍(1924.12.7), 〈진도사건에 대하여〉, 《조선일보》.

안재홍(1945.8.16), 〈(방송)해내, 해외의 3천만 동포에게 고함〉, 《경성중앙방송》.

안재홍(1983), "한민족의 기본진로―신민족주의 건국이념", 『민세안재홍선집②』, 지식산업사.

안재홍(1981), 『민세안재홍선집 ①』, 지식산업사.

안재홍(1983), 『민세안재홍선집 ②』, 지식산업사.

안재홍(1992), 『민세안재홍선집 ④』, 지식산업사.

안재홍(1999), 『민세안재홍선집 ⑤』, 지식산업사.

안중근(2010), 『동양평화론(외)』, 범우사.

이관구(1977.3.1), 〈民世선생 12주기에 즈음하여〉, 『민세안재홍선집 ①』, 지식산업사.

이준식(1999), "사회주의와 반공주의 한 세기", 한국역사연구회, 『우리는 지난 100년 동안 어떻게 살았을까』, 역사비평사.

이한우(2010.1.8), 〈인수해 혁신시킨 신석우, 임시정부 때는 '대한민국' 국호정해〉, 《조선일보》.

정윤재(2002), "안재홍의 조선정치철학과 다사리 이념", 정윤재 · 박찬승 · 김인식 · 조맹기 · 박한용 공저, 『민족에서 세계로』, 봉명.

정윤재(2010.11.8), "대한민국 정부수립 전후 민세 안재홍의 정치활동", 『남북 민족지성의 삶과 정신』, (사)민세안재홍선생기념사업회, 53쪽.

정진석(2008), "안재홍, 언론 구국의 국사", 『한국사 시민강좌』43, 일조각.

천관우(1992), "민세 안재홍 연보", 『민세안재홍선집 ④』, 지식산업사.

최민지 · 김민주(1978), 『일제하 민족언론사론』, 일월서각.

헌법안 제2독회, 제1호국회제22차회의(1948.7.1)속기록.

Buecher, Karl, The Linkage of Society, Hanno Hardt(1979), Social Theory of The Press, London: Sage Publications.

Kant, Immanuel(1796), Zum ewigen Frieden, Ein Philosophischer Entwurf, Koenigsberg: Friedrich Nicolovius, 이한구 옮김(2008), 『영구 평화론(개정판)』, 서광사.

《동아일보》, 〈주지(主旨)를 선명(宣明)하노라〉, 1920.4.1.

〈조선일보 신사명〉, 『조선일보』, 1924.11.1.

4장

김인식 외(2002), 『민족에서 세계로 : 민세 안재홍의 신민족주의론』, 봉명.

나종석(2012), "공공성과 민주주의에 대한 철학적 성찰", 『제12회 가톨릭 포럼』, 가톨릭 언론인 협의회.

안재홍(1924.5.17), 〈신념 희생 노동〉, 《시대일보》, 안재홍 선집 간행 위원회, 『민세안재홍선집 ①』(1981), 지식산업사.

안재홍(1924.7.10), 〈최초의 일념에 순(殉)할 각오로써 만천하 독자에게 결별(訣別)함〉, 《시대일보》, 『선집 ①』.

안재홍(1924.11.1), 〈조선일보의 신사명〉, 《조선일보》, 『선집 ①』.

안재홍(1925.5), 〈民世筆談 – 민중심화과정〉, 『선집 ①』.

안재홍(1925.5.28~29), 〈조선인과 국어문제〉, 《조선일보》, 『선집 ①』.

안재홍(1925.8.26), 〈동방 제국민의 각성〉, 《조선일보 사설》, 『선집 ①』.

안재홍(1926.2.4), 〈자립정신의 제1보 – 의미심장한 '가갸날'〉, 《조선사설》, 『선집 ①』.

안재홍(1926.9.13), 〈조선일보의 기념일 – 환휘로부터 긴장에〉, 《조선일보》, 『선집 ①』.

안재홍(1928.5.9), 〈제남사변(濟南事變)의 벽상관(壁上觀) – 甲中내각의 大冒險〉, 《조선일보》, 『선집 ①』.

안재홍(1931.2.18), 〈국민주의와 민족주의 – 간과치 못할 현하경향〉, 《조선일보》, 『선집 ①』.

안재홍(1931.9.5), 〈집해 결사 문제 제의 – 조선의 시국에 감(鑑)하여〉, 《조선일보》, 『선집 ①』.

안재홍(1932.3.2), <조선인의 처지에서>, 《조선일보》, 『선집 ①』.

안재홍(1934.6), 〈문화건설 사의(私議)〉, 《조선일보》, 『선집 ①』.

안재홍(1935.5), 〈민세필담 = 민중 심화과정〉, 《조선일보》, 『선집 ①』.

안재홍(1935.6), 『민세필담 續 – 세계로부터 조선에』, 『선집 ①』.

안재홍(1936.1), 〈국제연대성에서 본 문화특성 과정론〉, 『선집 ①』.

안재홍(1945), 『신민족주의와 신민주주의』, 民友社.

안재홍(1945.8.16), 〈(방송) 海內 · 海外의 3천만 동포에게 告함〉, 《서울중앙방송국》.

안재홍(1945.9.22), 〈신민족주의와 신민주주의〉, 『선집 ②』.

안재홍(1945.9.25), 〈(선언문) 국민당 선언〉, 『선집 ②』.

안재홍(1945.12), 〈국민당 정강 · 정책해설〉, 『선집 ②』.

안재홍(1946.2.25), 〈건국구국의 대사명 –《한성일보》 창간사〉, 《한성일보》, 『선집 ②』.

안재홍(1946.7.19), 〈(방송) 민족위기 타개의 일로〉, 《서울중앙방송》, 『선집 ②』.

안재홍(1946.10.10~13), 〈합작과 건국노선〉, 《한성일보》, 『선집 ②』.

안재홍(1947.2), 〈민주독립과 공영국가〉, 《한성일보》, 『선집 ②』.

안재홍(1947.2), 〈(방송) 소위 '군정연장 策某, 반역생위' 문제의 진상〉, 《서울중앙방송

　국》,『선집 ②』.

안재홍(1947.9), 〈몽향 여운형 씨의 추억〉, 게재지 미확인,『선집 ②』.

안재홍(1947.9.23), 〈(성명) 미소공위의 불성공과 시국 대책〉,『선집 ②』.

안재홍(1947.10), 〈순정우익의 집결〉,《한성일보》,『선집 ②』.

안재홍(1947.10), 〈民主獨立과 共榮國家〉,《한성일보》,『선집 ②』.

안재홍(1947.12), 〈역사와 과학과의 신민족주의〉,《한성일보》,『선집 ②』.

안재홍(1948.7), 〈민정장관을 사임하고 – 지로에선 조선민족〉,《신천지》,『선집 ②』.

안재홍(1948.10 강연),「한민족의 기본진로 – 신민족주의 건국이념」,『선집 ②』.

안재홍(1948.10), 〈조선민족의 정치적 진로〉,『선집 ②』.

안재홍(1949.2.26), 〈통일의 요청과 현실〉,《大陽》,『선집 ②』.

안재홍(1949.3.1), 〈3 · 1 정신과 민족대의〉,《한성일보》,『선집 ②』.

안재홍(1949.8), 〈(선언) 민족진영강화위원회 선언〉,『선집 ②』.

안재홍(1949.9), 〈8 · 15 당시의 우리 정계〉,《새한민보》,『선집 ②』.

안재홍(1949.9.3), 〈결합구국의 신 염원 – 한성일보 속간사〉,《한성일보》,『선집 ②』.

안재홍(1949.10.5), 〈蘇 · 유 갈등과 중국정부〉,《한성신문》,『선집 ②』.

안재홍(1949.10.9), 〈한글문화와 민족정신〉,『선집 ②』.

안재홍(1950.1.4), 〈아시아의 여명〉,《한성일보》,『선집 ②』.

안재홍(1983), 안재홍 선집 간행물 위원회,『민세 안재홍 선집 ②』(1983), 지식산업사.

안재홍 편집위원회(1981),『민세 안재홍 선집 ①』, 지식산업사.

안준섭(1988), "대한민국 임시정부하의 후기 좌우합작", 한국의 근대국가형성과 민족
　　문제, 문학과 지성사.

오영섭(1998), "대한민국 임시정부하의 후기 좌우합작",『한국의 근대국가형성과 민족
　　문제』, 한국사회사연구회.

오영섭(1998), "해방 후 민세 안재홍의 민공협동운동 연구",《태동고전연구》 15집,
　　한림대.

이관구(1981), "민세 선생 20주년에 즈음하여", 안재홍(1983),『선집 ①』.

이철순 · 김인식 · 정윤재 · 이황직 · 이진한 · 최재목(2010),『납북 민족지성의 삶과
　　정신』, 2010 제5회 민세학술대회.

정윤재(2010), "대한민국 정부수립 전후 민세 안재홍의 정치활동",『납북 민족지성의
　　삶과 정신』, (사)민세 안재홍 선생 기념사업회.

정진석(2008), "안재홍, 언론 구국의 국사", 《한국사 시민강좌》, 일조각.

천관우(1981), 「解題」, 『선집 ①』.

HQ, USAFIK, G-2 Weekly Summary, 주한 미군 주간 정보 요약, 9 Feb-16 Feb., 1947, 한림대학교 아시아문화연구소.

Giddens, Anthony(1972), Emile Durkheim-Selected Writings's, London: Cambridge University Press.

Harbermas, Juergen(2012.7.11), 〈한상진 교수, 현대철학 거장 獨 위르겐 하버마스 교수와 자택 대담(상) - 선천적 '언어장애'가 약자도 배려하는 의사소통이론에 영향〉, 《동아일보》.

Kant, Immanuel(1796), Zum ewigen Frieden, Ein Philosophischer Entwurf, Koenigsberg: Friedrich Nicolovius, 이한구 옮김(2008), 『영구 평화론』, 서광사.

McQuail, Denis(2005), McQuail's Mass Communication Theory, 5 eds., London: Sage Publications.

http//terms.naver.com

5장

강영철(1988), "민세 안재홍의 사상과 통일의지", 『북한』(7).

김민남 · 김유원 · 박지동 · 유일상 · 임동욱 · 정대수(1993), 『새로 쓰는 한국언론사』, 아침.

김민환(1997), 『한국언론사』, 사회비평사.

김상현(1992), "雨人 宋志英", 『韓國言論人物史話』, 한국언론인회.

김재명(1986), "민정장관의 번민 하", 《정경문화》, 10월호.

김원정(2009.8.5), 〈한국일보는 '적극적 중도'로 간다〉, 《미디어 오늘》.

김영희 · 박용규(2011), 『한국현대 언론인열전』, 커뮤니케이션 북스.

도진순(1997), 『한국민족주의와 남북관계』, 서울대학교 출판부.

러치(A. L. Lerche)(1945.4.17), 〈조선의 독립준비는 완성-自主現實만을 念願〉, 《한성일보》.

박용규(2012), "제6회 민세학술대회−언론구국의 국사 안재홍", 민세안재홍선생기념
　　사업회.

방상훈(2001), 『한국신문통람』, 조선일보사.

사설(1946.2.26), 〈건국구민의 대사명−창간사〉, 《한성일보》.

사설(1946.2.27), 〈가능과 불가능〉, 《한성일보》.

사설(1946.5.4), 〈임정수립과 오인의 태도〉, 《한성일보》.

사설(1947.1.22), 〈신탁과 민족적 지성〉, 《한성일보》.

서중석, 『한국현대민족운동연구』 2판, 역사비평사.

성준덕(1955), 『한국신문사』, 신문학회발행.

스티코푸(1946.3.21), 〈성과 있도록 실행〉, 《한성일보》.

안재홍(1928.3.27), 〈실제운동의 당면문제−신간회는 무엇을 할까〉, 《조선일보》.

안재홍(1946.4.2), 〈미소회담에 기(寄)험〉, 《한성일보》.

안재홍(1947.2), 〈(방송) 소위 '군정연장책모, 반역행위' 문제의 진상〉, 《서울중앙방
　　송》, 『민세안재홍선집 ②』, 지식산업사, 222쪽.

안재홍(1947.10.12), 〈순정우익의 결집〉, 《한성일보》, 『민세안재홍선집 ②』, 지식산업
　　사, 208쪽.

안재홍(1947.12), 〈역사와 과학과의 신민족주의〉, 《한성일보》.

안재홍(1983), "신민족주의와 신민주주의(1945.9.22)", 『민세안재홍선집 ②』, 지식산
　　업사.

안준섭(1988), "대한민국 임시정부하의 후기 左右합작", 『한국의 근대국가형성과 민족
　　문제』, 한국사회사연구회.

안홍욱(2013.1.1), 〔〔신년 기획−여론조사〕1년 전보다 보수 8.7%P 늘고 진보 6.8%P
　　줄어… 이념 지형 우클릭〉, 《경향신문》.

오영섭(1998), "해방 후 민세 안재홍의 민공협동운동 연구", 《태동고전연구》 15집,
　　한림대.

엄기형(1992), "건초 양재하", 『한국언론인물사화』, 대한언론인회.

윤대식(2005), "안재홍에 있어서 정치적 의무", 『민세 안재홍 심층연구』, 황금알.

이기백(1986), 『한국사 신론』, 일조각.

이선근(1946.2.26), 〈和協과 통일의 길〉, 《한성일보》.

이선민(2013.1.18), 〈'미래'가 '과거'에게 밀린 진보 좌파〉, 《조선일보》.

임철순(2013.1.25), 〈우리 모두의 빈곤한 국어실력〉, 《한국일보》.

조맹기(2009), 『현대 커뮤니케이션 사상사』, 나남출판사.

정상수(1988), "일제하 1920년대의 민족 문제 논쟁", 『한국의 근대국가형성과 민족문제』, 한구사회사연구회.

정윤재(2010), "대한민국 정부수립 전후 민세 안재홍의 정치활동", 『납북 민족지성의 삶과 정신』, (사)민세안재홍선생기념사업회.

정은경(2004.10.29), 〈적극적 중도가 우리의 살길–한국일보 편집국 지면혁신안 고민 중⋯ 29일 간부세미나 열리로〉, 《미디어 오늘》.

정진석(2008), "안재홍, 언론 구국의 국사", 《한국사 시민강좌》, 43호.

정학섭(1988), "일제하 해외 민족 운동의 左右 합작과 三均主義", 『한국의 근대국가형성과 민족문제』, 문학과 지성사.

조선일보사 사료연구실(2004), 『조선일보 사람들–일제시대편』, 랜덤하우스 중앙.

최영희(崔永禧, 1996), 『격동의 해방 3년』, 한림대학교 아시아문화연구소.

최장집 · 정해구(1989), "해방8년사의 총체적 인식", 『해방전후사의 인식④』, 한길사.

하지(1946.3.21), 〈공정한 해결기대〉, 《한성일보》.

Fiske, John(1990), Introduction to Communication Studies, 강태완 · 김선남 옮김(2005), 『커뮤니케이션학이란 무엇인가』, 커뮤니케이션 북스.

Smith, Craig R.(1998), Rhetoric and Human Consciousness, Illinois: Waveland Press, INC.

Watkins, Frederick Mundell(1964), The Age of Ideology–Political Thought 1750 to the Present, 이홍구 옮김(1989), 『이데올로기의 시대』, 을유문화사.

6장

강준만(2007), 『한국대중매체사』, 인물과 사상.

김국후(2008), 『평양의 소련군정』, 서울: 한울.

김민환(2001), 『미군정기 신문의 사회사상』, 나남출판사.

김복수(1991), 美軍政의 言論政策과 韓國言論의 形成에 관한 硏究, 한양대학교 대학원.

서울신문사(2004), 『서울신문 100년사–1904~2004』, 서울신문사.

송건호 · 최민지 · 박지동 · 윤덕한 · 손석춘 · 강명구(2000), 『한국언론 바로보기』, 다섯수레.

이관구(1927.5.17), 〈國農沼爭議와 舍音制度撤廢〉, 《조선일보》.

이관구(1927.7.21), 〈所謂 思想取締−경찰부장회의를 보고서〉, 《조선일보》.

이관구(1928.2.4), 〈言論機關政策의 必要〉, 《조선일보》.

이관구(1935.10.17), 〈樹海에 나타난 雲一點 俄然 進路를 閉鎖, 目的地를 40킬로 남기고 危機一髮에서 回程〉, 《조선중앙일보》.

이관구(1955.1.13), 〈言論制限의 逆行妄想을 完封하자〉.

이관구(1978), 『나의 인생관−하루살이 글 한평생』, 서울: 희문출판사.

이관구(1993), 『誠齋李寬求論說選集』, 서울: 일조각.

이혜복 외(1992), 『한국언론인물사회 8 · 15전편』, 서울: 사단법인 대한언론인회.

조선일보사 사료연구실(2004), 『조선일보 사람들−일제시대 편』, 서울: 랜덤하우스중앙.

정진석(1995), 『인물한국언론사』, 서울: 나남.

정진석(2001), 『언론과 한국현대사』, 커뮤니케이션북스.

최영희(1996), 『격동의 해방 3년』, 한림대학교 아시아문화연구소.

http://dic.naver.com

www.EnCyber.com

7장

권태선(2009.2.6), 〈링컨 재선 승리연설〉, 《한겨레신문》.

김우창(2009.1.29), 〈'통합의 정치' 오바마 취임사〉, 《경향신문》.

김상봉−박명림(2009.1.4), 〈새로운 공화국을 꿈꾸며−(1)왜 공화국 논의가 필요한가 (上)〉, 《경향신문》.

남경태(2009.2.5), 〈소통의 동맥경화〉, 《중앙일보》.

박경철(2008.9.10), 〈진보와 보수, 그리고 진실〉, 《기자협회보》.

박상훈(2008.12.19), 〈소명있는 정치가가 없다〉, 《경향신문》.

박명림(2009.2.2), 〈국가의 바탕은 '공동선', 그 최종 결정자는 '인민'〉, 《경향신문》.

박명림(2009.2.9), 〈'민주공화주의'는 대한민국 불변의 정신 · 원칙 · 비전〉, 《경향신문》.

박상익(2008), 『밀턴평전』, 서울: 푸른역사.

박영률(2003), 『대한민국헌법』, 서울: 커뮤니케이션 북스.

백승종(2009.1.31), 〈언로〉, 《한겨레신문》.

서철호(2009), 신분에서 평등으로, 『제헌과 건국 그리고 미래한국의 헌법구상』, 한국
　　　미래학회 40주년 기념 학술회의, 2009.3.13.

신우철(2009), 대한민국헌법(1948)의 '민주주의제 제도 수립'- 그 역사적 연속성의
　　　복원을 위하여-, 『제헌과 건국 그리고 미래한국의 헌법구상』, 한국미래학회
　　　40주년 기념 학술회의, 2009.3.13.

윤석민(2007), 『커뮤니케이션의 이해』, 서울: 커뮤니케이션 북스.

정진석(2008.8), 안재홍, 언론 구국의 국사, 『한국사 시민강좌』 43.

차배근(1987), 『커뮤니케이션(상)』, 서울: 세영사.

하영선(2009.2.6), 〈'김지하'와 '하영선'이 만났던 길〉, 《조선일보》.

함재학(2009), 1948년 헌법과 한국 입헌주의의 역사, 『제헌과 건국 그리고 미래한국의
　　　헌법구상』, 한국미래학회 40주년 기념 학술회의, 2009.3.13.

헌법급정부조직법기초위원회위원장 서상일의 보고, 제1회국회제17차회의(1948.6.23),
　　　108쪽.

헌법안 제2독회, 제1회국회제22차회의(1948.7.1) 속기록, 347~8쪽.

Adorno, Thodor W.(1958), einleitung in die musiksoziologie, 권혁면 옮김
　　　(1988), 『음악사회학』, 서울: 문학과 비평사.

Altschull, J. Herbert(1990), From Milton to McLuhan, New York: Longman,
　　　양승목 옮김(1993), 서울: 나남.

Benjamin R. Barber(2004), Which Technology and Which Democracy?,
　　　Henry Jenkins and David Thorburn, Democracy and New Media,
　　　London: the MIT Press.

Benjamin, Walter. Schriften, a.a.o. Bd. 1,S.541. 안노도 164.

Boesche, Roger(1998), Thinking about Freedom, Political Theory 26, p.863.

Coulet, Corinne(1996), Communiquer en Grece ancienne, Paris: Les Belles
　　　Lettrres, 이선희 옮김(1999), 고대 그리스의 의사소통, 서울: 영림카디널.

Gramsci, Antonio(1937), Prison Notebooks, vol 2. Toseph A. Buttigieg(1996),
　　　New York: Columbia University Press.

Hampson, Norman(1983), Will and Circumstances: Montesquieu, Rousseau and the French Revolution, London: Gerald Duckworth & Co., p.22.

Lincoln, Abraham(1864.11.11), Abraham Lincoln Eloquent Speech, 이형근(2007), 링컨 명연설집, 서울: 유레카북스.

Lincoln, Abraham(1895.3.4), Second Inaugural Address, 이형근(2007), 링컨 명연설집, 서울: 유레카북스.

McLuhan, Marshall & Quentin Fiore(1967), The Medium is the Massage, Corte Madera: Gingko Press.

Morrisett, Lloyd(2003), Technologies of Freedom?, Henry Jenkins and David Thorburn(ed), Democracy and New Media, Massachusetts: The MIT Press.

Pettit, Philip(1999), Republicanism—A Theory of Freedom and Government, Oxford University Press.

Plato(427B.C), 최명관 옮김(1992), 플라톤의 대화, 서울: 종로서적.

Poster, Mark(1990), The Mode of Information, London: Polity Press, 김성기 옮김(1994), 『뉴미디어의 철학』, 민음사.

Viroli, Maurizio(1990), Republicanism, New York: Hill and Wang.

http://ko.wikipedia.org/wiki

8장

강대인(1997), 한국방송 70년의 정치·경제적 특성, 《한국방송 70년의 평가와 전망》, 커뮤니케이션북스.

강동철(2015.3.2), 〈신문協 '미디어 지각변동 우려…지상파 광고총량제 도입 반대'〉, 《조선일보》.

강준만(2007), 『한국 대중매체사』, 인물과 사상사.

강형철(2005), 『공영방송론』, 나남출판사.

고민수(2015), 현행 수신료제도의 제도적 타당성에 관한 연구, 『공영방송 재정안정화

기대효과』, 한국언론학회.

김민환(1997), 『한국언론사』, 사회비평사.

김성호(2014), 『한국방송기자 통사』, 21세기북스.

김수정(2012), 1970년대 텔레비전 드라마에 대한 신문담론과 헤게모니, 『한국 방송의 사회 문화사』, 한울.

김영민(2015.3.21), '〈(클린턴과 스캔들 후 경험토로) '난 사이버 폭력 첫 희생자…망신 주기, 하나의 산업 됐다'〉, 《중앙일보》.

김영희(2006), 국가 기간방송 KBS의 탄생과 성장, 《한국언론 100년사》①, 한국언론 인연합회.

김영희(2011), 김병희 · 김영희 · 마동훈 · 백미숙 · 원용진 · 윤상길 · 최이숙 · 한진 만(2011), 《한국 텔레비전 방송 50년》, 커뮤니케이션 북스.

김영희(2011), 한국 사회와 텔레비전 50년, 『한국 텔레비전 방송 50년』, 커뮤니케이션 북스.

김재곤(2015.4.6), 〈TV조선, 21개월째 종편 시사 시청률 1위…종편 4社, 뚜렷한 도약〉, 《조선일보》.

김재중(1997), 『한국방송사』, 서울: 한국방송공사편.

김창남(2015.4.1), 〈믿을 건 기업뿐? 경제콘텐츠 강화 열풍〉, 《기자협회보》.

김학민 · 정운현(1993), 《친일파 죄상기》, 학민사.

김현록(2012.7.16), MBC 파업, 최장 170일 채우고 마무리되나, 〈머니투데이〉.

김형효(2000), 『원효에서 다산까지』, 청계.

김효실(2015.3.10), 〈'공정성' 준칙 구체화한 KBS, 편향 시비 줄까?〉, 《한겨레신문》.

마동훈(2011), 한국 텔레비전 방송 시청자의 형성과 성격, 『한국 텔레비전 방송 50년』, 커뮤니케이션 북스.

《매일신보》, 1941.11.27.

박영률 편, 『대한민국 헌법』, 박영률 출판사.

박홍원(2011), 편집권 독립과 언론의 자유, 《언론과학연구》, 제11권 1호, 123~56쪽.

방송문화진흥회 엮음(2003), 『개정판-방송문화사전』, 한울아카데미.

《서울신문》, 1947.9.7.

서정보(2006.4.25), 〈KBS, 강동순 감사 2004년 탄핵방송 비판〉, 《동아일보》.

서찬동(2015.4.15), 〈KBS, 광고의존도 너무 높아. 신문 등 타 매체에도 악영향〉,

《매일경제》.

신평(2011), 『한국의 언론법』, 높이깊이.

안재희(1994), 《한국기자협회 30년사》, 한국기자협회.

오명환(1993), TV 드라마 30년 수난사, 《방송시대》, 봄/여름호.

윤희일(2015.3.25), 〈공영방송 NHK의 '정경유착'〉, 《경향신문》.

이이(1575), 《성학집요(聖學輯要)/격몽요결(擊蒙要訣)》, 고산역해, 2008, 동서문화사.

이연(2013), 『일제강점기 조선언론 통제사』, 박영사.

임채원(2008), 《공화주의적 국정운영》, 한울.

전석호(1998), 방송·뉴미디어, 『한국언론 5년-'93~'97』, 한국언론연구원.

정수영(2012), '편집권/편성권'에 갇혀버린 '내적 편집의 자유', 『한국 방송의 사회
　　　문화사』, 한울.

정연주(2007), 『KBS 방송제작 가이드라인』, KBS&한국방송.

정영희(2012), 공화국 시대 공영방송의 정치성, 『한국 방송의 사회 문화사』, 한울.

정진석(2005), 《언론조선총독부》, 커뮤니케이션북스.

정진석(2008), 방송 80년, 발전과 명암, 《한국방송 80년, 그 역사적 조명》. 정진석·김
　　　영희·박용규·서재길, 나남출판사.

조맹기(2011), 『한국언론사의 이해』, 서강대학교 출판부.

조맹기(2011), 『레토릭의 사상가들』, 나남.

조맹기(2012), 『민주 공화주의와 언론』, 나남.

조재현(2012.4.13), 〈낙하산 사장 퇴진〉, 《뉴스1》.

조항제(1997), 한국의 방송 프로그램에 대한 역사적 고찰(1945~1990)-뉴스와 드라
　　　마를 중심으로, 《한국방송 70년의 평가와 전망》.

조항제(2003), 《한국 방송의 역사와 전망》, 파주: 한울.

조항제(2012), 개발독재체제와 상업방송의 대중성, 《한국 방송의 사회 문화사》, 한울.

최원형(2015.3.24), 〈종편 4곳 '무늬만 미디어렙'. '약탈적 광고영업' 조사해야〉, 《한
　　　겨레》.

최창봉(2003.4.1), 그때 그시절. 녹취 한국 방송사, 《대한언론인회보》, 제205호.

최창섭(2006), 최초의 민영방송 기독교방송(CBS), 《한국언론 100년사》 ①, 한국언론
　　　인연합회.

추광영·강상호·김대호·조항제(1999), 《공영방송의 변화와 MBC의 정체성》, 서울

대학교 언론정보연구소.

카타오카 토시오(1988), 이창근 · 김광수(1994), 『일본의 방송제도』, 한울 아카데미.

한영학(2003), 일본, 《공영방송》, 한국언론재단.

홍두표(1997), 《한국방송 70년사》 별책, 한국방송협회.

홍두표(1997), 《한국방송 70년사》, 한국방송협회.

Darwin, Charles(1960), The Origin of Species, 하영칠 옮김(1984), 『종의 기원』, 법문사.

Dewey, John(1927), The Public & Its Problems, Ohio University Press.

Durkheim, Emile(1933), The Division of Labor in Society, The Free Press, New York.

Emmert, Philip and William C. Donaghy, Human Communication-Elements and Contexts, Massachusetts: Addison Welsey.

Elliott, Anthony(2015), Introdution, Identity-Critical Concepts in Sociology, vol.1, London: Routledge.

Giddens, Anthony(1972), Emile Durkheim-Selected Writings, Cambridge University Press.

Goffman, E.(1959), Introduction to the Presentation of Self in Everday Life, New Yor: Anchor Books.

Kasza, Gregory J.(1988), The State and The Mass Media in Japan, 1918~1945, Los Angeles: University of California Press.

McLuhan, Marshall(1994), Understanding Media-The Extension of Man, 박정규(1997), 『미디어의 이해』, 커뮤니케이션 북스.

McLuhan, Marshall(1961), The Bechanical Bride, 박정순 옮김(2015), 『기계신부』, 커뮤니케이션 북스.

Wright, Charles(1985), Mass Communication-A Sociological Perspective, 3eds., New York: Random House.

제헌헌법 http://cafe.daum.net/minedokto/KshM/211?q=%C1%A6%C7%E5% C7%E5%B9%FD&re=1

방송법, http://www.law.go.kr/lsInfoP.do?lsiSeq=169150&efYd=20150315#A JAX

전국언론노동조합 http://media.nodong.org/com/com-4_2013.html

http://blog.daum.net/vancouver2010/760

http://www.ilyosisa.co.kr/news/articleView.html?idxno=35582

동아일보, 〈조선실업가에게 고함〉, 1920.7.13.

조선일보, 〈실업(實業)의 실지〉, 1920.3.7.

조선일보, 〈조선일보 신사명〉, 1924.11.1.

9장

길현모(1975), "랑케사관의 성격과 위치", 전해종, 길현모, 차하순, 『역사의 이론과
    서술』, 서강대학교 인문과학연구소.

김인규(2009.6.20), 〈PD가 만드는 시사프로그램은 균형성의 문제〉, 《중앙일보》.

남재일(2004), 『한국 신문의 객관주의 아비투스―형식적 사실주의의 전략적 의례를
    중심으로』, 고려대학교 박사학위 논문.

남재일(2005 가을), "한국 기자의 사건중심보도 아비투스", 한국언론학회 가을철
    정기학술대회.

문화일보(2009.8.3), 〈사설―MBC, 정치편향 접고 공정방송으로 거듭나야〉, 《문화
    일보》.

박재영·이완수(2008년 겨울), "역피라미드 구조의 한계에 대한 이론적 논의", 《커뮤
    니케이션 이론》 4권 2호, 113쪽.

서정우·차배근·최창섭(1993), 『언론통제이론』, 서울: 법문사, 403~6쪽.

송효빈(1993), 『체험적 신문론』, 서울: 나남.

윤석민(2007), 『커뮤니케이션의 이해』, 서울: 커뮤니케이션 북스.

이재경·김학희(1998), 『방송뉴스―취재와 보도』, 나무와 숲.

전해종·길현모·차하순(1975), 『역사의 이론과 서술』, 서강대학교 인문과학연구소.

양성희(2009.6.20), 〈"사실보다 주장 담아…검증 과정도 허술"〉, 《중앙일보》.

정강현(2009.6.20), 〈PD가 만드는 시사 프로는 균형성이 문제〉, 《중앙일보》.

조맹기(2006), 《한국언론인물사상사》, 나남출판사.

조새형(1963 여름), 〈전도피라미드형의 폐단〉, 『신문연구』 4(1), 40쪽.

조지형(2009.7.31), 〈사실을 존중하는 사회로〉, 《동아일보》.

천관우(1957.4.13), 〈코뮤니케이션의 한국적 과제〉, 《조선일보》.

Adam, G. Stuart and Roy Peter Clark(2006), Journalism—The Democratic Craft. New York: Oxford University Press.

Berko, Roy M., Andrew D. Wolvin, and Darlyn R. Wolvin(2007), Comm—unicating 10(ed), Boston: Houghton Mifflin Company.

Bryant Joseph M. & Hall, John A.(2005), Historical Methods in the Social Sciences, Sage Publications.

Carey, James W.(1995), "Time, Space, and the Telegraph", in David Crowley& Paul Heyer, Communication in Hisotry(2ed), New York, Longman.

Carr, E. H.(1961), What Is History?, 김현모 옮김(1979), 역사란 무엇인가, 서울: 탐구당.

Cohen, Joshua(2002), John Rawls, in Steven M, Calm(2002)(ed.), Classics of Political and Moral Philosophy, New York: Oxford University Press.

Durkheim, Emile(1938), Les regles de la methode Sociologique, French, Sarah A. Solovay and John H. Muller trans(1966), The Rules of Sociological Method, New York: The Free Press.

Durkheim, Emile(1951), Suicide, New York: The Fress Press.

Ettema, James S. and Theodore L. Glasser(2006), "On the Epistemology of Investigative Journalism", communication, Vol.8, pp.182~206.

Freeman, Edward Q.(1873), Comparative Politics, London: Macmillan and Co.

Gergen, Kenneth J. (2006), The Psychology of Behavior Exchange, Addison—Wesley Publications.

Hartley, John(1982), Understanding News, London: Methuen.

Iggers, Georg G. and James M. Powell(ed)(1990), Leopold von ranke and the Shaping of the Historical Discipline, Syracuse University Press.

Kovach, Bill and Tom Rosenstiel(2001), Journalism of Verification, What Newspeople Should Know and the Public Should Expect, New York: Three Rivers Press, pp.70~93.

Luria, Alexander R.(1971), "Towards the Problem of the Historial Nature of Psychological Processes", International Journal of Psychology, vol.6, no 4, pp.259~72; Luria, Alexander R.(2005), Historical Methods in the Social Sciences vol 1, London: Sage Publications.

Manuel, Frank E.(2006), "The Use and Abuse of Psychology in History", John A. Hall& Joseph M. Bryant(ed), Historical Methods in the Social Sciences vol 1, London: Sage Publications.

Martin, Raymond(1998), "Progress in Historical Studies", History and Theory vol.37, no.1, pp.14~39, Historical Methods in the Social Sciences vol.3, 2005, London: Sage Publications, p.374.

Mindich, David T.Z.(1998), Just the Facts, New York: New York University Press.

Park, Robert Ezra(1955), "News as a Form of Knowledge, Society: Collective Behaviour, News and Opinion", Sociology and Modern Society, Glencoe, Ill: The Free Press, pp.71~89.

Ranke, Leopold von(1973), The Theory and Practice of History, Wilma A. Iggers and Konrad von Moltke(trans), New York: The Bobbs— Merrrill Company, Inc.

Reese, S. D. (1997), "The News Paradigm and the Ideology of Objectivity", in D. Berkowitz(ed.), Social Meaning of News: A Text—Reader, Thousand Oaks: Sage.

Schudson, Michael(1978), Discovering the News—A Social History of American Newspaper, New York: Basic Books.

Shi, David(1850~1920), Facing Facts: Realism in American Thoght and Culture, p.69.

Silverstone, Roger(1999), Why Study the Media?, 김세은 옮김(2009), 『왜 미디어를 연구하는가?』, 커뮤니케이션북스.

Startt, James(1932), Historical Methods in Mass Communication, 권중록 옮김(1995), 『매스컴의 역사연구』, 학문사.

Tuchman, Gaye(1972 January), "Objectivity as Strategic Ritual", American

Journal of Sociology 77, pp.660~79.

Tuchman, Gaye(1978), Making News: A Study in the Construction of Reality, New York: The Free Press, 박흥수 옮김(1995), 메이킹 뉴스, 나남 출판사.

색인

306

314